首批新文科研究与改革实践项目：文科类院校教师教学发展态□□□□□于全国教师教学发展指数的挖掘（2021170007）

首批新文科研究与改革实践项目：新文科背景下高校教师教□□□□（2021190014）

教育部人文社会科学研究一般项目：多源数据驱动的高职院校教师教学发展评估及推进策略研究（21YJC880081）

The Blue Book on Faculty Development of National Colleges and Universities
(2021)

全国普通高校教师教学发展蓝皮书（2021版）

中国高等教育学会"高校教师教学发展研究"专家工作组　编

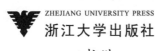

ZHEJIANG UNIVERSITY PRESS
浙江大学出版社

·杭州·

图书在版编目(CIP)数据

全国普通高校教师教学发展蓝皮书：2021版 / 中国
高等教育学会"高校教师教学发展研究"专家工作组编
. — 杭州：浙江大学出版社，2023.6
ISBN 978-7-308-23596-9

Ⅰ.①全… Ⅱ.①中… Ⅲ.①高等学校－师资培养－
研究报告－中国－2021 Ⅳ.①G645.12

中国国家版本馆 CIP 数据核字(2023)第 052610 号

全国普通高校教师教学发展蓝皮书(2021 版)

QUANGUO PUTONG GAOXIAO JIAOSHI JIAOXUE FAZHAN LANPISHU

中国高等教育学会"高校教师教学发展研究"专家工作组 编

责任编辑	吴昌雷
责任校对	王 波
封面设计	北京春天
出版发行	浙江大学出版社
	(杭州市天目山路 148 号 邮政编码 310007)
	(网址：http://www.zjupress.com)
排 版	杭州晨特广告有限公司
印 刷	杭州杭新印务有限公司
开 本	787mm×1092mm 1/16
印 张	20
字 数	475 千
版 印 次	2023 年 6 月第 1 版 2023 年 6 月第 1 次印刷
书 号	ISBN 978-7-308-23596-9
定 价	60.00 元

全国普通高校教师教学发展蓝皮书(2021版)

编委会

序

党的二十大报告全面部署了以中国式现代化全面推进中华民族伟大复兴的使命任务,首次将教育强国、科技强国、人才强国一体谋划、一体部署,充分体现教育在国家发展中的重要作用。教师是教育高质量发展的第一资源,是科技自立自强的关键支撑,是人才队伍建设的重要保障,贯彻落实党的二十大关于教育、科技和人才一体发展精神,首要任务就是要打造符合新时代要求的高质量教师队伍。

加强教师队伍建设是高校办学的基础性工作。当前我国普通高校教师队伍建设取得了长足进步,但依然存在"不平衡、不充分"等问题,尤其是受到"绩效主义"管理思想影响,客观上导致高校科研和教学分离成为"两张皮",主观上严重抑制教师教学投入的积极性。如何引导教师"回归"初心、回归教学,有效回归、安心教学,教书育人、甘当人梯;如何建立一个科学合理的高校教师教学评价体系,调动教师的教学积极性,激发教师热心教学、潜心育人的内生动力。这些问题一直以来都是高等教育管理者面临的现实难题。

近年来,中国高等教育学会聚焦上述难题,开展了大量工作,取得了积极成效。学会成立了"高校教师教学发展研究"专家工作组,并于 2019 年 2 月 22 日启动了"全国高校教师教学发展指数"的研究工作。专家工作组通过大数据分析,梳理高校教师教学发展维度,构建出一个边界清晰、内涵明确的"指数"来表征我国高校的教师教学发展现状和生态。截至 2022 年 12 月,指数已连续四年发布,在社会上引起了强烈反响,为中国特色高校教师教学内涵的构建,高校教师教学工作的科学评估和有效发展,以及我国高等教育治理体系的完善提供了宝贵的理论和实践经验。

今天,非常高兴地看到专家工作组又一研究成果——《全国普通高校教师教学发展蓝皮书(2021 版)》即将付梓,这也是课题组第二次发布此类分析报告。蓝皮书在充分总结第一次发布分析报告的经验和听取高教界同仁们意见的基础上进行了进一步完善,内容更加完整、数据更加翔实、分析更加深入,相信本书的出版能再次在高教界引发强烈反响,助推社会各方更加重视高校教师教学发展,同时也能为高等教育管理者提供很好的决策参考和制定相关政策的重要依据,进一步提升高校教师教学质量,夯实高校人才培养中心地位,推动教育强国、科技强国、人才强国建设。

2023 年 4 月于北京

目　录

1　绪　论 ··· 1

　1.1　指数研发回顾 ··· 2

　1.2　研讨与交流回顾 ·· 6

　1.3　未来发展与展望 ·· 7

2　全国本科院校教师教学发展分析 ····························· 9

　2.1　发展概况 ·· 10

　2.2　存在的主要问题 ·· 17

　2.3　治理优化的对策和建议 ·· 18

3　全国高职院校教师教学发展分析 ····························· 21

　3.1　研究目的 ·· 22

　3.2　数据来源及指标体系 ·· 22

　3.3　数据分析 ·· 23

　3.4　存在的问题分析 ·· 29

　3.5　对策和建议 ·· 30

4　浙江省本科院校教师教学发展分析 ·························· 33

　4.1　发展概况 ·· 34

　4.2　指标设计 ·· 35

　4.3　数据状态分析 ·· 40

4.4 存在的主要问题及原因分析 ………………………………………… 43

4.5 治理优化对策 ……………………………………………………… 44

5 浙江省高职院校教师教学发展分析 ………………………………… 47

5.1 研发背景 …………………………………………………………… 48

5.2 指数分析对象 ……………………………………………………… 49

5.3 指标设计特色 ……………………………………………………… 50

5.4 指数状态分析 ……………………………………………………… 56

5.5 重点高职院校指数分析 …………………………………………… 60

5.6 指数十年榜单分析 ………………………………………………… 63

5.7 存在的问题分析 …………………………………………………… 63

5.8 对策和建议 ………………………………………………………… 64

6 陕西省本科院校教师教学发展分析 ………………………………… 67

6.1 研发背景 …………………………………………………………… 68

6.2 发展概况 …………………………………………………………… 68

6.3 指数指标设计 ……………………………………………………… 71

6.4 指数状态分析 ……………………………………………………… 76

6.5 存在的主要问题及原因分析 ……………………………………… 83

6.6 发展治理优化对策 ………………………………………………… 84

7 山东省本科院校教师教学发展分析 ………………………………… 87

7.1 教学发展概况 ……………………………………………………… 88

7.2 状态分析 …………………………………………………………… 91

7.3 存在的主要问题及原因分析 ……………………………………… 99

7.4 治理优化对策 …………………………………………………… 101

8 全国普通本科院校教师教学发展指数（2021 版） ……………… 105

8.1 全国普通本科院校教师教学发展指数（2021 版总清单） ……… 106

8.2 "双一流"建设高校教师教学发展指数（2021 版） …………… 127

8.3　地方本科院校教师教学发展指数（2021 版）　……………………　130

8.4　综合类本科院校教师教学发展指数（2021 版）　……………………　150

8.5　理工类本科院校教师教学发展指数（2021 版）　……………………　155

8.6　人文社科类本科院校教师教学发展指数（2021 版）　………………　162

8.7　农林类本科院校教师教学发展指数（2021 版）　……………………　167

8.8　医药类本科院校教师教学发展指数（2021 版）　……………………　169

8.9　师范类本科院校教师教学发展指数（2021 版）　……………………　172

8.10　民办及独立学院教师教学发展指数（2021 版）　……………………　175

8.11　新建本科院校教师教学发展指数（2021 版）　………………………　183

9　全国高职院校教师教学发展指数（2021 版）　…………………………　195

9.1　全国高职院校教师教学发展指数（2021 版总清单）　………………　196

9.2　"双高"高职院校教师教学发展指数（2021 版）　……………………　230

9.3　一般高职院校教师教学发展指数（2021 版）　………………………　235

9.4　东部地区高职院校教师教学发展指数（2021 版）　…………………　264

9.5　中部地区高职院校教师教学发展指数（2021 版）　…………………　277

9.6　西部地区高职院校教师教学发展指数（2021 版）　…………………　286

9.7　东北地区高职院校教师教学发展指数（2021 版）　…………………　296

9.8　民办高职院校教师教学发展指数（2021 版）　………………………　299

10　省域普通高校教师教学发展指数（2021 版）　………………………　307

10.1　浙江省本科院校教师教学发展指数（2021 版）　……………………　308

10.2　浙江省高职院校教师教学发展指数（2021 版）　……………………　309

10.3　陕西省本科院校教师教学发展指数（2021 版）　……………………　310

1 绪论

1.1 指数研发回顾

全国高校教师教学发展指数（下简称"教发指数"）是中国高等教育学会"高校教师教学发展研究"专家工作组（下简称"工作组"）的研究成果。该研究于 2019 年 2 月 22 日启动，2019 年 5 月 27 日在春季高等教育博览会首次预发布全国本科院校教师教学发展指数；2019 年 11 月 1 日在秋季高等教育博览会首次正式发布全国本科院校教师教学发展指数，首次预发布全国高职院校教师教学发展指数，之后每年发布本科和高职兄弟榜和若干子清单。全国高校教师教学发展指数以"6＋1"为结构，以"1＋6"为特点，覆盖所有普通高校。

目前，本科院校教发指数已经发布四轮（含预发布），该指数成为科学网 2019 年 11 月高等教育四大关键词之一，两次得到"学习强国"专题报道；高职院校教发指数在 2019 年 11 月进行了首次预发布，2020 年 11 月在秋季高博会上首次正式发布，目前已经正式发布三轮（含预发布）。

为更好发挥教发指数对各省高等教育发展的直接推动作用，从 2020 年起，工作组开始跟各省教育主管部门一起合作探索省级普通高校教师教学发展指数的研发工作。2020 年首次发布浙江省本科院校教师教学发展指数，至今发布两轮；2021 年首次发布浙江省高职院校教师教学发展指数，至今发布首轮；2021 年，一起合作的省份还增加了陕西省，依托西北教师教学发展研究院，一起发布陕西省本科院校教师教学发展指数。

1.1.1 2021 版本科院校教师教学发展指数发布情况

2021 版本科院校教师教学发展指数于 2021 年 12 月 12 日以网络发布的形式与社会见面。这次发布的本科院校教师教学发展指数含 11 个子清单（见表 1-1）

表 1-1 2021 版全国本科院校教师教学发展指数清单名称一览

序号	名称	发布数量
1	全国普通本科院校教师教学发展指数（2021 版）	前 300
2	"双一流"建设高校教师教学发展指数（2021 版）	全部
3	地方本科院校教师教学发展指数（2021 版）	前 100
4—1	综合类本科院校教师教学发展指数（2021 版）	前 20
4—2	理工类本科院校教师教学发展指数（2021 版）	前 20
4—3	人文社科类本科院校教师教学发展指数（2021 版）	前 20
4—4	农林类本科院校教师教学发展指数（2021 版）	前 20
4—5	医药类本科院校教师教学发展指数（2021 版）	前 20
4—6	师范类本科院校教师教学发展指数（2021 版）	前 20

序号	名称	发布数量
5	民办及独立学院教师教学发展指数(2021版)	前20
6	新建本科院校教师教学发展指数(2021版)	前100

自2019年11月中国高等教育学会首次发布教师教学发展指数以来,相关工作受到全国各地教育行政部门和高等院校广泛关注,有力推动了教师教学工作的发展。教师教学发展指数模型也在实践探索中不断丰富和完善。2021版指数依旧从"6＋1"维度刻画我国高校教师教学发展生态,其中本科指数的一级指标包括"教师团队""教改项目""教材项目""教学论文""教学成果奖""教师培训基地"六个维度和"教师教学竞赛"特别维度,并新增了9个三级指标,数据量也新增了7.6万余条,达到了57万余条;高职指数体现职教特色,在一级指标上进行了调整,包括"教师团队""产教融合""专业与课程""教材与论文""教学成果奖""教师培训基地"六个维度和"教师教学竞赛"特别维度,新增了3个二级指标,13个三级指标,数据量新增了11万余条,达到了31万余条。

此次本科院校教师教学发展指数中上榜本科院校达到1223所,占全国本科院校总数的98.79%,比2020年增长0.71个百分点,排名前三的依旧为清华大学、北京大学和浙江大学。从区域上榜率来看,东部地区上榜499所,占东部地区本科院校数的98.62%;中部地区上榜293所,占中部地区本科院校数的99.32%;西部地区上榜294所,占西部地区本科院校数的98.33%;东北地区上榜137所,占东北地区本科院校数的99.28%。相比2020年,各区域的高校指数覆盖率均有增加,特别是东北和西部地区上榜比例增加明显。从区域校均分和校均项目数来看,东部地区以校均33.32分和校均474项排名第一,东北地区以校均32.41分和校均399项次之,西部地区以校均30.25分和校均344项排名第三,中部地区以校均28.33分和校均337项相对靠后。从院校类型来看,理工类上榜率98.41%,综合类97.95%,师范类100%,农林类100%,医药类98.13%,人文社科类99.58%,在校均分上农林类和师范类领先。从排名分布来看,前100本科院校中,"双一流"建设高校(含一流大学建设高校和一流学科建设高校)88所,占全国"双一流"建设高校数的64.23%。前300本科院校中,"双一流"建设高校131所,占全国"双一流"建设高校数的95.62%。进入指数覆盖的民办本科院校共378所,占全国民办本科院校总数的96.92%。从校均得分来看,公办本科院校得分是民办本科院校的2.60倍,公办本科院校教师教学水平具有显著优势。

1.1.2　2021版高职院校教师教学发展指数发布情况

2021版高职院校教师教学发展指数于2021年12月12日以网络发布的形式与社会见面。这次发布的高职院校教师教学发展指数含8个子清单(见表1-2):

表1-2　2021版全国高职院校教师教学发展指数清单名称一览

序号	名称	发布数量
1	全国高职院校教师教学发展指数(2021版)	前300

续表

序号	名称	发布数量
2	"双高"高职院校教师教学发展指数（2021版）	全部
3	一般高职院校教师教学发展指数（2021版）	前100
4—1	东部地区高职院校教师教学发展指数（2021版）	前20
4—2	中部地区高职院校教师教学发展指数（2021版）	前20
4—3	西部地区高职院校教师教学发展指数（2021版）	前20
4—4	东北地区高职院校教师教学发展指数（2021版）	前20
5	民办高职院校教师教学发展指数（2021版）	前20

此次正式发布的高职院校教师教学发展指数中上榜高职院校达到1408所,占全国高职院校总数的92.75%,比上年提高了2.55个百分点,排名前三的为深圳职业技术学院、天津市职业大学和金华职业技术学院,与上年相同。从各区域上榜率来看,东部地区上榜511所,占东部地区高职院校数的96.78%,比上年提高了2.38个百分点;中部地区上榜389所,占中部地区高职院校数的90.89%,比上年提高了0.87个百分点;西部地区上榜395所,占西部地区高职院校数的89.77%,比上年提高了4.39个百分点;东北地区上榜113所,占东北地区高职院校数的92.62%,比上年提高了2.62个百分点。从上榜比例来看,东部地区依旧领先,西部地区增幅最大。从各区域校均分和校均项目数来看,东部地区以校均38.8分和校均89.1项占绝对优势,其他各区域校均分与上年相似,校均项目数均有一定的增加。从各省的表现来说,天津市校均分最高,浙江省相比天津市校均分略低,排名第二,再者为江苏省和北京市,贵州和云南两省的校均分相对偏低,各省总体态势和上年相似,也说明高校教师教学现状是个长期发展的结果,需要持续努力才会有所改变。在前100高校中,"双高"高职院校95所,占所有"双高"高职院校数的48.22%;在前300高校中,"双高"建设高职院校189所,占所有"双高"建设高职院校数的95.94%。进入指数覆盖的民办高职共309所,占所有民办高职院校总数的83.06%,比上年增加了6.52个百分点。

1.1.3 2021浙江省本科院校教师教学发展指数发布情况

2021年12月4日,在"浙江省高校教师教学发展论坛"上,浙江大学陆国栋教授代表全国普通高校教师教学研究专家工作组联合浙江大学教育学院正式发布2021版"浙江省普通高校教师教学发展指数",指数含本科和高职两个版本,其中本科院校教师教学发展指数为第二次发布,高职院校教师教学发展指数为首次发布。"本科指数＋高职指数"的完整体系,更全面展现了浙江省高等学校教学发展形态。

浙江省本科院校教师教学发展指数上榜院校中,排名前三的分别为浙江大学、浙江工业大学和浙江师范大学,与2020年保持不变。

浙江省本科院校教师教学发展指数的前10名中,从城市分布看,杭州市上榜6所,温州市上榜2所,金华市、宁波市各上榜1所。从院校层次看,"双一流"建设高校(含一流大学建设高校和一流学科建设高校)2 所;省重点建设高校 8 所。从排名变化看,前 6 名的位序保持不变,杭州师范大学从 2020 年的第 9 名上升到 2021 年的第 7 名,温州医科大学从 2020 年的第 7 名下降为 2021 年的第 9 名。排名位序提升最快的三所学校为:浙大城市学院(2020 年的第 32 名提升至第 28 名)、浙江财经大学东方学院(2020 年的第 43 名提升至 39 名)和温州理工学院(2020 年的第 45 名提升至第 40 名)。

1.1.4 2021 浙江省高职院校教师教学发展指数发布情况

为调节引导浙江省高职院校更好投入教师教学培养,进而推进浙江省高职教育高质量发展,发挥高职教育在高素质技术技能人才培养、就业创业创新、提升制造和服务水平上的重要作用,2021 年 12 月 4 日,在"浙江省高校教师教学发展论坛"上,浙江大学陆国栋教授代表工作组联合浙江大学教育学院首次发布浙江省高职院校教师教学发展指数。

"浙江省高职院校教师教学发展指数(2021 版)"根据浙江省高职教育教学和教师教学发展特点进行建模,在模型设计中与全国高职院校教师教学发展指数的一级指标保持一致,即"6＋1"模型:教师团队、产教融合、专业与课程、教材与论文、教学成果奖、教师培训基地、教师教学竞赛;同时,因为职业性是高职教育与普通本科教育的最大区别,高职教育更强调实践能力的培养,因此在指标设计上将"产教融合"作为一级指标独立存在。

浙江省高职院校教师教学发展指数(2021 版)排名前 10 的学校分别是:金华职业技术学院、浙江金融职业学院、浙江机电职业技术学院、宁波职业技术学院、浙江交通职业技术学院、温州职业技术学院、浙江经济职业技术学院、浙江商业职业技术学院、浙江经贸职业技术学院、杭州职业技术学院。

从区域差异来看,杭州、宁波、金华和温州各所学校的得分领先于省内其他城市,特别是杭州在拥有全省最多的 19 所高职院校的情况下,校均得分还能处于总排行榜前三,可见杭州的高职院校总体水平高于全省其他地区。从不同类型的高职院校校均得分来看,示范校、骨干校和高水平高职院校的得分远远高于职业大学和民办高职。

1.1.5 2021 陕西省本科院校教师教学发展指数发布情况

2021 年,与省份的合作推广至陕西,工作组与西北教师教学发展研究院通力合作,在综合研判陕西省本科院校教师教学发展现状的基础上,决定研发陕西本科院校教学发展指数(下简称陕西本科教发指数)。西北工业大学、陕西师范大学、西安邮电大学等高校抽调技术骨干力量投入研究,西北工业大学两次组团到杭州与专家组进行研讨,专家组也派相应技术人员到西北工业大学就指数研发问题进行了研讨,同时还进行了多轮线上线下会议,一起探讨陕西本科教发指数的指标体系、数据采集、数据归集、权重确认等相关技术问题。2021 年 12 月 22 日,经陕西省教育厅审核,陕西省本科院校教师教学发展指数正式于网络面世,成为推动陕西省本科高质量教育教学的重要力量之一,也是主管部门政策推动的重要抓手之一。

1.2 研讨与交流回顾

2022 年 2 月 15 日，教育部办公厅关于公布首批虚拟教研室建设试点名单的通知（教高厅函〔2022〕2 号），公布了我国首批 439 个国家级虚拟教研室，以工作组力量为主要组成成员的高校教师教学发展研究虚拟教研室位列其中。申报之初，该教研室成员来自 17 所高等院校和 1 家企业，分布于浙江省、陕西省、山东省和广东省四省。高校教师教学发展研究虚拟教研室致力于在新时代教育评价改革背景下，聚焦高校教师教学发展的多层次评价体系构建与优化机制研究，每年研发全国普通高校教学发展指数，与各省地市合作研究区域高校教学发展指数，围绕"四新"建设开展专业大类教学发展相关研究，推动高校和教师回归立德树人的初心和使命。

虽然，高校教师教学发展研究虚拟教研室作为国家级虚拟教研室于 2022 年正式获批，但具体工作可以追溯到 2019 年 2 月，以浙江大学为主轴，团结浙江省一批地方高校力量展开研究，由杭州简学科技有限公司提供工作场所和相应设施设备。目前线下教研室含 1 个小型研讨室（约 30 平方米）和 1 个大型会议室（约 70 平方米），研讨室和会议室内配备了电脑、投影、空调、打印机等基本工作设备，满足教研室开展相应活动。2022 年，根据国家级虚拟教研室建设要求，教研室成员拓展至全国，有西北地区、西南地区等来自全国各地的学校代表，使得教研室范围和力量进一步加强，成为研究中国高校教学发展的重要力量之一。

依托高校教师教学发展研究虚拟教研室，在中国高等教育学会的领导和指导下，在全国普通高校教师教学发展指数的牵引下，尽管受疫情影响，仍组织了不少研讨活动。具体包括：

2021 年 5 月 14 日，在河北省教育厅的大力支持下，在河北科技大学召开河北省教师发展与创新人才培养论坛，河北省所有高校教务处等相关领导参加，教研室陆国栋和赵春鱼分别做专题报告，介绍全国和河北省教师教学发展的概况和具体内容。

2021 年 6 月 19 日，在厦门理工大学召开福建省学科竞赛与创新人才培养研讨会，福建省所有高校教务处等相关领导参加，教研室陆国栋和赵春鱼分别做专题报告。

此外，教研室成员还受邀为各级各类高校持续改进教师教学质量提供咨询。

2022 年 2 月 5 日，西北研究院在陕西省教育厅的支持和指导下，系统对标国赛要求，组织实施首届全国教师教学创新大赛陕西赛区选拔赛，选拔出 9 个优秀教师（团队）参加全国决赛。其间，积极指导甘肃、青海、新疆、宁夏开展省级、校级层面教学竞赛。历经 7 轮系统化培训打磨，陕西赛区教师在 7 月份复旦大学承办的首届国赛中获得一等奖 3 项、二等奖 5 项、三等奖 1 项、教学学术创新专项奖 1 项、优秀组织奖 1 项、优异成绩得到陕西省省长批示肯定。

2022 年 3 月以来，西北研究院协同西北各分院实施优质课程库和高水平专家库建设，聚焦"一流课程建设""信息化教学""课程思政""教学创新大赛""混合式教学"等教学能力提升需求，通过"线上＋线下"相结合方式，联合开设 20 余期主题培训和经验交流分享课程,来自 106 所高校的 3812 名教师报名参加修读。西北研究院与中国高等教育培训中心联合推出系列专题研修活动,吸引全国近 4522 余名教师,辐射院校将近 100 所。

2022 年 4 月 17 日,西北研究院举办"新时代行业特色高校高质量发展与创新型人才培养"学术论坛,会议邀请到侯增谦院士作"国家自然科学基金改革与发展"主题报告,严纯华院士作"发挥综合性大学优势特色,努力服务区域发展和国家战略"主题报告。同时,十余位来自行业特色一流高校的高水平专家,聚焦行业特色高校高质量发展与创新型人才培养的理论和实践,从不同角度作精彩分享交流。吸引西北地区及全国 60 余所高校的320 余位专家、学者代表参加了论坛。

2022 年 6 月以来,先后引领陕西、甘肃、青海、新疆等省(区)30 余所高校联合开展 6期境外教师教学在线研修项目,首次启动"新加坡国立大学高校教师教学法和课程设计在线培训项目""新加坡南洋理工大学教育领导力与教学创新能力提升高级研修班"及"剑桥大学全英文教学法研修项目",各高校积极响应推荐,累计遴选 115 名教师参加项目深度学习,对项目组织、课程内容及主讲专家均给予高度评价。

2022 年 11 月 18 日,西北研究院举办"陕西省高校教师教学发展研讨会",会议邀请知名专家学者以"陕西高校教师教学发展能力提升"为主题开展交流研讨,来自西北地区62 所高校的 2000 余名教师、教育工作者以在线方式参加,积极为区域高校教师发展提供优质交流平台。

2022 年 12 月 22 日,中国高等教育学会在线首次发布"2021 版陕西省本科院校教师教学发展指数"。其间,西北研究院多次拜访全国高校教师教学发展研究专家工作组专家,系统研讨西北地区高校教师教学发展指数编制方案,并联动西北各省区组建西北地区高校教师教学发展指数工作小组。以陕西省为试点,率先确定形成以"教师团队""教改项目""教材项目""教学论文""教学成果奖""教师培训基地""教师教学竞赛"等 7 个维度作为一级指标陕西高校教师教学发展指标框架体系。

1.3　未来发展与展望

以全国教师教学发展虚拟教研室为基础,在宏观层面,不断加强全国普通高校教师教学发展的态势、机制、政策和机制相关研究,加大全国高校学生竞赛与教师发展数据平台的开放力度,吸引更多志同道合的教师共同研究教师教学发展问题,形成研究品牌;在中观层面,不断扩大影响力,在与区域教师教学发展研究院协同下,在中国高等教育学会的支持和指导下,不断拓展与各省(区、市)的协同与合作,形成更多省份的高校教学发展指数,深耕该研究领域,细化和深化研究力度,使之更好为区域高等教育高质量发展提供参考。

2 全国本科院校教师教学发展分析

2.1　发展概况

　　2021 年发布的普通本科院校教师教学发展指数中上榜学校 1223 所，占全国本科院校总数的 98.79％，其中东部地区上榜 499 所，占东部地区本科院校数的 98.62％；中部地区上榜 293 所，占中部地区本科院校数的 99.32％；西部地区上榜 294 所，占西部地区本科院校数的 98.33％；东北地区上榜 137 所，占东北地区本科院校数的 99.28％，总体涵盖面广，西部地区上榜率占比相对偏低。依照排名绘制总分分布图（见图 2-1），排名前三的分别为清华大学、北京大学和浙江大学，将排名第一的清华大学得分归一为 100 分，则最低分为 3.42 分，可见整体分数差异较大，各学校教师教学发展水平参差不齐。其次，高分段学校占比较少，[50,100] 分段的学校共 162 所，仅占所有上榜学校数的 13.25％，大部分学校处于低分段。再者，在数量不多的中高分段学校中，则呈现出一种压倒性优势，例如排名前 100 的本科院校，在数量上仅占上榜数量的 8.18％，而总分占比则为 17.17％，项目数占比更高达 38.46％，排名靠前的一小部分学校几乎占据近一半的指数项目，呈现一种不均衡形态。此外，图 2-1 呈现的曲线形态由陡变缓，曲线斜率在前 100 名学校区段由大变小变化显著，而 100 名后斜率值基本保持不变，由此说明在数量不多的高分段学校之间教师教学发展水平还存在较大差异，例如排名第一、第二的清华大学与北京大学得分分别为 100 与 99.43，而排名第三的浙江大学得分仅为 90.63，排名第四的武汉大学得分就低于 90 了，分数下降很快，由此说明高分段学校存在断崖式变化，我国高校教师教学发展还不够充分，结构欠合理，有待进一步治理与提升。

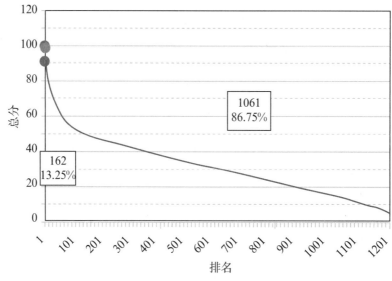

图 2-1　排名总分分布

2.1.1　区域层面的差异分析

　　按照东部、中部、西部和东北四区域划分，分析各区域本科院校教师教学发展状况，形成表 2-1。可见,从总分来看,总分占比由高到低分别为东部、西部、中部和东北地区,占比依次为 43.5%、23.4%、21.6% 和 11.5%,各地区总分差异显著,东部地区总分占绝对优势。从项目数来看,占比由高到低同样为东部、西部、中部和东北地区,东部项目数占比达48.2%,同样占绝对优势。考虑到各区域高校数的差异,因而将各区域上榜高校数占总上榜学校数的比例与总分及项目数占比结合起来分析。对比发现东部地区总分及项目数占比均大于其学校数占比,而中、西部地区总分及项目数占比均小于其学校数占比,由此说明东部地区本科院校总体得分较高,教师教学发展水平领先于中西部,地区间存在发展的不均衡。东北地区总分及项目数占比基本与学校数占比持平,体现学校数量与总得分的匹配性较好,总体发展水平处于中等位置。从校均得分也可发现东部最高,东北次之,西部、中部排后,因此也可得到相似的结论,这也与当前我国东强西弱的高等教育布局相对应。

表 2-1　各区域高校教师教学发展状况分析

	学校数/所	学校数占比/%	总分占比/%	项目数占比/%	校均分/分
东部	499	40.80	43.5	48.2	33.8
中部	293	23.96	21.6	20.0	28.5
西部	294	24.04	23.4	20.7	30.8
东北	137	11.20	11.5	11.1	32.6
总计	1223	100.00	100.0	100.0	31.7

进一步研究各区域本科院校得分分布可见(见图 2-2),整体上四个区域本科院校得分分布均呈现低分段占比高,中、高分段占比显著偏低的负偏态分布,60 分以上分数段高校占比呈现断崖式降低,与图 2-1 所呈现的排名总分分布结果一致。占比最高的分数段出现在[20,30)分数段或[30,40)分数段,由此也看出我国高校教师教学发展状况并不理想,大部分学校发展水平较低。相比较而言,东部地区中、高分数段占比略高,发展水平较其他三区域略好。

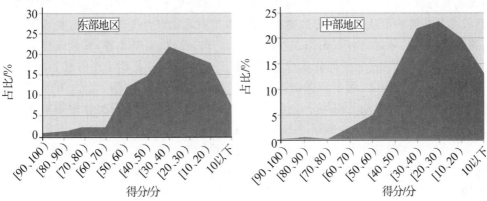

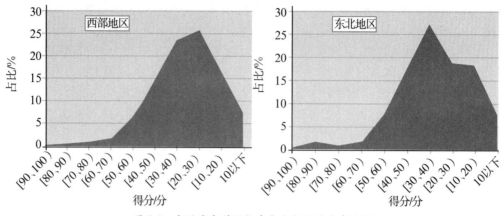

图 2-2　各区域本科院校在各分数段的分布比例

2.1.2　省域层面的差异分析

分析我国 31 个省份本科院校上榜数占各省本科院校总数比例发现，19 省份达 100%，全部上榜，仅 3 省份（青海省、内蒙古自治区、新疆维吾尔自治区）上榜率低于 95%，这 3 个地区没上榜学校也仅 1 所，因为原本本科院校基数不大，因此上榜比率偏低，总体来说指数涵盖面广。

研究各省份高校的校均得分与标准差发现（见图 2-3），校均分曲线基本在 30 左右波动，仅北京市、上海市和青海省 3 省市校均分较突出超过了 40 分，北京市最高为 44.81 分，贵州省、河北省和云南省校均分偏低，贵州省校均得分为 24.96，接近北京的一半左右。标准差曲线相对波动剧烈，标准差偏高的省依次为上海市、北京市、天津市、江苏省和湖北省，都是高校总数相对较多的省市；标准差较小的省份，包括青海省、西藏自治区和海南省，为本科院校数量较少的省份。进一步绘制各省份校均分与标准差的关系图（见图 2-4），以各省份校均分和标准差的平均值为分界线，可分为四个象限，其中第一象限包括上海、北京、天津、江苏、湖北、陕西、湖南、黑龙江、重庆 9 省市，这一象限校均分和标准差均较高，说明平均教师教学水平较高，但内部的差异性也较大，仔细分析这些省市，基本为学校数量较多且传统教育认可度较好的省市，以上海市和北京市为代表，在图上呈现明显的偏离；第二象限包括浙江、四川、山东、甘肃、辽宁、广东、福建、安徽 8 省，该象限校均分中偏低，但标准差较大，这些省份同样学校数较多但与第一象限相比高水平学校不够突出，整体教师教学水平就低了；第三象限包括新疆、江西、吉林、云南、河南、河北、贵州、广西、山西 9 省份，这一象限无论是校均分还是标准差均偏低，说明这些省份整体教师教学水平不理想，且均在低分段集聚，内部缺乏层次梯度；第四象限包括宁夏、内蒙古、海南、西藏、青海 5 省份，这一象限校均分中偏上，整体发展态势良好，且标准差偏低，内部差异性不大，仔细观察发现这些省份学校数不多，地理位置多处于边界，以青海和西藏为代表，在图上呈现明显的偏离，应该与帮扶政策及集中力量发展治理有关。

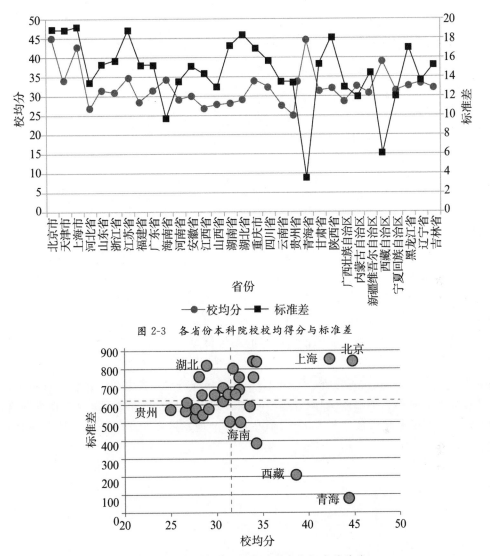

图 2-3　各省份本科院校校均得分与标准差

图 2-4　各省份本科院校校均得分与标准差关系

再看各省份校均得分与校均项目数关系(见图 2-5),总体呈线性分布,局部存在偏离。以各省份校均分和校均项目数的平均值为分界线,同样可分为四个象限。其中第一象限包括北京、上海、江苏、天津、吉林 5 省市,其中北京、上海呈现显著偏离,说明这两个地区不仅获得的项目数多且整体每项表现得也较好,与其他省拉开差距;第二象限包括安徽、山东、广东、湖北、浙江、福建、四川、甘肃、陕西、黑龙江、辽宁 11 省,该象限的省份在项目数量上占优势,但在每项的表现上值得提升;第三象限包括广西、湖南、新疆、河南、宁夏、内蒙古、江西、云南、贵州、河北、山西 11 省份,这一象限省份数量也较多,校均项目数和校均分都相对偏低,尤其是贵州、河北、云南、江西、山西这 5 省与其他地区在图 2-5 中呈现明显的脱离;第四象限包括青海、西藏、海南、重庆 4 省份,该象限各省份虽然项目数不多,但每项表现情况较好,因此校均分较高,特别是青海、西藏在图中呈现显著偏离。

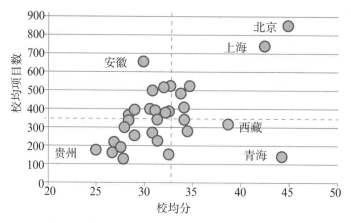

图 2-5　各省份本科院校校均得分与校均项目数关系

比较各省份进入指数前 100 名和前 300 名的学校数量和学校数量占比来分析各省域教师教学发展水平。进入前 100 名的高校覆盖 22 个省份（见图 2-6），进入高校数量较多的省市分别为北京市（20 所）、江苏省（14 所）和上海市（8 所），而学校数量占比较高的也为北京市（29.9%）、上海市（21.1%）和江苏省（18.2%），观察可见学校数量和学校数量占比曲线变化形态基本一致。进入前 300 名的高校覆盖了 31 省份（见图 2-7），进入高校数量较多的省市分别为北京市（36 所）、江苏省（23 所）和上海市（18 所），而学校数量占比较高的为北京市（53.7%）、青海省（50%）和上海市（46.2%），观察学校数量和学校数量占比曲线可见前半段（东、中部地区）两者趋势基本一致，后半段（西部地区）两者有所偏离，说明西部地区虽然整体发展水平占劣势，但在集中治理发展高水平学校的工作上还是有成效的。

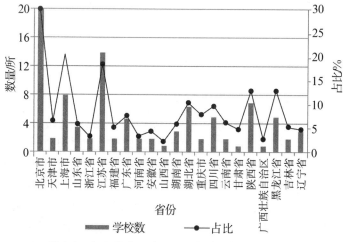

图 2-6　各省份进入前 100 名本科院校数量与占比

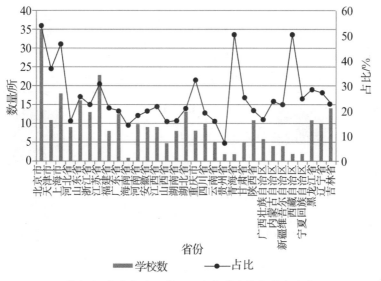

图 2-7　各省份进入前 300 名本科院校数量与占比

2.1.3　校级层面的差异分析

（1）重点与非重点高校差距明显。分别对原"211"工程高校、原"985"工程高校和"双一流"建设高校进行教师教学发展指数分析，形成表 2-2。可见，无论从校均得分上还是校均项目数上，重点本科院校都具有绝对优势，例如，"双一流"建设高校校均得分为 60.80 分，而非"双一流"建设高校校均得分仅为 27.99 分，前者约为后者的 2.2 倍，校均项目上"双一流"建设高校为 1557.8 项，而非"双一流"建设高校仅为 261.1 项，前者约为后者的 6 倍，差距明显。

在进入前 100 名的高校中重点大学表现依旧突出（见图 2-8），包括原"211"工程高校 85 所，占所有原"211"工程学校数的 75.9%，包括原"985"工程高校 37 所，占所有原"985"工程学校数的 97.4%，包括"双一流"建设高校（含一流大学建设高校和一流学科建设高校）88 所，占所有"双一流"建设高校数的 64.2%。而在前 300 名的高校中，几乎包括所有重点大学，如原"211"工程高校 111 所，占所有原"211"工程高校数的 99.1%，原"985"工程高校 38 所，包括了所有原"985"工程高校，"双一流"建设高校 131 所，占所有"双一流"学校数的 96.6%。由此可见在高校教师教学发展水平上，重点大学依旧保持优势，与非重点大学拉开距离。

表 2-2　重点与非重点高校差异性分析

	校均项目数	校均分	总分标准差
原"211"工程高校	1772.5	63.92	12.08
非"211"工程高校	268.6	28.42	13.07
原"985"工程高校	2846.6	76.70	10.25
非"985"工程高校	328.1	30.22	14.55

续表

	校均项目数	校均分	总分标准差
双一流建设高校	1557.8	60.80	13.12
非双一流建设高校	261.1	27.99	12.53

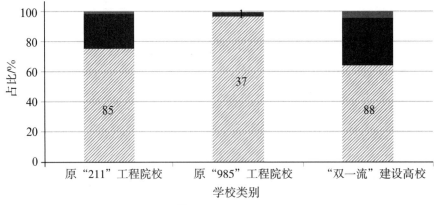

图 2-8 重点高校位序分布

（2）不同专业类型高校发展水平存在差异。将全国高校分为六大类，分别为理工类、农林类、医药类、人文社科类、师范类和综合类，统计它们各自的学校数、校均项目数、校均得分和校均分标准差得到表 2-3。由表 2-3 可见校均得分最高的是农林类高校，其次为医药类高校，师范类位居第三，而传统数量较多实力较强的理工和综合类高校校均分处于中等及偏下的位置，且标准差较大，说明学校之间的差异性较大，人文社科类学校相对得分偏低。

表 2-3 不同类型高校教师教学发展状况统计

	学校数	校均项目数	校均分	标准差
理工	371	368.8	31.83	18.35
农林	55	369.5	36.37	16.81
医药	105	206.2	32.95	13.76
人文社科	238	169.4	25.98	12.94
师范	168	281.0	32.40	12.72
综合	286	304.1	28.39	17.95

分析进入前 100 名和前 300 名的各类型高校数量（见图 2-9 和图 2-10），在数量上理工类和综合类占优势，因为这两类学校基数较大，而分析进入前 100 名及前 300 名本科院校数占比发现，农林类和理工类高校占比高于其他类型高校，医药类进入前 300 名的占比也较高，由此可见从教师教学发展水平层面上来讲，农林类和医药类高校无论是平均发展水平还是高水平高校比率都要好于其他类型学校；理工类高校虽然平均发展水平处于中等，但高水平高校较多比率较大；综合类高校高水平学校数量上占优，主要得益于其庞大

的基数,但整体水平不高,内部差异较大;而人文社科类学校各方面发展水平都显著低于其他几类。

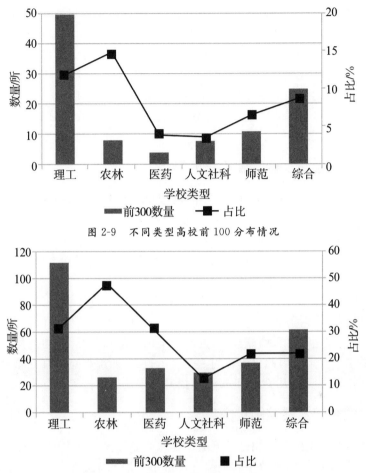

图 2-9　不同类型高校前 100 分布情况

图 2-10　不同类型高校前 300 分布情况

（3）"公强民弱"现象显著。进入教师教学发展指数的 1223 所本科院校中,民办及独立学院高校共 387 所,占 31.6%,公办、内地与港澳台地区合作办学及中外合作办学高校 836 所,占 68.4%。民办及独立学院高校校均得分为 15.2 分,校均项目数为 74.2 项,公办及其他高校的校均得分为 39 分,校均项目数为 554.9 项。前 300 名的高校均为公办高校,民办及独立学院高校最高排名已在 300 名外,排名最前的大连东软信息学院仅位列第 409 名。这些数据均说明在教师教学水平层面上我国高等教育依然存在"公强民弱"的现象,与我国高等教育整体态势相一致。

2.2　存在的主要问题

2.2.1　区域间发展不平衡及区域内发展结构不合理

从 2021 年发布的普通本科院校教师教学发展指数来看,东部、东北地区的校均得分高于中、西部地区，无论从平均水平上还是高水平学校数量及占比上，都体现出东强西弱，区域间发展不平衡，与学生竞赛等相关研究区域差异基本一致。

从各区域高校得分分布来看，所有区域均存在低分段集聚现象，由此说明无论是全国还是区域内部，本科院校教师教学发展未形成合理的层次梯度。东部地区虽比其他区域多了一些高分段学校，但整体并未逃脱负偏态状况。东部高分段内部，亦呈现"三两成群"式的散状分布，即往往两三个学校处于一个层级，而层级与层级之间又存在较大差距，例如位于第一、第二位的清华大学、北京大学与位于第三位的浙江大学在得分上存在较大差距。中、西部地区虽然内部均衡性较东部好，但其原因却在于大部分学校均处于低分段且差异不大。

2.2.2　个别省域呈现发展不充分态势

从各省份的校均分来看，最高的北京市与最低的贵州省之间的差距在两倍左右，校均项目数之间的差距在5倍左右，虽然所有省份均有高校进入前300名，但从进入前300名的各省份高校数量来看，东部的北京市、江苏省明显高于其他各省份，省域间教师教学发展的平均水平差异较大，个别省份教师教学发展不充分，如贵州省、河北省、江西省等的校均得分和排名位序均不是很理想。

校均得分较高的省份还呈现两种不同的发展模式：一种是北京、上海模式，这两个地区学校数相对较多，地区资源较好，因此整体发展得也不错，是传统认知上高等教育发展较好的地方；另一种是青海和西藏模式，这两个地区高校数量很少，地理位置不占优势，但学校平均发展水平较高。因此也给我们一个启示，在中西部相对教育资源紧缺的地方，可以集中力量办几所高质量大学，以此带动和提升整个地区的高等教育水平。

2.2.3　学校间发展差距过大

理想的高等教育供给多样化是类型的多样化而非质量和层次的多样化。从数据分析结果来看，以往获得较多国家政策和资源支持的重点院校（包括原"985"工程、原"211"工程以及现行的"双一流"建设高校）相对于其他高校形成压倒性优势，表现抢眼本无可厚非，但问题在于，除了这些在高等教育金字塔体系位于塔尖的高校"耀眼发光"之外，金字塔下面的大部分高校发展过于平淡，未形成合理梯度，且与塔尖高校之间形成"不可逾越"的发展鸿沟。这种发展态势并不利于我国高校教师教学持续、合理、健康发展。

在学校类型维度，由于民办院校办学历史等限制，教师教学发展各方面表现与公办高校相去甚远。民办高等教育是我国高等教育的重要组成部分，承担应用型人才培养的重要责任，民办院校教师教学发展水平的提升值得有关部门关注。

2.3　治理优化的对策和建议

2.3.1　完善地方本科院校教师教学支撑体系，改善整体偏态

从整体和各区域本科院校教师教学发展水平来看，中高分段学校数量少，且内部差距

较大,整体呈负偏态。中高分段学校基本是传统认知上的名校强校,资源配备相对充足,需要进一步关注位于中低分段的大部分本科院校教师教学发展问题,而这些院校中地方院校占了大部分。需要发挥各学校的主体作用,建立教学支撑体系,特别是"中段"位序的高校,需要各省份加大政策、资源支持,进一步缩小与传统名校强校的差距;对于得分较低的高校,需分析自己在教师教学发展各维度的具体优势和劣势,加大投入和支持,鼓励教师努力开展教育教学研究,首先在某个方面有所突破;对于未能被指数覆盖的高校,说明教师教学发展整体较弱,需要分析学校发展现状,梳理存在问题,至少在某些方面重点加以支持,争取早日进入指数覆盖范围。

2.3.2　加强引导扶持与交流展示,改善区域省域间的不平衡与不充分

要加强区域、省域、校级之间的沟通交流,加强低分段地区、学校的分层引导和扶持。其一,国家及地方政府要对高等教育经费投入进行合理分配,对目前教师教学发展一般但具有一定潜质的学校进行重点引导和扶持,协助其提升教师教学水平,并对本区域的其他学校起到带动作用,改善区域内高校教师教学发展水平的分布结构。其二,加强高等学校教师教学发展示范中心的区域辐射作用。为提高高等教育教师教学能力,我国从 2012 年启动国家级教师教学发展示范中心建设,可依托区域内国家级教师教学发展示范中心,进行有针对性的教师培训品牌输出,加强示范中心的示范辐射作用。其三,加强多层次的教学交流和教学展示。我国目前的高校教师教学能力发展仍是以各高校自我服务为主,高校内部之间,高校与高校之间,区域与区域间缺乏交流,没形成氛围,这也是造成各学校教师教学水平发展不均衡,差距明显的原因。对于处于低分段的高校、区域更要加强交流,学习其他学校的发展模式和经验,以提升自身实力。其四,加强和拓展高校教师教学展示平台构建,鼓励高校教师参加教学竞赛。目前缺乏高校教师教学的展示平台,而作为难得的展示高校教师教学水平的高校教师教学竞赛,又存在数量少和学科专业不平衡等显著特征,建议高等教育管理部门进一步拓展教师教学能力展示平台,各高校要加大投入和激励,鼓励和组织教师参加竞赛,通过竞赛提高教师对教学的热情,提升教师教学水平。

2.3.3　引入第三方开展高校教师教学发展生态评估与研究

依据国外的治理经验,依托政府以外的专业学会进行教师教学水平的评估可能是教师教育教学质量保障和提升教师教学水平的合适途径,中国高等教育学会高校教师教学发展指数项目组在系统研究我国高校教师发展历史和现状的基础上,通过大数据分析,构建了一个全新的教师教学发展评价体系,尝试用一个边界清晰、内涵明确的"指数"来表征我国高校教师教学发展现状和生态,以此"倒逼"高校更加重视教师教学发展。教师教学发展指数的预发布,迈出了规范高校教师教学行为,提升教师教学质量的第一步,使得以往很难评价的教师教学能力得到了明确和量化,是高校教师教学水平评估的探索和尝试。然而,这只是万里长征的第一步,高校教师教学发展研究还需要进一步规范和深入,通过指数的研发为高校教师教学水平提供衡量和改进的依据,引导高校更加重视教学工作,重视对教师教学能力的培养,从而提升整个高等教育的教学水平和质量。

3 全国高职院校教师教学发展分析

3.1　研究目的

　　教师作为学校办学的主体,教学作为学校办学的基础,教师教学的发展很大程度影响了学校办学水平和人才培养质量。随着我国进入新的发展阶段,产业升级和经济结构调整不断加快,各行各业对技术技能人才的需求越来越紧迫,职业教育重要地位和作用越来越凸显。2019年国务院印发《国家职业教育改革实施方案》中要求职业教育由追求规模扩张向提高质量转变,明确了职业教育中教学、教师的重要性,提出了多措并举打造"双师型"教师队伍等具体内容。2021年,教育部在《关于实施职业院校教师素质提高计划(2021－2025年)的通知》中对加强职业院校高素质"双师型"教师队伍建设,促进职业教育高质量发展提出了全方位的要求。在此大环境下,全国高职院校教师教学发展指数应运而生,本着"凸显高职特点,贴合教师需求"的原则,着眼于学校与社会用人单位的结合,师生与实际劳动者的结合,以及理论与实践的结合,关注高等职业教育和高职院校教师教学发展的多方面特点包括教师教学、产教融合、历史积累、高职发展、职教成果等,旨在提升我国教师教学水平。

3.2　数据来源及指标体系

　　2021年高职教发指数指标主要采集高职院校教师教学发展在教师团队、产教融合、专业与课程、教材与论文、教学成果奖、教师培训基地6个一级指标,21个二级指标,101个三级指标中的数据。其中"教师团队"主要指向高职院校教师个体和集体在教育教学方面所获得的相关能力认定或荣誉,是教师个体或集体属性的表达。进一步细分为立德树人、教学名师、教学团队、指导委员会和指导教师共5个二级指标,二级指标下又设了22个三级指标;"产教融合"指标主要指向学校和企业深度合作所设立的试点院校、基地、项目等,是教师教学与产业密切结合共同发展的体现,这也是高职的重要特色。从内容的角度,又可分为综合类、教学基地和示范项目3个二级指标,二级指标下又设了27个三级指标;"专业与课程"指标包含与教育教学相关的"专业类"和"课程类"两大指标,二级指标下又设9个三级指标;"教材与论文"指标下设"教材项目"和"教学论文"两大二级指标,又细分为规划教材、精品教材、优秀教材和25家职教和高教类中文核心期刊等28个三级指标;"教学成果奖"指标包含"高等教育国家级教学成果奖(含职业)""基础教育国家级教学成果奖"两大指标,二级指标下设7个三级指标,包含从1989年到2018年共8次国家级教学成果奖中高职院校作为申报单位的获奖数据;"教师培训基地"是指教育部出台的专门针对教师开展相关培训的基地,下设有7个二级指标和8个三级指标。

3.3 数据分析

1.整体发展现状分析

发布的 2021 版高职院校教师教学发展指数中上榜高职院校(含职业大学)共 1408 所,占全国高职院校及职业大学总数的 94.5%,总体涵盖面广。依照排名绘制高职指数的各排名总分分布图(见图 3-1 所示),第一名归一化得分 100 分,最低分为 6.86 分,分数落差明显。据数据统计,60 分及以上的高职院校有 119 所,仅占上榜院校数的 8.45%,剩余 91.55% 的高职院校均在 60 分以下,高分段的学校较少。进一步计算可得,校均分为 36.98 分,校均奖项数为 70 项,两个数据都总体偏低。如图 3-1 曲线变化形态所示,高分段分数下降剧烈,呈断崖式变化,第一名归一分为 100 分,第二名得分骤降至 84.07 分,第三名为 81.28 分,剩余的均为 80 分以下,其余段变化相对缓和。低分段院校占比较高,再加上那些未上榜高职院校,说明目前我国高职院校中还有一部分学校发展掉队严重,层次结构梯度欠佳。

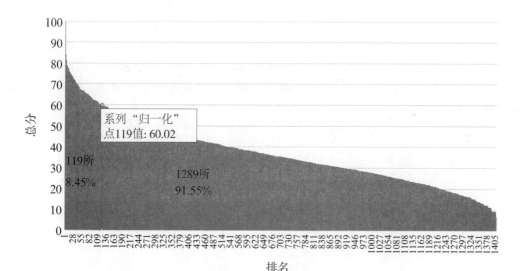

图 3-1　各排名总分分布图

2.区域发展态势分析

按照东部、中部、西部和东北四区域划分规则,分析各区域高职院校教师教学发展状况。各区域进入指数的学校覆盖比率如图 3-2 所示,其中,东部地区上榜 511 所,占东部地区高职院校总数的 98.65%;中部地区上榜 389 所高职院校,占中部地区高职院校总数的 92.40%;西部地区上榜 395 所高职院校,占西部地区高职院校总数的 91.65%;东北地区上榜 113 所高职院校,占东北地区高职院校和职业大学总数的 94.17%。高职指数在各区域总体涵盖面广,上榜率均超过 90%,其中东部地区接近 100% 的上榜率,处于领先位置,而西部地区进入指数的学校数量,较其他三区略偏低。

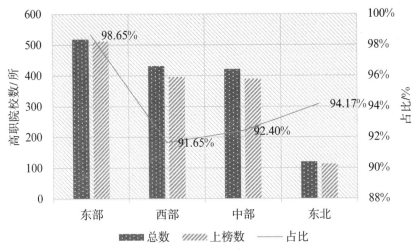

图 3-2　各区域高职院校进入指数比例

　　统计各区域的奖项总数和总分，其中东部地区奖项总数为 47057，总分为 20473.63，奖项总数与总分均占绝对优势，中部地区项目总数为 23909，总分为 14086.56，总量上排名第二，西部地区项目总数为 20755，总分为 13361.38，东北地区项目总数为 7481，总分为 4149.24。因各区域高职院校数量的差异，通过校均项目数和校均分来进行分析比较，如图 3-3 所示。在校均项目和校均分上东部地区都占据第一位，校均项目数与其他三个区域相较而言优势明显，但校均分差距较小；其次为东北地区，再者为中部地区，而西部地区这两项统计值均处于最后，由此可见，在高职教师教学发展水平上区域间差异明显，呈现东强西弱状态。

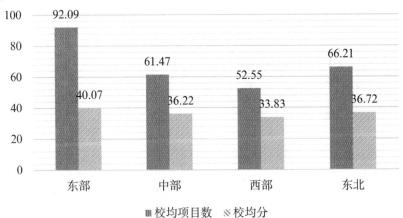

图 3-3　各区域高职院校校均项目数和校均分

3. 各省发展态势分析

　　分析我国 31 个省份中进入指数的高职院校数和上榜院校占各省高职院校总数比例发现（见图 3-4），从数量上看，江苏省和广东省占据优势，这两个省的高职院校数量也较大，其次为河南省；从上榜的比例上来看，北京、天津、黑龙江、上海、福建、广东、海南、西藏、青海等共 9 个地区占比达 100%，地区内所有高职院校全部上榜，其中广东省在高职院校数量较大的基础上上榜率同时达到 100%，发展水平显示较强态势；河北、江苏、浙江、江西等 9 个省市上榜率也均达到 96％以上；而内蒙古、宁夏等西部省市上榜比例较其他省市相对较低，为 83％左右，教师教学发展水平有待提高。

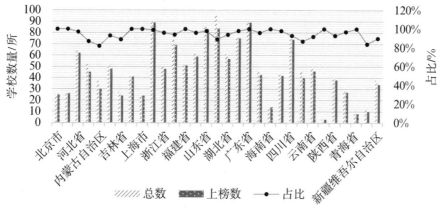

图 3-4 各省份上榜学校数及占比

通过绘制各省高职院校校均分与变异系数关系图（见图 3-5），研究各省、自治区、直辖市教师教学发展的整体水平和内部差异，并对其聚类分析，结果总体可分为六类。第一类包括浙江省和天津市，这两个地区校均分较高，均达到 45 分以上，内部差异偏小，整体发展水平较高；第二类包括北京、江苏两个省市，该类地区的校均分仅次于第一类地区，整体发展较好，变异系数中等偏下，内部差异不大，主要是一些经济发达地区；第三类包括青海、西藏、宁夏、上海四个省区市，该类地区的变异系数相对所有省区市中较为偏小，说明内部差异较小，校均分也在中等偏上，说明整体发展较好，青海、西藏、宁夏作为经济欠发达地区，高职院校数量少，在国家各类政策帮扶下表现出良好的均衡发展的形势，通过分析该三类地区数据可见，经济发展和政策对当地高职院校教师教学发展均会产生影响；第四类地区包括湖北、山东、湖南、陕西、黑龙江、河北、吉林、辽宁八个省，这一区间的校均分和变异系数都处于中间位置，属于中等发展水平；第五类地区包括广东、福建、内蒙古、安徽、重庆、海南、甘肃、山西、河南、江西十个省区市，该类地区校均分略低于平均值，变异系数略高于平均值，整体发展水平中等偏下；第六类地区包括贵州、云南、新疆、广西、四川五个省区，这一类大部分为西部地区，校均分偏低，变异系数较大，整体发展较为落后且内部差异大，与第一类地区发展差距较为明显。总的来说，省域间的发展不均衡，东部省份发展优于西部，与我国高等教育"东强西弱"的发展态势相一致，西部一些省份存在发展不充分的问题。

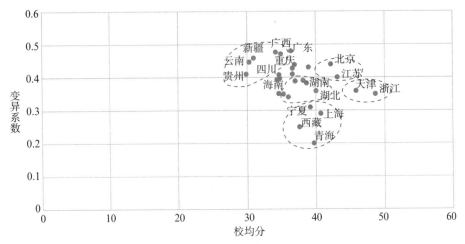

图 3-5　各省、区、市高职院校校均得分与变异系数关系图

各省份校均得分与校均项目数关系如图 3-6 所示,若以各省份校均分 37.1 分和校均项目数 67.6 的平均值为横竖轴界线,可分为四个象限。第一象限包括浙江、天津、北京、江苏、山东、陕西、湖北共 7 个省市,这些地区的校均分和校均项目数均较高,由图可见浙江省的校均项目数和校均分处于第一位置,并呈现遥遥领先的状态,北京、天津和江苏也领先其他地区,呈显著偏离状态。第二象限包括广东、重庆、广西、吉林共 4 个省份,这些地区获得的校均项目数占优势,但在项目表现上还有待提高。第三象限包括河北、山西、内蒙古、辽宁、黑龙江、安徽、福建、江西、河南、海南、四川、贵州、云南、甘肃、新疆共 15 个省份,该区域包含的地区最多,说明大部分地区获得的校均项目和校均分都很少,从图中可见贵州、云南和新疆呈现明显落后状态。第四象限包括西藏、青海、宁夏、湖南、上海共 5 个省份,这一象限的特点就是平均项目数少,但得分高,体现了这些地区集中力量在教师发展的某些方面实现了突破,西藏和青海体现较为明显。

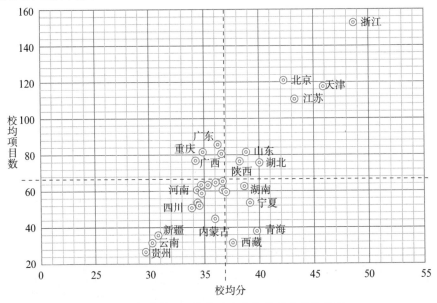

图 3-6　各省高职院校校均分与校均项目数关系图

　　比较各省份进入高职教师教学发展指数进入前 100 名和前 300 名的院校数量及占比来分析各省域教师教学发展水平。由图 3-7 可见,进入前 100 名的高职院校覆盖 25 个省份,进入数量较多的分别为江苏省(14 所)、浙江省(11 所)和广东省(8 所),而占比较高的为天津市(24.0%)、浙江省(23.0%)和北京市(20.0%),可见无论数量上还是占比浙江省都占了绝对优势,高水平高职院校较多。由图 3-8 可见,进入前 300 名的高职院校覆盖了 30 个省份,仅西藏自治区还未有高职院校进入,进入数量较多分别为江苏省(36 所)、浙江省(24 所)、山东省(24 所)和湖南省(20 所),而占比较高的为浙江省(50.0%)、江苏省(41.0%)、天津市(39.0%)和北京市(32.0%),浙江省有一半的高职院校进入了前 300 名,相比较其他省份优势明显,而云南、贵州两省进入高分段的比例偏低,进入前 100 名的占比约 3%,进入前 300 名的占比约 7.5%,高分段院校数量不足对于整个地区教师教学水平的长远发展不利。

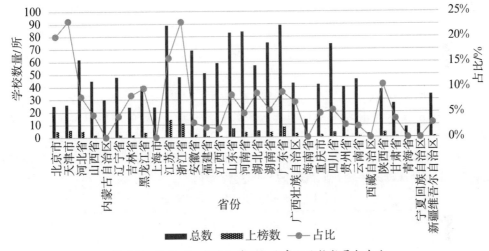

图 3-7　各省、区、市进入前 100 名高职院校数量与占比

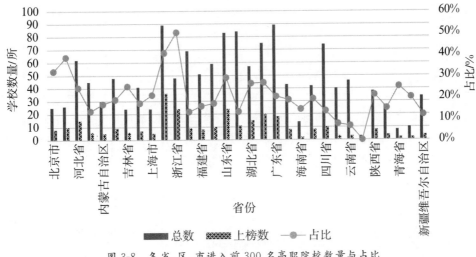

图 3-8　各省、区、市进入前 300 名高职院校数量与占比

通过上述数据分析可知，目前各省之间高职教师教学发展水平存在较大的差异，部分省市比如浙江、江苏、北京、天津的上榜率、校均分、校均项目数以及进入高排名段的高职院校占比均有比较明显的优势，并且省内各高职院校之间差异较小，教师教学发展水平大幅度领先其他地区，而另一些省份例如云南和贵州在各方面上的数据都比较低，从全国区域来看呈现一种"两极分化"的状态。分析其原因，一是地方经济影响教师教学发展水平，2021年浙江、江苏的人均地区生产总值超过11万元，而云南、贵州的人均地区生产总值约为5万元，地方经济是造成地区间教师教学发展水平差异的重要原因；二是与经费投入及落实有关，长期教育经费不足造成西部地区整体教师教学水平落后，近年来贵州、云南高职高专的教育经费投入增长较快，还需持续投入。另外，拨款政策是否实施落地也关系到最终成效，根据《2019中国高等职业教育质量年度报告》的评价，目前浙江、江苏等省份省均财政拨款政策落实到位，评价为A，而贵州、云南等地的政策落实还有待提高，评价为C；三是和教师队伍师资人才结构有关，最新统计显示浙江、江苏"双师"素质专任教师比例的中位数分别为85.2%和80.5%，而云南、贵州的中位数分别为50.2%和43.8%，再加上西部高职院校紧缺高层次领军人才，因此造成了西部地区整体教师教学水平的落后。

4. 校域发展态势分析

（1）重点与非重点建设高职院校对比。"双高"建设高职院校，国家示范院校、骨干校是我国高职院校中的典型代表，分别对以上高职院校的高职教发指数进行分析（见表3-1），从表中可看出这些重点建设的高职院校优势明显，校均分为非重点建设高职院校的2倍左右，校均项目数为一般高职院校的5倍左右。

表 3-1　各层面高职院校差异性分析

院校类型	校均分	总分标准差	校均项目数	项目数标准差
"双高"建设院校	62	8.66	231.42	128.67
非"双高"建设院校	33.03	11.77	45.04	51.9
示范骨干校	61.27	9.61	220.49	139.88
非示范骨干校	33.24	12.03	47.34	54.73
民办高职院校	23.78	7.95	19.44	20.96
公办高职院校	40.72	14.57	84.92	100.27

再看各重点建设高职院校的排名分布情况（见图3-9），可见其基本处于高排名段，300名之后的非常少，特别是高水平高职院校，超过90%的高水平高职院校都在前100，由此可见在教师教学发展的高水平段，各层面重点建设高职院校表现抢眼。

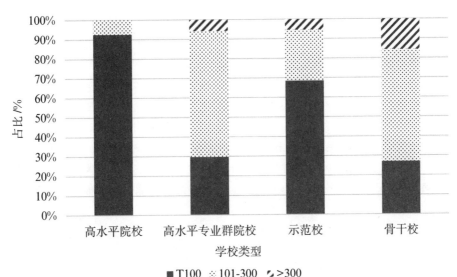

图 3-9　重点建设高职院校位序分布

　　通过上述分析可得,一批高职院校已经脱颖而出,第一梯队优势高职院校集群已经形成。然而,在这些亮眼的数据背后,难免带来一丝担忧,少数重点建设高职院校获得了教育资源的极大倾斜,那么其他的大多数高职院校的各类资源就会受限,高职院校间的发展鸿沟是否会越拉越大?重点建设高职院校能否真正起到"示范引领、以点带面"的作用?这是值得深思的问题。

　　(2)民办与公办高职院校差异分析。在发布的 2021 版高职教发指数中,民办高职院校上榜率为 86.31%,公办及中外合作办学高职院校上榜率为 97.08%。民办高职院校数量占所有高职院校总数的 24.03%,而项目数占比仅为 6.06%,总分占比为 14.11%,项目数和总分占比远小于其数量占比,进入前 300 名的民办高职院校的数量则为 0,而公办高职院校则相反。由此也可见民办与公办高职院校间的巨大差距,与我国高等教育"公强民弱"的现状相一致。如何提升民办高职院校教师教学水平,从而提高整个民办高职教育的质量,引导其办出特色,使之成为我国高等职业教育的有效组成部分是有待解决的问题。

3.4　存在的问题分析

　　(1)目前全国高职教师教学发展指数的高职院校覆盖率为 94.5%,总体涵盖范围较广,但与普通本科的 98.08% 的覆盖率相比还存在一定的差距,说明还有一部分高职院校在教师教学发展各个指标维度均未得分。再看排名在前的高职院校的得分和项目数分布,同样差距较大,说明目前我国高职院校教师教学发展整体结构欠佳,高分段学校数偏少且院校间的差距较大,低分段学校数偏多且差距也大,存在尾部掉队问题,中间段学校分数的变化相对平缓,但平均分偏低,整体水平还需提高。

　　(2)各省、区、市之间高职院校教师教学发展水平差异明显。浙江、天津、北京、江苏上榜率、校均分、校均项目数、高分段学校数占比都高,且内部差异小,云南、贵州在各方面的表现均落后，内部差异较大，总体来说东部省份优于西部地区，经分析发现各地区教师教学发展水平与各省的经济水平、经费投入与落实情况、师资人才结构等因素有关，西部地区的教师教学发展需要在上述几个方面改进。

（3）整体表现较好的东部省份高职院校教师教学发展指数指标比较均衡，但是各省也存在各自的发展短板，要想更上一层楼就需要思考如何补齐短板；而在西部也有发展较好的省份，如青海、西藏、宁夏和陕西，其中青海、西藏、宁夏采用了单向或偏向型发展模式，都是集中有限资源在其中一个方面下大功夫，如与当地产业结合或加强教师团队建设以此取得教师教学的巨大发展，陕西省采用了半开型发展模式，重点抓教师教学发展的三四个方面，在每个方面上都取得中等左右成绩，整体实力也不弱，这些都可为其他西部省份的发展提供借鉴。

（4）通过比较各层面高职院校教师教学发展水平发现，目前双高计划等支持的重点建设高职院校优势明显，然而其自身发展也存在一些不足。此外，目前这些重点建设高职院校的辐射带动作用尚不明显，重点和一般高职院校间的发展"鸿沟"如何逐步缩小，形成合理梯度也有待解决。公民办高职院校间的差异依旧明显，民办高职院校的发展之路值得深思。

（5）从目前高职院校教师教学发展指数的内部结构来看，尽管已经涵盖了二十多年来有关高职院校教师教学发展的各类指标，但通过分析可以发现，指数内部的结构还是存在明显的不均衡。最明显的是高职院校教师教学培训的相关指标过少，只有四类，数据量也偏少，很多学校在这个维度很难得分，因此也难以准确评估各高职院校在教师培训这一维度呈现的教师发展水平。高职院校教师属于双师型教师，教师教学内容除了传统的书本知识外，还与产业、行业的发展息息相关，教师的学识修养、教学能力需要不断提升，与时俱进，因此高职教师的培训至关重要。而从指数上来看目前的培训的广度和深度都难以满足高职教师发展的需求，有待加强。另一方面，高水平的职业教育类期刊也偏少，目前有影响力的核心期刊仅四本，与本科高教类期刊水平相比差距明显，在数量和质量上都有很大的提升空间。高职院校的论文内容多数与教育教学相关，是教学工作的提炼和展示，需要有更多更好的平台去展示，高等职业教育也需要提升理论、学术水平，提升国际影响力，为建设中国特色高水平高职院校而服务。

3.5 对策和建议

1.精准落实区域教师教学政策，分层分类推进教师教学工作

我国高职教师教学发展整体结构欠佳且地区发展形态各异，需要分类指导、精准施策，不断提质培优，实现协同发展。首先，各地高职教师教学发展改革应将顶层设计与基层探索相结合，集思广益，良性互动，以具体的问题为导向，解决各地区教师教学发展的瓶颈问题，同时要发挥地区优势，增强核心竞争力，例如对于在教发指数尚未得分或得分较低的地区，可结合当地优势产业，采用单向或偏向型发展方式，以此实现突破；其次，为保证各地高职教师教学发展工作持续有效地推进，或可加快建立区域高校教师教学发展研究院等相关研究组织,组建各区域专家工作组,实现地区高职教师教学调查、研究、实施、评价工作常态化;再次,以新技术、大数据助力地区教师教学精准施策,建立各地教师教学发展数据平台,动态监测、科学治理,可考虑在全国高职院校教师教学发展指数的基础上,引入地区特色指标,构建各省高职院校教师教学发展指数,因地制宜,提升工作质效。

2. 加强多元主体的合作参与,共同提升高职教师教学水平

通过前文分析可知,地区经济与高职教师教学水平显著相关,政府、行业、企业、社会机构等多元主体的有效参与有利于教师教学水平的提高,教师教学水平的提升又可促进地区经济和产业的发展。高职教发指数显示目前行业、企业等与高职院校在教师教学方面的合作主要是基于产教融合项目及建立教学基地而进行的,合作模式相对单一,合作内容尚不深入。因此需推进多元主体在教师教学各维度的深度合作参与,如建立产业人才数据平台,引导教师教学培养目标的合理定位;校企合作共建专业教学标准,共同开发课程和教材;校企共建专兼结合、“双师型”教学团队;以及多元合作共建新型职教教师培养培训体系等,整体上创新参与模式、深化参与内容,共享参与成果,形成良性循环。

3. 推进重点和一般高职院校的分类管理,建立院校间的共享机制

一方面“双高”等重点建设高职院校的教师教学工作应坚持质量导向,发挥其“引领改革、支撑发展”作用,提高服务效度,增强开放程度,积极推进高职教师教学发展工作的标准化、系统化和理论化建设;另一方面,在省、市层面加强对一般高职院校的管理,在经费上适当倾斜,各高职院校也要积极争取非财政性资源,并能有效地吸纳、整合与运作。此外,基于高职教师教学发展指数为各高职院校定制教师教学发展报告,并为其推荐相近发展模式、程度的对标校,一般高职院校可加强与对标校的合作交流,建立共享机制,包括领导层的定期交流,教师教学的观摩和研讨,教学项目的联合申报,教材和论文的合作撰写,教学资源的共建共享等,取长补短,合作共赢。加强各省区市教师之间的交流互动,优化教师教育生态环境,各高职院校积极搭建有效平台,实现教育教学互联互通。

4. 倡导高职院校教师教学多元化评估,丰富评估内容和方法

高职院校的教师具有多重属性,高职院校教师教学的内涵丰富,边界模糊,如果仅依靠教育行政部门来制定政策开展评估工作,工作量大且容易考虑片面,因此提倡参与评估主体的多元化。包括引入民间性质和半官方性质的第三方评价,如中国高等教育学会高校教师教学发展项目组研发的我国首个教师教学发展指数,是对我国高职院校教师教学发展评估工作的有效探索。此外,还需引入行业、企业对高职院校教师教学发展水平进行评估,通过多方面的综合评估,使得评估结果更客观真实,真正起到引导和提升作用。另一方面,提倡评估内容和方法的多样化,要从只关注结果转为关注成果也关注历史、关注发展等,增强过程性评估,对于评估内容既要全面又要体现高职特色,既要有理论依据又要切实可行。评估方法要讲究科学规范,主观与客观评价相结合,特别是利用当代信息技术手段,建立评估数据管理平台,采集教师教学大数据,基于客观数据进行有效挖掘,提高评估结果的客观性和可信度。

5. 打破院校层次束缚,搭建高职本科院校业务关系

从上述分析中可以看出,高职院校教师教学发展水平与本科院校相比较,存在较大的差距,特别在理论学术水平方面,高职院校的论文内容多数与教育教学相关,是教学工作的提炼和展示，需要对理论知识的透彻理解。近年来的高职教师能力建设，更多地关注对教师课程、教学理论的"快餐式"培训，关注让教师深入到企业中去，来提升他们对岗位的认识以及实际操作能力。其实对于高职教师而言，实践能力的提升离不开在实践基础上对理论知识的透彻理解，否则这种实践能力就只是一种操作能力，而不会转化为专业化的教学实践能力。高职教师与本科教师建立业务关系搭建平台，促进两者之间的深度合作，有效解决高职教师在教学学术论文方面存在的短板。

4 浙江省本科院校教师教学发展分析

4.1 发展概况

　　根据2021年教育部公布数据,浙江省共有57所普通本科高校(不含西湖大学),分布覆盖11个地级市,但数量上呈现不均衡性,其中省会城市本科高校数占47.36%,其次是宁波市占12.23%,温州市占10.53%,其他地级市均在10%以下(见图4-1)。从办学性质来看,公办本科36所,民办本科院校19所,中外合作办学2所。从院校归属看,部属院校仅浙江大学1所,其他均为地方院校。从院校类型来看,国家"双一流"建设大学3所(浙江大学、中国美院、宁波大学),新建本科院校26所,独立学院18所。从学科分类看,综合类20所,人文社科类14所,理工类13所,医药类5所,师范类3所,农林类3所。

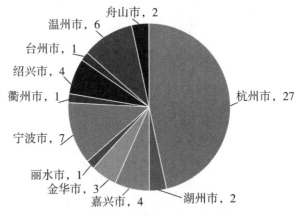

图4-1　浙江省本科院校分布情况

　　据目前全国指数分析研究显示,在以各省份校均分和标准差的平均值为分界线的四个象限中,浙江与湖北、湖南、甘肃、广东、山东、安徽7省处于第二象限,该象限省份校均分中偏低,但标准差较大,学校数较多但与第一象限相比高水平学校不够突出,整体教师教学水平偏低;在以各省份 校均分和校均项目数的平均值为分界线的四个象限中,浙江与贵州、河北、云南、江西、山西、宁夏、河南、甘肃、湖南、广西、福建12省份处于第三象限,该象限省份校均项目数和校均分都相对偏低。比较近两年的各省份进入指数前100名和前300名的学校数量及占比来分析,浙江省总体的高校教师教学发展水平处于偏低状态,在2021版全国普通本科院校教师教学发展指数中,浙江省57所本科高校有13所进入前300名,占比22.4%,排名前100名有2所,排名在101～200的有7所,排名在201～300的有4所,其中浙江大学排名前3。在2021版分类高校教师教学发展指数(TOP20)中,除理工类和农林类以外,其他各类均有高校进入,其中"双一流"、地方、综合类、医药类、师范类、新建本科高校各1所,人文社科类本科院校2所,民办本科院校及独立学院3所。详见表4-1。

表 4-1　2021 版全国普通高校教师教学发展指数中浙江省战绩

序号	指数名称	学校名称	排名
1	全国普通本科院校教师教学发展指数（TOP300）	浙江大学	3
		浙江工业大学	61
		浙江师范大学	116
		宁波大学	130
		杭州电子科技大学	148
		浙江理工大学	167
		温州医科大学	182
		浙江工商大学	189
		杭州师范大学	197
		温州大学	212
		中国美术学院	220
		浙江中医药大学	248
		中国计量大学	272
2	"双一流"建设高校教师教学发展指数（TOP20）	浙江大学	3
3	地方本科院校教师教学发展指数（TOP20）	浙江工业大学	8
4-1	综合类本科院校教师教学发展指数（TOP20）	浙江大学	2
4-3	人文社科类本科院校教师教学发展指数（TOP20）	浙江工商大学	16
		中国美术学院	18
4-5	医药类本科院校教师教学发展指数（TOP20）	温州医科大学	15
4-6	师范类本科院校教师教学发展指数（TOP20）	浙江师范大学	15
5	民办及独立学院教师教学发展指数（TOP20）	浙江树人学院	5
		宁波财经学院	8
		浙江越秀外国语学院	12
6	新建本科院校教师教学发展指数（TOP20）	浙江万里学院	12

4.2　指标设计

　　"浙江省普通本科院校教师教学发展指数"（以下简称浙江省指数）由浙江省高校的全国指数和省域特色指数两部分复合而成，2021 版省域特色指标设计继续体现延承性、地域性、时代性特点。

4.2.1 延承性:遵循全国指数"5"原则和"6+1"维度

省域指数模型继续延承全国指数"关注教学""关注教师""关注历史""关注发展""关注成果"五个关注原则,"教师团队""教改项目""教材项目""教学论文""教学成果奖""教师培训基地"六个维度和"教师教学竞赛"特别维度,以及指数权重计算方法等(详见图4-2)。浙江省所有本科院校都进入指数覆盖范围,2021版采集浙江省原始数据43855条。工作组公开所有模型和原始数据,高校可以通过工作组提供的免费账号,查询本校近30年所有教师教学发展相关状态数据。

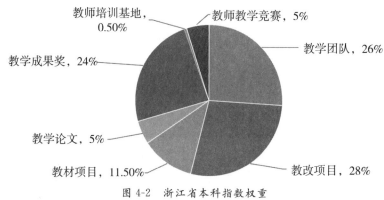

图 4-2　浙江省本科指数权重

4.2.2 地域性:体现因地制宜

浙江省在贯彻落实国家教育改革系列政策时,结合本省教育资源特色,对项目推行进行了优化和创新,如深入贯彻落实习近平总书记关于教育的重要论述和全国教育大会精神,不断深化新时代学校思想政治理论课改革创新,设立了省域特色的课程思政系列和思政专题项目;为推进"四新"建设改革研究,增设了相关的高等教育学会课题指南;强化"重要窗口"意识,积极应对国际化发展挑战,增设国际化一流课程等,充分展示了高校教师教学发展的区域特色。

4.2.3 时代性:彰显时代气息

浙江省紧跟新时代高等教育改革风向标,积极开展系列时代性教育教学改革与创新项目。如面向国家新一轮科技革命和产业变革,协同推动新工科与新农科、新医科、新文科融合发展,推行现代产业学院建设重要举措,着力培养适应和引领现代产业发展的应用型创新型人才;聚焦高等教育教学创新、学习革命、质量革命,举办教师教学创新大赛,引导高校形成卓越教学的价值追求和自觉行动等,全面展示了高校教师教学发展的时代特色。

经充分调研分析,工作组结合上述浙江特色,重构浙江省指数三级指标体系并正式发布,从高校教师发展的平台、载体到成果,包含多个维度,除"6+1"一级指标外,二级指标共72个(较2020版增加了13个),三级指标共100个(较2020版增加了16个)(详见表4-2)。

表 4-2　浙江省普通本科高校教师教学发展指数省域特色指标体系（2021 版）

一级指标	二级指标	三级指标
01 教师团队	0101 立德树人	010101 个人荣誉
		010102 集体荣誉
		010103 社会声誉
	0102 教学名师	010201 省级教学名师
		010202 省级教坛新秀
		010203 "万人计划"教学名师
	0103 教学团队	010301 省级教学团队
		010302 课程思政示范基层教学组织
	0104 教学指导委员会	010401 高等学校教学指导委员会
		010402 基础课程改革专业指导委员会
		010403 教育信息化专家委员会
	0105 指导教师	010501 优秀创新创业导师
02 教改项目队	0201 综合类	020101 高等教育教学改革项目
		020102 人才培养模式创新实验区
		020103 产教融合
		020104 应用型高校建设
		020105 课堂教学创新校
		020106 信息化教学改革
		020107 课程思政示范校
	0202 专业类	020201 重点专业
		020202 优势专业
		020203 特色专业
		020204 一流专业
	0203 课程类	020301 精品课程
		020302 精品在线开放课程
		020303 一流本科课程
		020304 课程思政示范课
	0204 教学基地	020401 教师教育基地
	0205 实验实践类	020501 实验教学示范中心
		020502 大学生校外实践教育基地
		020503 产学合作协同育人项目

全国普通高校教师教学发展分析报告（2021 版）

续表

一级指标	二级指标	三级指标
02 教改项目队	0205 实验实践类	020504 虚拟仿真实验教学项目
		020505 创新创业项目
		020506 创新创业荣誉类
03 教材项目	0301 重点教材	030101 重点教材
	0302 新形态教材	030201 新形态教材
	0303 优秀教材	030301 优秀教材
04 教学论文	0401 思想教育研究	040101 思想教育研究
	0402 思想政治教育研究	040201 思想政治教育研究
	0403 中国高校科技	040301 中国高校科技
	0404 中国特殊教育	040401 中国特殊教育
	0405 职教论坛	040501 职教论坛
	0406 职业技术教育	040601 职业技术教育
	0407 中国职业技术教育	040701 中国职业技术教育
	0408 民族教育研究	040801 民族教育研究
	0409 中国远程教育	040901 中国远程教育
	0410 教育与职业	041001 教育与职业
	0411 成人教育	041101 成人教育
	0412 开放教育研究	041201 开放教育研究
	0413 远程教育杂志	041301 远程教育杂志
	0414 中国电化教育	041401 中国电化教育
	0415 教师教育研究	041501 教师教育研究
	0416 现代远程教育研究	041601 现代远程教育研究
	0417 电化教育研究	041701 电化教育研究
	0418 全球教育展望	041801 全球教育展望
	0419 华东师范大学学报	041901 华东师范大学学报
	0420 学校党建与思想教育	042001 学校党建与思想教育
	0421 现代教育技术	042101 现代教育技术
	0422 教育学报	042201 教育学报
	0423 比较教育研究	042301 比较教育研究
	0424 现代远距离教育	042401 现代远距离教育
	0425 教育与经济	042501 教育与经济

一级指标	二级指标	三级指标
04 教学论文	0426 外国教育研究	042601 外国教育研究
	0427 中国教育学刊	042701 中国教育学刊
	0428 湖南师范大学教育科学学报	042801 湖南师范大学教育科学学报
	0429 教育理论与实践	042901 教育理论与实践
	0430 教育科学	043001 教育科学
	0431 教育学术月刊	043101 教育学术月刊
	0432 当代教育科学	043201 当代教育科学
	0433 当代教育与文化	043301 当代教育与文化
	0434 河北师范大学学报	043401 河北师范大学学报
	0435 当代教育论坛	043501 当代教育论坛
	0436 国家教育行政学院学报	043601 国家教育行政学院学报
	0437 思想理论教育	043701 思想理论教育
	0438 苏州大学学报(教育科学版)	043801 苏州大学学报(教育科学版)
	0439 重庆高教研究	043901 重庆高教研究
	0440 高教发展与评估	044001 高教发展与评估
	0441 黑龙江高教研究	044101 黑龙江高教研究
	0442 教育发展研究	044201 教育发展研究
	0443 现代教育管理	044301 现代教育管理
	0444 现代教育科学	044401 现代教育科学
	0445 研究生教育研究	044501 研究生教育研究
	0446 中国大学教学	044601 中国大学教学
05 教学成果奖	0501 高等教育教学成果奖(含职业)	050101 特等奖
		050102 一等奖
		050103 二等奖
	0502 基础教育教学成果奖	050201 特等奖
		050202 一等奖
		050203 二等奖
06 教师培训基地	0601 教师教学发展示范中心	060101 教师教学发展示范中心
	0602 教学研究示范中心	060201 课程思政教学研究示范中心
	0602 研讨交流	060201CHED
07 教师教学竞赛	0701 高校青年教师教学竞赛	070101 浙江省高校青年教师教学竞赛

续表

一级指标	二级指标	三级指标
07 教师教学竞赛	0702 高校微课教学比赛	070201 浙江省高校微课教学比赛
	0703 高校辅导员职业能力大赛	070301 浙江省高校辅导员职业能力大赛
	0704 高校多媒体课件大赛	070401 浙江省高校多媒体课件大赛
	0705 互联网＋优秀课程案例	070501 浙江省互联网＋优秀课程案例
	0706 互联网＋示范课堂	070601 浙江省互联网＋示范课堂
	0707 高校思政微课教学比赛	070701 浙江省高校思政微课教学比赛
	0708 教师教学创新大赛	070801 浙江省教师教学创新大赛

4.3 数据状态分析

4.3.1 指数排名概貌

2021 年浙江省指数的分析对象为省内 57 所普通本科高校(除西湖大学外),观测不同类型的本科高校,不包含军事院校和成人高等学校。浙江省 2021 版指数较之 2020 版总体变化不大,列入 TOP10 的高校与排名基本一致,仅杭州师范大学与温州医科大学的位次发生互换。浙江大学作为浙江省唯一部属高校、211/985 大学,指数得分 100 分,排名稳居全省第一,其他高校相比之下呈现断崖式差距;第二名(浙江工业大学)分数骤降为 68.29 分;第三名(浙江师范大学)63.57 分;第四名(宁波大学)60.23 分;其他都在 60 分以下,进入 TOP10 都是省属高校(见图 4-3),浙江省教育管理部门应多关注地方高校发展,加强分类建设与评价,增设应用导向的平台建设和课程教改项目,促进应用型高校教师发展。

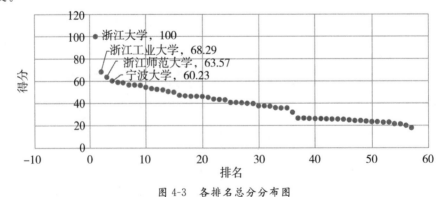

图 4-3 各排名总分分布图

4.3.2 指数不同区域差异

从院校所在城市分布看,TOP10 院校中杭州市上榜 6 所,占杭州市本科院校数的 22.22%,温州市上榜 2 所,占温州市本科院校数的 33.33%,金华市、宁波市各上榜 1 所,分别占该市本科院校数的 33.33%、14.29%。从区域高校校均分来看,从高到低依次为杭州市、湖州市、嘉兴市、金华市、丽水市、宁波市、衢州市、绍兴市、台州市、温州市、舟山市,前后校均分差异在 0.53 至 13.05 之间,湖州市、嘉兴市、金华市接近,丽水市、宁波市、衢州市、绍兴市、台州市、温州市接近。对比 2020 版发现,除杭州市高校外,TOP10 中其他高校所在区域校均得分与 TOP10 外的差别不大,说明同样受区域高校数量与总得分的匹配性影响,导致部分区域总体发展水平不突显。但是,区域校均得分差发生较大变化,杭州市遥遥领先,舟山市偏低,其他区域校均得分差别不大,从区域相对平衡走向明显分层,说明这一年来浙江省高等教育分层分类治理程度有了较大推进(见图 4-4)。

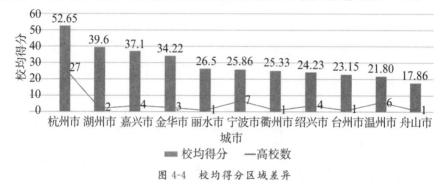

图 4-4　校均得分区域差异

4.3.3　指数不同类型高校差异

从校均得分来看(见图 4-5),双一流高校占绝对优势,是其他公办的 1.50 倍、新办本科的 2.12 倍、民办的近 2.70 倍、独立学院的近 3 倍、中外合作办学的 3.38 倍;公办是民办的 1.80 倍、独立学院的 1.97 倍、中外合作办学的 2.26 倍;新建本科是民办的 1.27 倍、独立学院的 1.40 倍、中外合作办学的 1.60 倍。总体看来,虽然各类高校排序符合常理,但较之 2020 版,双一流与其他高校、公办与民办类高校的差距增大不少,值得关注。

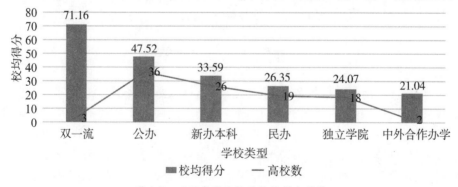

图 4-5　不同类型院校的校均得分差异

从项目数量和质量看(见图 4-6),无论是国家项目数还是省级项目数,从高到低依次是双一流、公办、新办本科、民办、独立学院、中外合作办学高校。综合各类型高校的数量来看,双一流高校在国家、省级项目数中几乎呈垄断趋势,反之独立学院实力偏弱,中外合作办学遵循自身的办学理念。由此可见,在省域高校教师教学发展水平上,重点建设大学依旧保持优势,与非重点建设大学拉开距离;相比之下,新办本科与民办、独立学院、中外合作办学差距不大，"公强民弱"现象不太明显。

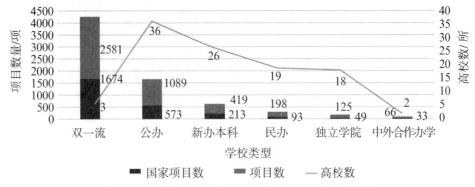

图 4-6　不同类型院校国家项目数 VS 省项目数（校均）

4.3.4　不同学科高校差异

从校均得分看与 2020 版基本一致（见图 4-7），校均得分最高的是师范类高校，其次为理工类高校，农林类位居第三，相对于传统数量较多实力较强的人文社科类和综合类高校而言，医学类高校略显优势，三类高校标准差不大。由此看来，师范类高校近年在振兴计划下，发展迅速，加之师范类专业认证普遍实施，在认证理念引导下，教师教学发展水平明显提升。

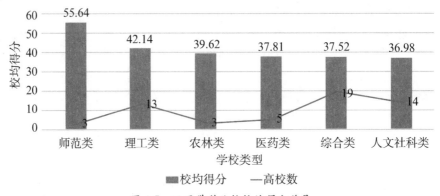

图 4-7　不同学科院校校均得分差异

综合项目数量、质量及高校数来看（见图 4-8），高校数较多的理工类、综合类、人文社科类高校并未在项目数上占优势。相反，高校数最少的师范类高校拥有的项目数是其他类高校的 2 倍多，少数的医药类高校拥有的项目数相近或高于师范类以外的其他类型高校。由此可见，师范类、农林类、医药类高校因学科特殊性总体发展水平较高，而理工类、人文社科类、综合类相对于高校数量而言，办学同质化劣势明显，资源竞争激烈，导致发展水平相对偏低。

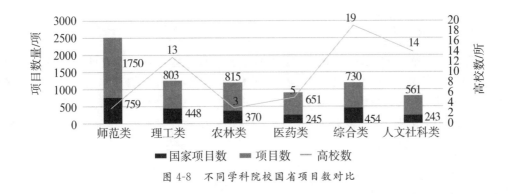

图 4-8　不同学科院校国省项目数对比

4.4　存在的主要问题及原因分析

4.4.1　不同地域、不同类型院校教师教学发展水平呈两极分化现象

通过对各地区、各类型院校的校均得分和项目数比较后发现,目前浙江省本科院校教师教学发展整体结构欠佳,呈右偏态,高分段学校数极少且存在,低分段学校数偏多且差距很大,呈两极分化现象。由于不同地域高校分布不均,造成中心城市院校"集聚"和偏隅一方院校"寡头"现象。然而,"集聚"的院校数并未带来教师教学发展水平的总体提升,经分析发现同一地域内院校教师教学发展水平与各校类型直接相关,"集聚"院校产生的"内卷"导致优势资源逐步流向集聚区内的双一流、重点建设高校,从而引发不同类型院校间的断崖式差距,这种差距在排名前 10 本科院校中同样存在。双一流、重点建设高校优势明显,但这些高校的辐射带动作用不明显,与一般高校的发展"鸿沟"有待缩小,形成合理梯度有待解决。独立院校的落差明显,其发展之路值得深思。

4.4.2　不同类型、不同学科院校在"6+1"维度的表现明显不均衡

通过对浙江省指数"6+1"维度的各校项目覆盖率表现分析后发现,不同类型、不同学科院校的项目数与项目覆盖率不完全一致,各校存在各自的发展短板,其教师教学发展内涵表现出明显不均衡,尤其是理工类、人文社科类、综合类相对于高校数量而言发展水平明显偏低。双一流高校整体表现较好,各维度呈均衡型发展模式,项目也体现了高水平发展。公办和新建本科高校虽总体呈现较好发展,但大多数采用了单向或偏向型发展模式,集中有限资源在其中一个方面下大功夫,如理工类院校在专业认证方面得分远超其他类院校,以此取得教师教学发展的较大提升,民办高校也有发展较好的,结合体制优势,采用了半开型发展模式,在每个方面上都取得中等左右成绩,整体实力就不弱。另外,通过分析发现,目前省级总的项目数(含特色指标)是国家的 2.67 倍,且大部分项目指标是以院校类型作为指标数下达依据,导致不同类型高校间的项目数差距不可逆,在一定程度上限制了民办、独立学院、中外合作办学高校的教师教学发展空间。

4.4.3 教师教学发展水平和着力点尚不能充分体现区域特性

在新时期高等教育"窗口"要求下，尽管浙江省指数指标上具有一定的地域特色和时代性，但通过分析发现，在项目的种类、数量、质量上还是存在较大提升空间。虽然启动了课程思政、产业学院、教学竞赛等项目，但数量也偏少，缺乏针对性，难以准确评估各高校在新时期建设中呈现的教师发展水平，与产教融合相关的育人平台、教师培训、教学研究等项目的开发有待加强。

4.5 治理优化对策

4.5.1 建立基于能力提升的教师教学发展治理目标体系

共同的教师教学发展目标是激励、动员、协调区域内院校有效参与和内在认同的基础，促进教师教学发展治理的良性循环。把教学建设与改革项目工程实施达成目标与全面促进教师教学能力提升有机结合起来。一是增类。结合省域经济发展新需求、"四新"建设新趋势和科学研究新成果，深化产教融合，开发设计一批具有新时代特征、富有区域特色的教学建设与改革项目，鼓励行业、企业深度参与共建专业和教学团队，共同开发课程和教材，构建多元合作的新型教师培养体系等。二是增量。加大国省项目指标投放量，指标分配不实行"一锤子"定音，给高校更多自主权、选择权，让更多教师有参与机会。占省域内半数以上的一般本科高校、纯民办高校、独立学院能充分挖掘地域独特资源，着力解决地方发展需求瓶颈问题，增强省域在高等教育新定位、新发展中的核心竞争力。三是增质。项目评审指标要优化，如课程类项目更加注重教学模式、教学方法改革创新成果与推广；团队类项目更加关注其整体的教育教学水平与青年教师的专业成长情况；教学名师遴选，更加突出其教育教学造诣与指导青年教师的业绩。还要加强评后管理，加大宣传与交流力度，促进优质教学资源的引领、示范、辐射作用。

4.5.2 建立基于有机联动的教师教学发展治理运行体系

浙江省高校教师教学发展整体结构欠佳且地区发展形态各异提示我们，教师教学发展的共同目标和愿景，必须依托有机的教师教学发展治理运行体系才能真正落到实处。这个运行体系应该具有两个特点：一是有机，不同地域、不同类型院校之间有一个良性、有机的运行机制，从而将各区域的特色、各院校的优势作用发挥到最佳，包括领导层定期交流，教师教学观摩和研讨，教学项目联合申报，教材和论文合作撰写，教学资源共建共享等，取长补短，合作共赢。二是联动，同一地域、同一类型院校之间要相互配合、相互推动、相互支持，避免各自为政、形成内耗或抵消，建立联动机制，在同域同类高校占主导地位的"头雁"带领下，形成了高校教师教学自主发展联盟，如充分发挥双一流、省重点建设高校"引领改革、支撑发展"作用，增强开放程度，积极推进省域教师教学发展工作的标准化、系统化和理论化建设，为其他院校提供帮扶指导，这种共享的"头雁模式"是高校教师教学发展的重要选择。

4.5.3 建立基于可持续发展的教师教学发展治理评价体系

可持续发展是指各院校在教师教学发展治理评价体系良性运转的基础上,能随着社会需求、教育需求的变化实现自身系统的优化升级,不断发展自身、创新自身。一是将建设教师教学发展中心纳入高校教学业绩考核评价体系。顶层助推各校建立组织化、系统化的教师教学发展平台,促进高校集中管理能力提升,实施教师持续性职后培训,助力教师专业化发展。二是加快建立省域层面的高校教师教学发展评估研究组织。组建专家工作组,实现地区高校教师教学调查、研究、实施、评价工作常态化;建立数据平台,以新技术、大数据助力地区教师教学发展管理工作精准施策、动态监测、科学治理;建立教师教学档案袋,有利于开展基于教学数据及相关证据的反思与教学改进,是构建高校教师教学发展综合体系的有力手段。三是注重评估内容和方法的多样化。强调评估内容的过程性、全面性,既要关注成果、关注历史、关注发展,又要全面兼顾不同类型高校特色;讲究评估方法的科学性、规范性,基于客观数据进行有效挖掘,提高评估结果的客观性和可信度。四是提倡参与评估主体的多元化。省域高校中 50%以上都是地方性应用型高校,教师教学发展内涵丰富,边界模糊,如果仅依靠教育行政部门来开展评估工作,工作量大且容易考虑片面,可以引入民间性质和半官方性质的第三方评价,如中国高等教育学会高校教师教学发展项目组研发的我国首个省域教师教学发展指数,即是对我国省域高校教师教学发展评估工作的有效探索。

5

浙江省高职院校教师教学发展分析

5.1 研发背景

　　党和国家高度重视职业教育发展，党的十八大以来，党中央、国务院出台系列政策推动职业教育改革和发展，职业教育牢牢抓住政策红利期和发展机遇期，取得了显著发展成效。高职教育作为优化高等教育结构和培养大国工匠、能工巧匠的重要方式，较好地实现了规模、结构、质量和效益协调发展，为区域发展输送了大批急需的高素质技术技能人才。在这一进程中，不同省域高职教育结合自身优势和特点，形成了各具特色的发展现状。中国高等教育学会全国高校教师教学发展研究专家工作组决定在全国指数的研究基础上，推出省域高职院校教师教学发展指数，既作为全国教师教学发展指数的省级拓展和补充，也是对各省推进高职教育高质量发展举措的回应，为各省调节高职院校教师教学发展评价机制提供更科学、更精准的数据参考，通过声誉机制调节引导各省高职院校更好地投入教师教学发展培养，提高教师教学发展水平和教学质量，促进省域高职教育治理体系不断完善。

　　浙江是中国革命红船起航地、改革开放先行地、习近平新时代中国特色社会主义思想重要萌发地。2020 年 4 月，习近平总书记考察浙江时赋予浙江省"努力成为新时代全面展示中国特色社会主义制度优越性的重要窗口"的新目标新定位。2021 年 6 月，《中共中央 国务院关于支持浙江高质量发展建设共同富裕示范区的意见》正式发表，高质量发展建设共同富裕示范区，是习近平总书记和党中央赋予浙江第二个百年的光荣使命。为了发挥高职教育助推"重要窗口""共同富裕示范区"建设的强大作用，在新的起点上，浙江省委十四届七次全体（扩大）会议审议通过了《中共浙江省委关于建设高素质强大人才队伍，打造高水平创新型省份的决定》，浙江省人民政府印发了《浙江省深化产教融合推进职业教育高质量发展实施方案》（浙政发〔2020〕27 号），浙江省政府办公厅印发了《教育部 浙江省人民政府关于推进职业教育与民营经济融合发展助力"活力温台"建设的意见》（浙政函〔2020〕136 号），浙江省教育厅、浙江省财政厅发布了《关于组织开展高水平职业院校和专业群建设工作的通知》（浙教职成〔2020〕45 号），浙江省教育厅等八部门印发了《浙江省职业教育提质培优行动计划（2021—2023 年）》（浙教职成〔2021〕50 号），浙江省教育厅印发了《浙江省职业教育"十四五"发展规划》（浙教规〔2021〕28 号），全省高职院校切实承担起进一步彰显职业教育类型特征、推进高职教育高质量发展、为建设人才强省、创新强省提供坚实的教育支撑的任务。

　　教师是教育发展的第一资源，高质量教师队伍是高质量教育体系建设的支撑。2021 年，首次发布浙江省高职院校教师教学发展指数是贯彻落实国家职业教育高质量发展的内容体现，更是深入实践浙江"重要窗口""高质量发展建设共同富裕示范区"两个光荣使命的具体行动。

5.2　指数分析对象

　　指数分析对象是浙江省高等专科学校、高等职业院校、职业本科大学(以下统称为"高职院校")。2020年浙江省教育事业发展统计公报,浙江省高职(高专)院校51所,其中职业本科大学2所。按地域分布,浙江省高职院校覆盖11个城市,但数量上呈现不均衡性,其中省会城市杭州市高职院校数量占37.25%,其次是宁波市占13.73%,其他城市均在10%以下(见图5-1)。

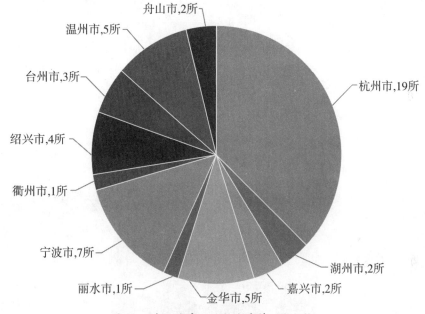

图5-1　浙江省高职院校分布情况(51所)

　　2021版浙江省高职院校教师教学发展指数覆盖51所高职院校,指数观测不同类型的高职院校。从院校办学属性看,公办高职院校40所,民办高职院校11所。从院校类型看,入选国家"示范校""骨干校"高职院校11所,国家"双高计划"高职院校15所,国家"双高计划"高职院校包含高水平高职学校6所,高水平专业群建设高职学校9所(见图5-2)。2020年12月,浙江省教育厅、财政厅公布了浙江省高水平职业院校和专业(群)建设名单,15所高职院校被确定为省高水平职业院校建设单位,20所高职院校被确定为省高水平专业(群)建设单位。从院校学科分类看,综合类院校19所,理工类院校15所,人文社科类院校14所,师范类院校2所,医药类院校1所(见图5-3)。

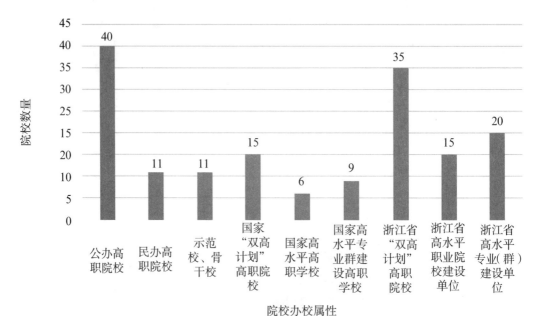

图 5-2　浙江省高职院校分布情况（51 所）

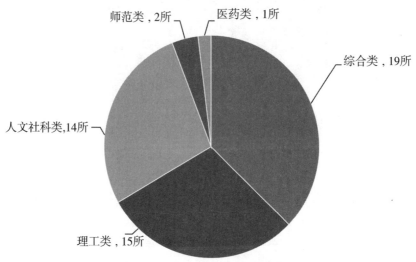

图 5-3　浙江省不同类型高职院校数量

5.3　指标设计特色

　　"浙江省高职院校教师教学发展指数"由全国高职院校教师教学发展指数和省域特色高职院校教师教学发展指数两部分复合而成。浙江省省域特色指标设计体现出一体性、地域性两个特点。

5.3.1 一体性:遵循全国高职院校教师教学发展指数"5 原则"和"6＋1"维度

全国高职院校教师教学发展指数模型的科学性和合理性已经实践检验,浙江省高职院校教师教学发展指数模型和全国高职指数模型保持一致以体现一体性。浙江省高职院校教师教学发展指数模型遵循全国高职院校教师教学发展指数"关注教师教学""关注产教融合""关注历史积累""关注职教成果""关注高职发展"五个原则,以及"教师团队""产教融合""专业与课程""教材与论文""教学成果奖""教师培训基地"六个维度和"教师教学竞赛"特别维度。具有和全国高职院校教师教学发展指数一体性的特点:

第一,浙江省高职院校全覆盖。从目前的研发结果看,浙江省所有高职院校都进入指数覆盖范围。

第二,涵盖时间长。从数据历史看,最早可追溯至 1983 年,数据跨度约 40 年,充分关注高职院校教师教学发展历史积淀。

第三,信息采集全。通过申请省教育厅信息公开,档案馆查询,官网查询和工作组长期积累等渠道,采集原始数据 1.5 万余条。

第四,方法科学合理。针对原始数据结构复杂、不均衡及多极值点的特点,在多次迭代拟合的思想下,通过熵值法、层次分析法和德尔菲法的综合运用,确定指数权重(见图5-4)。

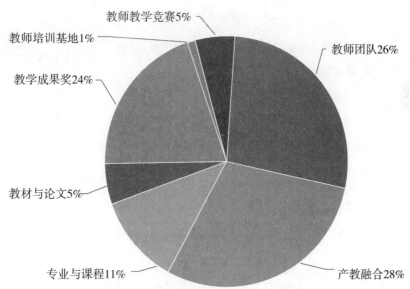

图 5-4　浙江省高职院校教师教学发展指数各维度权重

第五,模型公开透明。工作组对所有模型的计算方法和原始数据进行公开,各高职院校可以通过工作组提供的免费账号对本校近 40 年所有教师教学发展相关状态数据进行查询。

5.3.2 地域性:体现浙江省高职院校教师教学发展特点

浙江省高职院校教师教学发展指数除"6＋1"一级指标外,二级指标共 18 个,三级指标共94个,四级指标共140个。为全面体现浙江省贯彻落实国家职业教育改革和发展系列政策,工作组结合浙江省高职教育改革实际,对指标内涵和覆盖内容进行了优化和创新,如,浙江省为加强教师教育工作,全面提高教师培养与培训水平,开展教师教育基地建设工作,因此在二级指标"教学基地"下设三级指标"省级教师教育基地";浙江省为创新专业人才培养模式、改革课程体系与教学内容、改进教学方法与手段、创新"双师"队伍建设及管理体制机制、改进学生学业评价体系,推出高职院校特色专业、优势专业建设项目和教学改革项目,因此在二级指标"专业类"下增设三级指标"省级特色专业""省级优势专业",在二级指标"教改研究"下增设三级指标"省级高等教育教学改革项目""省级高校实验室工作研究立项项目""省级教育科学规划课题""省级高等教育学会研究课题";浙江省聚焦对教材和教学的研究,加强教材建设,加快推进"互联网＋教学",实现信息技术与教育教学的深度融合,因此在二级指标"教材项目"下增设三级指标"省级重点教材""省级新形态教材""省级优秀教材"等,全面展示浙江省高职院校教师教学发展生态(见图5-5)。

全国 ➡ 浙江省

0202教学基地	增加020202省级教师教育基地
0301专业类	增加030101省级特色专业
	增加030102省级优势专业
0303教改研究	增加030301省级高等教育教学改革项目
	增加030302省级高校实验室工作研究立项项目
	增加030303省级教育科学规划课题
	增加030304省级高等教育学会研究课题
0401教材项目	增加040101省级重点教材
	增加040102省级新形态教材
	增加040103省级优秀教材

图5-5 浙江省高职院校教师教学发展指数对标全国高职院校教师教学发展指数增设的区域性指标

5.3.3 时代性:彰显浙江省高职教育改革发展特色

工作组在数据采集过程中发现浙江省高职院校教师教学发展一些项目虽然没有对应的国家指标,但是与时俱进,能彰显浙江省高职教育改革发展特色,经过充分调研分析,重构浙江省指数二级和三级指标体系。如,浙江省为引导高校教师和教学管理力量投入教学改革研究实践,2018年起组织开展教学改革研究项目申报立项工作,因此在一级指标"专业与课程"下增设二级指标"教改研究"。

浙江省高职院校教师教学发展指标见表5-1。

表 5-1 浙江省高职院校教师教学发展指数省域特色指标体系

一级指标	二级指标	三级指标
01 教师团队	0101 立德树人	010101 省级个人荣誉
		010102 省级集体荣誉
		010103 省级社会声誉
	0102 教学名师	010201 省级教学名师
		010202 省级教坛新秀
		010203 省级"万人计划"教学名师
	0103 教学团队	010301 省级教学团队
		010302 省级基层教学组织
	0104 指导委员会	010401 省级高等学校教学指导委员会
		010402 省级职业教育行业指导委员会
		010403 省级高职高专教育专业教学指导委员会
		010404 省级教育信息化专家委员会
	0105 指导教师	010501 省级优秀创新创业导师
02 产教融合	0201 综合类	020101 省级高职高水平学校建设单位
		020102 省级高职高水平专业群建设单位
		020103 省级示范性高等职业院校
		020104 省级高职院校优质校
		020105 省级高职教育重点建设院校
	0202 教学基地	020201 省级高等学校省级产教融合示范基地
		020202 省级教师教育基地
	0203 示范项目	020301 省级高等职业教育示范性实训基地
		020302 省级虚拟仿真实训基地
		020303 省级应用技术协同创新中心
		020304 省级现代学徒制试点单位
		020305 省级创新创业项目
		020306 省级创新创业荣誉类
		020307 省级产学合作协同育人项目
		020308 省级课程思政教学研究示范中心
03 专业与课程	0301 专业类	030101 省级特色专业
		030102 省级优势专业
	0302 课程类	030201 省级精品课程

续表

一级指标	二级指标	三级指标
03 专业与课程	0302 课程类	030202 省级课程思政示范课程
		030203 省级课堂教学创新校
		030204 省级信息化教学改革
	0303 教改研究	030301 省级高等教育教学改革项目
		030302 省级高校实验室工作研究立项项目
		030303 省级教育科学规划课题
		030304 省级高等教育学会研究课题
04 教材与论文	0401 教材项目	040101 省级重点教材
		040102 省级新形态教材
		040103 省级优秀教材
	0402 数学论文	040201 思想教育研究
		040202 思想政治教育研究
		040203 中国高校科技
		040204 中国特殊教育
		040205 职教论坛
		040206 职业技术教育
		040207 中国职业技术教育
		040208 民族教育研究
		040209 中国远程教育
		040210 教育与职业
		040211 成人教育
		040212 开放教育研究
		040213 远程教育杂志
		040214 中国电化教育
		040215 教师教育研究
		040216 现代远程教育研究
		040217 电化教育研究
		040218 全球教育展望
		040219 华东师范大学学报
		040220 学校党建与思想教育
		040221 现代教育技术

一级指标	二级指标	三级指标
04 教材与论文	0402 教学论文	040222 教育学报
		040223 比较教育研究
		040224 现代远距离教育
		040225 教育与经济
		040226 外国教育研究
		040227 中国教育学刊
		040228 湖南师范大学教育科学学报
		040229 教育理论与实践
		040230 教育科学
		040231 教育学术月刊
		040232 当代教育科学
		040233 当代教育与文化
		040234 河北师范大学学报
		040235 当代教育论坛
		040236 国家教育行政学院学报
		040237 思想理论教育
		040238 苏州大学学报(教育科学版)
		040239 重庆高教研究
		040240 高教发展与评估
		040241 黑龙江高教研究
		040242 教育发展研究
		040243 现代教育管理
		040244 现代教育科学
		040245 研究生教育研究
		040246 中国大学教学
05 教学成果奖	0501 高等教育教学成果奖(含职业)	050102 一等奖
		050103 二等奖
06 教师培训基地	0601 教师教学发展示范中心	060101 省级教师教学发展示范中心
07 教师教学竞赛	0701 高校青年教师教学竞赛	070101 浙江省高校青年教师教学竞赛
	0702 高校微课教学比赛	070201 浙江省高校微课教学比赛
		070202 浙江省高校课程思政微课教学大赛
	0703 高校辅导员职业能力大赛	070301 浙江省高校辅导员职业能力大赛

5.4 指数状态分析

5.4.1 浙江省高职院校整体各维度表现

根据本次浙江省高职院校教师教学发展指数,分析浙江省高职院校整体在各维度的表现,将各维度分值归一后,浙江省高职院校教师教学发展指数各维度表现并不均衡,其中产教融合方面表现最为抢眼,教师团队和教学成果奖方面表现也十分突出,专业与课程、教师教学竞赛、教材与论文、教师培训基地方面需要大力加强,尤其是教师培训基地是浙江省高职院校教师教学发展指数弱势指标(见图5-6)。

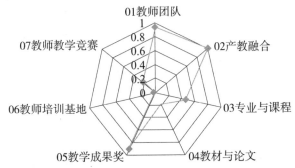

图 5-6 浙江省高职院校教师教学发展指数各维度表现

5.4.2 排名概貌

根据本次浙江省高职院校教师教学发展指数总分(归一总分),排名前三的分别是金华职业技术学院、浙江金融职业学院、浙江机电职业技术学院,其中金华职业技术学院总分100分,浙江金融职业学院总分94.42分,浙江机电职业技术学院总分94.33分。排名前十的高职院校指数总分均在80分以上,其他41所高职院校指数总分均在80分以下(见图5-7)。从指数得分来看,浙江省高职院校指数总分分布较为均衡和紧凑。

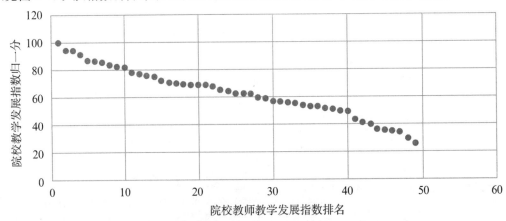

图 5-7 浙江省高职院校教师教学发展指数总分分布

5.4.3　区域差异

从高职院校所在城市分布看，TOP10 高职院校中杭州市上榜 7 所，占杭州市高职院校总数 36.84％，温州市和金华市各上榜 1 所，分别占该市高职院校总数 20％，宁波市上榜 1 所，占宁波市高职院校总数 14.29％。从区域高职院校校均分来看，从高到低依次为杭州市、宁波市、金华市、丽水市、温州市、绍兴市、湖州市、衢州市、嘉兴市、台州市、舟山市。丽水市和衢州市都仅仅有 1 所高职院校，丽水市校均分远远高于衢州市；湖州市、嘉兴市和舟山市都只有 2 所高职院校，三地之间校均分也呈现较大落差；金华市和温州市都有 5 所高职院校，金华市校均分高于温州市（见图 5-8）。

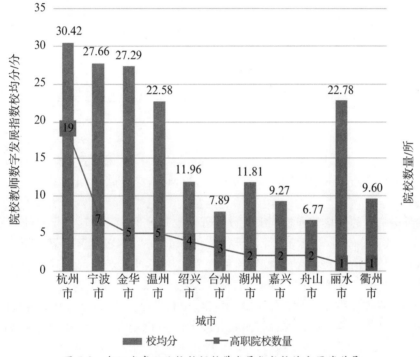

图 5-8　浙江省高职院校教师教学发展指数校均分区域差异

从历次进入国家级建设项目的情况来看，浙江省 11 所示范校、骨干校中，杭州市有 8 所，占浙江省示范校、骨干校总数的 72.73％，占杭州市高职院校总数的 42.11％；金华市、宁波市和温州市各有 1 所，都各占浙江省示范校、骨干校总数的 9.10％，分别占所在城市高职院校总数的 20％、14.29％、20％。浙江省 15 所国家"双高计划"院校中，杭州市有 11 所，占浙江省国家"双高计划"院校总数的 73.33％，占杭州市高职院校总数的 57.89％；温州市有 2 所，占浙江省国家"双高计划"院校总数的 13.33％，占温州市高职院校总数的 40％；金华市和宁波市各有 1 所，都各占浙江省国家"双高计划"院校总数的 6.67％，分别占所在城市高职院校总数的 20％、14.29％（见图 5-9）。

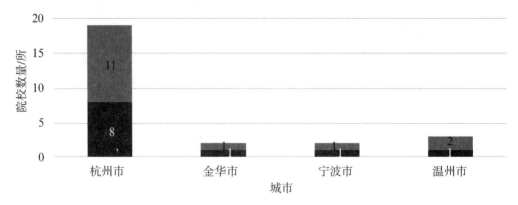

图 5-9　浙江省各城市国家级建设项目数量

5.4.4　院校差异

为了更直观地展示院校之间差异,从不同维度将高职院校进行分类后作对比分析(见图 5-9)。

1. 重点高职院校与非重点高职院校对比

浙江省有 11 所示范校、骨干校,有 15 所国家"双高计划"院校,35 所省"双高计划"院校。在本次浙江省高职院校教师教学发展指数总分排行中,排名前十的都是国家"双高计划"院校。

对各类型院校的校均分和校均项目数进行比较和分析,示范校、骨干校校均分 57.75 分,校均项目数 859.9 项,非示范校、骨干校校均分 13.64 分,校均项目数 337.9 项;国家"双高计划"院校校均分 52.10 分,校均项目数 798.8 项,非"双高计划"院校校均分 11.08 分,校均项目数 305.36 项;省"双高计划"院校校均分 20.72 分,校均项目数 441.8 项,非省"双高计划"院校校均分 28.45 分,校均项目数 469.5 项。可见,重点高职院校的实力远远超出非重点高职院校。非省"双高计划"院校中包含了已经列入国家"双高计划"的高水平高职学校,因此校均分和校均项目数均高于省"双高计划"院校。

2. 公办高职院校与民办高职院校对比

公办高职院校校均分 28.09 分,校均项目数 522.58 项;民办高职院校校均分 5.19 分,校均项目数 188.36 项。浙江省民办高职院校中有 1 所升格为职业本科大学,目前浙江省有 2 所本科职业大学,根据指数分析,职业本科大学校均分 17.42 分,校均项目数 417.5 项。以上对比可见,公办高职院校的实力远远超出民办高职院校,职业本科大学具有较好的发展实力和潜力。

3. 院校类型对比

在校均分上,人文社科类高职院校校均分最高,综合类高职院校校均分排名第二,师范类高职院校校均分最低。在校均项目数上,综合类高职院校校均项目数最多,人文社科类高职院校校均项目数排名第二,师范类高职院校校均项目数最少。以上对比可见,人文社科类高职院校和综合类高职院校实力较为突出,而师范类院校在校均分和校均项目数的排名上都处于最后,这和师范类院校数量少有一定的关系。

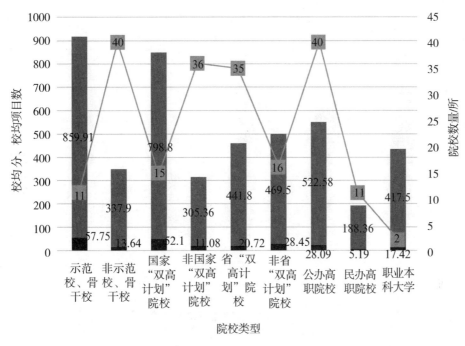

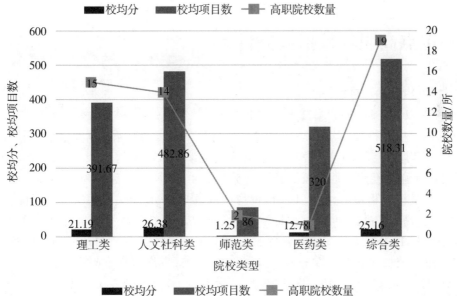

图 5-10　不同类型高职院校校均分差异

　　此外,从项目数量和质量来看,本次浙江省高职院校教师教学发展指数中,浙江省高职院校获得项目总数 3752 项,其中国家级项目 1498 项。示范校、骨干校获得国家级项目535 项,国家"双高计划"院校获得国家级项目 681 项,省"双高计划"院校获得国家级项目989 项,职业本科大学获得国家级项目 51 项,民办高职院校获得国家级项目数 199 项(见图 5-11)。

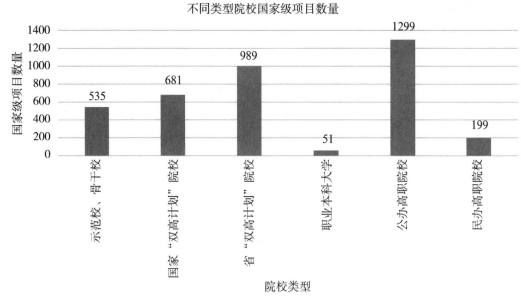

图 5-11　不同类型高职院校国家级项目差异

5.5　重点高职院校指数分析

1. 校均分、校均项目数分析

在国家"双高计划"院校中,高水平高职学校 A 档校均分 89.61 分,校均项目数 1227.5;高水平高职学校 B 档校均分 64.93 分,校均项目数 1063.67;高水平高职学校 C 档校均分 54.90 分,校均项目数 766;高水平专业群建设高职学校 A 档校均分 32.69 分,校均项目数 621;高水平专业群建设高职学校 B 档校均分 48.84 分,校均项目数 718.25;高水平专业群建设高职学校 C 档校均分 31.15 分,校均项目数 519。以上关于国家"双高计划"院校的对比可见,高水平高职学校中,A 档学校实力明显高于 B 档和 C 档学校;高水平专业群建设高职学校中,B 档学校实力明显高于 A 档和 C 档学校。在省"双高计划"院校中,省高职高水平学校校均分 33.63 分,校均项目数 607.6;省高职高水平专业群学校校均分 11.04 分,校均项目数 317.45。从省"双高计划"院校的对比可见,省高职高水平学校的实力明显高于省高职高水平专业群学校(见图 5-12)。

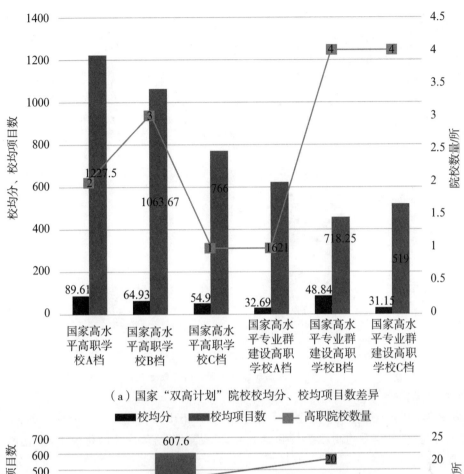

（a）国家"双高计划"院校校均分、校均项目数差异

■ 校均分　■ 校均项目数　— 高职院校数量

（b）浙江省"双高计划"院校校均分、校均项目数差异

■ 校均分　■ 校均项目数　— 高职院校数量

图 5-12　重点高职院校校均分、校均项目数差异

2. 国家级项目分析

从项目的数量和质量来看,在国家"双高计划"院校中,高水平高职学校 A 档国家级项目 171 项,高水平高职学校 B 档国家级项目 173 项,高水平高职学校 C 档国家级项目 41 项,高水平专业群建设高职学校 A 档国家级项目 28 项,高水平专业群建设高职学校 B 档国家级项目 159 项,高水平专业群建设高职学校 C 档国家级项目 109 项。高水平高职学校中,B 档学校国家级项目数量略高于 A 档,远远高于 C 档学校;高水平专业群建设高职学校中,B 档学校国家级项目数量最多,A 档学校数量最少。在省"双高计划"院校中,省高职高水平学校国家级项目 537 项,省高职高水平专业群学校国家级项目 452 项(见图 5-13)。

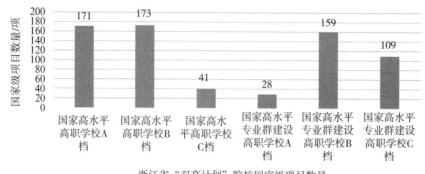

浙江省"双高计划"院校国家级项目数量

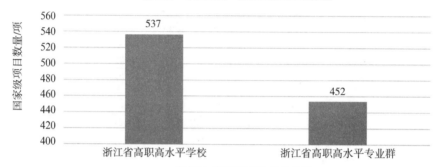

浙江省"双高计划"院校类型

图 5-13 重点高职院校国家级项目数量差异

3.各维度分析

2019 年，国家"双高计划"启动第一轮建设，旨在集中力量建设一批引领改革、支撑发展、中国特色、世界水平的高职学校和专业群，带动职业教育持续深化改革，强化内涵建设，实现高质量发展。对国家"双高计划"院校教师教学发展指数各维度表现进行分析，将各维度分值归一后，各维度表现与浙江省高职院校整体各维度表现略有差异，教学成果奖方面表现最为抢眼，教师团队和产教融合方面表现也十分突出，专业与课程、教材与论文、教师教学竞赛和教师培训基地方面需要大力加强，尤其是教师培训基地方面是浙江省国家"双高计划"院校弱势指标。省"双高计划"院校教师教学发展指数各维度表现与浙江省高职院校整体各维度表现十分接近，产教融合方面是优势最明显的指标，教师团队和教学成果奖方面表现也可圈可点，教师培训基地是最弱势指标（见图 5-14）。

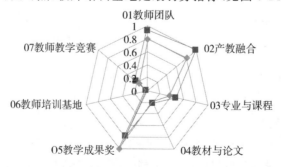

图 5-14 国家"双高计划"、省"双高计划"院校教师教学发展指数各维度表现

5.6　指数十年榜单分析

　　对浙江省高职院校教师教学发展指数"2011—2020年榜单"和"2001—2010年榜单"进行分析,排名进步最明显的是温州科技职业学院,"2001—2010年榜单"排名第33名,"2011—2020年榜单"排名第18名,进步15名;其次是杭州科技职业技术学院,"2001—2010年榜单"排名第38名,"2011—2020年榜单"排名第24名,进步14名;再次是杭州职业技术学院,"2001—2010年榜单"排名第20名,"2011—2020年榜单"排名第9名,进步11名;浙江农业商贸职业学院"2001—2010年榜单"排名第45名,"2011—2020年榜单"排名第34名,也进步11名;接下去是浙江经贸职业技术学院,"2001—2010年榜单"排名第16名,"2011—2020年榜单"排名第6名,进步10名。这些都是排名进步在10名以上的学校。

　　排名没有发生变化的是金华职业技术学院、温州职业技术学院、浙江纺织服装职业技术学院,分别保持在第1、7、15名。

　　还有一些高职院校排名后退较为明显,浙江体育职业技术学院"2001—2010年榜单"排名第30名,"2011—2020年榜单"排名第43名,后退13名;浙江育英职业技术学院"2001—2010年榜单"排名第26名,"2011—2020年榜单"排名第38名,后退12名;浙江电力职业技术学院"2001—2010年榜单"排名第37名,"2011—2020年榜单"排名第49名,也后退12名;浙江警官职业学院"2001—2010年榜单"排名第12名,"2011—2020年榜单"排名第23名,后退11名;湖州职业技术学院"2001—2010年榜单"排名第11名,"2011—2020年榜单"排名第21名,后退10名。这些都是排名后退在10名以上的学校。

5.7　存在的问题分析

　　(1)从浙江省高职院校教发指数各维度表现来看,存在明显的各维度发展不均衡现象。从浙江省整体教发指数来看,产教融合表现最为优异,接下去依次是教师团队、教学成果奖,而教师培训基地则表现最为弱势。从浙江省重点高职院校教发指数来看,国家"双高计划"院校教学成果奖表现最为优异,接下去依次是教师团队、产教融合,而教师培训基地则表现最为弱势。省"双高计划"院校则是产教融合表现最为优异,接下去依次是教师团队、教学成果奖,而教师培训基地则表现最为弱势。新修订的职业教育法明确职业教育是与普通教育具有同等重要地位的教育类型,着力提升职业教育认可度,深化产教融合、校企合作,完善职业教育保障制度和措施,更好推动职业教育高质量发展。产教融合是职业教育的本质属性和类型特色,在欣喜和肯定浙江省高职教育产教融合成绩的同时,也为高职教师培训感到担忧。教师是教学的基础,教师培训是教师能力提升的重要途径,但无论是整体层面还是重点高职层面,教师培训基地的建设成效并不显著,一定程度上会对浙江省高职教师队伍建设产生不利影响。

（2）优质高职教育资源分布呈现不平衡现象。根据区域高职院校校均分对比情况、各区域历次进入国家级建设项目情况，不难看出，浙江省优质高职教育资源集中在杭州市、金华市、宁波市和温州市四个城市，其中省会城市杭州市更是优质高职教育资源的聚集中心，省会城市虹吸效应明显。高职教育是与社会经济发展关联最为紧密的教育类型，其对社会、政治、经济、文化发展具有推动作用已是广泛共识，从浙江省高职院校区域分布、优质高职教育资源分布来看，区域差异明显，会对浙江省整体发展产生一定程度的消极影响。

（3）不同类型高职院校教师教学发展水平差距明显。从指数得分来看，浙江省高职院校指数总分分布还是较为均衡和紧凑，但是高分段院校和低分段院校之间差距十分明显，指数排名第一的院校和排名末端的院校之间分值差距接近 85 分。从重点高职院校和非重点高职院校的对比来看，重点高职院校以明显的优势领先于非重点高职院校，一方面可见在上级部门的政策推动下，浙江省高职院校教学改革和发展取得了明显成效，另一方面也无形中扩大了重点高职院校与非重点高职院校的差距。从公办高职院校与民办高职院校对比来看，公强民弱现象明显，作为职业教育中不可缺少的民办高职教育如何抓住职业教育政策红利实现高质量发展是值得关注的现象。从重点高职院校内部对比来看，国家"双高计划"院校中，高水平高职学校 A 档 B 档学校实力强劲，高水平专业群建设高职学校 B 档学校实力强劲；省"双高计划"院校中，省高职高水平学校的实力强劲。从指数十年榜单分析来看，部分高职院校排名大幅度上升的同时也有部分高职院校排名下滑，值得引起关注。

5.8　对策和建议

浙江省高职教育整体实力位居全国第一方阵，但高职教育教学发展结构欠佳、各区域发展不平衡、不同类型高职院校发展差距明显等难题还是不同程度地存在并制约了高职教育高质量发展，因此需要通过理念引领、制度牵引、协同发展等措施来破解上述难题。

一是理念引领。理念引领期望高层次、高质量的发展，激发问题认识，通过美好发展的信念和改善现实情况的需求触发实际的行为改善。高职院校的根本任务是为经济社会建设与发展培养高素质技术技能人才，人才培养的关键是教师，教师教学水平对人才培养质量具有决定性作用。国务院《国家职业教育改革实施方案》明确了职业教育中教师、教学的重要性，教育部《关于实施职业院校教师素质提高计划（2021－2025 年）的通知》对加强职业院校高素质"双师型"教师队伍建设，促进职业教育高质量发展提出了全方位要求。在这样的大背景下，主动回应国家政策要求，树立起高度重视高职院校教师教学发展并把提升高职院校教师教学水平放在重要地位的理念，引领教育实践走向。由于教师教学边界不清、表征不强等因素，加上长期以来"科研 GDP"对教师职称评审制度的影响，教师教学发展一直未能得到应有的重视。中国高等教育学会高校教师教学发展指数项目组在系统研究我国教师教学发展历史和现状的基础上，结合高职教育属性和浙江经济社会发展实践，通过大数据分析，构建了一个边界清晰、表征性强的浙江省高职院校教师教学发评价体系,为评估、引导、推动、预测浙江高职教师教学发展提供了科学依据,也倒逼高职院校重视教师教学发展。

二是制度牵引。制度保障是我国高职教育改革发展实践的成功经验。针对浙江省高职教育教学发展现状,重点围绕高职教育资源布局优化和调整、教师培训基地建设等建章立制。习近平总书记指出"技术工人也是中等收入群体的重要组成部分,要加大技能人才培养力度,提高技术工人工资待遇,吸引更多高素质人才加入技术工人队伍",因此高职教育在浙江省共同富裕示范区建设中肩负重要历史使命。针对当前高职教育布局及优质高职教育资源分布,如何根据各地产业转型发展要求,统筹高职教育资源,以便更好地加大高素质技术技能人才培养力度和规模,在浙江省共同富裕示范区建设中贡献高职力量是迫切需要解决的问题。至于教师培训基地建设方面,早在 2012 年 7 月,教育部启动了教师教学发展示范中心建设工作,当年 9 月,教育部公布了 30 个入选的"国家级教师教学发展示范中心"。教师教学发展中心可以说是近年来我国高校中得到广泛设置的一种机构,专门负责高校教师专业发展,承担着开展教师培训、教学咨询、教学改革研究、教学质量评估和提供优质教学资源服务等任务。当前浙江省高职教发指数中,教师培训基地建设维度发展情况与其他维度发展情况相去甚远,因此依托各校教师教学发展中心,打造校级、市级、省级三级联动的教师教学发展示范中心,以推动高职院校教师教学持续、健康发展。

三是协同发展。根据协同理论,协同是一个复杂的、开放的系统在与外界进行物质、信息和能量交换时,它的各子系统之间会自发地相互作用并影响,最终形成一个新的、有效的结构。一方面,高职院校教师教学发展是一个复杂的系统,其与政府、行业、企业、其他高职院校等外部系统处于彼此联系之中,在相互影响之中不断演化和发展。另一方面,高职院校教师教学发展也是一个开放的系统,受社会需求、经济需求、文化需求、院校管理制度等内外部动力因素影响。受各区域政治、经济、文化、产业结构及各校办学历史等因素影响,浙江省形成了各具特色的高职教育区域布局和差异化发展态势。各地、各校优势明显,但也存在诸多问题,根据前面对浙江省高职院校教师教学发展分析结果,应积极开展实施高职院校教师教学校校协同合作和跨区域协同合作,发挥重点高职、高职教育资源集中区域的示范引领作用,通过校校帮扶、区域结对联盟等方式,实现各方资源优势互补、共同合作发展的目的,以摆脱当前院校之间、区域之间差距明显的局面。

6 陕西省本科院校教师教学发展分析

6.1　研发背景

　　教育评价是教育教学工作的"指挥棒"，是新时代教育发展和教育治理的重要环节。习近平总书记高度重视教育评价改革，作出一系列重要指示批示，特别是在 2018 年 9 月 10 日全国教育大会上进行了集中论述，明确提出健全立德树人落实机制，扭转不科学的教育评价导向；对学校、教师、学生、教育工作的评价体系要改，坚决改变简单以考分排名评老师、以考试成绩评学生、以升学率评学校的导向和做法。2020 年 10 月 13 日，中共中央、国务院印发出台了《深化新时代教育评价改革总体方案》，《方案》在主要原则中提出"改进结果评价，强化过程评价，探索增值评价，健全综合评价"，"四个评价"是重要的思路创新、路径创新，体现了对教育规律和人才成长规律的尊重，强调了评价的动态性、诊断性、多元性。在教育部高教司指导下，中国高等教育学会在 2019 年和 2020 年秋季中国高等教育博览会上持续发布"全国普通本科院校教师教学发展指数清单"，并推出省域高校教师教学发展指数，引起教育部门、社会和高校高度关注，并逐渐成为高校质量评价和开展教学改革的重要决策依据。

　　2020 年，在教育部高教司指导下，中国高等教育学会、工信部人教司、陕西省教育厅的大力支持下，"西北地区高校教师教学发展研究院"（以下简称"西北研究院"）成立并由西北工业大学负责主体建设。其中，研制西北地区高校教师教学发展指数是西北研究院的重要职能。陕西高等教育紧抓西部大开发和中西部高等教育振兴，高等教育走过了从弱到强、从大到优的发展历程，办学规模、资源投入、内涵发展实现历史性跃升。陕西作为西北五省（区）高教资源相对富集、区域特色优势明显的高教大省，为进一步完善省域指数研究工作，中国高等教育学会首先选取陕西省作为省域指数研制试点单位，期待形成陕西省高校教师教学发展指数指标体系。历时一年的反复调研、深入研讨，西北研究院首先面向陕西省 55 所普通本科院校，完成了教师发展相关数据信息采集和分析。在 2021 年 12 月 22 日，中国高等教育学会正式发布"2021 年陕西省本科院校教师教学发展指数（TOP20）"。

6.2　发展概况

　　根据 2021 年教育部公布数据，陕西省共有 55 所普通本科院校，主要分布在省会西安市（42 所）、咸阳市（6 所）等 9 个地级市，铜川市无高校分布。其中，作为省会城市西安本科院校约占 76%，其次是咸阳约占 11%，其他 7 个地级市均约占 1.8%（见图 6-1）。从办学性质看，公办本科 34 所，民办本科 21 所，其中民办本科中有 10 所属于独立学院建制。从院校归属看，部属院校有 6 所，地方院校有 49 所。从院校类型来看，国家一流高校 3 所（西安交通大学、西北工业大学、西北农林科技大学），国家一流专业建设大学 4 所（陕西师范大学、西安电子科技大学、西北大学、长安大学）（见图 6-2）。从学科分类看，理工类 26

所,人文社科类 12 所,师范类 8 所,综合类 6 所,医药类 2 所,农林类 1 所(见图 6-3)。

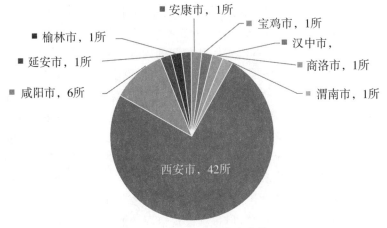

图 6-1 陕西省本科院校分布情况

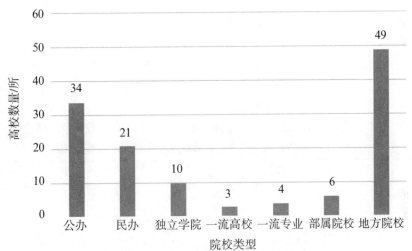

图 6-2 陕西省本科院校办学性质和类型数量情况

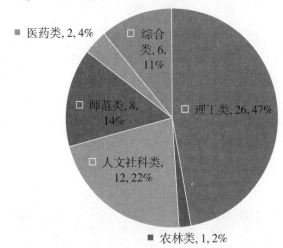

图 6-3 陕西省本科院校学科分类情况

分析各省份高校的校均得分与标准差发现，陕西高校校均得分在30分以上，高于总体均分曲线值。同时，以各省份校均分和标准差的平均值为分界线，陕西省与上海、北京、天津、江苏、湖北、湖南、黑龙江、重庆8省市同位于第一象限，这一象限校均分和标准差均较高，说明平均教师教学水平较高，但省区高校间的内部差异性较大。再看西北其他4省区，甘肃位于第二象限，校均分中偏低，但标准差较大，说明高水平学校不够突出，整体教师教学水平较低。新疆位于第三象限，无论是校均分还是标准差均偏低，说明整体教师教学水平不理想，且均在低分段集聚，内部缺乏层次梯度。宁夏位于第四象限，校均分中偏上，整体发展态势良好，且标准差偏低，内部差异性不大。以各省份校均分和校均项目数的平均值为分界线，陕西位于第二象限（同甘肃），说明在项目总体数量占优势，但较于位于第一象限的北京、上海、江苏、天津、吉林5省市，仍存在一定差距，每项表现有待进一步提升。再看西北其他省区，新疆、宁夏位于第三象限，校均项目数和校均分都相对偏低。青海位于第四象限，虽然项目数不多，但每项表现情况较好，因此校均分较高.

根据2021版全国本科高校教师教学发展指数发布清单，陕西省有11所（占省内高校20%）进入2021版全国普通本科院校教师教学发展指数TOP300名单，占比3.7%；排名前100有7所，占比7%；排名在101至200之间的有3所，排名在201至300之间的有1所。有7所（占省内高校20%）入选"双一流"建设高校教师教学发展指数清单，占比5.2%；有3所进入地方本科院校教师教学发展指数TOP100名单，占比3%。在2021版分类高校教师教学发展指数（TOP20）中，综合类1所、理工类2所、农林类1所、师范类1所、民办及独立学院1所高校进入，人文社科类、医药类没有高校进入（详见表6-1）。

表6-1　2021版全国普通高校教师教学发展指数中陕西省战绩

序号	指数名称	学校名称	排名
1	全国普通本科院校教师教学发展指数（TOP300）	西安交通大学	8
		西北工业大学	29
		西安电子科技大学	44
		西北大学	47
		陕西师范大学	51
		西北农林科技大学	76
		长安大学	92
		西安建筑科技大学	108
		西安理工大学	123
		陕西科技大学	193
		西安科技大学	210
2	"双一流"建设高校教师教学发展指数（全部）	西安交通大学	8
		西北工业大学	29
		西安电子科技大学	44

续表

序号	指数名称	学校名称	排名
2	"双一流"建设高校教师教学发展指数(全部)	西北大学	47
		陕西师范大学	51
		西北农林科技大学	71
		长安大学	82
3	地方本科院校教师教学发展指数(TOP100)	西北大学	3
		西安建筑科技大学	33
		西安理工大学	46
4—1	综合类本科院校教师教学发展指数(TOP20)	西北大学	14
4—2	理工类本科院校教师教学发展指数(TOP20)	西安交通大学	3
		西北工业大学	15
4—4	农林类本科院校教师教学发展指数(TOP20)	西北农林科技大学	6
4—6	师范类本科院校教师教学发展指数(TOP20)	陕西师范大学	7
5	"民办及独立学院"教师教学发展指数(TOP20)	西京学院	3

6.3　指数指标设计

　　"陕西省本科院校教师教学发展指数"(以下简称陕西指数)由陕西省高校的全国指数和省域特色指数两部分复合而成,2021版省域特色指标设计具有以下三个特点:

6.3.1　坚持国家评价政策导向,省域指标与全国指标对标融合

　　深入学习教育部印发的《普通高等学校本科教育教学审核评估实施方案(2021—2025年)》《中国教育监测与评价统计指标体系(2020年版)》以及教育部高等教育教学评估中心发布的《高等教育质量监测国家数据平台数据填报指南》等文件,全面了解高等教育评价、高校教师教学发展相关指标体系,系统对标全国高校教师教学发展指数框架体系的基础上,陕西指数延续全国指数"教师团队""教改项目""教材项目""教学论文""教学成果奖""教师培训基地"6个维度和"教师教学竞赛"特别维度,以及指数计算方法和权重设置(见图6-4)。

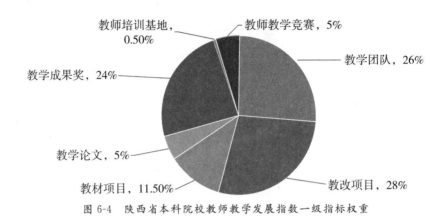

图 6-4　陕西省本科院校教师教学发展指数一级指标权重

6.3.2　充分调研征集省内高校意见，指标设置体现地域特色

在全国教师发展专家工作组指导下，组建西北地区高校教师教学发展指数研制专家组，设立指数编制专项工作秘书处。面向陕西 55 所本科院校教务处、教师教学发展中心负责人、部分国家级、省级、校级教学名师对陕西指数指标、体系框架、权重赋值进行意见征集。陕西指数有 76 个二级指标，105 个三级指标，191 个四级指标。陕西指数在各级指标中充分融入陕西高校教师发展特色，比如：在"教师团队"纳入课程思政示范教学团队、课程思政教学研究示范中心（高等教育类）等指标；在"教改项目"纳入课程思政示范课、高等干部教育培训课程建设项目等指标；在"教材项目"纳入马克思主义理论研究和建设工程重点教材示范培训班、高等干部教育培训教材建设项目等指标；在"教学成果奖"纳入中等职业教育教学成果奖等指标；尤其在"教师教学竞赛"中纳入陕西省高校课堂教学创新大赛、陕西省高校教师微课教学比赛、陕西高校辅导员工作优秀案例、陕西省本科高校工程训练教师教学能力竞赛等指标（详见表 6-2）。

表 6-2　陕西省本科院校教师教学发展指数省域特色指标体系

一级指标	二级指标	三级指标
01 教师团队	0101 立德树人	010101 个人荣誉
		010102 集体荣誉
	0102 教学名师	010201 省级教学名师
		010202 教书育人楷模
	0103 教学团队	010301 省级教学团队
		010302 课程思政示范教学团队
		010303 课程思政教学研究示范中心（高等教育类）
	0104 教学指导委员会	010401 教育信息化专家委员会
		010402 高等学校教学指导委员会
02 教改项目	0201 综合类	020101 高等教育教学改革项目
		020102 高等教育学会高等教育科学研究项目

一级指标	二级指标	三级指标
02 教改项目	0201 综合类	020103 人才培养模式创新实验区
		020104 应用型高校建设
	0202 专业类	020201 一流专业
		020202 特色专业
		020203 专业综合改革试点
	0203 课程类	020301 精品课程
		020302 精品在线开放课程
		020303 一流本科课程
		020304 课程思政示范课
		020305 高等干部教育培训课程建设项目
	0204 教学基地	020401 教师教育基地
	0205 实验实践类	020501 实验教学示范中心
		020502 大学生校外实践教育基地
		020503 虚拟仿真实验教学中心
		020504 虚拟仿真实验教学项目
		020505 创新创业荣誉类
		020506 创新创业教育研究与培训基地
		020507 创新创业教育课程
03 教材项目	0301 优秀教材	030101 研究生教育优秀教材
		030102 本科教育优秀教材
		030103 继续教育优秀教材
	0302 马克思主义理论研究和建设工程重点教材	030201 马克思主义理论研究和建设工程重点教材示范培训班
	0303 高等干部教育培训教材建设项目	030301 高等干部教育培训教材建设项目
04 教学论文	0401 思想教育研究	040101 思想教育研究
	0402 思想政治教育研究	040201 思想政治教育研究
	0403 中国高校科技	040301 中国高校科技
	0404 中国特殊教育	040401 中国特殊教育
	0405 职教论坛	040501 职教论坛
	0406 职业技术教育	040601 职业技术教育

续表

一级指标	二级指标	三级指标
04 教学论文	0407 中国职业技术教育	040701 中国职业技术教育
	0408 民族教育研究	040801 民族教育研究
	0409 中国远程教育	040901 中国远程教育
	0410 教育与职业	041001 教育与职业
	0411 成人教育	041101 成人教育
	0412 开放教育研究	041201 开放教育研究
	0413 远程教育杂志	041301 远程教育杂志
	0414 中国电化教育	041401 中国电化教育
	0415 教师教育研究	041501 教师教育研究
	0416 现代远程教育研究	041601 现代远程教育研究
	0417 电化教育研究	041701 电化教育研究
	0418 全球教育展望	041801 全球教育展望
	0419 华东师范大学学报	041901 华东师范大学学报
	0420 学校党建与思想教育	042001 学校党建与思想教育
	0421 现代教育技术	042101 现代教育技术
	0422 教育学报	042201 教育学报
	0423 比较教育研究	042301 比较教育研究
	0424 现代远距离教育	042401 现代远距离教育
	0425 教育与经济	042501 教育与经济
	0426 外国教育研究	042601 外国教育研究
	0427 中国教育学刊	042701 中国教育学刊
	0428 湖南师范大学教育科学学报	042801 湖南师范大学教育科学学报
	0429 教育理论与实践	042901 教育理论与实践
	0430 教育科学	043001 教育科学
	0431 教育学术月刊	043101 教育学术月刊
	0432 当代教育科学	043201 当代教育科学
	0433 当代教育与文化	043301 当代教育与文化
	0434 河北师范大学学报	043401 河北师范大学学报
	0435 当代教育论坛	043501 当代教育论坛
	0436 国家教育行政学院学报	043601 国家教育行政学院学报
	0437 思想理论教育	043701 思想理论教育

一级指标	二级指标	三级指标
04 教学论文	0438 苏州大学学报（教育科学版）	043801 苏州大学学报（教育科学版）
	0439 重庆高教研究	043901 重庆高教研究
	0440 黑龙江高教研究	044001 黑龙江高教研究
	0441 教育发展研究	044101 教育发展研究
	0442 现代教育管理	044201 现代教育管理
	0443 现代教育科学	044301 现代教育科学
	0444 研究生教育研究	044401 研究生教育研究
	0445 中国大学教学	044501 中国大学教学
05 教学成果奖	0501 高等教育教学成果奖	050101 特等奖
		050102 一等奖
		050103 二等奖
	0502 教学名师	050201 特等奖
		050202 一等奖
		050203 二等奖
		050204 三等奖
	0503 中等职业教育教学成果奖	050301 一等奖
		050302 二等奖
		050303 三等奖
06 教师培训基地	0601 教师教学发展示范中心	060101 教师教学发展示范中心
07 教师教学竞赛	0701 高校青年教师教学竞赛	070101 陕西省高校青年教师教学竞赛
	0702 高校教师创新教学大赛	070201 陕西省高校课堂教学创新大赛
	0703 高校微课教学比赛	070301 陕西省高校教师微课教学比赛
	0704 高校辅导员职业能力大赛	070401 陕西省高校辅导员素质能力大赛
	0705 高校辅导员工作优秀案例	070501 陕西高校辅导员工作优秀案例
	0706 外语微课大赛	070601 外语微课大赛（陕西赛区）
	0707 高校工程训练指导教师教学能力竞赛	070701 陕西省本科高校工程训练教师教学能力竞赛
	0708 电子信息类专业青年教师授课竞赛	070801 全国高等学校电子信息类专业青年教师授课竞赛（华西赛区）
	0709 高校教师电子类实验技能竞赛	070901 陕西高校中青年教师电子类实验技能竞赛

续表

一级指标	二级指标	三级指标
07 教师教学竞赛	0710 普通高等学校体育教师教学技能大赛	071001 陕西省普通高等学校体育教师教学技能大赛
	0711 高校多媒体课件大赛	071101 陕西省高校多媒体课件大赛
	0712 高校思政课教师大练兵活动	071201 陕西省高校思政课教师大练兵活动
	0713 高等学校物理基础课程青年教师讲课比赛	071301 全国高等学校物理基础课程青年教师讲课比赛（西北赛区）
	0714 高等学校青年教师电子技术基础、电子线路课程授课竞赛	071401 全国高等学校青年教师电子技术基础、电子线路课程授课竞赛（西北赛区）
	0715 普通高等学校军事课教师授课竞赛	071501 陕西省普通高等学校军事课教师授课竞赛

6.3.3 数据溯源采集覆盖范围广泛，强调过程性具体指标数据

陕西 55 所本科高校全部纳入数据采集范围，秉承"来源可靠、应采尽采"的原则，通过省厅信息公开、档案馆查阅、院校官网发布等渠道，累计采集陕西教师发展指数 45890 条，其中省级项数 18494 条，国家级项数 27396 条。数据最早可追溯至 1991 年，数据跨度历时 30 多年。陕西指数工作小组公开所有模型和原始数据，各高校可以通过工作组提供的免费账号，查询本校近 30 年所有教师教学发展相关状态数据。

6.4 指数状态分析

6.4.1 陕西指数排名概貌

2021 年陕西省指数的分析对象为省内 55 所普通本科高校。根据陕西指数总分（国家级指数＋省级指数归一总分）来看，排名前三分别是西安交通大学、西北工业大学、陕西师范大学。该三所高校均属于部属院校，其中西安交通大学和西北工业大学是"985/211""双一流"重点建设高校，陕西师范大学是"211""双一流"重点建设高校，指数分数分别是 100 分、86.68 分、79.59 分。省内排名前 10 的高校指数分数在 62.83 分以上，排名前 20 的高校分数在 49.99 分以上（见图 6-5），排名前 30 高校分数在 43.72 分以上，排名前 40 高校分数在 36.31 分以上，排名前 50 高校分数在 26.69 分以上，最后一名是 19.68 分以上，第一名与最后一名分数相差 80.32 分以上，说明陕西本科院校教师教学发展指数的得分离散幅度较大。同时，根据指数型趋势线预测，R－squared 值为 0.9459，说明陕西省本科院校教师教学发展指数分数排名越靠前，高校间的指数分数差异越显著，排名越往后，分数差距缩小，分数变化整体呈现消极趋势（见图 6-6）。陕西省 55 所本科院校教师教

学发展指数均分是 47.58 分以上,均分以上高校有 23 所,占比约 42%,意味着 58% 的高校指数分数在平均水平以下(见图 6-7)。整体来看,陕西省内高校间教师教学发展水平差异大,整体教师教学发展水平有待进一步提升,尤其是排名靠后的高校,更值得思考如何提升教师教学发展水平和能力。

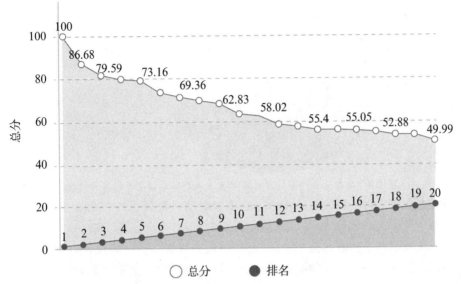

图 6-5 陕西省本科院校教师教学发展指数总分和排名分布图(排名 TOP20)

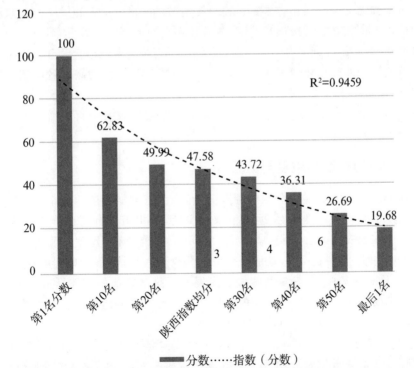

图 6-6 陕西省本科院校教师教学发展指数不同分数段得分情况趋势分析

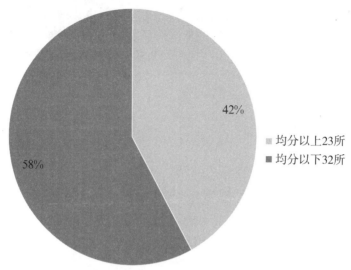

图 6-7　陕西省本科院校教师教学发展指数均分以上高校分布情况

从陕西指数项目数量看,陕西指数项目中省级项目数量总计 18494 条,TOP3 高校分别是陕西师范大学(1756 条)、西安交通大学(1225 条)、西北工业大学(921 条),最少项数仅 14 条。省级项目平均数约是 336 条,仅 36％院校省级项目获得数达均值以上。各院校省级项数参差不齐,项目数量差距比较显著。国家级项目数量总计 27396 条,TOP3 高校分别是西安交通大学(3369 条)、西北工业大学(3431 条)、西安电子科技大学(2085 条),其中有两所院校无国家级项目。国家级项目平均数约 498 条,仅 29％院校国家级项目获得数达均值以上。较之获省级项目情况,各院校在获国家级项目数分布梯度变化更大,差距更明显。整体来看:陕西各高校获省级项目数分布、获国家级项目数分布以及省级加国家级项目总数量的曲线变化情况相对一致,国家级项目数量多的高校省级项目数也相对较多,国家级项目在指数排名归一化计算中贡献度大于省级项目。因此,省内高校在思考如何获批更多省级项目的同时,也需更加重视培育申报国家级项目来增强本校教师发展指数的竞争力。

6.4.2　陕西指数区域差异分析

根据前面对省内本科院校分布的情况分析,作为省会城市的西安市本科院校数量多达 42 所,咸阳市有 6 所,其他 7 个地级市只有 1 所,铜川市没有高校分布。其中 TOP10 高校中有 9 所在西安市,仅 1 所在咸阳市。TOP20 高校中有 17 所在西安,占比 85％,咸阳、延安、汉中各 1 所,各占 5％,其他 5 个市无高校进入 TOP20 榜单。可看出,西安市高校规模大,布局相对集中,尤其是教师教学发展水平排名靠前的院校形成聚集效应,西安市内院校教师发展显然具有得天独厚的区域优势。在省内各地市院校教师教学发展指数均分中,排名前三的分别是延安(56.94 分)、汉中(49.99 分)、宝鸡(49.59 分),其次是西安(排名第四)、渭南、安康、咸阳、榆林、商洛和铜川。延安、汉中、宝鸡和西安 4 个地市本科院校教师教学发展指数分数均值在全省本科院校教师教学发展指数均分以上(47.58 分),其他 5 个地市(铜川市除外)本科院校教师教学发展指数分数均值低于全省本科院校教师教学发展指数均值,但是 5 个地市间对比全省指数均值分数差值不大,最多相差

5.67 分(见图 6-8)。不难发现,延安、汉中、宝鸡本科院校虽少,但是三市的高教师教学发展水平相对高一点,说明三市内高校对本校教学管理和教师发展比较重视,也就对应教师发展成效显著一点。反观西安市,尽管本科院校数量规模、指数排名靠前高校集中,但是指数分数整体是低于预期、不够理想,这也说明西安市本科院校教师教学发展水平两极分化严重,各校指数分数分布呈现"两头多、中间小"的趋势,西安市高校间教师发展水平差距亟须进一步缩小。

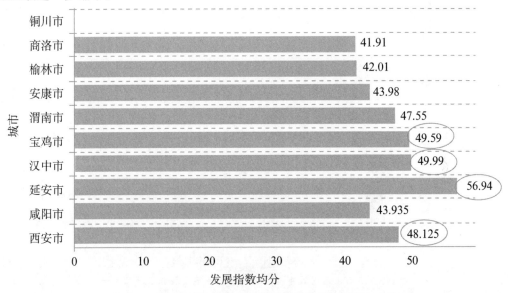

图 6-8 陕西各地市本科院校教师教学发展指数均分统计

从陕西指数项目数量看(见图 6-9),项目数最多的前三个城市是西安、咸阳、延安,分别是 37361、4138、1015 项,其他 6 个地市项目数均低于 1000 项。西安市高校分布集中且数量较多,在项目数上有明显优势,尤其表现在国家级项目数上。不难看出,其他城市项目数远远落后,就连指数分数排名前三的延安、汉中、宝鸡也相差甚远。整体上看,各城市国家级项目数稍多于省级项目数。在后期,相关区域高校在追求国家项目申报的同时,也应关注支持教师参与省级项目,统筹兼顾好两级项目培育,尤其是教师发展水平相对薄弱的高校更应着手抓校级、省级,以更好推进国家级相关教育教学改革创新与实践。

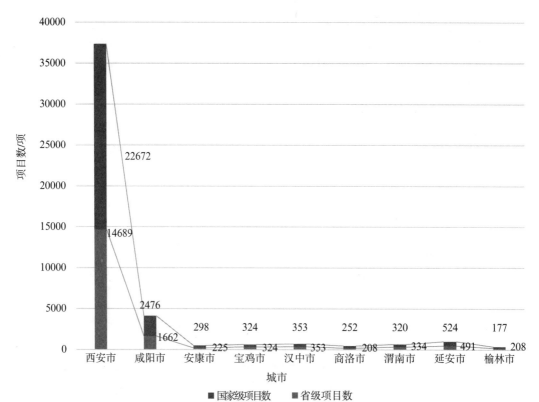

图 6-9　陕西省不同城市本科院校教师教学发展指数项目统计

6.4.3　陕西指数不同类型院校差异分析

从院校不同类型来看（见图 6-10），"985\211 工程高校""双一流建设高校""部属高校"教师发展指数均分远远高于其他高校，其中"985"高校和一流重点建设高校指数均分最高，是陕西指数均分的 1.82 倍，是公办高校的 1.66 倍，地方高校的 1.99 倍，民办高校的 2.74 倍，独立学院的 3.14 倍。公办是民办的 1.65 倍，是独立院校的 1.89 倍。部属是地方的 1.89 倍。整体来看，民办院校尤其是独立学院教师教学发展水平在全省高校中垫底，地方高校与陕西指数均分相差 4.18 分，因此对民办院校、地方高校应给予更多反思和关注。

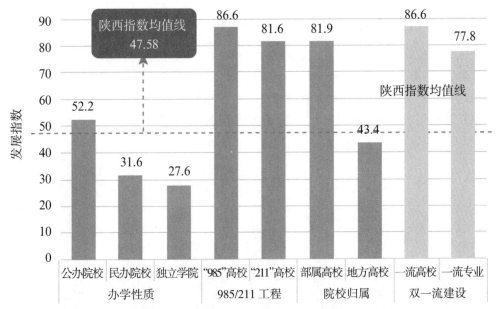

图 6-10　陕西省不同类型本科院校教师教学发展指数均分统计

从陕西指数项目数量看(见图 6-11),公办高校是民办高校的 13.2 倍,地方高校是部属高校的 1.28 倍,"211"高校是"985"高校的 1.92 倍。其中公办高校对应的省级项目数和国家级项目数也是最多的,民办高校尤其是独立学院项目数最少。整体上看,各类型高校的国家级项目数多于省级项目数,仅民办高校的省级项目数高于国家级项目数。从不同类型高校项目数均值来看,一流高校和"985"高校平均项目数最高,其次是部属高校、"211"高校、一流专业建设高校、公办高校、地方高校,民办高校尤其是独立学院项目数均值最低。

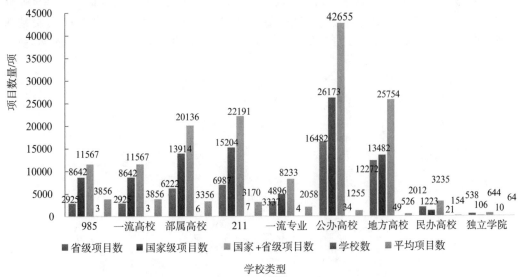

图 6-11　陕西省不同类型本科院校教师教学发展指数项目数统计

6.4.4　陕西指数不同学科院校差异分析

从不同学科院校来看（见图6-12），农林类院校指数均分遥遥领先，达73.16分，其次是师范类、理工类、综合类、医药类，人文社科类均分最低仅43分，均分极差30.16分。其中，农林类、师范类、理工类院校指数均分在陕西指数均分以上。总体来看，除了农林类，其他学科院校间均分变化相对比较均衡，均分差异不是特别显著。

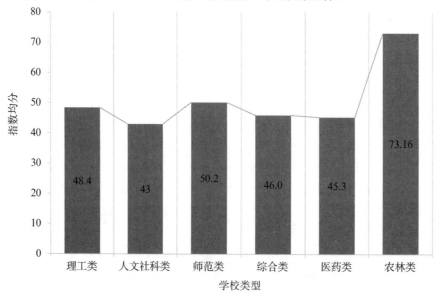

图6-12　陕西省不同学科本科院校教师教学发展指数均分统计

从陕西指数项目数量看（见图6-13），理工类高校获项目数最多，是医药类高校的27.23倍，农林类高校的9.95倍，综合类高校的6.29倍，人文社科类高校的5.18倍，师范类高校3.7倍。从不同学科高校项目数均值来看，农林类高校平均项目数最多，其次是理工类、师范类、综合类、医药类，人文社科类高校平均项目最少，基本和指数分数水平趋势一致。

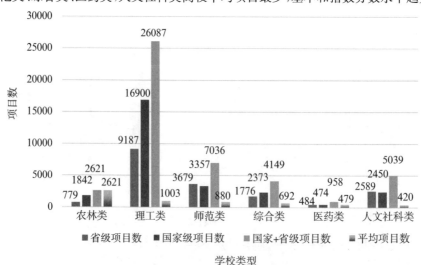

图6-13　陕西省不同学科本科院校教师教学发展指数项目数统计

6.5 存在的主要问题及原因分析

6.5.1 陕西省高校教师发展水平呈两极分化现象

从全国各省(区)高校教师发展的平均水平以及高分高校来看,陕西与上海、北京、天津、江苏等8省市在同一象限,说明陕西省高校教师教学发展整体水平和高水平学校数量明显领先。但是,从陕西指数分数和均分来看,23所高校指数分数在均分以上,有32所高校(占比58%)指数分数在均分以下,陕西省高校间指数分数极差值达80分。从陕西指数项目数和质量来看,省级项目最高获1756项,最少项数仅14项,仅36%高校省级项目获得数达均值以上。国家级项目最高获3369项,有两所院校无国家级项目,仅29%高校国家级项目获得数达均值以上。陕西省内高校间教师教学发展水平参差不齐,高分段和低分段差异显著,国家级—省级项目数差异明显,整体呈两极分化现象。一方面是学校不够重视教师教学发展,对教师缺乏明确的制度引导和积极的政策激励,忽视对教学改革实践创新以及对教育教学成果的培育凝练,导致本校在省级、国家级项目竞争中处于劣势;另一方面,大多教师在科研压力下忽视教学,对教师培训、教学竞赛、教材建设等教师发展实践缺乏热情和兴趣,满足于传统、陈旧的教学方式和教材内容,缺乏对教学专业化成长的系统规划和反思研究,较难形成教学成果。

6.5.2 陕西省不同区域高校教师发展结构布局不尽合理

从区域分布来看,陕西高校集中在以西安、咸阳为中心的经济中心城市,作为省会城市的西安有42所,咸阳有6所,其他7个地级市分别只有1所,铜川无高校。陕西指数TOP20的高校中西安有17所(占比85%),咸阳、延安、汉中各1所(占比5%),其他5个市无高校进入TOP20榜单。从项目数和质量来看,西安遥遥领先,项目数稳居第一。不难发现,西安的高校在对陕西省高等教育教学改革起到关键作用,高水平教育资源相对集中,某种程度虽上发挥了"领头羊"的作用,但是对于非中心城市来说短期内提升教师发展水平非常困难,陕西省高校教师发展结构和建设布局出现严重失衡,处于发展前端、中间和末端的高校间明显存在脱节。究其原因,陕西省传统产业及高新技术产业主要集中在西安,其经济社会发展为高等教育发展和教育资源积累奠定了重要基础,形成高校聚集效应,教育资源对周边辐射广泛,对陕西人才培养质量提升作出较大贡献,而其他城市经济发展水平跟不上、地理位置偏远等一定程度上限制了高等教育发展。同时,教育部门更加重视人才培养成果产出,对西安市的高校在政策、经费投入等有一定政策倾斜。

6.5.3 陕西省不同类型高校教师发展水平差异显著

陕西省高校中的"985/211""双一流建设高校"作为国家政策重点支持建设高校,其指数水平远远高于陕西指数平均水平和非重点大学教师发展水平,是公办高校的1.66倍,地方高校的1.99倍,民办高校的2.74倍,独立学院的3.14倍。部属高校指数平均水平与重点大学水平相差不大,是地方高校的 1.89 倍。公办高校是民办高校的 1.65 倍,民办高校指数水平在陕西指数平均水平以下。从项目数均值和质量来看,"一流建设高校""985/211"部属高校项目平均数较其他类型高校也具有显著优势。双一流建设高校和"985/211"都是在服务国家发展中成长起来,具有顶尖学科特色和富集资源优势,重视以推动学校教育教学改革实践和教师创新能力提升来促进一流学术成果产生和一流人才培养。部属高校作为中国大学的先行军,和地方高校之间,除行政管理归口外,科研经费、师资力量等办学资源也大有差别,相关数据显示:教育部直属院校在人才拥有量方面约为地方高校的 7 倍,直接导致两类高校在教师发展的投入度和教学成果产出量的悬殊对比。公办高校有来自政府财政稳定支持的办学经费,而民办高校则是自主办学,自负盈亏,两类院校在社会口碑、学习资源等方面都有巨大差距,直接导致两类高校教师发展水平的高低之分。

6.6 发展治理优化对策

6.6.1 加强组织指导,切实增强高校教师发展保障体系建设

1. 提高政治站位

十八大以来,习近平总书记站在党和国家事业发展薪火相传、后继有人的战略高度,为新时代教师队伍建设指明前进方向,对教师工作提出明确要求。因此,陕西省教育行政部门要深入学习习近平总书记关于教育的重要论述,全面贯彻落实党的教育方针,从战略高度来认识教师工作的极端重要性,在综合考虑省情和区域教师发展特色的基础上,把加强教师队伍建设作为全省基础工作来抓,以期高质量推进陕西高校教师教育体系和教师发展体系建设。

2. 加强组织指导

陕西省高校教师教学发展水平尽管在国内走在前面,但是相关教育行政部门仍要突出教师工作在教育事业发展中的重要作用,建立起政府统揽,教育部门牵头,统筹省内发展改革、财政等部门协同配合,职责明确的工作机制,将高校教师专业发展纳入"十四五"整体发展规划,聚焦高校教师队伍建设和教师发展的重大攻关问题,带动下面各级教育主体责任部门、各高校联动做好教育改革与教师发展工作,强化制度顶层设计来提升高质量人才培养。

3. 分类支持经费

近年来,教育部门更加注重高校学科评估结果,对"双一流"建设高校、原"986/211"高校的关注度只增不减,非重点高校建设过程中缺乏政策、经费等方面支持,也导致高校间教师发展水平的严重两极分化。在今后,教育部门要调整对高校传统运行管理机制,逐渐健全以政府投入为主、多渠道筹集教育经费的模式,尤其是对地方高校、民办高校以及独立学院要进一步优化教师队伍建设经费投入结构,给予对应的经费保障机制,并对教师发展专项经费进行规范化使用和严格监管,确保各高校教师发展经费投入效益。

6.6.2　突出工作重点,扎实提高高校教师专业发展服务水平

1. 健全教师发展机构

随着首批 30 个国家级教师教学发展示范中心项目建设的实施,陕西省教育厅高度重视,在"十四五"期间将重点建设 30 个省级高校教师发展示范中心。在今后,也会进一步引导广大高校建立健全教师教学发展体制机制,以建设好学校教师教学发展中心为依托,推动省级优秀教师教学发展中心遴选支持,发挥省内两个国家级教师发展中心辐射带动作用,形成上下联通、特色鲜明的教师教学发展建设体系。

2. 制定教师发展规划

各高校要立足校情和发展定位,遵循教育规律和教师成长发展规律,统筹制定教师队伍建设和教师职业发展规划,形成教师发展分阶段、分层次、分类指导方案,重视学校教师发展中心与教学单位二级分中心的联合共建和教师成长的双向一体化培养,为一线教师搭建多样化平台,提供丰富的教学资源保障,完善教学激励制度,加强教学发展保障。

3. 创新教师培养模式

伴随后疫情时代的到来,高校课堂教学方式发生巨大变革,如何有效提升教师师德素养和教师专业素质能力成为关键问题。陕西省教育厅高度重视对弘扬高尚师德的培育,在"十四五"期间,将创建 20 个省级师德师风建设基地,遴选建设 100 个省级一流师德教育专题。各校要创新教师培养路径,首先坚持教育者先受教育,通过组织示范教学、沙龙研讨、访学交流等为教师创造培训机会,使其学习先进理念、提高实践能力、增强创新能力。定期调研教师需求,针对性开展教学学术指导和课堂实践咨询,增强教学效果反馈和教学质量评估,为解决教学问题提供对策方案。

6.6.3　坚持立德树人,不断夯实教书育人水平与教改实践能力

1. 坚持立德树人

师者,所以传道授业解惑也。高校教师肩负传道责任和育人使命,首先要用好课堂主阵地,用扎实的知识功底,丰富人生阅历,积累的社会经验来点燃学生对真善美的向往,要用爱来引导学生树立正确的道德观。同时,要把立德树人作为融入思想道德教育、专业知识教育、社会实践教育等各环节,努力做有理想信念、有道德情操、有扎实知识、有仁爱之心的好老师。

2. 潜心实践教学

近年来,高校"重科研 轻教学"的风气逐渐浓厚,而高校教师素质和能力直接影响人教学水平和教学质量的提高。学校要从政策、制度和激励等方面,引导教师热爱教学、投入教学、善于教学。教师要自觉积累教育教学理论知识和专业实践优秀案例,通过老中青教师团队的传帮带,通过以赛促创、以研促学、以评促改来更新教育理念,优化教学策略,提升教育实践能力,踏实做教育改革的奋进者、教育扶贫的先行者、学生成长的引导者。

3. 注重成果凝练

教学成果是在教育教学过程中形成的。教师要善于对教学实际问题进行积累、思考、研究并形成具有推广应用、借鉴参考的实践经验和理论总结。在"十四五"期间,陕西省教

育厅将每年设立 50 项左右高校教师教育改革与教师发展研究项目来鼓励高校教师开展教育教学改革实践,以期形成一批特色鲜明的具有影响力的教师发展研究报告。同时,各高校要注重校本教改项目培育、咨询和支持,引导更多教师真正投入开展教学实际问题研究,也为省级项目、国家级项目的申报做提前谋划,以提高学校在省域教师发展指数中的优势。

7 山东省本科院校教师教学发展分析

7.1 教学发展概况

根据2021年教育部公布数据,山东省共有67所普通本科高校,分布覆盖14个地级市,但数量上呈现不均衡性,其中省会城市本科高校数占35.84%,其次是青岛市占19.4%、烟台市占10.45%,其他地级市均在10%以下(见图7-1)。从办学性质来看,公办本科45所,民办本科院校22所。从院校归属看,部属院校仅山东大学、中国海洋大学和中国石油大学(华东)3所,其他均为地方院校。从院校办学层次来看,国家"双一流"建设大学3所(山东大学、中国海洋大学和中国石油大学(华东)),博士学位授予高校12所,硕士学位授予高校13所,民办及独立学院22所,公办本科高校12所,且博士学位授予高校主要分布在鲁中和半岛地区(见图表7-1)。从学科分类看,综合类23所,人文社科类12所,理工类15所,医药类7所,师范类6所,农林类4所,且鲁南和鲁西北高校数量少、高校学科门类不全(见表7-2)。

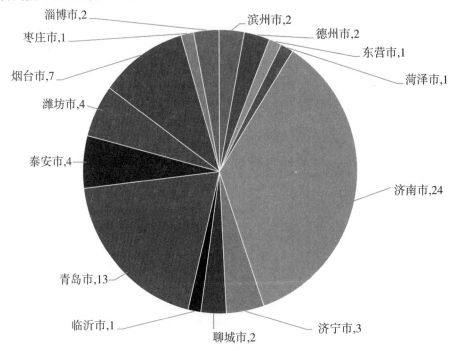

图 7-1　山东省本科院校分布情况

表 7-1　山东省不同办学层次高校情况

办学层次	半岛地区	鲁南	鲁西北	鲁中	总计
博士学位授予高校	4	1		7	12
公办本科高校		4	3	10	17

续表

办学层次	半岛地区	鲁南	鲁西北	鲁中	总计
民办及独立学院	10		2	10	22
双一流高校	2			1	3
硕士学校授予高校	4	1	2	6	13
总计	20	6	7	34	67

表 7-2 山东省不同学科高校情况

学校科类	半岛地区	鲁南	鲁西北	鲁中	总计
师范类	1	2	1	2	6
人文社科类	2			10	12
综合类	8	3	3	9	23
理工类	7		2	6	15
农林类	2			2	4
医药类		1	1	5	7
总计	20	6	7	34	67

据目前全国指数分析研究显示,在以各省份校均分和标准差的平均值为分界线的四个象限中,山东省与福建省、新疆维吾尔自治区、江西省、河北省、贵州省、山西省、广东省、云南省、广西壮族自治区、河南省、安徽省、甘肃省、宁夏回族自治区、湖南省、海南省、西藏自治区、江西省、辽宁省等 19 省处于第三象限,该象限省份标准差较小,但校均分中偏低,学校数较多但与第四象限相比高水平学校不够突出,整体教师教学水平偏低;在以各省份校均分和校均项目数的平均值为分界线的四个象限中,山东与安徽 2 省份处于第二象限,该象限省份校均分都相对偏低,校均项目数相对偏多。比较各省份进入指数前 100 名和前 300 名的学校数量及占比来分析,山东省高校教师教学发展水平处于中等水平,在 2021 版全国普通本科院校教师教学发展指数中,山东省有 67 所本科高校,本科高校数全国占比为 5.39%,有 19 所进入前 300 名,占比 6.33%,排名前 100 名有 5 所,占比为 5%,排名在 101~200 的有 4 所,排名在 201~300 的有 10 所,其中山东大学排名前 15。在 2021 版分类高校教师教学发展指数(TOP20)中,综合类、农林类和师范类各有 1 所高校进入,理工类、人文社科类和医药类没有高校进入。在 2021 版分类高校教师教学发展指数(TOP100)中,地方本科院校有 4 所学校进入,新建本科院校有 6 所学校进入(详见表 7-3)。

表 7-3　2021 版全国普通高校教师教学发展指数中山东省战绩

序号	指数名称	学校名称	排名
1	全国普通本科院校教师教学发展指数（TOP300）	山东大学	15
		山东科技大学	52
		山东师范大学	76
		中国石油大学（华东）	81
		山东农业大学	85
		青岛大学	111
		中国海洋大学	127
		山东中医药大学	180
		青岛科技大学	200
		滨州医学院	216
		山东理工大学	229
		聊城大学	233
		山东交通学院	234
		山东建筑大学	242
		德州学院	245
		曲阜师范大学	263
		临沂大学	267
		济南大学	278
		鲁东大学	286
2	"双一流"建设高校教师教学发展指数（全部）	山东大学	15
		中国石油大学（华东）	68
		中国海洋大学	92
3	地方本科院校教师教学发展指数（TOP100）	山东科技大学	6
		山东师范大学	22
		山东农业大学	27
		青岛大学	46
4－1	综合类本科院校教师教学发展指数（TOP20）	山东大学	8
4－5	农林类本科院校教师教学发展指数（TOP20）	山东农业大学	5
4－6	师范类本科院校教师教学发展指数（TOP20）	山东师范大学	12
6	新建本科院校教师教学发展指数（TOP100）	山东交通学院	3
		德州学院	5

序号	指数名称	学校名称	排名
6	新建本科院校教师教学发展指数（TOP100）	潍坊学院	24
		泰山学院	84
		滨州学院	85
		齐鲁师范学院	98

通过分析山东省高校学校得分及全国排名情况（见图 7-2）发现，山东大学优势非常明显，其后高校出现断档，山东科技大学处于第二档次，山东师范大学、中国石油大学（华东）和山东农业大学属于第三档次，青岛大学和中国海洋大学处于第四档次，其他高校得分逐渐减少，排名依次靠后。

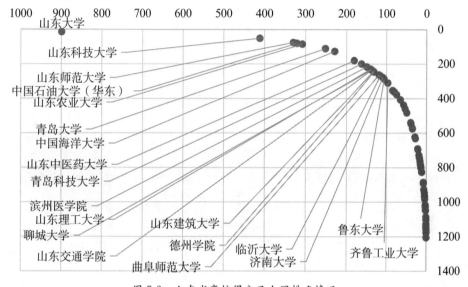

图 7-2　山东省高校得分及全国排名情况

7.2　状态分析

7.2.1　得分和项目数相对概貌

2021 年版全国高校教师教学发展指数，山东省高校校均得分和项目数分别为 81.88 分、494.87 项。山东省理工类、农林类、人文社科类、师范类、医药类和综合类高校校均得分分别为 117.26、93.89、20.67、122.33、73.02、80.78。通过山东省与东部地区、全国的校均得分、项目数及一级指标对比（见图 7-3）发现，山东省高校除教师教学竞赛校均项目数、教改项目校均项目数和校均项目数有一定优势外，其他指标处于劣势，特别是教学论文、教师培训基地和教学成果相应指标差距比较明显。通过山东省各学科类别高校校均得分与东部地区、全国对比（见图 7-4）发现，山东省师范类高校校均得分相对较好，与东部地区相当,略好于全国,其他学科类别高校处于劣势,特别是人文社科类和医药类高校差距比较明显。

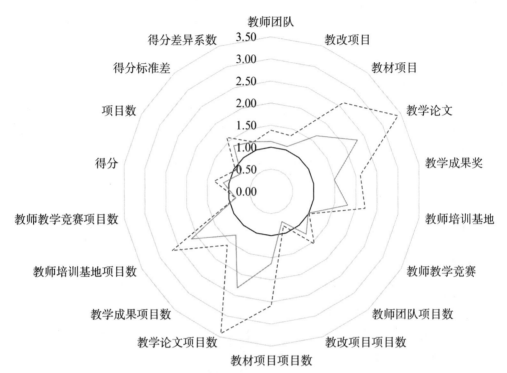

图 7-3　山东省高校校均得分、项目数等与东部地区、全国对比情况

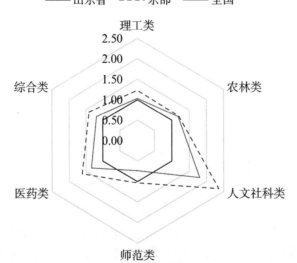

图 7-4　山东省各学科类别高校校均得分与东部地区、全国对比情况

7.2.2 省内得分和项目数概貌

通过分析山东省各地市高校校均项目数和校均得分情况(见图 7-5)发现,以全省校均得分和校均项目数为分界点,青岛市、临沂市和滨州市处于第一象限,其校均得分和校均项目数高于全省平均水平,具有一定优势;济南市、泰安市处于第二象限,其校均得分高于全省平均水平,但校均项目数低于全省平均水平;淄博市处于第四象限,其校均项目数高于全省平均水平,但校均得分低于全省平均水平;其他地市处于第三象限,其校均得分和校均项目数均低于全省平均水平。

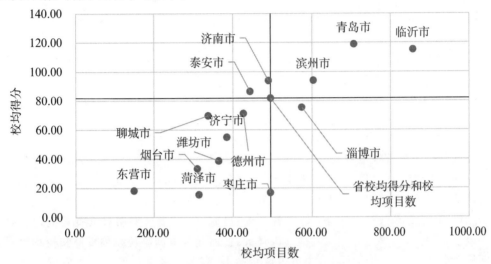

图 7-5 山东省各地市高校校均项目数和校均得分情况

通过分析山东省各地市高校校均得分和得分标准差情况(见图 7-6)发现,以全省校均得分和得分标准差为分界点,临沂市和滨州市处于第四象限,其校均得分高于全省平均水平,得分标准差低于全省的,相对而言其高校教师教学发展水平较高,各学校发展差距相对较小;青岛市、济南市和泰安市处于第一象限,其校均得分高于全省平均水平,得分标准差高于全省的,相对而言其整体高校教师教学发展水平较高,但各学校发展差距相对较大;其他地市处于第三象限,其校均得分低于全省平均水平,得分标准差低于全省的,相对而言其高校教师教学发展水平较低,各学校发展差距相对较小。

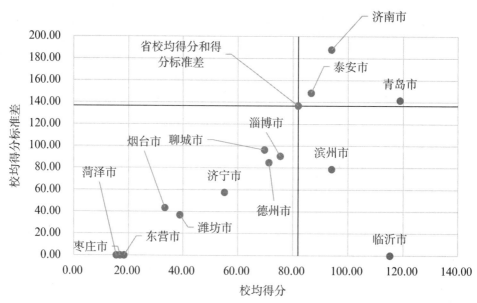

图 7-6 山东省各地市高校校均得分和得分标准差情况

通过分析山东省各地域高校教师教学发展情况(见表 7-3)发现,半岛地区高校校均得分和校均项目数排在首位,其差异系数是 1.38,该地区各高校教师教学发展水平相对全省其他地区最高,高校间发展差异处于全省中等;鲁中地区高校校均得分和校均项目数排在第二位,其差异系数是 1.93,该地区各高校教师教学发展水平相对全省其他地区处于中等偏上,高校间发展差异相对其他地区最大;鲁西北和鲁南高校校均得分和校均项目数分别排在第三、四位,其差异系数是 0.95、0.99,该两地区各高校教师教学发展水平相对全省其他地区处于较低位置且高校间发展差距不大。

表 7-4 山东省各地域高校教师教学发展情况

省地域	高校数量	校均项目数	校均分	差异系数
半岛地区	20	567.45	88.92	1.38
鲁南	6	469.33	52.15	0.99
鲁西北	7	411.57	69.76	0.95
鲁中	34	473.82	85.47	1.93
总计	67	494.87	81.88	1.67

通过分析山东省各学科门类高校教师教学发展情况(见表 7-5)发现,师范类高校校均得分和校均项目数排在首位,其差异系数是 0.93,该类别各高校教师教学发展水平相对全省其他类别最高,且高校间发展差异不大;理工类高校校均得分和校均项目数排在第二位,其差异系数是 1.06,该类别各高校教师教学发展水平相对全省其他地区处于中等偏上,且高校间发展差异相对较小;农林类高校校均得分和校均项目数排在第三位,其差异系数是 1.55,该类别各高校教师教学发展水平相对全省其他类别处于中等位置,且高校间发展差异相对较大;综合类高校校均得分和校均项目数排在第四位,其差异系数是 2.33,该类别各高校教师教学发展水平整体相对全省其他类别处于中等偏下位置,且高校

间发展差异非常大;医药类高校校均得分和校均项目数排在第五位,其差异系数是 0.89,该类别各高校教师教学发展水平整体相对全省其他类别处于中等偏下位置,且高校间发展差异最小;人文社科类高校校均得分和校均项目数相对非常少,其差异系数是 1.25,该类别各高校教师教学发展水平整体非常低,且高校间发展差异相对较大。通过分析山东省各学科门类高校"6+1"维度发展情况(见图 7-7)发现,在高校教师教学发展"6+1"维度上,综合类高校相对均衡、教师培训基地维度优势突出,理工类高校教师培训基地维度相对较弱、教改项目维度具有相对优势,农林类高校教学成果奖维度优势突出、教师培训基地和教材项目较弱,师范类高校教材项目维度较弱、教学论文维度优势突出,医药类和人文社科高校各维度相对都弱。

表 7-5 山东省各学科门类高校教师教学发展情况

学校科类	高校数量	校均项目数	校均分	差异系数
理工类	15	677.20	117.26	1.06
农林类	4	563.50	93.89	1.55
人文社科类	12	171.50	20.67	1.25
师范类	6	733.67	122.33	0.93
医药类	7	418.14	73.02	0.89
综合类	23	493.78	80.78	2.33
总计	67	494.87	81.88	1.67

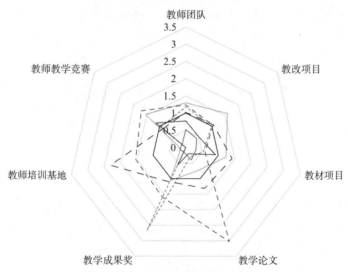

图 7-7 山东省各学科门类高校"6+1"维度发展情况

通过分析山东省不同办学层次高校教师教学发展情况(见表 7-5)发现,双一流高校校均得分和校均项目数排在首位且数量优势非常明显,其差异系数是 0.75,该层次各高校教师教学发展水平相对全省其他层次最高,高校间发展差异相对较小;博士学位授予高校校均得分和校均项目数排在第二位,其差异系数是 0.62,该层次各高校教师教学发展水平相对全省其他层次较高,高校间发展差异相对较小;硕士学位授予高校校均得分和校均项目数排在第三位,其差异系数是 0.54,该层次各高校教师教学发展水平相对全省其他层次处于中等位置,高校间发展差异相对最小;公办本科高校校均得分和校均项目数排在第四位,其差异系数是 1.17,该层次各高校教师教学发展水平相对全省其他层次处于中低位置,高校间发展差异相对较大;民办及独立学院校均得分和校均项目数排在第五位,其差异系数是 1.30,该层次各高校教师教学发展水平相对全省其他层次处于低等位置,高校间发展差异相对最大。

表 7-6 山东省不同办学层次高校教师教学发展情况

办学层次	高校数量	校均项目数	校均分	差异系数
博士学位授予高校	12	1044.75	185.00	0.62
公办本科高校	17	365.18	35.93	1.17
民办及独立学院	22	118.27	6.29	1.30
双一流高校	3	1831.00	482.86	0.75
硕士学位授予高校	13	485.85	82.14	0.54
总计	67	494.87	81.88	1.67

7.2.3 得分排名相对概貌

2021 年版全国高校教师教学发展指数,山东省高校校均分和校均项目数排名分别为 15、7,在东部 10 省排名分别为 5、6。通过分析山东省相对东部地区、全国的排名前 100 和前 300 学校占比和相对比重(见表 7-7)发现,相对东部地区、全国而言,山东省进入排名前 100 名的学校相对比重分比为 0.77、0.93,排名进入前 100 名的学校数量偏少;相对东部地区、全国而言,山东省进入排名前 300 名的学校相对比重分比为 1.01、1.17,排名进入前 300 名的学校比例数相对稍多。

表 7-7 山东省相对东部地区、全国的排名学校占比和相对比重情况

比较区域	学校数占比	前 100 名占比	前 300 名占比	前 100 名相对比重	前 300 名相对比重
全国	5.39%	5.00%	6.33%	0.93	1.17
东部地区	13.21%	10.20%	13.29%	0.77	1.01

通过分析山东省、东部、全国不同学科类别高校排名前 100 和前 300 相对比重情况(见表 7-8)发现,山东省师范类、理工类高校进入排名前 100 和前 300 的相对比例均比东部、全国该类高校相对比例大;人文类高校没有进入排名前 300;综合类高校排名前 100 和前 300 的相对比重分别为 0.58、0.77,低于东部和全国,省内相对比例偏少;农林类高校排名前 100 相对比重远大于东部和全国,优势明显,但排名前 300 高校相对比重为 0.88 低于东部和全国的,省内相对比例偏少;医药类高校没有进入排名前 100,排名前 300 高校相对比重为 1.01、比例数低于东部和全国。

表 7-8　山东省、东部、全国不同学科类别高校排名相对比重情况

学校科类	学校占比			前 100 名相对比重			前 300 名相对比重		
	山东省	东部	全国	山东省	东部	全国	山东省	东部	全国
师范类	8.96%	9.86%	13.61%	2.23	1.66	1.10	2.35	1.13	0.93
人文社科类	17.91%	22.49%	19.32%	0.00	0.09	0.10	0.00	0.47	0.35
综合类	34.33%	25.64%	23.67%	0.58	0.88	1.01	0.77	0.87	0.87
理工类	22.39%	29.19%	30.35%	1.79	1.54	1.55	1.65	1.22	1.27
农林类	5.97%	4.73%	4.43%	3.35	1.72	1.58	0.88	1.18	1.58
医药类	10.45%	8.09%	8.62%	0.00	0.76	0.58	1.01	1.82	1.66

7.2.4　省内得分排名概貌

比较分析 2021 年山东省内 67 所普通本科高校教师教学发展得分排名前 30 的高校，济南市和青岛市高校数比例合计超过了 50%，前 10 占比达到 80%：前 10 名中济南市、青岛市占比分别为 50%、30%，前 30 名两市占比分别为 33.33%、23.33%。通过分析山东省高校排名各地市相对比重情况（见图 7-8）发现，排名前 10 高校分布在滨州市、青岛市、泰安市和济南市，排名前 30 高校分布扩展至临沂市、济宁市、淄博市、潍坊市、聊城市、德州市、烟台市、枣庄市、威海市、东营市、日照市和菏泽市没有高校进入排名前 30；青岛市、泰安市和滨州市处于第一象限，其排名前 10 和 30 的高校相对比例较高；济南市处于第三象限，其排名前 10 和 30 的高校相对比例较低。

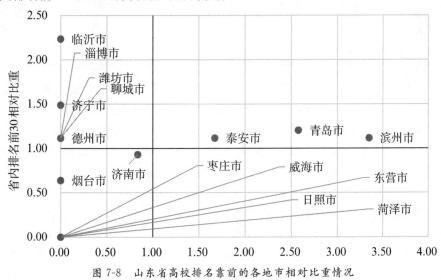

图 7-8　山东省高校排名靠前的各地市相对比重情况

通过分析山东省高校排名省内各地域相对比重情况（见图 7-9）发现，排名前 10 高校半岛地区相对比重大，整体而言该地域高校教师教学发展水平相对较高，鲁南地区相对比重为零，该地域没有高校教师教学发展水平前 10 的学校；排名前 30 高校相对比重基本上为 1 左右，只是鲁南地区相对比重略大一些。

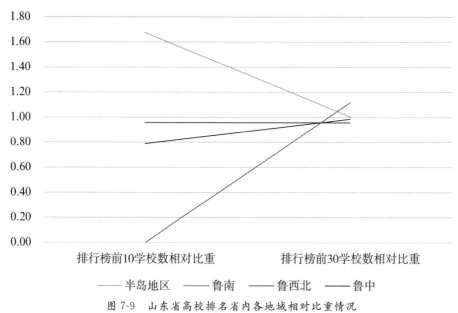

图 7-9　山东省高校排名省内各地域相对比重情况

表 7-9　山东省不同学科类别高校排名占比及相对比重情况

学科类别	学校数占比 1%	前 10 占比%	前 30 占比%	前 10 相对比重	前 30 相对比重
理工类	22.39%	40.00%	30.00%	1.79	1.34
农林类	5.97%	10.00%	6.67%	1.68	1.12
人文社科类	17.91%	0.00%	6.67%	0.00	0.37
师范类	8.96%	10.00%	13.33%	1.12	1.49
医药类	10.45%	20.00%	16.67%	1.91	1.60
综合类	34.33%	20.00%	26.67%	0.58	0.78

　　通过对山东省不同学科类别高校排名前 10 和 30 占比和相对比重情况（见表 7-9）分析发现，山东省医药类、理工类、农林类和师范类高校进入排名前 10 和 30 相对比重都大于 1，相对而言这三类高校教师教学发展水平高峰和高原学校比重较大；人文类高校没有进入排名前 10，排名前 30 相对比重为 0.37，该类别高校没有省内教师教学发展高峰学校，高原学校比重非常低；综合类高校排名前 10 和 30 的相对比重分别为 0.58、0.77，该类别高校教师教学发展高峰学校，高原学校比重较低。

　　通过对山东省不同办学层次类别高校排名前 10 和 30 占比和相对比重情况（见表 7-10）比较发现，省内排名前 10 被有硕士学位及以上授予权办学层次的高校包揽，滨州医学院作为唯一一个具有硕士学位授予权高校进入前 10；具有博士学位授予权高校全部进入排行前 30，其中山东第一医科大学、山东财经大学和青岛理工大学 3 所高校没有进入排名前 20；13 所有硕士学位授予权高校除山东工艺美术学院、山东体育学院、山东工商学院外都进入排名前 30；公办本科高校有 5 所学校进入排名前 30，其中德州学院和山东交通学院进入排行前 20，潍坊学院省内排名 21。

表 7-10　山东省不同办学层次高校排名情况

指数排名区间	博士学位授予高校	公办本科高校	民办及独立学院	双一流高校	硕士学位授予高校
TOP10	6	0	0	3	1
11～20	3	2	0	0	5
21～30	3	3	0	0	4
30 以上	0	12	22	0	3
总计	12	17	22	3	13

7.3　存在的主要问题及原因分析

7.3.1　存在的主要问题

1. 山东省高校教师教学发展整体处于全国中等水平且存在断档现象

依据 2021 年全国高校教师教学发展指数,分析各省份校均分和标准差,山东省高校整体而言,校均分处于全国中等水平位置。

(1)山东省高校教师教学发展一级指标发展不均衡且水平有待于提高。通过山东省与东部地区、全国的一级指标对比发现,山东省高校除教师教学竞赛校均项目数、教改项目校均项目数有一定优势外,其他指标处于劣势,特别是教学论文、教师培训基地和教学成果相应指标差距比较明显。

(2)山东省不同学科类别高校教师教学发展不均衡且水平有待提高。通过山东省各学科类别高校校均得分与东部地区、全国对比得知,除了师范类高校校均得分相对较好,与东部地区相当,略好于全国,其他学科类别高校处于劣势,特别是人文社科类和医药类高校差距比较明显。从山东省、东部、全国不同学科类别高校排名前 100 名和 300 名相对比重分析得知,除了师范类和理工类高校相对比重有一定优势外,其他类别均有不同程度劣势,山东省人文社科类高校没有进入排名前 300 名,医药类高校没有进入排名前 100 名、排名前 300 名高校相对比重相对处于劣势,综合类高校相对比重低处于明显劣势,农林类排名前 300 名高校相对比重低处于劣势。

(3)高、中高、中等和中低水平高校间教师教学发展存在严重断档现象,整体两极分化。比较各省份进入指数前 100 名和前 300 名的学校数量、占比及相对比重得知,高校教师教学发展山东省高水平高校和中高等水平高校中间出现严重断档,中高等、中等和中低等水平高校之间也出现了断档现象。

2. 山东省各高校区域分布和教师教学发展不均衡

(1)不同办学层次和学科类别本科院地域分布严重不均衡。济南市、青岛市和烟台市三市学校数占比为 65.69%,其他 13 地市高校数量占比不到 40%。从办学层次看,博士学位授予权高校主要分布在半岛地区和鲁中地区,鲁南和鲁西北高校数相对较少,且鲁南地区没有双一流高校、鲁西北没有博士学位授予权高校。从不同学科类别学校分布看，鲁中和半岛地区相对齐全，但半岛地区缺少医药类高校；鲁南地区没有人文社科类、理工类和农林类高校，鲁西北没有人文社科类和农林类高校。

（2）不同地市、地域、学科类别和办学层次高校教师教学发展水平不均衡。从省内不同地市、地域高校教师教学发展水平和前10名及前30名占比、相对比重分析得知，相对而言，青岛、临沂、滨州、济南和泰安五市高校教师教学发展水平较高，但济南、泰安和青岛三市高校间教师教学发展水平差距较大；半岛地区和鲁中地区高校教师教学发展水平明显优于鲁西北和鲁南地区，但其高校间高校教师教学发展水平差异比较大；济南和青岛两市前10名合计占比达到80%，前30名超过了50%，枣庄市、威海市、东营市、日照市和菏泽市没有高校进入排名前30名；排名前10名高校半岛地区相对比重大，整体而言该地域高校教师教学发展水平较高，鲁南地区相对比重为零，该地域没有高校教师教学发展水平高峰学校。

从省内不同学科类别高校教师教学发展水平和前10名及前30名占比、相对比重分析得知，师范类和理工类高校优势非常明显且高校间发展差距相对较小，农林类和综合类高校处于中等水平且学校间发展差距较大，人文社科类高校教师教学发展水平非常低且学校间发展存在一定差距；人文类高校没有省内教师教学发展高峰学校且高原学校比重非常低，综合类高校教师教学发展高峰学校、高原学校比重较低。通过对山东省各种学科类别高校"6+1"维度对比，从各校项目覆盖率表现来看，不同类型高校大都存在各自的发展短板，如理工类高校教师培训基地维度相对较弱、农林类教师培训基地和教材项目较弱、师范类高校教材项目维度较弱、医药类和人文社科高校各维度相对都弱。

从不同办学层次高校教师教学发展水平和排名前10名及前30名占比、相对比重分析得知，双一流高校、博士学位授予高校、硕士学位授予高校、公办本科高校、民办及独立学院随着办学层次降低，其高校教师教学发展水平下降趋势也非常明显，相对而言，硕士学位及以上授予权高校同类别发展差距不大；山东第一医科大学、山东财经大学和青岛理工大学3所博士学位授予权高校没有进入排名前20名，山东工艺美术学院、山东体育学院、山东工商学院3所硕士学位授予权高校没有进入排名前30名。

7.3.2　原因分析

1. 双一流高校相对比例过小、新建本科院校、民办及独立学院比例过大影响整体水平

新建本科院校、民办及独立学院一般来说建校时间较短，教师教学发展积淀时间短，相对来说高校教师教学水平不高，而双一流高校大都建校历史悠久，教师教学发展积淀深厚，高校教师教学水平较高。客观上，山东省双一流高校相对比重过小，新建本科院校、民办及独立学院相对比重过大，在一定程度上拉低了全省的教师教学发展校均得分。2021年，各省校均得分排名山东省第15位，新建本科院校、民办及独立学院、双一流高校相对比重为0.57、0.34、0.04，排名分别为16名、12名、24名。通过对比发现，校均得分排名在山东省前面的省（市、自治区），除了江苏省、天津市、陕西省、四川省和湖北省外，双一流高校相对比重均比山东省大，新建本科高校和民办及独立学院相对比重均比山东省小；虽然四川省新建本科高校相对比重大，排名14名，但其民办及独立学院相对比重小（相对比重为 0.33、排名 14 名)、双一流高校相对比重明显大(0.15,排名 7 名);江苏省、天津市、陕西省民办及独立学院相对比重比山东省稍微大(0.36、0.37、0.38),但新建本科院校相对比重明显小,双一流高校相对比重明显大(0.19、0.17、0.13);虽然四川省新建本科高校相对比重大,但其民办及独立学院相对比重小(0.33)、双一流高校相对比重明显大(0.15);湖北省新建本科高校相对比重大,但其民办及独立学院相对比重小(0.33)、双一流高校相对比重明显大(0.15)。

2. 高校教师教学发展建设力度不够、不同学科类别高校关注发展迥异

山东省高校教师教学发展水平处于全国中等位置,很大原因在于其经费投入相对较少。大学发展需要教育经费持续投入、高校教师教学发展同样也需要教育经费持续投入。若高校教师教学发展经费投入过少势必会影响其发展水平。查看教育部网站发布的 2018~2020 年度全国教育经费执行情况统计公告,通过合计这三年高等学校生均公共预算教育事业经费及教育公用经费发现,山东省年生均教育经费为 22810.46 元,全国各省份排名 27,根据师生数量的相应性,由此推断出山东省用于高校教师教学发展的师均教育经费相对全国其他省份而言也比较少。由于历史发展和社会发展对高校学科布局导向政策等因素影响,山东省人文社科类和医药类高校相对而言,建校时间短且经费投入少,为此其高校教师教学发展水平相对处于弱势。

3. 高校出于自身发展需要倾向于布局到中心城市、交通便利大城市

除了经费投入、现有学校的办学水平及社会声誉影响高校后续持续发展进程外,学校所处的地理位置也是一个重要影响因素。这是因为在学费及学校办学水平差不多的情况下,学生通常会选择交通更为便利、经济更为发达的中心、沿海大城市,以便将来有更多机会在学校所在城市就业发展;同样教师到高校应聘岗位,除了考虑薪资及相关福利待遇外,同样会优先考虑中心、沿海大城市;高校校址如果可以多地布局或重新布局的话,当前条件大都会优先考虑中心、沿海大城市,这样更容易从"集聚"的城市大学城借鉴发展经验、获得优势资源。为此,山东省诸如中国石油大学(华东)、山东科技大学、青岛农业大学、滨州医学院等高校近年进行中心、沿海大城市学校布局,形成了中心城市院校"集聚",济南市和青岛市包揽绝大部分省内排名前 10 名高校,一半的排名前 30 名的高校就很容易理解了。另外,城市高校过量"集聚"势必会产生院校"内卷",使城市有限优势资源逐步流向集聚区内的双一流、重点建设高校,从而引发不同类型院校间的断崖式差距,这种差距在排名前 10 名本科院校中同样存在。

7.4　治理优化对策

7.4.1　加大对高等教育的经费投入,引导高校教师重视教学学术并全面回归教学

山东省高等学校的生均教育经费投入相对其他省份而言,属于最低省份之一,为了进一步提升全省高校教师教学水平、提高全省高等教育发展质量,有必要进一步加大对高校

的经费投入。高校教师教学发展不同于教师培训,不是仅在技术、技能、方法方面的浅层发展,而应是包括价值、信念、情感和伦理在内的意识形态和教学思想的深层发展,教师教学真正的改变是理念和态度的改变。为此,全省有必要通过加大宣传、政策引导等方式让广大高校教师认识并重视教学学术,全身心地投入本科生教学工作。

7.4.2　针对不同地域、不同类型的高校制定差别化的发展政策

针对高校数量、较高办学层次高校数量和高校教师教学发展水平均相对较弱的鲁西北和鲁南地区,建议省政府和教育主管部门一是酌情调高该区域高校的生均拨款数额,以便拥有较多的支持教师教学发展经费;二是博士授权点适当向鲁西北和鲁南地区高校倾斜,以便全省高水平建设大学的相对均衡分布,带动经济的均衡发展;三是进一步加大人文社科类、医药类高校教师教学发展的支持力度,以促进其跨越式发展。

7.4.3　建立基于能力提升的教师教学发展治理目标体系

共同的教师教学发展目标是激励、动员、协调区域内院校有效参与和内在认同的基础,促进教师教学发展治理的良性循环。把教学建设与改革项目工程实施达成目标与全面促进教师教学能力提升有机结合起来。一是增类。结合省域经济发展新需求、"四新"建设新趋势和科学研究新成果,深化产教融合,开发设计一批具有新时代特征、富有区域特色的教学建设与改革项目,鼓励行业、企业深度参与共建专业和教学团队、共同开发课程和教材,构建多元合作的新型教师培养体系等。二是增量。加大国省项目指标投放量,指标分配不实行"一锤子"定音,给高校更多自主权、选择权,让更多教师有参与机会。占省域内半数以上的一般本科高校、纯民办高校、独立学院能充分挖掘地域独特资源,着力解决地方发展需求瓶颈问题,增强省域在高等教育新定位、新发展中的核心竞争力。三是增质。项目评审指标要优化,如课程类项目应更加注重教学模式、教学方法改革创新成果与推广;团队类项目应更加关注其整体的教育教学水平与青年教师的专业成长情况;教学名师遴选,应更加突出其教育教学造诣与指导青年教师的业绩。还要加强评后管理,加大宣传与交流力度,促进优质教学资源的引领、示范、辐射作用。

7.4.4　建立基于有机联动的教师教学发展治理运行体系

山东省高校教师教学发展整体结构欠佳且地区发展形态各异提示我们,教师教学发展的共同目标和愿景,必须依托有机的教师教学发展治理运行体系才能真正落到实处。这个运行体系应该具有两个特点:一是有机,不同地域、不同类型院校之间有一个良性、有机的运行机制,从而将各区域的特色、各院校的优势作用发挥到最佳,包括领导层定期交流,教师教学观摩和研讨,教学项目联合申报,教材和论文合作撰写,教学资源共建共享等,取长补短,合作共赢。二是联动,同一地域、同一类型院校之间要相互配合、相互推动、相互支持,避免各自为政、形成内耗或抵消,建立联动机制,在同域同类高校占主导地位的"头雁"带领下,形成了高校教师教学自主发展联盟,如充分发挥双一流、省重点建设高校"引领改革、支撑发展"作用,增强开放程度,积极推进省域教师教学发展工作的标准化、系统化和理论化建设,为其他院校提供帮扶指导,这种共享的"头雁模式"是高校教师教学发

展的重要选择。

7.4.5 建立基于可持续发展的教师教学发展治理评价体系

可持续发展是指各院校在教师教学发展治理评价体系良性运转的基础上,能随着社会需求、教育需求的变化实现自身系统的优化升级,不断发展自身、创新自身。一是将建设教师教学发展中心纳入高校教学业绩考核评价体系。顶层助推各校建立组织化、系统化的教师教学发展平台,促进高校集中管理能力提升,实施教师持续性职后培训,助力教师专业化发展。二是加快建立省域层面的高校教师教学发展评估研究组织。组建专家工作组,实现地区高校教师教学调查、研究、实施、评价工作常态化;建立数据平台,以新技术、大数据助力地区教师教学发展管理工作精准施策、动态监测、科学治理;建立教师教学档案袋,有利于开展基于教学数据及相关证据的反思与教学改进,是构建高校教师教学发展综合体系的有力手段。三是注重评估内容和方法的多样化。强调评估内容的过程性、全面性,既要关注成果、关注历史、关注发展,又要全面兼顾不同类型高校特色;讲究评估方法的科学性、规范性,基于客观数据进行有效挖掘,提高评估结果的客观性和可信度。四是提倡参与评估主体的多元化。省域高校中 50% 以上都是地方性应用型高校,教师教学发展内涵丰富,边界模糊,如果仅依靠教育行政部门来开展评估工作,工作量大且容易考虑片面,可以引入民间性质和半官方性质的第三方评价,如中国高等教育学会高校教师教学发展项目组研发的我国首个省域教师教学发展指数,即是对我国省域高校教师教学发展评估工作的有效探索。

8 全国普通本科院校教师教学发展指数（2021版）

8.1 全国普通本科院校教师教学发展指数(2021 版总清单)

续表

序号	学校名称	项目数	总分	省份	序号	学校名称	项目数	总分	省份
1	清华大学	3687	100	北京市	32	湖南大学	2229	69.71	湖南省
2	北京大学	3927	99.43	北京市	33	兰州大学	2416	69.65	甘肃省
3	浙江大学	3835	90.63	浙江省	34	华中师范大学	1747	69.35	湖北省
4	南京大学	3184	87.3	江苏省	35	东北大学	2276	68.25	辽宁省
5	武汉大学	3166	86.96	湖北省	36	中国科学技术大学	1817	67.83	安徽省
6	上海交通大学	2831	86.37	上海市	37	华中农业大学	1842	67.39	湖北省
7	复旦大学	2932	85.04	上海市	38	中国农业大学	2170	66.85	北京市
8	西安交通大学	3369	84.82	陕西省	39	南京师范大学	1632	66.79	江苏省
9	四川大学	3159	83.68	四川省	40	东北师范大学	1657	66.58	吉林省
10	中国人民大学	2725	83.54	北京市	41	电子科技大学	2640	66.53	四川省
11	华中科技大学	3415	83.28	湖北省	42	西南大学	1778	65.81	重庆市
12	吉林大学	4457	82.72	吉林省	43	中国矿业大学	1669	65.36	江苏省
13	北京师范大学	3177	82.25	北京市	44	西安电子科技大学	2085	65.12	陕西省
14	东南大学	2761	80.15	江苏省	45	郑州大学	1516	64.81	河南省
15	哈尔滨工业大学	2792	80.13	黑龙江省	46	武汉理工大学	2209	64.66	湖北省
16	天津大学	2699	79.25	天津市	47	西北大学	1290	64.14	陕西省
17	同济大学	2721	78.82	上海市	48	南京航空航天大学	1582	63.62	江苏省
18	山东大学	2682	77.88	山东省	49	北京科技大学	1278	63.46	北京市
19	华东师范大学	3116	77.25	上海市	50	华东理工大学	1533	63.37	上海市
20	大连理工大学	2994	76.37	辽宁省	51	陕西师范大学	1521	63.17	陕西省
21	厦门大学	3571	75.05	福建省	52	南京农业大学	1604	63.01	江苏省
22	中山大学	2624	74.38	广东省	53	华南师范大学	1494	62.96	广东省
23	南开大学	2240	74.16	天津市	54	合肥工业大学	1430	62.06	安徽省
24	北京交通大学	1783	73.34	北京市	55	南京理工大学	1549	61.38	江苏省
25	中南大学	4666	73.33	湖南省	56	湖南师范大学	888	61.29	湖南省
26	华南理工大学	2713	72.7	广东省	57	河海大学	1633	61.14	江苏省
27	重庆大学	2480	72.53	重庆市	58	江南大学	1494	60.62	江苏省
28	西南交通大学	1756	71.99	四川省	59	云南大学	874	59.97	云南省
29	西北工业大学	3431	71.82	陕西省	60	南昌大学	1253	59.92	江西省
30	北京理工大学	1967	70.19	北京市	61	浙江工业大学	1176	59.86	浙江省
31	北京航空航天大学	2412	70.04	北京市	62	北京化工大学	1296	59.41	北京市

续表

序号	学校名称	项目数	总分	省份
63	哈尔滨工程大学	1906	59.38	黑龙江省
64	首都师范大学	1293	59.19	北京市
65	福建师范大学	1011	59.1	福建省
65	东华大学	1316	59.1	上海市
67	苏州大学	1218	58.99	江苏省
68	首都医科大学	634	58.92	北京市
69	中国海洋大学	1497	58.83	山东省
70	西南财经大学	1236	58.66	四川省
71	华南农业大学	1108	58.47	广东省
72	河南大学	1167	58.18	河南省
73	山东农业大学	1227	58.15	山东省
74	广西大学	1199	57.98	广西壮族自治区
75	北京工业大学	1371	57.95	北京市
76	西北农林科技大学	1842	57.88	陕西省
77	昆明理工大学	839	57.75	云南省
78	扬州大学	1264	57.7	江苏省
79	暨南大学	1566	57.62	广东省
80	中国药科大学	914	57.34	江苏省
81	中国石油大学(华东)	1314	57.02	山东省
82	哈尔滨医科大学	618	56.94	黑龙江省
83	黑龙江大学	795	56.85	黑龙江省
84	北京林业大学	1115	56.7	北京市
85	上海财经大学	1045	56.68	上海市
86	中国地质大学(武汉)	1717	56.55	湖北省
87	中国医科大学	556	56.38	辽宁省
88	中国传媒大学	1131	56.09	北京市
89	对外经济贸易大学	1062	56	北京市
90	北京邮电大学	1356	55.95	北京市
91	西南石油大学	861	55.94	四川省
92	长安大学	1666	55.92	陕西省
93	上海大学	1114	55.84	上海市
94	南京工业大学	1095	55.71	江苏省
95	华北电力大学	2073	55.15	北京市
96	北京外国语大学	930	55.12	北京市
97	中南财经政法大学	1347	55.09	湖北省
98	江苏大学	1159	55.04	江苏省
99	东北林业大学	1686	54.99	黑龙江省
100	中央财经大学	1010	54.9	北京市
101	太原理工大学	601	54.66	山西省
102	河北师范大学	512	54.55	河北省
103	南方医科大学	774	54.53	广东省
104	山东师范大学	1758	54.52	山东省
105	安徽大学	1927	54.49	安徽省
106	中国政法大学	981	54.47	北京市
107	上海中医药大学	750	54.45	上海市
108	西安建筑科技大学	793	54.35	陕西省
109	大连海事大学	1368	54.24	辽宁省
110	新疆大学	867	54.08	新疆维吾尔自治区
111	福州大学	795	54.03	福建省
112	东北农业大学	676	53.93	黑龙江省
113	青岛大学	1383	53.9	山东省
114	上海外国语大学	1126	53.88	上海市
115	天津师范大学	599	53.86	天津市
116	浙江师范大学	1077	53.55	浙江省
117	上海师范大学	950	53.28	上海市
118	石河子大学	1062	53.19	新疆维吾尔自治区
119	湘潭大学	539	53.18	湖南省
120	山东科技大学	1473	53	山东省
121	贵州大学	625	52.99	贵州省
122	东北财经大学	602	52.89	辽宁省
123	西安理工大学	825	52.74	陕西省
124	广西师范大学	923	52.73	广西壮族自治区
125	河北农业大学	478	52.56	河北省
126	海南大学	615	52.37	海南省

续表

序号	学校名称	项目数	总分	省份
127	河南理工大学	1005	52.22	河南省
128	福建农林大学	781	52.13	福建省
128	上海理工大学	970	52.13	上海市
130	宁波大学	834	52.09	浙江省
131	内蒙古大学	794	52.03	内蒙古自治区
132	哈尔滨师范大学	714	51.95	黑龙江省
133	宁夏大学	560	51.93	宁夏回族自治区
133	西北师范大学	399	51.93	甘肃省
135	河南师范大学	833	51.92	河南省
136	南京邮电大学	886	51.83	江苏省
137	北京中医药大学	1044	51.79	北京市
138	安徽师范大学	1716	51.77	安徽省
139	北京联合大学	828	51.69	北京市
140	内蒙古农业大学	230	51.62	内蒙古自治区
141	长沙理工大学	484	51.4	湖南省
142	河北大学	685	51.38	河北省
143	江西师范大学	710	51.34	江西省
144	天津医科大学	331	51.32	天津市
144	南京医科大学	580	51.32	江苏省
146	云南师范大学	459	51.25	云南省
147	山西大学	409	51.19	山西省
148	杭州电子科技大学	805	51.1	浙江省
149	南京信息工程大学	1056	51.09	江苏省
150	贵州师范大学	450	51.01	贵州省
151	燕山大学	790	50.71	河北省
152	南京中医药大学	785	50.64	江苏省
153	四川师范大学	945	50.63	四川省
154	广东工业大学	975	50.47	广东省
155	广东外语外贸大学	624	50.43	广东省
156	河南农业大学	455	50.39	河南省
157	黑龙江中医药大学	330	50.38	黑龙江省
158	天津中医药大学	296	50.37	天津市

续表

序号	学校名称	项目数	总分	省份
159	广州大学	1009	50.33	广东省
160	河北工业大学	690	50.31	河北省
161	中国石油大学(北京)	988	50.14	北京市
162	中央音乐学院	378	50.04	北京市
163	天津中德应用技术大学	137	49.95	天津市
164	深圳大学	803	49.75	广东省
165	湖南农业大学	500	49.69	湖南省
166	兰州理工大学	987	49.66	甘肃省
167	浙江理工大学	882	49.59	浙江省
168	成都中医药大学	437	49.55	四川省
169	四川农业大学	650	49.53	四川省
170	重庆医科大学	266	49.51	重庆市
171	南京林业大学	896	49.42	江苏省
172	青海大学	208	49.35	青海省
173	江西财经大学	551	49.29	江西省
174	天津工业大学	808	49.23	天津市
175	湖北大学	790	49.18	湖北省
176	中央民族大学	1552	49.14	北京市
177	辽宁大学	560	49.03	辽宁省
178	桂林电子科技大学	992	48.98	广西壮族自治区
179	西南政法大学	272	48.68	重庆市
180	汕头大学	608	48.48	广东省
181	武汉科技大学	705	48.31	湖北省
182	温州医科大学	608	48.29	浙江省
183	济南大学	899	48.15	山东省
184	南京工程学院	591	48.01	江苏省
185	河南科技大学	735	47.92	河南省
186	哈尔滨理工大学	560	47.91	黑龙江省
187	桂林理工大学	834	47.9	广西壮族自治区
188	天津理工大学	517	47.87	天津市
189	浙江工商大学	699	47.86	浙江省

续表

序号	学校名称	项目数	总分	省份
190	西南科技大学	619	47.79	四川省
191	江苏师范大学	901	47.7	江苏省
192	成都理工大学	796	47.63	四川省
193	陕西科技大学	635	47.62	陕西省
194	中南民族大学	843	47.58	湖北省
195	兰州交通大学	583	47.52	甘肃省
196	华北理工大学	570	47.38	河北省
197	杭州师范大学	716	47.36	浙江省
198	长春理工大学	785	47.24	吉林省
199	中国地质大学（北京）	1300	47.16	北京市
200	广州中医药大学	609	47.12	广东省
201	山东理工大学	1031	47.05	山东省
202	北京协和医学院	479	47.02	北京市
203	西藏大学	564	47.01	西藏自治区
204	江西中医药大学	390	46.87	江西省
205	南通大学	1002	46.64	江苏省
206	长江大学	493	46.54	湖北省
207	沈阳师范大学	742	46.3	辽宁省
207	华东政法大学	563	46.3	上海市
209	广西医科大学	413	46.29	广西壮族自治区
210	西安科技大学	775	46.26	陕西省
211	山东中医药大学	595	46.23	山东省
212	温州大学	811	46.14	浙江省
213	中北大学	407	46.09	山西省
214	延边大学	429	46.03	吉林省
215	新疆农业大学	468	45.95	新疆维吾尔自治区
216	重庆邮电大学	409	45.83	重庆市
217	石家庄铁道大学	332	45.78	河北省
218	山西医科大学	349	45.77	山西省
219	湖南科技大学	363	45.74	湖南省
220	青岛科技大学	1004	45.61	山东省

续表

序号	学校名称	项目数	总分	省份
220	中国美术学院	352	45.61	浙江省
222	福建中医药大学	346	45.57	福建省
223	三峡大学	427	45.53	湖北省
224	华侨大学	662	45.45	福建省
225	吉林农业大学	622	45.37	吉林省
225	北京信息科技大学	595	45.37	北京市
227	重庆师范大学	289	45.36	重庆市
228	河北医科大学	385	45.35	河北省
229	沈阳农业大学	507	45.33	辽宁省
229	新疆医科大学	342	45.33	新疆维吾尔自治区
231	上海海事大学	681	45.32	上海市
232	南华大学	628	45.3	湖南省
232	辽宁工程技术大学	506	45.3	辽宁省
232	辽宁中医药大学	255	45.3	辽宁省
235	重庆交通大学	355	45.25	重庆市
236	安徽医科大学	578	45.22	安徽省
237	中央美术学院	419	45.2	北京市
238	长春中医药大学	637	45.18	吉林省
239	上海工程技术大学	657	45.15	上海市
240	曲阜师范大学	713	45.12	山东省
241	湖北工业大学	717	45.1	湖北省
242	北京体育大学	580	44.94	北京市
243	安徽农业大学	695	44.92	安徽省
244	内蒙古师范大学	200	44.88	内蒙古自治区
245	常州大学	537	44.82	江苏省
245	天津科技大学	598	44.82	天津市
247	云南农业大学	312	44.77	云南省
248	浙江中医药大学	475	44.75	浙江省
249	宁夏医科大学	273	44.7	宁夏回族自治区
249	山东财经大学	607	44.7	山东省
251	河南工业大学	596	44.69	河南省
252	东北石油大学	649	44.59	黑龙江省

续表

序号	学校名称	项目数	总分	省份
253	辽宁师范大学	433	44.57	辽宁省
254	华北水利水电大学	470	44.4	河南省
255	江西理工大学	576	44.38	江西省
256	东北电力大学	405	44.29	吉林省
257	江西农业大学	389	44.28	江西省
258	山西农业大学	275	44.24	山西省
259	吉林师范大学	474	44.16	吉林省
260	北京工商大学	553	44.13	北京市
260	临沂大学	857	44.13	山东省
262	首都经济贸易大学	665	44.12	北京市
263	安徽工业大学	1338	44.09	安徽省
264	昆明医科大学	291	44.07	云南省
265	东华理工大学	475	44	江西省
266	聊城大学	606	43.87	山东省
267	山东建筑大学	454	43.82	山东省
268	天津职业技术师范大学	545	43.76	天津市
268	北京语言大学	511	43.76	北京市
270	广西民族大学	524	43.75	广西壮族自治区
271	郑州轻工业大学	639	43.68	河南省
272	中国计量大学	584	43.67	浙江省
273	南昌航空大学	463	43.63	江西省
274	华东交通大学	421	43.62	江西省
275	安徽理工大学	1348	43.54	安徽省
276	沈阳药科大学	416	43.44	辽宁省
277	上海应用技术大学	682	43.12	上海市
278	上海音乐学院	53	42.99	上海市
278	长春工业大学	668	42.99	吉林省
280	福建医科大学	400	42.96	福建省
281	北华大学	739	42.95	吉林省
282	沈阳工业大学	462	42.86	辽宁省
283	广州医科大学	334	42.75	广东省
284	大连外国语大学	336	42.72	辽宁省
285	中国音乐学院	137	42.63	北京市

续表

序号	学校名称	项目数	总分	省份
286	天津财经大学	251	42.57	天津市
287	河北科技大学	414	42.48	河北省
288	合肥学院	1228	42.45	安徽省
288	上海海洋大学	536	42.45	上海市
290	四川美术学院	142	42.43	重庆市
291	北京建筑大学	547	42.37	北京市
292	集美大学	521	42.31	福建省
293	哈尔滨商业大学	466	42.3	黑龙江省
294	河南牧业经济学院	154	42.13	河南省
295	青海师范大学	118	42.11	青海省
296	西藏民族大学	445	42.1	西藏自治区
297	内蒙古工业大学	205	42.06	内蒙古自治区
298	甘肃农业大学	344	42.04	甘肃省
299	武汉工程大学	431	41.93	湖北省
300	鲁东大学	1010	41.86	山东省
301	新疆师范大学	320	41.78	新疆维吾尔自治区
301	北京第二外国语学院	379	41.78	北京市
303	山西师范大学	217	41.76	山西省
303	沈阳建筑大学	392	41.76	辽宁省
305	内蒙古科技大学	241	41.65	内蒙古自治区
306	西安工业大学	650	41.62	陕西省
306	成都工业学院	466	41.62	四川省
308	安徽财经大学	3164	41.61	安徽省
309	安徽建筑大学	1170	41.6	安徽省
310	信阳师范学院	459	41.59	河南省
310	武汉纺织大学	395	41.59	湖北省
312	海南师范大学	317	41.55	海南省
313	齐鲁工业大学	806	41.52	山东省
314	吉首大学	302	41.51	湖南省
314	大连医科大学	300	41.51	辽宁省

续表

序号	学校名称	项目数	总分	省份
316	青海民族大学	90	41.5	青海省
316	河北经贸大学	280	41.5	河北省
318	中国矿业大学(北京)	948	41.42	北京市
319	福建工程学院	522	41.35	福建省
320	南宁师范大学	711	41.31	广西壮族自治区
320	徐州医科大学	414	41.31	江苏省
322	青岛理工大学	967	41.22	山东省
322	安徽中医药大学	771	41.22	安徽省
324	大连工业大学	518	41.21	辽宁省
325	中国民航大学	544	41.12	天津市
326	重庆文理学院	550	41.02	重庆市
327	山东交通学院	791	40.96	山东省
328	成都信息工程大学	649	40.73	四川省
329	浙江财经大学	504	40.72	浙江省
330	浙江农林大学	524	40.67	浙江省
330	河南中医药大学	380	40.67	河南省
332	中南林业科技大学	307	40.62	湖南省
333	烟台大学	407	40.55	山东省
334	重庆科技学院	375	40.51	重庆市
335	江苏科技大学	574	40.44	江苏省
336	乐山师范学院	617	40.42	四川省
337	沈阳航空航天大学	462	40.38	辽宁省
337	湖南中医药大学	285	40.38	湖南省
339	中国人民公安大学	423	40.27	北京市
340	延安大学	524	40.21	陕西省
341	重庆工商大学	250	40.01	重庆市
341	北方工业大学	595	40.01	北京市
343	天津外国语大学	141	39.99	天津市
344	湖南工业大学	370	39.97	湖南省
345	渤海大学	684	39.93	辽宁省
346	大连海洋大学	264	39.88	辽宁省
347	内蒙古民族大学	158	39.83	内蒙古自治区

续表

序号	学校名称	项目数	总分	省份
348	上海对外经贸大学	480	39.82	上海市
349	重庆理工大学	201	39.75	重庆市
350	大连大学	461	39.72	辽宁省
351	内蒙古医科大学	129	39.71	内蒙古自治区
352	南京财经大学	519	39.68	江苏省
353	西安工程大学	555	39.66	陕西省
354	上海体育学院	323	39.55	上海市
355	四川外国语大学	173	39.51	重庆市
356	云南民族大学	267	39.48	云南省
357	辽宁石油化工大学	414	39.47	辽宁省
358	广东财经大学	426	39.45	广东省
359	西安美术学院	357	39.44	陕西省
360	上海戏剧学院	184	39.41	上海市
361	西华大学	613	39.33	四川省
361	浙江万里学院	481	39.33	浙江省
363	长春师范大学	378	39.32	吉林省
363	山西财经大学	258	39.32	山西省
365	遵义医科大学	240	39.31	贵州省
366	南京艺术学院	179	39.14	江苏省
367	西南民族大学	789	39.1	四川省
368	上海健康医学院	326	39.08	上海市
369	河南财经政法大学	329	39.07	河南省
369	大连交通大学	558	39.07	辽宁省
371	潍坊学院	696	39.06	山东省
372	黑龙江科技大学	426	39.02	黑龙江省
372	湖北中医药大学	251	39.02	湖北省
374	北方民族大学	599	39	宁夏回族自治区
375	上海第二工业大学	430	38.88	上海市
376	河北地质大学	210	38.86	河北省
377	西安邮电大学	673	38.83	陕西省
378	江汉大学	280	38.8	湖北省
379	太原科技大学	251	38.75	山西省
379	河北中医学院	191	38.75	河北省

续表

序号	学校名称	项目数	总分	省份
381	青岛农业大学	825	38.53	山东省
382	云南财经大学	206	38.51	云南省
382	蚌埠医学院	419	38.51	安徽省
384	西安外国语大学	477	38.48	陕西省
385	中国人民警察大学	565	38.43	河北省
386	广西中医药大学	309	38.42	广西壮族自治区
387	吉林化工学院	347	38.4	吉林省
388	贵州财经大学	271	38.36	贵州省
388	大连民族大学	958	38.36	辽宁省
388	长春工程学院	544	38.36	吉林省
391	淮阴师范学院	467	38.32	江苏省
392	新疆财经大学	247	38.29	新疆维吾尔自治区
393	北京服装学院	393	38.27	北京市
393	赣南师范大学	303	38.27	江西省
395	湖南理工学院	292	38.18	湖南省
396	辽宁科技大学	493	38.11	辽宁省
397	海南医学院	305	38.1	海南省
398	滨州医学院	320	38.02	山东省
399	佛山科学技术学院	527	37.99	广东省
399	厦门理工学院	465	37.99	福建省
401	西北民族大学	910	37.92	甘肃省
402	湖州师范学院	483	37.89	浙江省
403	湖北经济学院	250	37.88	湖北省
404	贵州民族大学	291	37.83	贵州省
405	塔里木大学	661	37.81	新疆维吾尔自治区
406	贵州医科大学	283	37.66	贵州省
407	盐城工学院	531	37.62	江苏省
408	沈阳大学	316	37.59	辽宁省
409	大连东软信息学院	610	37.57	辽宁省
410	北京石油化工学院	501	37.54	北京市
411	沈阳工程学院	319	37.5	辽宁省
412	佳木斯大学	325	37.45	黑龙江省

续表

序号	学校名称	项目数	总分	省份
413	苏州科技大学	416	37.4	江苏省
414	盐城师范学院	369	37.34	江苏省
414	首都体育学院	266	37.34	北京市
416	沈阳化工大学	355	37.33	辽宁省
417	绍兴文理学院	472	37.29	浙江省
418	西安石油大学	553	37.28	陕西省
419	景德镇陶瓷大学	434	37.24	江西省
420	北京舞蹈学院	162	37.17	北京市
421	天津商业大学	490	37.14	天津市
422	中国刑事警察学院	481	37.05	辽宁省
422	浙江科技学院	533	37.05	浙江省
424	北京印刷学院	430	36.89	北京市
425	黑龙江工程学院	304	36.84	黑龙江省
425	常州工学院	415	36.84	江苏省
427	安庆师范大学	602	36.79	安徽省
428	广东海洋大学	659	36.78	广东省
429	北部湾大学	326	36.73	广西壮族自治区
430	河北工程大学	330	36.65	河北省
431	上海电力大学	480	36.63	上海市
432	浙江传媒学院	488	36.59	浙江省
433	齐齐哈尔大学	391	36.56	黑龙江省
434	湖南文理学院	238	36.52	湖南省
435	淮北师范大学	503	36.46	安徽省
435	广州美术学院	197	36.46	广东省
437	西南林业大学	281	36.45	云南省
438	阜阳师范大学	444	36.43	安徽省
439	金陵科技学院	364	36.39	江苏省
440	湖北师范大学	331	36.38	湖北省
441	天津体育学院	150	36.34	天津市
441	贵州中医药大学	231	36.34	贵州省
443	广东药科大学	242	36.3	广东省
444	南京审计大学	380	36.28	江苏省
445	黑龙江八一农垦大学	309	36.23	黑龙江省

续表

序号	学校名称	项目数	总分	省份
446	湖南工程学院	340	36.18	湖南省
447	西北政法大学	481	36.16	陕西省
448	南昌工程学院	210	36.1	江西省
449	山东工艺美术学院	66	36.09	山东省
450	山东第一医科大学	880	36.06	山东省
451	成都大学	531	36.03	四川省
452	山东工商学院	528	36.01	山东省
453	皖南医学院	521	35.99	安徽省
454	湖南第一师范学院	186	35.91	湖南省
455	鲁迅美术学院	91	35.89	辽宁省
455	江苏海洋大学	526	35.89	江苏省
457	浙江海洋大学	520	35.88	浙江省
457	广西科技大学	536	35.88	广西壮族自治区
459	中原工学院	525	35.84	河南省
460	北京电影学院	57	35.75	北京市
461	广西艺术学院	385	35.69	广西壮族自治区
461	南阳理工学院	159	35.69	河南省
463	河北北方学院	161	35.68	河北省
463	洛阳理工学院	196	35.68	河南省
465	山东艺术学院	102	35.67	山东省
466	常熟理工学院	622	35.66	江苏省
467	湖南城市学院	277	35.65	湖南省
468	浙江水利水电学院	332	35.63	浙江省
469	安徽工程大学	1294	35.53	安徽省
470	井冈山大学	333	35.5	江西省
471	济宁医学院	327	35.48	山东省
472	东莞理工学院	413	35.44	广东省
473	广东医科大学	287	35.39	广东省
474	邵阳学院	323	35.38	湖南省
475	上海电机学院	422	35.37	上海市
476	韶关学院	291	35.34	广东省
477	锦州医科大学	230	35.3	辽宁省
478	岭南师范学院	348	35.25	广东省

续表

序号	学校名称	项目数	总分	省份
479	湖南工商大学	181	35.23	湖南省
480	上海立信会计金融学院	419	35.21	上海市
481	吉林财经大学	366	35.15	吉林省
482	德州学院	767	35.12	山东省
483	西华师范大学	525	35.1	四川省
484	甘肃中医药大学	103	35.01	甘肃省
485	武汉轻工大学	288	34.99	湖北省
486	河南科技学院	408	34.92	河南省
487	郑州航空工业管理学院	241	34.89	河南省
488	泉州师范学院	272	34.85	福建省
489	贵州师范学院	237	34.84	贵州省
490	淮阴工学院	420	34.79	江苏省
491	黄冈师范学院	313	34.77	湖北省
492	河西学院	130	34.72	甘肃省
493	天津城建大学	309	34.71	天津市
494	吉林建筑大学	378	34.69	吉林省
495	天津农学院	472	34.59	天津市
496	九江学院	290	34.52	江西省
497	太原师范学院	112	34.5	山西省
498	洛阳师范学院	466	34.47	河南省
498	中国民用航空飞行学院	545	34.47	四川省
500	云南艺术学院	128	34.45	云南省
501	四川轻化工大学	476	34.39	四川省
501	重庆第二师范学院	102	34.39	重庆市
503	哈尔滨体育学院	60	34.33	黑龙江省
504	长江师范学院	325	34.29	重庆市
505	内蒙古财经大学	120	34.27	内蒙古自治区
506	辽宁工业大学	278	34.25	辽宁省
507	安徽科技学院	714	34.13	安徽省
508	中国科学院大学	81	34.1	北京市
509	山西大同大学	169	34	山西省

续表

序号	学校名称	项目数	总分	省份
510	玉林师范学院	530	33.94	广西壮族自治区
511	潍坊医学院	265	33.93	山东省
512	江西科技师范大学	442	33.76	江西省
513	台州学院	439	33.73	浙江省
514	湖北民族大学	352	33.72	湖北省
515	沈阳理工大学	264	33.71	辽宁省
516	新乡医学院	369	33.68	河南省
516	华北科技学院	511	33.68	河北省
518	遵义师范学院	141	33.66	贵州省
519	北京农学院	379	33.54	北京市
520	西藏农牧学院	177	33.42	西藏自治区
521	广东技术师范大学	480	33.39	广东省
522	上海政法学院	208	33.3	上海市
523	江苏理工学院	397	33.27	江苏省
524	绵阳师范学院	462	33.24	四川省
525	商丘师范学院	146	33.23	河南省
526	桂林旅游学院	125	33.22	广西壮族自治区
527	河南城建学院	176	33.19	河南省
528	桂林医学院	330	33.17	广西壮族自治区
529	牡丹江师范学院	260	33.13	黑龙江省
530	徐州工程学院	424	33.1	江苏省
531	长春大学	447	33.09	吉林省
532	吉林工程技术师范学院	358	33.08	吉林省
533	浙大城市学院	419	33.06	浙江省
534	肇庆学院	252	33.03	广东省
535	北京物资学院	451	33.01	北京市
536	西南医科大学	588	32.9	四川省
536	上海商学院	273	32.9	上海市
538	辽宁科技学院	238	32.89	辽宁省
539	成都体育学院	270	32.84	四川省

续表

序号	学校名称	项目数	总分	省份
540	绥化学院	140	32.8	黑龙江省
541	福建警察学院	214	32.74	福建省
542	湖北汽车工业学院	255	32.72	湖北省
543	闽江学院	313	32.66	福建省
544	星海音乐学院	111	32.64	广东省
545	宜春学院	232	32.57	江西省
546	南阳师范学院	539	32.56	河南省
546	湖北第二师范学院	231	32.56	湖北省
548	吉林艺术学院	213	32.54	吉林省
549	宁波工程学院	385	32.52	浙江省
550	长沙学院	274	32.49	湖南省
551	中央戏剧学院	254	32.46	北京市
552	合肥师范学院	527	32.42	安徽省
553	山东协和学院	424	32.33	山东省
554	五邑大学	371	32.29	广东省
555	嘉兴学院	446	32.27	浙江省
556	浙江外国语学院	258	32.25	浙江省
556	西京学院	370	32.25	陕西省
558	牡丹江医学院	132	32.24	黑龙江省
559	南京晓庄学院	297	32.16	江苏省
560	吉林外国语大学	319	32.14	吉林省
561	外交学院	357	32.12	北京市
561	昌吉学院	120	32.12	新疆维吾尔自治区
563	西藏藏医药大学	100	32.09	西藏自治区
564	中国戏曲学院	179	32.07	北京市
565	宁夏师范学院	104	32.06	宁夏回族自治区
566	广西财经学院	558	32.05	广西壮族自治区
567	西昌学院	360	32.04	四川省
567	湖南科技学院	283	32.04	湖南省
569	北京电子科技学院	389	32.02	北京市
570	重庆三峡学院	148	31.99	重庆市

续表

序号	学校名称	项目数	总分	省份
571	浙江树人学院	404	31.98	浙江省
571	陕西中医药大学	297	31.98	陕西省
571	广东金融学院	314	31.98	广东省
574	长治医学院	112	31.95	山西省
575	昆明学院	126	31.92	云南省
575	川北医学院	453	31.92	四川省
575	承德医学院	77	31.92	河北省
578	安阳师范学院	337	31.9	河南省
579	浙江警察学院	166	31.89	浙江省
580	兰州财经大学	120	31.84	甘肃省
581	滁州学院	557	31.78	安徽省
582	许昌学院	125	31.76	河南省
583	齐齐哈尔医学院	197	31.65	黑龙江省
584	成都师范学院	438	31.61	四川省
585	宝鸡文理学院	324	31.55	陕西省
586	云南中医药大学	154	31.52	云南省
586	广东石油化工学院	309	31.52	广东省
588	哈尔滨学院	170	31.5	黑龙江省
589	渭南师范学院	320	31.06	陕西省
590	陕西理工大学	353	31.04	陕西省
591	曲靖师范学院	166	30.99	云南省
592	仲恺农业工程学院	347	30.95	广东省
593	河南工学院	110	30.84	河南省
594	衡阳师范学院	144	30.83	湖南省
595	大理大学	193	30.78	云南省
596	保定学院	72	30.76	河北省
597	湖北美术学院	159	30.74	湖北省
598	闽南师范大学	355	30.72	福建省
599	上海公安学院	21	30.71	上海市
600	攀枝花学院	417	30.7	四川省
601	中国青年政治学院	470	30.69	北京市
601	湖北工程学院	266	30.69	湖北省
603	湖北文理学院	280	30.66	湖北省
604	湖北科技学院	304	30.65	湖北省
605	淮南师范学院	357	30.6	安徽省

续表

序号	学校名称	项目数	总分	省份
606	河北科技师范学院	136	30.59	河北省
607	江苏第二师范学院	165	30.53	江苏省
608	皖西学院	550	30.5	安徽省
609	西安航空学院	261	30.48	陕西省
610	梧州学院	440	30.4	广西壮族自治区
611	广州体育学院	121	30.38	广东省
611	怀化学院	344	30.38	湖南省
613	南京森林警察学院	331	30.36	江苏省
614	南京体育学院	144	30.33	江苏省
615	中国劳动关系学院	396	30.2	北京市
616	嘉应学院	241	30.19	广东省
617	成都医学院	351	30.12	四川省
617	郑州师范学院	88	30.12	河南省
617	杭州医学院	134	30.12	浙江省
620	武汉体育学院	151	30.04	湖北省
620	韩山师范学院	262	30.04	广东省
622	泰山学院	475	29.99	山东省
623	西安财经大学	268	29.97	陕西省
623	三明学院	277	29.97	福建省
625	山东英才学院	288	29.92	山东省
626	周口师范学院	107	29.91	河南省
627	防灾科技学院	525	29.87	河北省
628	南京特殊教育师范学院	76	29.8	江苏省
629	广东第二师范学院	143	29.79	广东省
629	通化师范学院	273	29.79	吉林省
629	天津美术学院	62	29.79	天津市
632	上饶师范学院	191	29.75	江西省
633	沈阳体育学院	120	29.72	辽宁省
633	鞍山师范学院	100	29.72	辽宁省
633	甘肃政法大学	92	29.72	甘肃省
636	武汉音乐学院	86	29.71	湖北省
637	右江民族医学院	254	29.7	广西壮族自治区

续表

序号	学校名称	项目数	总分	省份
638	贵州工程应用技术学院	286	29.66	贵州省
639	吉林工商学院	230	29.64	吉林省
640	长沙师范学院	88	29.61	湖南省
641	江西警察学院	118	29.59	江西省
642	陕西学前师范学院	191	29.58	陕西省
643	四川警察学院	240	29.54	四川省
644	新疆工程学院	134	29.52	新疆维吾尔自治区
645	吉林医药学院	216	29.5	吉林省
646	黄山学院	404	29.48	安徽省
647	广州航海学院	106	29.47	广东省
648	山东体育学院	70	29.46	山东省
649	伊犁师范大学	87	29.45	新疆维吾尔自治区
650	中国社会科学院大学	269	29.43	北京市
651	国际关系学院	325	29.37	北京市
652	邯郸学院	84	29.3	河北省
653	红河学院	167	29.29	云南省
654	辽东学院	295	29.26	辽宁省
655	湖北医药学院	172	29.25	湖北省
656	天津音乐学院	42	29.23	天津市
657	海南热带海洋学院	212	29.18	海南省
658	贵阳学院	181	29.15	贵州省
659	惠州学院	261	29.14	广东省
660	沈阳音乐学院	31	29	辽宁省
661	河北建筑工程学院	92	28.99	河北省
662	兰州城市学院	75	28.93	甘肃省
662	铜陵学院	762	28.93	安徽省
664	北京城市学院	430	28.91	北京市
665	琼台师范学院	57	28.9	海南省
666	山西中医药大学	89	28.83	山西省
667	宁波财经学院	337	28.8	浙江省
668	吉林体育学院	148	28.62	吉林省

续表

序号	学校名称	项目数	总分	省份
669	赣南医学院	177	28.5	江西省
670	湖南警察学院	115	28.38	湖南省
671	齐鲁师范学院	203	28.36	山东省
672	滨州学院	886	28.34	山东省
673	喀什大学	127	28.32	新疆维吾尔自治区
674	邢台学院	41	28.31	河北省
675	宜宾学院	431	28.29	四川省
676	湘南学院	186	28.27	湖南省
677	天水师范学院	89	28.24	甘肃省
678	湖南工学院	243	28.17	湖南省
678	重庆警察学院	51	28.17	重庆市
680	四川音乐学院	261	28.08	四川省
681	江苏警官学院	181	28.06	江苏省
682	西安音乐学院	142	28.02	陕西省
682	贵州理工学院	313	28.02	贵州省
684	宿州学院	649	28.01	安徽省
685	唐山师范学院	59	27.94	河北省
686	湖南涉外经济学院	181	27.92	湖南省
687	忻州师范学院	83	27.9	山西省
687	太原工业学院	109	27.9	山西省
689	菏泽学院	313	27.83	山东省
690	三亚学院	266	27.82	海南省
691	蚌埠学院	526	27.8	安徽省
692	大庆师范学院	127	27.77	黑龙江省
693	北华航天工业学院	104	27.75	河北省
694	湖南人文科技学院	197	27.74	湖南省
695	运城学院	113	27.68	山西省
696	黄淮学院	93	27.65	河南省
696	内江师范学院	333	27.65	四川省
698	沈阳医学院	100	27.57	辽宁省
699	河南工程学院	160	27.56	河南省
700	中华女子学院	318	27.28	北京市
701	衡水学院	56	27.16	河北省
702	凯里学院	93	27.12	贵州省

续表

序号	学校名称	项目数	总分	省份
703	桂林航天工业学院	240	27.11	广西壮族自治区
704	长沙医学院	154	27.06	湖南省
705	太原学院	64	27.05	山西省
705	百色学院	338	27.05	广西壮族自治区
707	浙江越秀外国语学院	235	27.04	浙江省
708	吉林动画学院	470	27	吉林省
709	广东白云学院	107	26.99	广东省
709	兰州工业学院	159	26.99	甘肃省
711	石家庄学院	48	26.88	河北省
712	长治学院	90	26.86	山西省
713	新疆艺术学院	61	26.82	新疆维吾尔自治区
714	池州学院	521	26.8	安徽省
715	湖北警官学院	32	26.77	湖北省
716	唐山学院	83	26.72	河北省
717	呼和浩特民族学院	61	26.66	内蒙古自治区
718	吉林农业科技学院	229	26.61	吉林省
718	云南警官学院	42	26.61	云南省
720	浙大宁波理工学院	307	26.55	浙江省
721	河北金融学院	132	26.53	河北省
721	安康学院	298	26.53	陕西省
723	沈阳工学院	185	26.45	辽宁省
724	咸阳师范学院	230	26.37	陕西省
725	南昌师范学院	115	26.36	江西省
726	商洛学院	252	26.32	陕西省
727	呼伦贝尔学院	101	26.27	内蒙古自治区
728	郑州工程技术学院	62	26.24	河南省
729	铜仁学院	197	26.23	贵州省
730	上海建桥学院	128	26.21	上海市
731	湖南女子学院	90	26.19	湖南省

续表

序号	学校名称	项目数	总分	省份
732	赤峰学院	63	26.16	内蒙古自治区
733	四川民族学院	111	26.15	四川省
734	无锡太湖学院	141	26.14	江苏省
735	山西传媒学院	55	26.07	山西省
736	中央司法警官学院	93	26.01	河北省
736	安徽新华学院	689	26.01	安徽省
738	丽水学院	358	26	浙江省
739	四川旅游学院	410	25.99	四川省
740	吕梁学院	92	25.94	山西省
741	廊坊师范学院	85	25.89	河北省
742	广州城市理工学院	98	25.88	广东省
743	湖南财政经济学院	107	25.83	湖南省
744	广东警官学院	126	25.75	广东省
745	广西科技师范学院	83	25.71	广西壮族自治区
746	黔南民族师范学院	193	25.68	贵州省
747	长春光华学院	205	25.61	吉林省
747	长春财经学院	142	25.61	吉林省
749	榆林学院	177	25.6	陕西省
750	莆田学院	237	25.59	福建省
751	湖北理工学院	188	25.53	湖北省
752	河池学院	272	25.52	广西壮族自治区
753	河北水利电力学院	45	25.48	河北省
754	陇东学院	247	25.41	甘肃省
755	北京警察学院	23	25.36	北京市
756	西安医学院	177	25.32	陕西省
757	武汉生物工程学院	88	25.19	湖北省
758	武汉工商学院	119	25.1	湖北省
759	宁夏理工学院	68	25.09	宁夏回族自治区
760	湖南信息学院	78	25.02	湖南省
761	西安翻译学院	138	24.99	陕西省
762	江西科技学院	108	24.95	江西省

续表

序号	学校名称	项目数	总分	省份
763	新乡学院	69	24.92	河南省
764	南京医科大学康达学院	22	24.9	江苏省
765	枣庄学院	494	24.88	山东省
766	普洱学院	52	24.87	云南省
766	兴义民族师范学院	190	24.87	贵州省
768	楚雄师范学院	88	24.84	云南省
769	泉州信息工程学院	78	24.81	福建省
770	天津天狮学院	73	24.8	天津市
770	浙江音乐学院	97	24.8	浙江省
770	潍坊科技学院	462	24.8	山东省
773	白城师范学院	298	24.73	吉林省
774	贺州学院	379	24.69	广西壮族自治区
775	哈尔滨金融学院	149	24.66	黑龙江省
776	黑龙江外国语学院	54	24.63	黑龙江省
777	文山学院	95	24.61	云南省
778	广西民族师范学院	333	24.57	广西壮族自治区
779	武汉商学院	159	24.51	湖北省
780	武汉东湖学院	163	24.5	湖北省
780	燕山大学里仁学院	23	24.5	河北省
782	黄河科技学院	170	24.46	河南省
783	昭通学院	38	24.35	云南省
784	衢州学院	257	24.3	浙江省
785	南昌工学院	41	24.27	江西省
786	郑州科技学院	66	24.23	河南省
786	河南警察学院	10	24.23	河南省
788	滇西科技师范学院	25	24.22	云南省
789	龙岩学院	246	24.18	福建省
790	宁夏大学新华学院	73	24.17	宁夏回族自治区
791	内蒙古艺术学院	33	24.16	内蒙古自治区
792	山东青年政治学院	317	24.1	山东省

续表

序号	学校名称	项目数	总分	省份
793	山西警察学院	34	24.09	山西省
794	巢湖学院	381	24.06	安徽省
794	福建商学院	53	24.06	福建省
796	吉林警察学院	58	24.03	吉林省
796	河北民族师范学院	48	24.03	河北省
798	平顶山学院	89	23.99	河南省
799	三江学院	192	23.98	江苏省
800	信阳农林学院	51	23.92	河南省
801	泰州学院	69	23.88	江苏省
802	四川传媒学院	368	23.87	四川省
803	成都文理学院	210	23.83	四川省
804	山东管理学院	182	23.8	山东省
805	厦门医学院	34	23.74	福建省
806	辽宁警察学院	41	23.73	辽宁省
807	东南大学成贤学院	56	23.65	江苏省
808	黑龙江东方学院	90	23.58	黑龙江省
809	山东政法学院	76	23.45	山东省
810	上海科技大学	19	23.41	上海市
811	珠海科技学院	95	23.39	广东省
812	福州外语外贸学院	243	23.38	福建省
813	长春建筑学院	123	23.32	吉林省
814	山西工商学院	42	23.28	山西省
815	上海海关学院	281	23.12	上海市
816	湖南医药学院	62	22.96	湖南省
817	山东警察学院	21	22.93	山东省
818	南方科技大学	105	22.9	广东省
819	宿迁学院	78	22.85	江苏省
820	西安体育学院	160	22.84	陕西省
821	豫章师范学院	9	22.76	江西省
822	电子科技大学中山学院	98	22.75	广东省
823	新余学院	153	22.73	江西省
824	河北环境工程学院	37	22.71	河北省
825	武昌理工学院	170	22.65	湖北省
826	铁道警察学院	107	22.58	河南省

续表

序号	学校名称	项目数	总分	省份
827	中国矿业大学徐海学院	18	22.48	江苏省
828	汉江师范学院	97	22.38	湖北省
829	成都锦城学院	825	22.36	四川省
830	四川大学锦江学院	189	22.35	四川省
831	沧州师范学院	13	22.31	河北省
832	河南财政金融学院	60	22.28	河南省
833	集宁师范学院	62	22.27	内蒙古自治区
834	西安文理学院	221	22.21	陕西省
834	西安欧亚学院	95	22.21	陕西省
836	河北体育学院	22	22.16	河北省
837	山东女子学院	208	22.14	山东省
837	西安外事学院	101	22.14	陕西省
839	南宁学院	196	22.1	广西壮族自治区
840	荆楚理工学院	165	22.06	湖北省
840	南京中医药大学翰林学院	12	22.06	江苏省
842	赣东学院	30	22.04	江西省
843	济宁学院	112	22.03	山东省
844	南昌理工学院	102	21.79	江西省
845	皖江工学院	106	21.77	安徽省
846	六盘水师范学院	159	21.75	贵州省
847	湖北商贸学院	58	21.72	湖北省
848	闽南理工学院	211	21.64	福建省
849	广东培正学院	68	21.59	广东省
850	广东科技学院	117	21.47	广东省
851	海口经济学院	213	21.41	海南省
852	广东东软学院	167	21.39	广东省
853	甘肃民族师范学院	48	21.38	甘肃省
854	武汉城市学院	106	21.37	湖北省
855	四川文理学院	238	21.27	四川省
856	贵州警察学院	6	21.24	贵州省
857	甘肃医学院	30	21.23	甘肃省

续表

序号	学校名称	项目数	总分	省份
858	山东石油化工学院	149	21.18	山东省
859	青岛滨海学院	353	21.15	山东省
859	西安培华学院	152	21.15	陕西省
861	青岛黄海学院	245	21.12	山东省
862	云南工商学院	128	21.09	云南省
863	烟台南山学院	169	21.07	山东省
863	福建师范大学协和学院	94	21.07	福建省
865	南京邮电大学通达学院	16	21.04	江苏省
866	保山学院	66	21.03	云南省
867	苏州城市学院	16	21.02	江苏省
868	武汉华夏理工学院	79	20.98	湖北省
869	西安工商学院	17	20.89	陕西省
870	福建江夏学院	258	20.84	福建省
871	辽宁对外经贸学院	179	20.79	辽宁省
872	河北工程技术学院	14	20.74	河北省
873	重庆人文科技学院	30	20.63	重庆市
874	上海外国语大学贤达经济人文学院	9	20.58	上海市
874	广西外国语学院	169	20.58	广西壮族自治区
876	东莞城市学院	86	20.57	广东省
876	南京理工大学泰州科技学院	38	20.57	江苏省
876	宁德师范学院	164	20.57	福建省
879	仰恩大学	45	20.48	福建省
880	安徽信息工程学院	684	20.45	安徽省
881	桂林学院	104	20.44	广西壮族自治区
882	长春科技学院	123	20.34	吉林省
883	上海杉达学院	162	20.3	上海市
884	文华学院	114	20.21	湖北省
885	云南大学滇池学院	110	20.16	云南省
886	四川工业科技学院	239	20.1	四川省

续表

序号	学校名称	项目数	总分	省份
886	上海视觉艺术学院	56	20.1	上海市
888	吉林建筑科技学院	165	20.09	吉林省
889	南昌大学科学技术学院	7	20.07	江西省
890	哈尔滨音乐学院	14	20.05	黑龙江省
891	武夷学院	277	20.04	福建省
892	晋中学院	109	20	山西省
893	上海师范大学天华学院	15	19.99	上海市
893	广东理工学院	50	19.99	广东省
895	晋中信息学院	16	19.97	山西省
896	玉溪师范学院	86	19.92	云南省
897	福州大学至诚学院	96	19.9	福建省
898	三峡大学科技学院	11	19.83	湖北省
899	浙江工业大学之江学院	131	19.8	浙江省
900	武汉学院	93	19.72	湖北省
901	柳州工学院	63	19.71	广西壮族自治区
902	绍兴文理学院元培学院	31	19.69	浙江省
903	黑河学院	138	19.59	黑龙江省
904	北京师范大学珠海分校	109	19.52	广东省
905	浙江师范大学行知学院	82	19.51	浙江省
906	成都东软学院	233	19.5	四川省
907	阿坝师范学院	166	19.38	四川省
908	江西服装学院	39	19.37	江西省
909	安阳工学院	92	19.32	河南省
910	山东农业工程学院	191	19.31	山东省
911	辽宁何氏医学院	65	19.27	辽宁省
911	哈尔滨华德学院	53	19.27	黑龙江省
913	宁波诺丁汉大学	15	19.26	浙江省

续表

序号	学校名称	项目数	总分	省份
913	华北理工大学轻工学院	16	19.26	河北省
915	广州新华学院	89	19.18	广东省
916	安徽三联学院	367	19.15	安徽省
917	电子科技大学成都学院	50	19.14	四川省
917	大连艺术学院	68	19.14	辽宁省
919	郑州西亚斯学院	25	19.02	河南省
920	山西工程技术学院	45	18.94	山西省
921	兰州文理学院	54	18.93	甘肃省
922	吉利学院	71	18.9	四川省
923	齐鲁医药学院	116	18.88	山东省
924	厦门大学嘉庚学院	205	18.85	福建省
925	江西应用科技学院	60	18.8	江西省
926	湖北大学知行学院	58	18.77	湖北省
927	河套学院	44	18.74	内蒙古自治区
928	贵州商学院	92	18.71	贵州省
929	南京大学金陵学院	23	18.7	江苏省
930	杭州师范大学钱江学院	21	18.66	浙江省
931	西安思源学院	67	18.61	陕西省
932	齐鲁理工学院	78	18.6	山东省
933	亳州学院	72	18.58	安徽省
934	安顺学院	140	18.57	贵州省
935	温州理工学院	111	18.5	浙江省
936	南京航空航天大学金城学院	28	18.48	江苏省
937	河北传媒学院	17	18.46	河北省
938	萍乡学院	89	18.36	江西省
939	黑龙江工业学院	38	18.25	黑龙江省
940	长春电子科技学院	35	18.23	吉林省
941	沈阳城市学院	195	18.15	辽宁省
942	银川科技学院	59	18.13	宁夏回族自治区

续表

序号	学校名称	项目数	总分	省份
943	天津理工大学中环信息学院	64	18.11	天津市
944	商丘工学院	17	18.1	河南省
945	广西职业师范学院	12	18.09	广西壮族自治区
946	西交利物浦大学	20	18.07	江苏省
947	浙江财经大学东方学院	94	17.98	浙江省
948	四川电影电视学院	46	17.9	四川省
949	山东华宇工学院	85	17.86	山东省
949	桂林信息科技学院	163	17.86	广西壮族自治区
951	四川外国语大学成都学院	139	17.85	四川省
952	集美大学诚毅学院	89	17.84	福建省
953	新乡医学院三全学院	38	17.82	河南省
954	阳光学院	94	17.81	福建省
955	广州南方学院	84	17.77	广东省
955	广州商学院	70	17.77	广东省
957	长春人文学院	198	17.71	吉林省
958	四川工商学院	98	17.7	四川省
959	鄂尔多斯应用技术学院	61	17.68	内蒙古自治区
960	湖南农业大学东方科技学院	25	17.67	湖南省
961	聊城大学东昌学院	68	17.64	山东省
962	上海财经大学浙江学院	7	17.63	浙江省
963	哈尔滨石油学院	54	17.59	黑龙江省
964	景德镇学院	83	17.58	江西省
965	青岛恒星科技学院	33	17.52	山东省
966	云南经济管理学院	107	17.47	云南省
967	湖北工业大学工程技术学院	66	17.45	湖北省

续表

序号	学校名称	项目数	总分	省份
968	武昌首义学院	55	17.41	湖北省
969	郑州商学院	61	17.33	河南省
970	长春大学旅游学院	84	17.32	吉林省
971	扬州大学广陵学院	26	17.25	江苏省
972	厦门华厦学院	49	17.2	福建省
973	南通理工学院	103	17.11	江苏省
974	福建农林大学金山学院	86	17.09	福建省
974	首钢工学院	6	17.09	北京市
976	西安明德理工学院	41	17.04	陕西省
977	北京邮电大学世纪学院	7	17.01	北京市
978	营口理工学院	57	17	辽宁省
979	郑州经贸学院	26	16.97	河南省
980	沈阳科技学院	24	16.92	辽宁省
981	贵州黔南科技学院	9	16.87	贵州省
982	中国消防救援学院	5	16.83	北京市
983	山西工学院	1	16.81	山西省
984	陕西国际商贸学院	64	16.79	陕西省
985	大连理工大学城市学院	70	16.72	辽宁省
986	湛江科技学院	56	16.63	广东省
987	广州应用科技学院	71	16.53	广东省
988	安徽文达信息工程学院	116	16.44	安徽省
988	重庆对外经贸学院	19	16.44	重庆市
988	郑州工业应用技术学院	53	16.44	河南省
988	北京理工大学珠海学院	110	16.44	广东省
992	天津财经大学珠江学院	12	16.43	天津市
993	武汉文理学院	10	16.38	湖北省
994	宁波大学科学技术学院	71	16.29	浙江省

续表

序号	学校名称	项目数	总分	省份
995	南京师范大学泰州学院	31	16.27	江苏省
996	银川能源学院	55	16.24	宁夏回族自治区
996	浙江工商大学杭州商学院	68	16.24	浙江省
998	首都师范大学科德学院	4	16.18	北京市
999	大连科技学院	156	16.04	辽宁省
1000	昆明理工大学津桥学院	62	16.03	云南省
1001	香港中文大学(深圳)	2	15.91	广东省
1002	新疆理工学院	29	15.75	新疆维吾尔自治区
1003	长春工业大学人文信息学院	86	15.67	吉林省
1004	哈尔滨剑桥学院	42	15.64	黑龙江省
1005	中国计量大学现代科技学院	4	15.59	浙江省
1006	北京科技大学天津学院	53	15.58	天津市
1007	西安交通大学城市学院	53	15.48	陕西省
1008	新疆警察学院	52	15.44	新疆维吾尔自治区
1009	武汉设计工程学院	64	15.43	湖北省
1010	广东外语外贸大学南国商学院	89	15.34	广东省
1011	南京理工大学紫金学院	34	15.28	江苏省
1012	广州工商学院	104	15.13	广东省
1013	重庆工程学院	91	15.08	重庆市
1014	南昌医学院	12	15.06	江西省
1015	河北外国语学院	7	14.97	河北省

续表

序号	学校名称	项目数	总分	省份
1016	广州华商学院	35	14.85	广东省
1017	温州商学院	79	14.69	浙江省
1018	南京传媒学院	26	14.61	江苏省
1019	昆明城市学院	69	14.56	云南省
1020	无锡学院	65	14.55	江苏省
1021	成都银杏酒店管理学院	81	14.51	四川省
1022	深圳技术大学	57	14.44	广东省
1023	中南林业科技大学涉外学院	24	14.42	湖南省
1024	苏州大学应用技术学院	28	14.36	江苏省
1025	温州医科大学仁济学院	4	14.35	浙江省
1026	大连财经学院	49	14.32	辽宁省
1027	成都理工大学工程技术学院	230	14.31	四川省
1027	大连医科大学中山学院	104	14.31	辽宁省
1029	河南开封科技传媒学院	7	14.28	河南省
1030	黑龙江财经学院	13	14.24	黑龙江省
1031	山西能源学院	38	14.13	山西省
1032	武昌工学院	98	14	湖北省
1032	嘉兴南湖学院	36	14	浙江省
1032	沧州交通学院	37	14	河北省
1035	郑州工商学院	11	13.92	河南省
1036	山西晋中理工学院	19	13.86	山西省
1036	重庆财经学院	22	13.86	重庆市
1038	燕京理工学院	42	13.85	河北省
1039	吉林师范大学博达学院	100	13.84	吉林省
1040	辽宁中医药大学杏林学院	15	13.81	辽宁省

续表

序号	学校名称	项目数	总分	省份
1041	西安建筑科技大学华清学院	6	13.76	陕西省
1042	黑龙江工商学院	39	13.75	黑龙江省
1043	南开大学滨海学院	73	13.71	天津市
1044	西南财经大学天府学院	91	13.63	四川省
1045	青岛城市学院	51	13.6	山东省
1046	常州大学怀德学院	14	13.55	江苏省
1047	烟台科技学院	15	13.47	山东省
1048	同济大学浙江学院	21	13.43	浙江省
1049	南宁理工学院	124	13.37	广西壮族自治区
1050	浙江理工大学科技与艺术学院	61	13.32	浙江省
1051	茅台学院	19	13.31	贵州省
1052	哈尔滨信息工程学院	17	13.23	黑龙江省
1052	河北师范大学汇华学院	14	13.23	河北省
1054	广州软件学院	98	13.17	广东省
1055	新疆科技学院	15	13.14	新疆维吾尔自治区
1056	赣南科技学院	38	13.12	江西省
1057	西安交通工程学院	41	13.06	陕西省
1058	天津仁爱学院	111	13.05	天津市
1059	绵阳城市学院	170	13.03	四川省
1060	商丘学院	45	12.95	河南省
1061	汉口学院	90	12.93	湖北省
1062	江西师范大学科学技术学院	12	12.92	江西省
1063	安徽师范大学皖江学院	96	12.9	安徽省
1064	厦门工学院	111	12.88	福建省
1064	河北农业大学现代科技学院	1	12.88	河北省
1066	南华大学船山学院	10	12.84	湖南省
1066	石家庄铁道大学四方学院	12	12.84	河北省
1068	广州理工学院	92	12.83	广东省
1069	天津外国语大学滨海外事学院	6	12.67	天津市
1069	江西工程学院	29	12.67	江西省
1071	南京工业大学浦江学院	12	12.43	江苏省
1072	南通大学杏林学院	12	12.37	江苏省
1073	山西医科大学晋祠学院	1	12.36	山西省
1074	广西警察学院	4	12.29	广西壮族自治区
1075	吉首大学张家界学院	10	12.24	湖南省
1076	华北理工大学冀唐学院	2	12.23	河北省
1076	中原科技学院	24	12.23	河南省
1078	重庆移通学院	33	12.18	重庆市
1079	重庆城市科技学院	32	12.12	重庆市
1080	内蒙古鸿德文理学院	2	12.04	内蒙古自治区
1081	安徽外国语学院	22	11.99	安徽省
1082	浙江农林大学暨阳学院	67	11.93	浙江省
1083	北京工业大学耿丹学院	7	11.89	北京市
1083	张家口学院	32	11.89	河北省
1085	云南艺术学院文华学院	39	11.79	云南省
1086	保定理工学院	13	11.77	河北省
1087	武汉工程大学邮电与信息工程学院	15	11.72	湖北省
1088	郑州财经学院	31	11.53	河南省

续表

序号	学校名称	项目数	总分	省份
1089	广州华立学院	91	11.5	广东省
1090	武汉传媒学院	51	11.4	湖北省
1091	武汉晴川学院	50	11.36	湖北省
1091	兰州信息科技学院	67	11.36	甘肃省
1093	广西民族大学相思湖学院	70	11.17	广西壮族自治区
1094	湘潭大学兴湘学院	7	11.15	湖南省
1095	西南交通大学希望学院	90	11.12	四川省
1096	广西中医药大学赛恩斯新医药学院	103	11.04	广西壮族自治区
1097	赣南师范大学科技学院	3	11.03	江西省
1098	阜阳师范大学信息工程学院	27	10.96	安徽省
1099	北京第二外国语学院中瑞酒店管理学院	1	10.83	北京市
1100	辽宁传媒学院	91	10.61	辽宁省
1101	长江大学文理学院	27	10.54	湖北省
1102	武汉工程科技学院	32	10.52	湖北省
1103	河北美术学院	24	10.48	河北省
1104	沈阳城市建设学院	70	10.4	辽宁省
1105	北海艺术设计学院	84	10.37	广西壮族自治区
1106	安徽艺术学院	17	10.3	安徽省
1107	安阳学院	49	10.27	河南省
1108	上海立达学院	5	10.19	上海市
1109	福州工商学院	57	10.18	福建省
1110	重庆外语外事学院	6	10.12	重庆市
1111	信阳学院	19	10.1	河南省
1112	郑州升达经贸管理学院	37	10.09	河南省
1113	湖南应用技术学院	67	10.08	湖南省

续表

序号	学校名称	项目数	总分	省份
1114	天津商业大学宝德学院	6	10.06	天津市
1115	新疆农业大学科学技术学院	10	10.04	新疆维吾尔自治区
1116	闽南科技学院	58	9.9	福建省
1117	哈尔滨广厦学院	23	9.87	黑龙江省
1118	四川文化艺术学院	20	9.83	四川省
1119	湖南交通工程学院	53	9.57	湖南省
1120	青岛农业大学海都学院	11	9.56	山东省
1121	烟台理工学院	26	9.55	山东省
1122	南京师范大学中北学院	12	9.46	江苏省
1123	华南农业大学珠江学院	56	9.41	广东省
1124	天津师范大学津沽学院	5	9.38	天津市
1125	武汉纺织大学外经贸学院	17	9.34	湖北省
1126	淮北理工学院	19	9.29	安徽省
1127	陕西科技大学镐京学院	12	9.25	陕西省
1128	西安财经大学行知学院	15	9.22	陕西省
1129	合肥经济学院	51	9.19	安徽省
1130	滇西应用技术大学	14	9.16	云南省
1131	山东财经大学燕山学院	30	9.15	山东省
1132	杭州电子科技大学信息工程学院	40	9.11	浙江省
1132	温州肯恩大学	50	9.11	浙江省
1134	辽宁师范大学海华学院	13	9.07	辽宁省
1135	昆明文理学院	43	9.06	云南省

续表

序号	学校名称	项目数	总分	省份
1136	西安科技大学高新学院	7	9.02	陕西省
1137	湖州学院	34	9.01	浙江省
1138	江西财经大学现代经济管理学院	2	9	江西省
1139	南宁师范大学师园学院	45	8.92	广西壮族自治区
1140	泰山科技学院	39	8.9	山东省
1141	长沙理工大学城南学院	10	8.88	湖南省
1141	昆山杜克大学	10	8.88	江苏省
1143	大连工业大学艺术与信息工程学院	38	8.87	辽宁省
1143	青岛工学院	35	8.87	山东省
1145	江苏大学京江学院	5	8.83	江苏省
1145	河北大学工商学院	5	8.83	河北省
1147	湖北工程学院新技术学院	36	8.82	湖北省
1148	北京航空航天大学北海学院	8	8.78	广西壮族自治区
1148	辽宁财贸学院	6	8.78	辽宁省
1150	山东财经大学东方学院	30	8.77	山东省
1151	湖北经济学院法商学院	36	8.72	湖北省
1152	蚌埠工商学院	16	8.7	安徽省
1153	河北地质大学华信学院	11	8.68	河北省
1154	丽江文化旅游学院	36	8.66	云南省
1154	湖北师范大学文理学院	37	8.66	湖北省
1156	齐齐哈尔工程学院	15	8.51	黑龙江省
1157	湖北恩施学院	26	8.44	湖北省
1158	山西应用科技学院	21	8.42	山西省

序号	学校名称	项目数	总分	省份
1159	沈阳航空航天大学北方科技学院	1	8.4	辽宁省
1160	潍坊理工学院	31	8.39	山东省
1161	福州理工学院	30	8.33	福建省
1162	陕西服装工程学院	31	8.27	陕西省
1163	哈尔滨远东理工学院	26	8.21	黑龙江省
1164	马鞍山学院	24	8.08	安徽省
1165	辽宁理工学院	27	8.06	辽宁省
1166	兰州工商学院	15	8.03	甘肃省
1167	南昌交通学院	13	7.73	江西省
1168	黄河交通学院	17	7.66	河南省
1169	锦州医科大学医疗学院	24	7.58	辽宁省
1170	延安大学西安创新学院	8	7.55	陕西省
1171	河北东方学院	11	7.41	河北省
1171	贵阳信息科技学院	12	7.41	贵州省
1173	昆明医科大学海源学院	20	7.33	云南省
1174	山东现代学院	10	7.24	山东省
1175	天津传媒学院	9	7.2	天津市
1176	湖北医药学院药护学院	19	7.15	湖北省
1176	河北科技学院	11	7.15	河北省
1176	天津医科大学临床医学院	19	7.15	天津市
1179	江苏师范大学科文学院	10	7.05	江苏省
1179	贵阳人文科技学院	12	7.05	贵州省
1181	西北大学现代学院	4	6.8	陕西省
1181	北京工商大学嘉华学院	3	6.8	北京市
1183	安徽医科大学临床医学院	15	6.74	安徽省

续表

序号	学校名称	项目数	总分	省份
1184	江苏科技大学苏州理工学院	7	6.62	江苏省
1185	南昌航空大学科技学院	6	6.37	江西省
1185	湘潭理工学院	11	6.37	湖南省
1185	衡阳师范学院南岳学院	12	6.37	湖南省
1188	遵义医科大学医学与科技学院	11	6.23	贵州省
1188	新疆第二医学院	11	6.23	新疆维吾尔自治区
1190	南昌应用技术师范学院	5	6.09	江西省
1190	湖北汽车工业学院科技学院	10	6.09	湖北省
1190	武汉体育学院体育科技学院	10	6.09	湖北省
1190	南京审计大学金审学院	5	6.09	江苏省
1190	湖北文理学院理工学院	5	6.09	湖北省
1190	贵州黔南经济学院	7	6.09	贵州省
1196	湖南理工学院南湖学院	9	5.93	湖南省
1196	湖南工程学院应用技术学院	9	5.93	湖南省
1196	兰州博文科技学院	8	5.93	甘肃省
1196	荆州学院	5	5.93	湖北省
1200	湖南科技大学潇湘学院	8	5.76	湖南省
1201	湖南师范大学树达学院	7	5.57	湖南省
1201	湖南文理学院芙蓉学院	7	5.57	湖南省
1203	合肥城市学院	5	5.36	安徽省

续表

序号	学校名称	项目数	总分	省份
1203	重庆工商大学派斯学院	5	5.36	重庆市
1203	青岛电影学院	3	5.36	山东省
1203	贵州中医药大学时珍学院	5	5.36	贵州省
1203	黑龙江工程学院昆仑旅游学院	6	5.36	黑龙江省
1203	山西师范大学现代文理学院	5	5.36	山西省
1203	新乡工程学院	4	5.36	河南省
1203	北京师范大学—香港浸会大学联合国际学院	3	5.36	广东省
1203	南昌大学共青学院	3	5.36	江西省
1203	河北经贸大学经济管理学院	3	5.36	河北省
1213	浙江中医药大学滨江学院	2	5.04	浙江省
1214	江西农业大学南昌商学院	2	4.84	江西省
1215	湖南工业大学科技学院	3	4.5	湖南省
1216	南京财经大学红山学院	1	4.39	江苏省
1217	河北工程大学科信学院	1	4.07	河北省
1217	福建技术师范学院	1	4.07	福建省
1217	山西科技学院	1	4.07	山西省
1217	上海纽约大学	1	4.07	上海市
1221	湖南中医药大学湘杏学院	1	3.42	湖南省
1221	贵州医科大学神奇民族医药学院	1	3.42	贵州省
1221	西安理工大学高科学院	1	3.42	陕西省

8.2 "双一流"建设高校教师教学发展指数(2021 版)

续表

序号	学校名称	项目数	总分	省份	序号	学校名称	项目数	总分	省份
1	清华大学	3687	100	北京市	32	湖南大学	2229	69.71	湖南省
2	北京大学	3927	99.43	北京市	33	兰州大学	2416	69.65	甘肃省
3	浙江大学	3835	90.63	浙江省	34	华中师范大学	1747	69.35	湖北省
4	南京大学	3184	87.3	江苏省	35	东北大学	2276	68.25	辽宁省
5	武汉大学	3166	86.96	湖北省	36	中国科学技术大学	1817	67.83	安徽省
6	上海交通大学	2831	86.37	上海市	37	华中农业大学	1842	67.39	湖北省
7	复旦大学	2932	85.04	上海市	38	中国农业大学	2170	66.85	北京市
8	西安交通大学	3369	84.82	陕西省	39	南京师范大学	1632	66.79	江苏省
9	四川大学	3159	83.68	四川省	40	东北师范大学	1657	66.58	吉林省
10	中国人民大学	2725	83.54	北京市	41	电子科技大学	2640	66.53	四川省
11	华中科技大学	3415	83.28	湖北省	42	西南大学	1778	65.81	重庆市
12	吉林大学	4457	82.72	吉林省	43	中国矿业大学	1669	65.36	江苏省
13	北京师范大学	3177	82.25	北京市	44	西安电子科技大学	2085	65.12	陕西省
14	东南大学	2761	80.15	江苏省	45	郑州大学	1516	64.81	河南省
15	哈尔滨工业大学	2792	80.13	黑龙江省	46	武汉理工大学	2209	64.66	湖北省
16	天津大学	2699	79.25	天津市	47	西北大学	1290	64.14	陕西省
17	同济大学	2721	78.82	上海市	48	南京航空航天大学	1582	63.62	江苏省
18	山东大学	2682	77.88	山东省	49	北京科技大学	1278	63.46	北京市
19	华东师范大学	3116	77.25	上海市	50	华东理工大学	1533	63.37	上海市
20	大连理工大学	2994	76.37	辽宁省	51	陕西师范大学	1521	63.17	陕西省
21	厦门大学	3571	75.05	福建省	52	南京农业大学	1604	63.01	江苏省
22	中山大学	2624	74.38	广东省	53	华南师范大学	1494	62.96	广东省
23	南开大学	2240	74.16	天津市	54	合肥工业大学	1430	62.06	安徽省
24	北京交通大学	1783	73.34	北京市	55	南京理工大学	1549	61.38	江苏省
25	中南大学	4666	73.33	湖南省	56	湖南师范大学	888	61.29	湖南省
26	华南理工大学	2713	72.7	广东省	57	河海大学	1633	61.14	江苏省
27	重庆大学	2480	72.53	重庆市	58	江南大学	1494	60.62	江苏省
28	西南交通大学	1756	71.99	四川省	59	云南大学	874	59.97	云南省
29	西北工业大学	3431	71.82	陕西省	60	南昌大学	1253	59.92	江西省
30	北京理工大学	1967	70.19	北京市	61	北京化工大学	1296	59.41	北京市
31	北京航空航天大学	2412	70.04	北京市	62	哈尔滨工程大学	1906	59.38	黑龙江省

续表

序号	学校名称	项目数	总分	省份
63	首都师范大学	1293	59.19	北京市
64	东华大学	1316	59.1	上海市
65	苏州大学	1218	58.99	江苏省
66	中国海洋大学	1497	58.83	山东省
67	西南财经大学	1236	58.66	四川省
68	河南大学	1167	58.18	河南省
69	广西大学	1199	57.98	广西壮族自治区
70	北京工业大学	1371	57.95	北京市
71	西北农林科技大学	1842	57.88	陕西省
72	暨南大学	1566	57.62	广东省
73	中国药科大学	914	57.34	江苏省
74	中国石油大学(华东)	1314	57.02	山东省
75	北京林业大学	1115	56.7	北京市
76	上海财经大学	1045	56.68	上海市
77	中国地质大学(武汉)	1717	56.55	湖北省
78	中国传媒大学	1131	56.09	北京市
79	对外经济贸易大学	1062	56	北京市
80	北京邮电大学	1356	55.95	北京市
81	西南石油大学	861	55.94	四川省
82	长安大学	1666	55.92	陕西省
83	上海大学	1114	55.84	上海市
84	华北电力大学	2073	55.15	北京市
85	北京外国语大学	930	55.12	北京市
86	中南财经政法大学	1347	55.09	湖北省
87	东北林业大学	1686	54.99	黑龙江省
88	中央财经大学	1010	54.9	北京市
89	太原理工大学	601	54.66	山西省
90	安徽大学	1927	54.49	安徽省
91	中国政法大学	981	54.47	北京市
92	上海中医药大学	750	54.45	上海市
93	大连海事大学	1368	54.24	辽宁省

续表

序号	学校名称	项目数	总分	省份
94	新疆大学	867	54.08	新疆维吾尔自治区
95	福州大学	795	54.03	福建省
96	东北农业大学	676	53.93	黑龙江省
97	上海外国语大学	1126	53.88	上海市
98	石河子大学	1062	53.19	新疆维吾尔自治区
99	贵州大学	625	52.99	贵州省
100	海南大学	615	52.37	海南省
101	宁波大学	834	52.09	浙江省
102	内蒙古大学	794	52.03	内蒙古自治区
103	宁夏大学	560	51.93	宁夏回族自治区
104	南京邮电大学	886	51.83	江苏省
105	北京中医药大学	1044	51.79	北京市
106	天津医科大学	331	51.32	天津市
107	南京信息工程大学	1056	51.09	江苏省
108	南京中医药大学	785	50.64	江苏省
109	天津中医药大学	296	50.37	天津市
110	河北工业大学	690	50.31	河北省
111	中国石油大学(北京)	988	50.14	北京市
112	中央音乐学院	378	50.04	北京市
113	成都中医药大学	437	49.55	四川省
114	四川农业大学	650	49.53	四川省
115	南京林业大学	896	49.42	江苏省
116	青海大学	208	49.35	青海省
117	天津工业大学	808	49.23	天津市
118	中央民族大学	1552	49.14	北京市
119	辽宁大学	560	49.03	辽宁省
120	成都理工大学	796	47.63	四川省
121	中国地质大学(北京)	1300	47.16	北京市

续表

序号	学校名称	项目数	总分	省份
122	广州中医药大学	609	47.12	广东省
123	北京协和医学院	479	47.02	北京市
124	西藏大学	564	47.01	西藏自治区
125	延边大学	429	46.03	吉林省
126	中国美术学院	352	45.61	浙江省
127	中央美术学院	419	45.2	北京市
128	北京体育大学	580	44.94	北京市
129	上海音乐学院	53	42.99	上海市
130	中国音乐学院	137	42.63	北京市
131	上海海洋大学	536	42.45	上海市
132	中国矿业大学(北京)	948	41.42	北京市
133	中国人民公安大学	423	40.27	北京市
134	上海体育学院	323	39.55	上海市
135	中国科学院大学	81	34.1	北京市
136	中央戏剧学院	254	32.46	北京市
137	外交学院	357	32.12	北京市

8.3 地方本科院校教师教学发展指数(2021 版)

续表

序号	学校名称	项目数	总分	省份
1	南京师范大学	1632	66.79	江苏省
2	郑州大学	1516	64.81	河南省
3	西北大学	1290	64.14	陕西省
4	华南师范大学	1494	62.96	广东省
5	湖南师范大学	888	61.29	湖南省
6	云南大学	874	59.97	云南省
7	南昌大学	1253	59.92	江西省
8	浙江工业大学	1176	59.86	浙江省
9	首都师范大学	1293	59.19	北京市
10	福建师范大学	1011	59.1	福建省
11	苏州大学	1218	58.99	江苏省
12	首都医科大学	634	58.92	北京市
13	华南农业大学	1108	58.47	广东省
14	河南大学	1167	58.18	河南省
15	山东农业大学	1227	58.15	山东省
16	广西大学	1199	57.98	广西壮族自治区
17	北京工业大学	1371	57.95	北京市
18	昆明理工大学	839	57.75	云南省
19	扬州大学	1264	57.7	江苏省
20	哈尔滨医科大学	618	56.94	黑龙江省
21	黑龙江大学	795	56.85	黑龙江省
22	中国医科大学	556	56.38	辽宁省
23	西南石油大学	861	55.94	四川省
24	上海大学	1114	55.84	上海市
25	南京工业大学	1095	55.71	江苏省
26	江苏大学	1159	55.04	江苏省
27	太原理工大学	601	54.66	山西省
28	河北师范大学	512	54.55	河北省
29	南方医科大学	774	54.53	广东省
30	山东师范大学	1758	54.52	山东省

序号	学校名称	项目数	总分	省份
31	安徽大学	1927	54.49	安徽省
32	上海中医药大学	750	54.45	上海市
33	西安建筑科技大学	793	54.35	陕西省
34	新疆大学	867	54.08	新疆维吾尔自治区
35	福州大学	795	54.03	福建省
36	东北农业大学	676	53.93	黑龙江省
37	青岛大学	1383	53.9	山东省
38	天津师范大学	599	53.86	天津市
39	浙江师范大学	1077	53.55	浙江省
40	上海师范大学	950	53.28	上海市
41	石河子大学	1062	53.19	新疆维吾尔自治区
42	湘潭大学	539	53.18	湖南省
43	山东科技大学	1473	53	山东省
44	贵州大学	625	52.99	贵州省
45	东北财经大学	602	52.89	辽宁省
46	西安理工大学	825	52.74	陕西省
47	广西师范大学	923	52.73	广西壮族自治区
48	河北农业大学	478	52.56	河北省
49	海南大学	615	52.37	海南省
50	河南理工大学	1005	52.22	河南省
51	福建农林大学	781	52.13	福建省
51	上海理工大学	970	52.13	上海市
53	宁波大学	834	52.09	浙江省
54	内蒙古大学	794	52.03	内蒙古自治区
55	哈尔滨师范大学	714	51.95	黑龙江省
56	宁夏大学	560	51.93	宁夏回族自治区

续表

序号	学校名称	项目数	总分	省份
56	西北师范大学	399	51.93	甘肃省
58	河南师范大学	833	51.92	河南省
59	南京邮电大学	886	51.83	江苏省
60	安徽师范大学	1716	51.77	安徽省
61	北京联合大学	828	51.69	北京市
62	内蒙古农业大学	230	51.62	内蒙古自治区
63	长沙理工大学	484	51.40	湖南省
64	河北大学	685	51.38	河北省
65	江西师范大学	710	51.34	江西省
66	天津医科大学	331	51.32	天津市
66	南京医科大学	580	51.32	江苏省
68	云南师范大学	459	51.25	云南省
69	山西大学	409	51.19	山西省
70	杭州电子科技大学	805	51.1	浙江省
71	南京信息工程大学	1056	51.09	江苏省
72	贵州师范大学	450	51.01	贵州省
73	燕山大学	790	50.71	河北省
74	南京中医药大学	785	50.64	江苏省
75	四川师范大学	945	50.63	四川省
76	广东工业大学	975	50.47	广东省
77	广东外语外贸大学	624	50.43	广东省
78	河南农业大学	455	50.39	河南省
79	黑龙江中医药大学	330	50.38	黑龙江省
80	天津中医药大学	296	50.37	天津市
81	广州大学	1009	50.33	广东省
82	河北工业大学	690	50.31	河北省
83	天津中德应用技术大学	137	49.95	天津市
84	深圳大学	803	49.75	广东省
85	湖南农业大学	500	49.69	湖南省
86	兰州理工大学	987	49.66	甘肃省
87	浙江理工大学	882	49.59	浙江省
88	成都中医药大学	437	49.55	四川省
89	四川农业大学	650	49.53	四川省

续表

序号	学校名称	项目数	总分	省份
90	重庆医科大学	266	49.51	重庆市
91	南京林业大学	896	49.42	江苏省
92	青海大学	208	49.35	青海省
93	江西财经大学	551	49.29	江西省
94	天津工业大学	808	49.23	天津市
95	湖北大学	790	49.18	湖北省
96	辽宁大学	560	49.03	辽宁省
97	桂林电子科技大学	992	48.98	广西壮族自治区
98	西南政法大学	272	48.68	重庆市
99	汕头大学	608	48.48	广东省
100	武汉科技大学	705	48.31	湖北省
101	温州医科大学	608	48.29	浙江省
102	济南大学	899	48.15	山东省
103	南京工程学院	591	48.01	江苏省
104	河南科技大学	735	47.92	河南省
105	哈尔滨理工大学	560	47.91	黑龙江省
106	桂林理工大学	834	47.9	广西壮族自治区
107	天津理工大学	517	47.87	天津市
108	浙江工商大学	699	47.86	浙江省
109	西南科技大学	619	47.79	四川省
110	江苏师范大学	901	47.7	江苏省
111	成都理工大学	796	47.63	四川省
112	陕西科技大学	635	47.62	陕西省
113	兰州交通大学	583	47.52	甘肃省
114	华北理工大学	570	47.38	河北省
115	杭州师范大学	716	47.36	浙江省
116	长春理工大学	785	47.24	吉林省
117	广州中医药大学	609	47.12	广东省
118	山东理工大学	1031	47.05	山东省
119	西藏大学	564	47.01	西藏自治区
120	江西中医药大学	390	46.87	江西省
121	南通大学	1002	46.64	江苏省

续表

序号	学校名称	项目数	总分	省份
122	长江大学	493	46.54	湖北省
123	沈阳师范大学	742	46.30	辽宁省
123	华东政法大学	563	46.3	上海市
125	广西医科大学	413	46.29	广西壮族自治区
126	西安科技大学	775	46.26	陕西省
127	山东中医药大学	595	46.23	山东省
128	温州大学	811	46.14	浙江省
129	中北大学	407	46.09	山西省
130	延边大学	429	46.03	吉林省
131	新疆农业大学	468	45.95	新疆维吾尔自治区
132	重庆邮电大学	409	45.83	重庆市
133	石家庄铁道大学	332	45.78	河北省
134	山西医科大学	349	45.77	山西省
135	湖南科技大学	363	45.74	湖南省
136	青岛科技大学	1004	45.61	山东省
136	中国美术学院	352	45.61	浙江省
138	福建中医药大学	346	45.57	福建省
139	三峡大学	427	45.53	湖北省
140	吉林农业大学	622	45.37	吉林省
140	北京信息科技大学	595	45.37	北京市
142	重庆师范大学	289	45.36	重庆市
143	河北医科大学	385	45.35	河北省
144	沈阳农业大学	507	45.33	辽宁省
144	新疆医科大学	342	45.33	新疆维吾尔自治区
146	上海海事大学	681	45.32	上海市
147	南华大学	628	45.30	湖南省
147	辽宁工程技术大学	506	45.30	辽宁省
147	辽宁中医药大学	255	45.3	辽宁省
150	重庆交通大学	355	45.25	重庆市
151	安徽医科大学	578	45.22	安徽省
152	长春中医药大学	637	45.18	吉林省
153	上海工程技术大学	657	45.15	上海市

续表

序号	学校名称	项目数	总分	省份
154	曲阜师范大学	713	45.12	山东省
155	湖北工业大学	717	45.10	湖北省
156	安徽农业大学	695	44.92	安徽省
157	内蒙古师范大学	200	44.88	内蒙古自治区
158	常州大学	537	44.82	江苏省
158	天津科技大学	598	44.82	天津市
160	云南农业大学	312	44.77	云南省
161	浙江中医药大学	475	44.75	浙江省
162	宁夏医科大学	273	44.70	宁夏回族自治区
162	山东财经大学	607	44.70	山东省
164	河南工业大学	596	44.69	河南省
165	东北石油大学	649	44.59	黑龙江省
166	辽宁师范大学	433	44.57	辽宁省
167	华北水利水电大学	470	44.40	河南省
168	江西理工大学	576	44.38	江西省
169	东北电力大学	405	44.29	吉林省
170	江西农业大学	389	44.28	江西省
171	山西农业大学	275	44.24	山西省
172	吉林师范大学	474	44.16	吉林省
173	北京工商大学	553	44.13	北京市
173	临沂大学	857	44.13	山东省
175	首都经济贸易大学	665	44.12	北京市
176	安徽工业大学	1338	44.09	安徽省
177	昆明医科大学	291	44.07	云南省
178	东华理工大学	475	44.00	江西省
179	聊城大学	606	43.87	山东省
180	山东建筑大学	454	43.82	山东省
181	天津职业技术师范大学	545	43.76	天津市
182	广西民族大学	524	43.75	广西壮族自治区
183	郑州轻工业大学	639	43.68	河南省
184	中国计量大学	584	43.67	浙江省

续表

序号	学校名称	项目数	总分	省份
185	南昌航空大学	463	43.63	江西省
186	华东交通大学	421	43.62	江西省
187	安徽理工大学	1348	43.54	安徽省
188	沈阳药科大学	416	43.44	辽宁省
189	上海应用技术大学	682	43.12	上海市
190	上海音乐学院	53	42.99	上海市
190	长春工业大学	668	42.99	吉林省
192	福建医科大学	400	42.96	福建省
193	北华大学	739	42.95	吉林省
194	沈阳工业大学	462	42.86	辽宁省
195	广州医科大学	334	42.75	广东省
196	大连外国语大学	336	42.72	辽宁省
197	中国音乐学院	137	42.63	北京市
198	天津财经大学	251	42.57	天津市
199	河北科技大学	414	42.48	河北省
200	合肥学院	1228	42.45	安徽省
200	上海海洋大学	536	42.45	上海市
202	四川美术学院	142	42.43	重庆市
203	北京建筑大学	547	42.37	北京市
204	集美大学	521	42.31	福建省
205	哈尔滨商业大学	466	42.3	黑龙江省
206	河南牧业经济学院	154	42.13	河南省
207	青海师范大学	118	42.11	青海省
208	西藏民族大学	445	42.10	西藏自治区
209	内蒙古工业大学	205	42.06	内蒙古自治区
210	甘肃农业大学	344	42.04	甘肃省
211	武汉工程大学	431	41.93	湖北省
212	鲁东大学	1010	41.86	山东省
213	新疆师范大学	320	41.78	新疆维吾尔自治区
213	北京第二外国语学院	379	41.78	北京市
215	山西师范大学	217	41.76	山西省

续表

序号	学校名称	项目数	总分	省份
215	沈阳建筑大学	392	41.76	辽宁省
217	内蒙古科技大学	241	41.65	内蒙古自治区
218	西安工业大学	650	41.62	陕西省
218	成都工业学院	466	41.62	四川省
220	安徽财经大学	3164	41.61	安徽省
221	安徽建筑大学	1170	41.60	安徽省
222	信阳师范学院	459	41.59	河南省
222	武汉纺织大学	395	41.59	湖北省
224	海南师范大学	317	41.55	海南省
225	齐鲁工业大学	806	41.52	山东省
226	吉首大学	302	41.51	湖南省
226	大连医科大学	300	41.51	辽宁省
228	青海民族大学	90	41.50	青海省
228	河北经贸大学	280	41.50	河北省
230	福建工程学院	522	41.35	福建省
231	南宁师范大学	711	41.31	广西壮族自治区
231	徐州医科大学	414	41.31	江苏省
233	青岛理工大学	967	41.22	山东省
233	安徽中医药大学	771	41.22	安徽省
235	大连工业大学	518	41.21	辽宁省
236	重庆文理学院	550	41.02	重庆市
237	山东交通学院	791	40.96	山东省
238	成都信息工程大学	649	40.73	四川省
239	浙江财经大学	504	40.72	浙江省
240	浙江农林大学	524	40.67	浙江省
240	河南中医药大学	380	40.67	河南省
242	中南林业科技大学	307	40.62	湖南省
243	烟台大学	407	40.55	山东省
244	重庆科技学院	375	40.51	重庆市
245	江苏科技大学	574	40.44	江苏省
246	乐山师范学院	617	40.42	四川省
247	沈阳航空航天大学	462	40.38	辽宁省
247	湖南中医药大学	285	40.38	湖南省

续表

序号	学校名称	项目数	总分	省份
249	延安大学	524	40.21	陕西省
250	重庆工商大学	250	40.01	重庆市
250	北方工业大学	595	40.01	北京市
252	天津外国语大学	141	39.99	天津市
253	湖南工业大学	370	39.97	湖南省
254	渤海大学	684	39.93	辽宁省
255	大连海洋大学	264	39.88	辽宁省
256	内蒙古民族大学	158	39.83	内蒙古自治区
257	上海对外经贸大学	480	39.82	上海市
258	重庆理工大学	201	39.75	重庆市
259	大连大学	461	39.72	辽宁省
260	内蒙古医科大学	129	39.71	内蒙古自治区
261	南京财经大学	519	39.68	江苏省
262	西安工程大学	555	39.66	陕西省
263	上海体育学院	323	39.55	上海市
264	四川外国语大学	173	39.51	重庆市
265	云南民族大学	267	39.48	云南省
266	辽宁石油化工大学	414	39.47	辽宁省
267	广东财经大学	426	39.45	广东省
268	西安美术学院	357	39.44	陕西省
269	上海戏剧学院	184	39.41	上海市
270	西华大学	613	39.33	四川省
270	浙江万里学院	481	39.33	浙江省
272	长春师范大学	378	39.32	吉林省
272	山西财经大学	258	39.32	山西省
274	遵义医科大学	240	39.31	贵州省
275	南京艺术学院	179	39.14	江苏省
276	上海健康医学院	326	39.08	上海市
277	河南财经政法大学	329	39.07	河南省
277	大连交通大学	558	39.07	辽宁省
279	潍坊学院	696	39.06	山东省
280	黑龙江科技大学	426	39.02	黑龙江省
280	湖北中医药大学	251	39.02	湖北省

续表

序号	学校名称	项目数	总分	省份
282	上海第二工业大学	430	38.88	上海市
283	河北地质大学	210	38.86	河北省
284	西安邮电大学	673	38.83	陕西省
285	江汉大学	280	38.80	湖北省
286	太原科技大学	251	38.75	山西省
286	河北中医学院	191	38.75	河北省
288	青岛农业大学	825	38.53	山东省
289	云南财经大学	206	38.51	云南省
289	蚌埠医学院	419	38.51	安徽省
291	西安外国语大学	477	38.48	陕西省
292	广西中医药大学	309	38.42	广西壮族自治区
293	吉林化工学院	347	38.40	吉林省
294	贵州财经大学	271	38.36	贵州省
294	长春工程学院	544	38.36	吉林省
296	淮阴师范学院	467	38.32	江苏省
297	新疆财经大学	247	38.29	新疆维吾尔自治区
298	北京服装学院	393	38.27	北京市
298	赣南师范大学	303	38.27	江西省
300	湖南理工学院	292	38.18	湖南省
301	辽宁科技大学	493	38.11	辽宁省
302	海南医学院	305	38.10	海南省
303	滨州医学院	320	38.02	山东省
304	佛山科学技术学院	527	37.99	广东省
304	厦门理工学院	465	37.99	福建省
306	湖州师范学院	483	37.89	浙江省
307	湖北经济学院	250	37.88	湖北省
308	贵州民族大学	291	37.83	贵州省
309	塔里木大学	661	37.81	新疆维吾尔自治区
310	贵州医科大学	283	37.66	贵州省
311	盐城工学院	531	37.62	江苏省
312	沈阳大学	316	37.59	辽宁省
313	大连东软信息学院	610	37.57	辽宁省

续表

序号	学校名称	项目数	总分	省份
314	北京石油化工学院	501	37.54	北京市
315	沈阳工程学院	319	37.5	辽宁省
316	佳木斯大学	325	37.45	黑龙江省
317	苏州科技大学	416	37.40	江苏省
318	盐城师范学院	369	37.34	江苏省
318	首都体育学院	266	37.34	北京市
320	沈阳化工大学	355	37.33	辽宁省
321	绍兴文理学院	472	37.29	浙江省
322	西安石油大学	553	37.28	陕西省
323	景德镇陶瓷大学	434	37.24	江西省
324	北京舞蹈学院	162	37.17	北京市
325	天津商业大学	490	37.14	天津市
326	浙江科技学院	533	37.05	浙江省
327	北京印刷学院	430	36.89	北京市
328	黑龙江工程学院	304	36.84	黑龙江省
328	常州工学院	415	36.84	江苏省
330	安庆师范大学	602	36.79	安徽省
331	广东海洋大学	659	36.78	广东省
332	北部湾大学	326	36.73	广西壮族自治区
333	河北工程大学	330	36.65	河北省
334	上海电力大学	480	36.63	上海市
335	浙江传媒学院	488	36.59	浙江省
336	齐齐哈尔大学	391	36.56	黑龙江省
337	湖南文理学院	238	36.52	湖南省
338	淮北师范大学	503	36.46	安徽省
338	广州美术学院	197	36.46	广东省
340	西南林业大学	281	36.45	云南省
341	阜阳师范大学	444	36.43	安徽省
342	金陵科技学院	364	36.39	江苏省
343	湖北师范大学	331	36.38	湖北省
344	天津体育学院	150	36.34	天津市
344	贵州中医药大学	231	36.34	贵州省
346	广东药科大学	242	36.30	广东省
347	南京审计大学	380	36.28	江苏省

续表

序号	学校名称	项目数	总分	省份
348	黑龙江八一农垦大学	309	36.23	黑龙江省
349	湖南工程学院	340	36.18	湖南省
350	西北政法大学	481	36.16	陕西省
351	南昌工程学院	210	36.10	江西省
352	山东工艺美术学院	66	36.09	山东省
353	山东第一医科大学	880	36.06	山东省
354	成都大学	531	36.03	四川省
355	山东工商学院	528	36.01	山东省
356	皖南医学院	521	35.99	安徽省
357	湖南第一师范学院	186	35.91	湖南省
358	鲁迅美术学院	91	35.89	辽宁省
358	江苏海洋大学	526	35.89	江苏省
360	浙江海洋大学	520	35.88	浙江省
360	广西科技大学	536	35.88	广西壮族自治区
362	中原工学院	525	35.84	河南省
363	北京电影学院	57	35.75	北京市
364	广西艺术学院	385	35.69	广西壮族自治区
364	南阳理工学院	159	35.69	河南省
366	河北北方学院	161	35.68	河北省
366	洛阳理工学院	196	35.68	河南省
368	山东艺术学院	102	35.67	山东省
369	常熟理工学院	622	35.66	江苏省
370	湖南城市学院	277	35.65	湖南省
371	浙江水利水电学院	332	35.63	浙江省
372	安徽工程大学	1294	35.53	安徽省
373	井冈山大学	333	35.50	江西省
374	济宁医学院	327	35.48	山东省
375	东莞理工学院	413	35.44	广东省
376	广东医科大学	287	35.39	广东省
377	邵阳学院	323	35.38	湖南省
378	上海电机学院	422	35.37	上海市
379	韶关学院	291	35.34	广东省

续表

序号	学校名称	项目数	总分	省份
380	锦州医科大学	230	35.30	辽宁省
381	岭南师范学院	348	35.25	广东省
382	湖南工商大学	181	35.23	湖南省
383	上海立信会计金融学院	419	35.21	上海市
384	吉林财经大学	366	35.15	吉林省
385	德州学院	767	35.12	山东省
386	西华师范大学	525	35.10	四川省
387	甘肃中医药大学	103	35.01	甘肃省
388	武汉轻工大学	288	34.99	湖北省
389	河南科技学院	408	34.92	河南省
390	郑州航空工业管理学院	241	34.89	河南省
391	泉州师范学院	272	34.85	福建省
392	贵州师范学院	237	34.84	贵州省
393	淮阴工学院	420	34.79	江苏省
394	黄冈师范学院	313	34.77	湖北省
395	河西学院	130	34.72	甘肃省
396	天津城建大学	309	34.71	天津市
397	吉林建筑大学	378	34.69	吉林省
398	天津农学院	472	34.59	天津市
399	九江学院	290	34.52	江西省
400	太原师范学院	112	34.5	山西省
401	洛阳师范学院	466	34.47	河南省
402	云南艺术学院	128	34.45	云南省
403	四川轻化工大学	476	34.39	四川省
403	重庆第二师范学院	102	34.39	重庆市
405	哈尔滨体育学院	60	34.33	黑龙江省
406	长江师范学院	325	34.29	重庆市
407	内蒙古财经大学	120	34.27	内蒙古自治区
408	辽宁工业大学	278	34.25	辽宁省
409	安徽科技学院	714	34.13	安徽省
410	山西大同大学	169	34.00	山西省

续表

序号	学校名称	项目数	总分	省份
411	玉林师范学院	530	33.94	广西壮族自治区
412	潍坊医学院	265	33.93	山东省
413	江西科技师范大学	442	33.76	江西省
414	台州学院	439	33.73	浙江省
415	湖北民族大学	352	33.72	湖北省
416	沈阳理工大学	264	33.71	辽宁省
417	新乡医学院	369	33.68	河南省
418	遵义师范学院	141	33.66	贵州省
419	北京农学院	379	33.54	北京市
420	西藏农牧学院	177	33.42	西藏自治区
421	广东技术师范大学	480	33.39	广东省
422	上海政法学院	208	33.30	上海市
423	江苏理工学院	397	33.27	江苏省
424	绵阳师范学院	462	33.24	四川省
425	商丘师范学院	146	33.23	河南省
426	桂林旅游学院	125	33.22	广西壮族自治区
427	河南城建学院	176	33.19	河南省
428	桂林医学院	330	33.17	广西壮族自治区
429	牡丹江师范学院	260	33.13	黑龙江省
430	徐州工程学院	424	33.10	江苏省
431	长春大学	447	33.09	吉林省
432	吉林工程技术师范学院	358	33.08	吉林省
433	浙大城市学院	419	33.06	浙江省
434	肇庆学院	252	33.03	广东省
435	北京物资学院	451	33.01	北京市
436	西南医科大学	588	32.90	四川省
436	上海商学院	273	32.90	上海市
438	辽宁科技学院	238	32.89	辽宁省
439	成都体育学院	270	32.84	四川省
440	绥化学院	140	32.80	黑龙江省
441	福建警察学院	214	32.74	福建省

续表

序号	学校名称	项目数	总分	省份
442	湖北汽车工业学院	255	32.72	湖北省
443	闽江学院	313	32.66	福建省
444	星海音乐学院	111	32.64	广东省
445	宜春学院	232	32.57	江西省
446	南阳师范学院	539	32.56	河南省
446	湖北第二师范学院	231	32.56	湖北省
448	吉林艺术学院	213	32.54	吉林省
449	宁波工程学院	385	32.52	浙江省
450	长沙学院	274	32.49	湖南省
451	合肥师范学院	527	32.42	安徽省
452	山东协和学院	424	32.33	山东省
453	五邑大学	371	32.29	广东省
454	嘉兴学院	446	32.27	浙江省
455	浙江外国语学院	258	32.25	浙江省
455	西京学院	370	32.25	陕西省
457	牡丹江医学院	132	32.24	黑龙江省
458	南京晓庄学院	297	32.16	江苏省
459	吉林外国语大学	319	32.14	吉林省
460	昌吉学院	120	32.12	新疆维吾尔自治区
461	西藏藏医药大学	100	32.09	西藏自治区
462	中国戏曲学院	179	32.07	北京市
463	宁夏师范学院	104	32.06	宁夏回族自治区
464	广西财经学院	558	32.05	广西壮族自治区
465	西昌学院	360	32.04	四川省
465	湖南科技学院	283	32.04	湖南省
467	重庆三峡学院	148	31.99	重庆市
468	浙江树人学院	404	31.98	浙江省
468	陕西中医药大学	297	31.98	陕西省
468	广东金融学院	314	31.98	广东省
471	长治医学院	112	31.95	山西省
472	昆明学院	126	31.92	云南省

序号	学校名称	项目数	总分	省份
472	川北医学院	453	31.92	四川省
472	承德医学院	77	31.92	河北省
475	安阳师范学院	337	31.90	河南省
476	浙江警察学院	166	31.89	浙江省
477	兰州财经大学	120	31.84	甘肃省
478	滁州学院	557	31.78	安徽省
479	许昌学院	125	31.76	河南省
480	齐齐哈尔医学院	197	31.65	黑龙江省
481	成都师范学院	438	31.61	四川省
482	宝鸡文理学院	324	31.55	陕西省
483	云南中医药大学	154	31.52	云南省
483	广东石油化工学院	309	31.52	广东省
485	哈尔滨学院	170	31.50	黑龙江省
486	渭南师范学院	320	31.06	陕西省
487	陕西理工大学	353	31.04	陕西省
488	曲靖师范学院	166	30.99	云南省
489	仲恺农业工程学院	347	30.95	广东省
490	河南工学院	110	30.84	河南省
491	衡阳师范学院	144	30.83	湖南省
492	大理大学	193	30.78	云南省
493	保定学院	72	30.76	河北省
494	湖北美术学院	159	30.74	湖北省
495	闽南师范大学	355	30.72	福建省
496	上海公安学院	21	30.71	上海市
497	攀枝花学院	417	30.70	四川省
498	湖北工程学院	266	30.69	湖北省
499	湖北文理学院	280	30.66	湖北省
500	湖北科技学院	304	30.65	湖北省
501	淮南师范学院	357	30.60	安徽省
502	河北科技师范学院	136	30.59	河北省
503	江苏第二师范学院	165	30.53	江苏省
504	皖西学院	550	30.50	安徽省
505	西安航空学院	261	30.48	陕西省
506	梧州学院	440	30.40	广西壮族自治区

续表

序号	学校名称	项目数	总分	省份
507	广州体育学院	121	30.38	广东省
507	怀化学院	344	30.38	湖南省
509	南京体育学院	144	30.33	江苏省
510	嘉应学院	241	30.19	广东省
511	成都医学院	351	30.12	四川省
511	郑州师范学院	88	30.12	河南省
511	杭州医学院	134	30.12	浙江省
514	武汉体育学院	151	30.04	湖北省
514	韩山师范学院	262	30.04	广东省
516	泰山学院	475	29.99	山东省
517	西安财经大学	268	29.97	陕西省
517	三明学院	277	29.97	福建省
519	山东英才学院	288	29.92	山东省
520	周口师范学院	107	29.91	河南省
521	南京特殊教育师范学院	76	29.80	江苏省
522	广东第二师范学院	143	29.79	广东省
522	通化师范学院	273	29.79	吉林省
522	天津美术学院	62	29.79	天津市
525	上饶师范学院	191	29.75	江西省
526	沈阳体育学院	120	29.72	辽宁省
526	鞍山师范学院	100	29.72	辽宁省
526	甘肃政法大学	92	29.72	甘肃省
529	武汉音乐学院	86	29.71	湖北省
530	右江民族医学院	254	29.70	广西壮族自治区
531	贵州工程应用技术学院	286	29.66	贵州省
532	吉林工商学院	230	29.64	吉林省
533	长沙师范学院	88	29.61	湖南省
534	江西警察学院	118	29.59	江西省
535	陕西学前师范学院	191	29.58	陕西省
536	四川警察学院	240	29.54	四川省
537	新疆工程学院	134	29.52	新疆维吾尔自治区

续表

序号	学校名称	项目数	总分	省份
538	吉林医药学院	216	29.50	吉林省
539	黄山学院	404	29.48	安徽省
540	广州航海学院	106	29.47	广东省
541	山东体育学院	70	29.46	山东省
542	伊犁师范大学	87	29.45	新疆维吾尔自治区
543	邯郸学院	84	29.30	河北省
544	红河学院	167	29.29	云南省
545	辽东学院	295	29.26	辽宁省
546	湖北医药学院	172	29.25	湖北省
547	天津音乐学院	42	29.23	天津市
548	海南热带海洋学院	212	29.18	海南省
549	贵阳学院	181	29.15	贵州省
550	惠州学院	261	29.14	广东省
551	沈阳音乐学院	31	29.00	辽宁省
552	河北建筑工程学院	92	28.99	河北省
553	兰州城市学院	75	28.93	甘肃省
553	铜陵学院	762	28.93	安徽省
555	北京城市学院	430	28.91	北京市
556	琼台师范学院	57	28.90	海南省
557	山西中医药大学	89	28.83	山西省
558	宁波财经学院	337	28.80	浙江省
559	吉林体育学院	148	28.62	吉林省
560	赣南医学院	177	28.50	江西省
561	湖南警察学院	115	28.38	湖南省
562	齐鲁师范学院	203	28.36	山东省
563	滨州学院	886	28.34	山东省
564	喀什大学	127	28.32	新疆维吾尔自治区
565	邢台学院	41	28.31	河北省
566	宜宾学院	431	28.29	四川省
567	湘南学院	186	28.27	湖南省
568	天水师范学院	89	28.24	甘肃省
569	湖南工学院	243	28.17	湖南省
569	重庆警察学院	51	28.17	重庆市

续表

序号	学校名称	项目数	总分	省份
571	四川音乐学院	261	28.08	四川省
572	江苏警官学院	181	28.06	江苏省
573	西安音乐学院	142	28.02	陕西省
574	贵州理工学院	313	28.02	贵州省
575	宿州学院	649	28.01	安徽省
576	唐山师范学院	59	27.94	河北省
577	湖南涉外经济学院	181	27.92	湖南省
578	忻州师范学院	83	27.90	山西省
578	太原工业学院	109	27.90	山西省
580	菏泽学院	313	27.83	山东省
581	三亚学院	266	27.82	海南省
582	蚌埠学院	526	27.80	安徽省
583	大庆师范学院	127	27.77	黑龙江省
584	北华航天工业学院	104	27.75	河北省
585	湖南人文科技学院	197	27.74	湖南省
586	运城学院	113	27.68	山西省
587	黄淮学院	93	27.65	河南省
587	内江师范学院	333	27.65	四川省
589	沈阳医学院	100	27.57	辽宁省
590	河南工程学院	160	27.56	河南省
591	衡水学院	56	27.16	河北省
592	凯里学院	93	27.12	贵州省
593	桂林航天工业学院	240	27.11	广西壮族自治区
594	长沙医学院	154	27.06	湖南省
595	太原学院	64	27.05	山西省
595	百色学院	338	27.05	广西壮族自治区
597	浙江越秀外国语学院	235	27.04	浙江省
598	吉林动画学院	470	27.00	吉林省
599	广东白云学院	107	26.99	广东省
599	兰州工业学院	159	26.99	甘肃省
601	石家庄学院	48	26.88	河北省
602	长治学院	90	26.86	山西省

续表

序号	学校名称	项目数	总分	省份
603	新疆艺术学院	61	26.82	新疆维吾尔自治区
604	池州学院	521	26.80	安徽省
605	湖北警官学院	32	26.77	湖北省
606	唐山学院	83	26.72	河北省
607	呼和浩特民族学院	61	26.66	内蒙古自治区
608	吉林农业科技学院	229	26.61	吉林省
608	云南警官学院	42	26.61	云南省
610	浙大宁波理工学院	307	26.55	浙江省
611	河北金融学院	132	26.53	河北省
611	安康学院	298	26.53	陕西省
613	沈阳工学院	185	26.45	辽宁省
614	咸阳师范学院	230	26.37	陕西省
615	南昌师范学院	115	26.36	江西省
616	商洛学院	252	26.32	陕西省
617	呼伦贝尔学院	101	26.27	内蒙古自治区
618	郑州工程技术学院	62	26.24	河南省
619	铜仁学院	197	26.23	贵州省
620	上海建桥学院	128	26.21	上海市
621	湖南女子学院	90	26.19	湖南省
622	赤峰学院	63	26.16	内蒙古自治区
623	四川民族学院	111	26.15	四川省
624	无锡太湖学院	141	26.14	江苏省
625	山西传媒学院	55	26.07	山西省
626	安徽新华学院	689	26.01	安徽省
627	丽水学院	358	26.00	浙江省
628	四川旅游学院	410	25.99	四川省
629	吕梁学院	92	25.94	山西省
630	廊坊师范学院	85	25.89	河北省
631	广州城市理工学院	98	25.88	广东省
632	湖南财政经济学院	107	25.83	湖南省
633	广东警官学院	126	25.75	广东省

续表

序号	学校名称	项目数	总分	省份
634	广西科技师范学院	83	25.71	广西壮族自治区
635	黔南民族师范学院	193	25.68	贵州省
636	长春光华学院	205	25.61	吉林省
636	长春财经学院	142	25.61	吉林省
638	榆林学院	177	25.60	陕西省
639	莆田学院	237	25.59	福建省
640	湖北理工学院	188	25.53	湖北省
641	河池学院	272	25.52	广西壮族自治区
642	河北水利电力学院	45	25.48	河北省
643	陇东学院	247	25.41	甘肃省
644	北京警察学院	23	25.36	北京市
645	西安医学院	177	25.32	陕西省
646	武汉生物工程学院	88	25.19	湖北省
647	武汉工商学院	119	25.10	湖北省
648	宁夏理工学院	68	25.09	宁夏回族自治区
649	湖南信息学院	78	25.02	湖南省
650	西安翻译学院	138	24.99	陕西省
651	江西科技学院	108	24.95	江西省
652	新乡学院	69	24.92	河南省
653	南京医科大学康达学院	22	24.90	江苏省
654	枣庄学院	494	24.88	山东省
655	普洱学院	52	24.87	云南省
655	兴义民族师范学院	190	24.87	贵州省
657	楚雄师范学院	88	24.84	云南省
658	泉州信息工程学院	78	24.81	福建省
659	天津天狮学院	73	24.80	天津市
659	浙江音乐学院	97	24.80	浙江省
659	潍坊科技学院	462	24.80	山东省
662	白城师范学院	298	24.73	吉林省
663	贺州学院	379	24.69	广西壮族自治区

续表

序号	学校名称	项目数	总分	省份
664	哈尔滨金融学院	149	24.66	黑龙江省
665	黑龙江外国语学院	54	24.63	黑龙江省
666	文山学院	95	24.61	云南省
667	广西民族师范学院	333	24.57	广西壮族自治区
668	武汉商学院	159	24.51	湖北省
669	武汉东湖学院	163	24.50	湖北省
669	燕山大学里仁学院	23	24.50	河北省
671	黄河科技学院	170	24.46	河南省
672	昭通学院	38	24.35	云南省
673	衢州学院	257	24.30	浙江省
674	南昌工学院	41	24.27	江西省
675	郑州科技学院	66	24.23	河南省
675	河南警察学院	10	24.23	河南省
677	滇西科技师范学院	25	24.22	云南省
678	龙岩学院	246	24.18	福建省
679	宁夏大学新华学院	73	24.17	宁夏回族自治区
680	内蒙古艺术学院	33	24.16	内蒙古自治区
681	山东青年政治学院	317	24.10	山东省
682	山西警察学院	34	24.09	山西省
683	巢湖学院	381	24.06	安徽省
683	福建商学院	53	24.06	福建省
685	吉林警察学院	58	24.03	吉林省
685	河北民族师范学院	48	24.03	河北省
687	平顶山学院	89	23.99	河南省
688	三江学院	192	23.98	江苏省
689	信阳农林学院	51	23.92	河南省
690	泰州学院	69	23.88	江苏省
691	四川传媒学院	368	23.87	四川省
692	成都文理学院	210	23.83	四川省
693	山东管理学院	182	23.80	山东省
694	厦门医学院	34	23.74	福建省
695	辽宁警察学院	41	23.73	辽宁省

续表

序号	学校名称	项目数	总分	省份
696	东南大学成贤学院	56	23.65	江苏省
697	黑龙江东方学院	90	23.58	黑龙江省
698	山东政法学院	76	23.45	山东省
699	上海科技大学	19	23.41	上海市
700	珠海科技学院	95	23.39	广东省
701	福州外语外贸学院	243	23.38	福建省
702	长春建筑学院	123	23.32	吉林省
703	山西工商学院	42	23.28	山西省
704	湖南医药学院	62	22.96	湖南省
705	山东警察学院	21	22.93	山东省
706	南方科技大学	105	22.90	广东省
707	宿迁学院	78	22.85	江苏省
708	西安体育学院	160	22.84	陕西省
709	豫章师范学院	9	22.76	江西省
710	电子科技大学中山学院	98	22.75	广东省
711	新余学院	153	22.73	江西省
712	河北环境工程学院	37	22.71	河北省
713	武昌理工学院	170	22.65	湖北省
714	中国矿业大学徐海学院	18	22.48	江苏省
715	汉江师范学院	97	22.38	湖北省
716	成都锦城学院	825	22.36	四川省
717	四川大学锦江学院	189	22.35	四川省
718	沧州师范学院	13	22.31	河北省
719	河南财政金融学院	60	22.28	河南省
720	集宁师范学院	62	22.27	内蒙古自治区
721	西安文理学院	221	22.21	陕西省
721	西安欧亚学院	95	22.21	陕西省
723	河北体育学院	22	22.16	河北省
724	山东女子学院	208	22.14	山东省
724	西安外事学院	101	22.14	陕西省
726	南宁学院	196	22.10	广西壮族自治区

续表

序号	学校名称	项目数	总分	省份
727	荆楚理工学院	165	22.06	湖北省
727	南京中医药大学翰林学院	12	22.06	江苏省
729	赣东学院	30	22.04	江西省
730	济宁学院	112	22.03	山东省
731	南昌理工学院	102	21.79	江西省
732	皖江工学院	106	21.77	安徽省
733	六盘水师范学院	159	21.75	贵州省
734	湖北商贸学院	58	21.72	湖北省
735	闽南理工学院	211	21.64	福建省
736	广东培正学院	68	21.59	广东省
737	广东科技学院	117	21.47	广东省
738	海口经济学院	213	21.41	海南省
739	广东东软学院	167	21.39	广东省
740	甘肃民族师范学院	48	21.38	甘肃省
741	武汉城市学院	106	21.37	湖北省
742	四川文理学院	238	21.27	四川省
743	贵州警察学院	6	21.24	贵州省
744	甘肃医学院	30	21.23	甘肃省
745	山东石油化工学院	149	21.18	山东省
746	青岛滨海学院	353	21.15	山东省
746	西安培华学院	152	21.15	陕西省
748	青岛黄海学院	245	21.12	山东省
749	云南工商学院	128	21.09	云南省
750	烟台南山学院	169	21.07	山东省
750	福建师范大学协和学院	94	21.07	福建省
752	南京邮电大学通达学院	16	21.04	江苏省
753	保山学院	66	21.03	云南省
754	苏州城市学院	16	21.02	江苏省
755	武汉华夏理工学院	79	20.98	湖北省
756	西安工商学院	17	20.89	陕西省
757	福建江夏学院	258	20.84	福建省
758	辽宁对外经贸学院	179	20.79	辽宁省

续表

序号	学校名称	项目数	总分	省份
759	河北工程技术学院	14	20.74	河北省
760	重庆人文科技学院	30	20.63	重庆市
761	上海外国语大学贤达经济人文学院	9	20.58	上海市
761	广西外国语学院	169	20.58	广西壮族自治区
763	东莞城市学院	86	20.57	广东省
763	南京理工大学泰州科技学院	38	20.57	江苏省
763	宁德师范学院	164	20.57	福建省
766	仰恩大学	45	20.48	福建省
767	安徽信息工程学院	684	20.45	安徽省
768	桂林学院	104	20.44	广西壮族自治区
769	长春科技学院	123	20.34	吉林省
770	上海杉达学院	162	20.3	上海市
771	文华学院	114	20.21	湖北省
772	云南大学滇池学院	110	20.16	云南省
773	四川工业科技学院	239	20.10	四川省
773	上海视觉艺术学院	56	20.10	上海市
775	吉林建筑科技学院	165	20.09	吉林省
776	南昌大学科学技术学院	7	20.07	江西省
777	哈尔滨音乐学院	14	20.05	黑龙江省
778	武夷学院	277	20.04	福建省
779	晋中学院	109	20.00	山西省
780	上海师范大学天华学院	15	19.99	上海市
780	广东理工学院	50	19.99	广东省
782	晋中信息学院	16	19.97	山西省
783	玉溪师范学院	86	19.92	云南省
784	福州大学至诚学院	96	19.9	福建省
785	三峡大学科技学院	11	19.83	湖北省
786	浙江工业大学之江学院	131	19.80	浙江省

续表

序号	学校名称	项目数	总分	省份
787	武汉学院	93	19.72	湖北省
788	柳州工学院	63	19.71	广西壮族自治区
789	绍兴文理学院元培学院	31	19.69	浙江省
790	黑河学院	138	19.59	黑龙江省
791	北京师范大学珠海分校	109	19.52	广东省
792	浙江师范大学行知学院	82	19.51	浙江省
793	成都东软学院	233	19.50	四川省
794	阿坝师范学院	166	19.38	四川省
795	江西服装学院	39	19.37	江西省
796	安阳工学院	92	19.32	河南省
797	山东农业工程学院	191	19.31	山东省
798	辽宁何氏医学院	65	19.27	辽宁省
798	哈尔滨华德学院	53	19.27	黑龙江省
800	宁波诺丁汉大学	15	19.26	浙江省
800	华北理工大学轻工学院	16	19.26	河北省
802	广州新华学院	89	19.18	广东省
803	安徽三联学院	367	19.15	安徽省
804	电子科技大学成都学院	50	19.14	四川省
804	大连艺术学院	68	19.14	辽宁省
806	郑州西亚斯学院	25	19.02	河南省
807	山西工程技术学院	45	18.94	山西省
808	兰州文理学院	54	18.93	甘肃省
809	吉利学院	71	18.90	四川省
810	齐鲁医药学院	116	18.88	山东省
811	厦门大学嘉庚学院	205	18.85	福建省
812	江西应用科技学院	60	18.80	江西省
813	湖北大学知行学院	58	18.77	湖北省
814	河套学院	44	18.74	内蒙古自治区

续表

序号	学校名称	项目数	总分	省份
815	贵州商学院	92	18.71	贵州省
816	南京大学金陵学院	23	18.70	江苏省
817	杭州师范大学钱江学院	21	18.66	浙江省
818	西安思源学院	67	18.61	陕西省
819	齐鲁理工学院	78	18.60	山东省
820	亳州学院	72	18.58	安徽省
821	安顺学院	140	18.57	贵州省
822	温州理工学院	111	18.50	浙江省
823	南京航空航天大学金城学院	28	18.48	江苏省
824	河北传媒学院	17	18.46	河北省
825	萍乡学院	89	18.36	江西省
826	黑龙江工业学院	38	18.25	黑龙江省
827	长春电子科技学院	35	18.23	吉林省
828	沈阳城市学院	195	18.15	辽宁省
829	银川科技学院	59	18.13	宁夏回族自治区
830	天津理工大学中环信息学院	64	18.11	天津市
831	商丘工学院	17	18.10	河南省
832	广西职业师范学院	12	18.09	广西壮族自治区
833	西交利物浦大学	20	18.07	江苏省
834	浙江财经大学东方学院	94	17.98	浙江省
835	四川电影电视学院	46	17.90	四川省
836	山东华宇工学院	85	17.86	山东省
836	桂林信息科技学院	163	17.86	广西壮族自治区
838	四川外国语大学成都学院	139	17.85	四川省
839	集美大学诚毅学院	89	17.84	福建省
840	新乡医学院三全学院	38	17.82	河南省

续表

序号	学校名称	项目数	总分	省份
841	阳光学院	94	17.81	福建省
842	广州南方学院	84	17.77	广东省
842	广州商学院	70	17.77	广东省
844	长春人文学院	198	17.71	吉林省
845	四川工商学院	98	17.70	四川省
846	鄂尔多斯应用技术学院	61	17.68	内蒙古自治区
847	湖南农业大学东方科技学院	25	17.67	湖南省
848	聊城大学东昌学院	68	17.64	山东省
849	上海财经大学浙江学院	7	17.63	浙江省
850	哈尔滨石油学院	54	17.59	黑龙江省
851	景德镇学院	83	17.58	江西省
852	青岛恒星科技学院	33	17.52	山东省
853	云南经济管理学院	107	17.47	云南省
854	湖北工业大学工程技术学院	66	17.45	湖北省
855	武昌首义学院	55	17.41	湖北省
856	郑州商学院	61	17.33	河南省
857	长春大学旅游学院	84	17.32	吉林省
858	扬州大学广陵学院	26	17.25	江苏省
859	厦门华夏学院	49	17.20	福建省
860	南通理工学院	103	17.11	江苏省
861	福建农林大学金山学院	86	17.09	福建省
861	首钢工学院	6	17.09	北京市
863	西安明德理工学院	41	17.04	陕西省
864	北京邮电大学世纪学院	7	17.01	北京市
865	营口理工学院	57	17.00	辽宁省
866	郑州经贸学院	26	16.97	河南省
867	沈阳科技学院	24	16.92	辽宁省
868	贵州黔南科技学院	9	16.87	贵州省
869	山西工学院	1	16.81	山西省

续表

序号	学校名称	项目数	总分	省份
870	陕西国际商贸学院	64	16.79	陕西省
871	大连理工大学城市学院	70	16.72	辽宁省
872	湛江科技学院	56	16.63	广东省
873	广州应用科技学院	71	16.53	广东省
874	安徽文达信息工程学院	116	16.44	安徽省
874	重庆对外经贸学院	19	16.44	重庆市
874	郑州工业应用技术学院	53	16.44	河南省
874	北京理工大学珠海学院	110	16.44	广东省
878	天津财经大学珠江学院	12	16.43	天津市
879	武汉文理学院	10	16.38	湖北省
880	宁波大学科学技术学院	71	16.29	浙江省
881	南京师范大学泰州学院	31	16.27	江苏省
882	银川能源学院	55	16.24	宁夏回族自治区
882	浙江工商大学杭州商学院	68	16.24	浙江省
884	首都师范大学科德学院	4	16.18	北京市
885	大连科技学院	156	16.04	辽宁省
886	昆明理工大学津桥学院	62	16.03	云南省
887	香港中文大学(深圳)	2	15.91	广东省
888	新疆理工学院	29	15.75	新疆维吾尔自治区
889	长春工业大学人文信息学院	86	15.67	吉林省
890	哈尔滨剑桥学院	42	15.64	黑龙江省

续表

序号	学校名称	项目数	总分	省份
891	中国计量大学现代科技学院	4	15.59	浙江省
892	北京科技大学天津学院	53	15.58	天津市
893	西安交通大学城市学院	53	15.48	陕西省
894	新疆警察学院	52	15.44	新疆维吾尔自治区
895	武汉设计工程学院	64	15.43	湖北省
896	广东外语外贸大学南国商学院	89	15.34	广东省
897	南京理工大学紫金学院	34	15.28	江苏省
898	广州工商学院	104	15.13	广东省
899	重庆工程学院	91	15.08	重庆市
900	南昌医学院	12	15.06	江西省
901	河北外国语学院	7	14.97	河北省
902	广州华商学院	35	14.85	广东省
903	温州商学院	79	14.69	浙江省
904	南京传媒学院	26	14.61	江苏省
905	昆明城市学院	69	14.56	云南省
906	无锡学院	65	14.55	江苏省
907	成都银杏酒店管理学院	81	14.51	四川省
908	深圳技术大学	57	14.44	广东省
909	中南林业科技大学涉外学院	24	14.42	湖南省
910	苏州大学应用技术学院	28	14.36	江苏省
911	温州医科大学仁济学院	4	14.35	浙江省
912	大连财经学院	49	14.32	辽宁省
913	成都理工大学工程技术学院	230	14.31	四川省

续表

序号	学校名称	项目数	总分	省份
913	大连医科大学中山学院	104	14.31	辽宁省
915	河南开封科技传媒学院	7	14.28	河南省
916	黑龙江财经学院	13	14.24	黑龙江省
917	山西能源学院	38	14.13	山西省
918	武昌工学院	98	14.00	湖北省
918	嘉兴南湖学院	36	14.00	浙江省
918	沧州交通学院	37	14.00	河北省
921	郑州工商学院	11	13.92	河南省
922	山西晋中理工学院	19	13.86	山西省
922	重庆财经学院	22	13.86	重庆市
924	燕京理工学院	42	13.85	河北省
925	吉林师范大学博达学院	100	13.84	吉林省
926	辽宁中医药大学杏林学院	15	13.81	辽宁省
927	西安建筑科技大学华清学院	6	13.76	陕西省
928	黑龙江工商学院	39	13.75	黑龙江省
929	南开大学滨海学院	73	13.71	天津市
930	西南财经大学天府学院	91	13.63	四川省
931	青岛城市学院	51	13.6	山东省
932	常州大学怀德学院	14	13.55	江苏省
933	烟台科技学院	15	13.47	山东省
934	同济大学浙江学院	21	13.43	浙江省
935	南宁理工学院	124	13.37	广西壮族自治区
936	浙江理工大学科技与艺术学院	61	13.32	浙江省
937	茅台学院	19	13.31	贵州省
938	哈尔滨信息工程学院	17	13.23	黑龙江省

续表

序号	学校名称	项目数	总分	省份
938	河北师范大学汇华学院	14	13.23	河北省
940	广州软件学院	98	13.17	广东省
941	新疆科技学院	15	13.14	新疆维吾尔自治区
942	赣南科技学院	38	13.12	江西省
943	西安交通工程学院	41	13.06	陕西省
944	天津仁爱学院	111	13.05	天津市
945	绵阳城市学院	170	13.03	四川省
946	商丘学院	45	12.95	河南省
947	汉口学院	90	12.93	湖北省
948	江西师范大学科学技术学院	12	12.92	江西省
949	安徽师范大学皖江学院	96	12.90	安徽省
950	厦门工学院	111	12.88	福建省
950	河北农业大学现代科技学院	1	12.88	河北省
952	南华大学船山学院	10	12.84	湖南省
952	石家庄铁道大学四方学院	12	12.84	河北省
954	广州理工学院	92	12.83	广东省
955	天津外国语大学滨海外事学院	6	12.67	天津市
955	江西工程学院	29	12.67	江西省
957	南京工业大学浦江学院	12	12.43	江苏省
958	南通大学杏林学院	12	12.37	江苏省
959	山西医科大学晋祠学院	1	12.36	山西省
960	广西警察学院	4	12.29	广西壮族自治区
961	吉首大学张家界学院	10	12.24	湖南省

续表

序号	学校名称	项目数	总分	省份
962	华北理工大学冀唐学院	2	12.23	河北省
962	中原科技学院	24	12.23	河南省
964	重庆移通学院	33	12.18	重庆市
965	重庆城市科技学院	32	12.12	重庆市
966	内蒙古鸿德文理学院	2	12.04	内蒙古自治区
967	安徽外国语学院	22	11.99	安徽省
968	浙江农林大学暨阳学院	67	11.93	浙江省
969	北京工业大学耿丹学院	7	11.89	北京市
969	张家口学院	32	11.89	河北省
971	云南艺术学院文华学院	39	11.79	云南省
972	保定理工学院	13	11.77	河北省
973	武汉工程大学邮电与信息工程学院	15	11.72	湖北省
974	郑州财经学院	31	11.53	河南省
975	广州华立学院	91	11.50	广东省
976	武汉传媒学院	51	11.4	湖北省
977	武汉晴川学院	50	11.36	湖北省
977	兰州信息科技学院	67	11.36	甘肃省
979	广西民族大学相思湖学院	70	11.17	广西壮族自治区
980	湘潭大学兴湘学院	7	11.15	湖南省
981	西南交通大学希望学院	90	11.12	四川省
982	广西中医药大学赛恩斯新医药学院	103	11.04	广西壮族自治区
983	赣南师范大学科技学院	3	11.03	江西省
984	阜阳师范大学信息工程学院	27	10.96	安徽省

续表

序号	学校名称	项目数	总分	省份
985	北京第二外国语学院中瑞酒店管理学院	1	10.83	北京市
986	辽宁传媒学院	91	10.61	辽宁省
987	长江大学文理学院	27	10.54	湖北省
988	武汉工程科技学院	32	10.52	湖北省
989	河北美术学院	24	10.48	河北省
990	沈阳城市建设学院	70	10.4	辽宁省
991	北海艺术设计学院	84	10.37	广西壮族自治区
992	安徽艺术学院	17	10.30	安徽省
993	安阳学院	49	10.27	河南省
994	上海立达学院	5	10.19	上海市
995	福州工商学院	57	10.18	福建省
996	重庆外语外事学院	6	10.12	重庆市
997	信阳学院	19	10.10	河南省
998	郑州升达经贸管理学院	37	10.09	河南省
999	湖南应用技术学院	67	10.08	湖南省
1000	天津商业大学宝德学院	6	10.06	天津市
1001	新疆农业大学科学技术学院	10	10.04	新疆维吾尔自治区
1002	闽南科技学院	58	9.90	福建省
1003	哈尔滨广厦学院	23	9.87	黑龙江省
1004	四川文化艺术学院	20	9.83	四川省
1005	湖南交通工程学院	53	9.57	湖南省
1006	青岛农业大学海都学院	11	9.56	山东省
1007	烟台理工学院	26	9.55	山东省
1008	南京师范大学中北学院	12	9.46	江苏省
1009	华南农业大学珠江学院	56	9.41	广东省

续表

序号	学校名称	项目数	总分	省份
1010	天津师范大学津沽学院	5	9.38	天津市
1011	武汉纺织大学外经贸学院	17	9.34	湖北省
1012	淮北理工学院	19	9.29	安徽省
1013	陕西科技大学镐京学院	12	9.25	陕西省
1014	西安财经大学行知学院	15	9.22	陕西省
1015	合肥经济学院	51	9.19	安徽省
1016	滇西应用技术大学	14	9.16	云南省
1017	山东财经大学燕山学院	30	9.15	山东省
1018	杭州电子科技大学信息工程学院	40	9.11	浙江省
1018	温州肯恩大学	50	9.11	浙江省
1020	辽宁师范大学海华学院	13	9.07	辽宁省
1021	昆明文理学院	43	9.06	云南省
1022	西安科技大学高新学院	7	9.02	陕西省
1023	湖州学院	34	9.01	浙江省
1024	江西财经大学现代经济管理学院	2	9.00	江西省
1025	南宁师范大学师园学院	45	8.92	广西壮族自治区
1026	泰山科技学院	39	8.9	山东省
1027	长沙理工大学城南学院	10	8.88	湖南省
1027	昆山杜克大学	10	8.88	江苏省
1029	大连工业大学艺术与信息工程学院	38	8.87	辽宁省
1029	青岛工学院	35	8.87	山东省
1031	江苏大学京江学院	5	8.83	江苏省
1031	河北大学工商学院	5	8.83	河北省

续表

序号	学校名称	项目数	总分	省份
1033	湖北工程学院新技术学院	36	8.82	湖北省
1034	北京航空航天大学北海学院	8	8.78	广西壮族自治区
1034	辽宁财贸学院	6	8.78	辽宁省
1036	山东财经大学东方学院	30	8.77	山东省
1037	湖北经济学院法商学院	36	8.72	湖北省
1038	蚌埠工商学院	16	8.70	安徽省
1039	河北地质大学华信学院	11	8.68	河北省
1040	丽江文化旅游学院	36	8.66	云南省
1040	湖北师范大学文理学院	37	8.66	湖北省
1042	齐齐哈尔工程学院	15	8.51	黑龙江省
1043	湖北恩施学院	26	8.44	湖北省
1044	山西应用科技学院	21	8.42	山西省
1045	沈阳航空航天大学北方科技学院	1	8.40	辽宁省
1046	潍坊理工学院	31	8.39	山东省
1047	福州理工学院	30	8.33	福建省
1048	陕西服装工程学院	31	8.27	陕西省
1049	哈尔滨远东理工学院	26	8.21	黑龙江省
1050	马鞍山学院	24	8.08	安徽省
1051	辽宁理工学院	27	8.06	辽宁省
1052	兰州工商学院	15	8.03	甘肃省
1053	南昌交通学院	13	7.73	江西省
1054	黄河交通学院	17	7.66	河南省
1055	锦州医科大学医疗学院	24	7.58	辽宁省
1056	延安大学西安创新学院	8	7.55	陕西省
1057	河北东方学院	11	7.41	河北省

续表

序号	学校名称	项目数	总分	省份
1057	贵阳信息科技学院	12	7.41	贵州省
1059	昆明医科大学海源学院	20	7.33	云南省
1060	山东现代学院	10	7.24	山东省
1061	天津传媒学院	9	7.2	天津市
1062	湖北医药学院药护学院	19	7.15	湖北省
1062	河北科技学院	11	7.15	河北省
1062	天津医科大学临床医学院	19	7.15	天津市
1065	江苏师范大学科文学院	10	7.05	江苏省
1065	贵阳人文科技学院	12	7.05	贵州省
1067	西北大学现代学院	4	6.80	陕西省
1067	北京工商大学嘉华学院	3	6.80	北京市
1069	安徽医科大学临床医学院	15	6.74	安徽省
1070	江苏科技大学苏州理工学院	7	6.62	江苏省
1071	南昌航空大学科技学院	6	6.37	江西省
1071	湘潭理工学院	11	6.37	湖南省
1071	衡阳师范学院南岳学院	12	6.37	湖南省
1074	遵义医科大学医学与科技学院	11	6.23	贵州省
1074	新疆第二医学院	11	6.23	新疆维吾尔自治区
1076	南昌应用技术师范学院	5	6.09	江西省
1076	湖北汽车工业学院科技学院	10	6.09	湖北省
1076	武汉体育学院体育科技学院	10	6.09	湖北省

续表

序号	学校名称	项目数	总分	省份
1076	南京审计大学金审学院	5	6.09	江苏省
1076	湖北文理学院理工学院	5	6.09	湖北省
1076	贵州黔南经济学院	7	6.09	贵州省
1082	湖南理工学院南湖学院	9	5.93	湖南省
1082	湖南工程学院应用技术学院	9	5.93	湖南省
1082	兰州博文科技学院	8	5.93	甘肃省
1082	荆州学院	5	5.93	湖北省
1086	湖南科技大学潇湘学院	8	5.76	湖南省
1087	湖南师范大学树达学院	7	5.57	湖南省
1087	湖南文理学院芙蓉学院	7	5.57	湖南省
1089	合肥城市学院	5	5.36	安徽省
1089	重庆工商大学派斯学院	5	5.36	重庆市
1089	青岛电影学院	3	5.36	山东省
1089	贵州中医药大学时珍学院	5	5.36	贵州省
1089	黑龙江工程学院昆仑旅游学院	6	5.36	黑龙江省
1089	山西师范大学现代文理学院	5	5.36	山西省
1089	新乡工程学院	4	5.36	河南省
1089	北京师范大学—香港浸会大学联合国际学院	3	5.36	广东省
1089	南昌大学共青学院	3	5.36	江西省
1089	河北经贸大学经济管理学院	3	5.36	河北省

续表

序号	学校名称	项目数	总分	省份
1099	浙江中医药大学滨江学院	2	5.04	浙江省
1100	江西农业大学南昌商学院	2	4.84	江西省
1101	湖南工业大学科技学院	3	4.50	湖南省
1102	南京财经大学红山学院	1	4.39	江苏省
1103	河北工程大学科信学院	1	4.07	河北省
1103	福建技术师范学院	1	4.07	福建省
1103	山西科技学院	1	4.07	山西省
1103	上海纽约大学	1	4.07	上海市
1107	湖南中医药大学湘杏学院	1	3.42	湖南省
1107	贵州医科大学神奇民族医药学院	1	3.42	贵州省
1107	西安理工大学高科学院	1	3.42	陕西省

8.4 综合类本科院校教师教学发展指数(2021 版)

续表

序号	学校名称	项目数	总分	省份	序号	学校名称	项目数	总分	省份
1	北京大学	3927	99.43	北京市	30	石河子大学	1062	53.19	新疆维吾尔自治区
2	浙江大学	3835	90.63	浙江省	31	湘潭大学	539	53.18	湖南省
3	南京大学	3184	87.3	江苏省	32	贵州大学	625	52.99	贵州省
4	武汉大学	3166	86.96	湖北省	33	海南大学	615	52.37	海南省
5	复旦大学	2932	85.04	上海市	34	宁波大学	834	52.09	浙江省
6	四川大学	3159	83.68	四川省	35	内蒙古大学	794	52.03	内蒙古自治区
7	吉林大学	4457	82.72	吉林省	36	宁夏大学	560	51.93	宁夏回族自治区
8	山东大学	2682	77.88	山东省	37	北京联合大学	828	51.69	北京市
9	厦门大学	3571	75.05	福建省	38	河北大学	685	51.38	河北省
10	中山大学	2624	74.38	广东省	39	山西大学	409	51.19	山西省
11	南开大学	2240	74.16	天津市	40	广州大学	1009	50.33	广东省
12	兰州大学	2416	69.65	甘肃省	41	深圳大学	803	49.75	广东省
13	郑州大学	1516	64.81	河南省	42	青海大学	208	49.35	青海省
14	西北大学	1290	64.14	陕西省	43	湖北大学	790	49.18	湖北省
15	江南大学	1494	60.62	江苏省	44	中央民族大学	1552	49.14	北京市
16	云南大学	874	59.97	云南省	45	辽宁大学	560	49.03	辽宁省
17	南昌大学	1253	59.92	江西省	46	汕头大学	608	48.48	广东省
18	苏州大学	1218	58.99	江苏省	47	济南大学	899	48.15	山东省
19	河南大学	1167	58.18	河南省	48	中南民族大学	843	47.58	湖北省
20	广西大学	1199	57.98	广西壮族自治区	49	华北理工大学	570	47.38	河北省
21	扬州大学	1264	57.7	江苏省	50	西藏大学	564	47.01	西藏自治区
22	暨南大学	1566	57.62	广东省	51	南通大学	1002	46.64	江苏省
23	黑龙江大学	795	56.85	黑龙江省	52	长江大学	493	46.54	湖北省
24	上海大学	1114	55.84	上海市	53	温州大学	811	46.14	浙江省
25	江苏大学	1159	55.04	江苏省	54	延边大学	429	46.03	吉林省
26	安徽大学	1927	54.49	安徽省	55	三峡大学	427	45.53	湖北省
27	新疆大学	867	54.08	新疆维吾尔自治区	56	华侨大学	662	45.45	福建省
28	福州大学	795	54.03	福建省					
29	青岛大学	1383	53.9	山东省					

续表

序号	学校名称	项目数	总分	省份
57	临沂大学	857	44.13	山东省
58	广西民族大学	524	43.75	广西壮族自治区
59	北华大学	739	42.95	吉林省
60	合肥学院	1228	42.45	安徽省
61	集美大学	521	42.31	福建省
62	西藏民族大学	445	42.1	西藏自治区
63	吉首大学	302	41.51	湖南省
64	青海民族大学	90	41.5	青海省
65	烟台大学	407	40.55	山东省
66	延安大学	524	40.21	陕西省
67	渤海大学	684	39.93	辽宁省
68	内蒙古民族大学	158	39.83	内蒙古自治区
69	大连大学	461	39.72	辽宁省
70	云南民族大学	267	39.48	云南省
71	西华大学	613	39.33	四川省
72	西南民族大学	789	39.1	四川省
73	潍坊学院	696	39.06	山东省
74	北方民族大学	599	39	宁夏回族自治区
75	江汉大学	280	38.8	湖北省
76	大连民族大学	958	38.36	辽宁省
77	西北民族大学	910	37.92	甘肃省
78	贵州民族大学	291	37.83	贵州省
79	沈阳大学	316	37.59	辽宁省
80	佳木斯大学	325	37.45	黑龙江省
81	绍兴文理学院	472	37.29	浙江省
82	齐齐哈尔大学	391	36.56	黑龙江省
83	成都大学	531	36.03	四川省
84	河北北方学院	161	35.68	河北省
85	井冈山大学	333	35.5	江西省
86	邵阳学院	323	35.38	湖南省
87	韶关学院	291	35.34	广东省

续表

序号	学校名称	项目数	总分	省份
88	德州学院	767	35.12	山东省
89	河西学院	130	34.72	甘肃省
90	九江学院	290	34.52	江西省
91	中国科学院大学	81	34.1	北京市
92	台州学院	439	33.73	浙江省
93	湖北民族大学	352	33.72	湖北省
94	长春大学	447	33.09	吉林省
95	浙大城市学院	419	33.06	浙江省
96	肇庆学院	252	33.03	广东省
97	绥化学院	140	32.8	黑龙江省
98	闽江学院	313	32.66	福建省
99	宜春学院	232	32.57	江西省
100	长沙学院	274	32.49	湖南省
101	五邑大学	371	32.29	广东省
102	嘉兴学院	446	32.27	浙江省
103	西京学院	370	32.25	陕西省
104	西昌学院	360	32.04	四川省
104	湖南科技学院	283	32.04	湖南省
106	重庆三峡学院	148	31.99	重庆市
107	滁州学院	557	31.78	安徽省
108	许昌学院	125	31.76	河南省
109	广东石油化工学院	309	31.52	广东省
110	哈尔滨学院	170	31.5	黑龙江省
111	大理大学	193	30.78	云南省
112	上海公安学院	21	30.71	上海市
113	湖北文理学院	280	30.66	湖北省
114	皖西学院	550	30.5	安徽省
115	梧州学院	440	30.4	广西壮族自治区
116	怀化学院	344	30.38	湖南省
117	嘉应学院	241	30.19	广东省
118	泰山学院	475	29.99	山东省
119	山东英才学院	288	29.92	山东省
120	贵州工程应用技术学院	286	29.66	贵州省

续表

序号	学校名称	项目数	总分	省份
121	黄山学院	404	29.48	安徽省
122	中国社会科学院大学	269	29.43	北京市
123	红河学院	167	29.29	云南省
124	辽东学院	295	29.26	辽宁省
125	海南热带海洋学院	212	29.18	海南省
126	贵阳学院	181	29.15	贵州省
127	惠州学院	261	29.14	广东省
128	铜陵学院	762	28.93	安徽省
129	北京城市学院	430	28.91	北京市
130	滨州学院	886	28.34	山东省
131	邢台学院	41	28.31	河北省
132	宜宾学院	431	28.29	四川省
133	湘南学院	186	28.27	湖南省
134	宿州学院	649	28.01	安徽省
135	菏泽学院	313	27.83	山东省
136	三亚学院	266	27.82	海南省
137	运城学院	113	27.68	山西省
138	中华女子学院	318	27.28	北京市
139	唐山学院	83	26.72	河北省
140	呼和浩特民族学院	61	26.66	内蒙古自治区
141	浙大宁波理工学院	307	26.55	浙江省
142	呼伦贝尔学院	101	26.27	内蒙古自治区
143	上海建桥学院	128	26.21	上海市
144	四川民族学院	111	26.15	四川省
145	无锡太湖学院	141	26.14	江苏省
146	丽水学院	358	26	浙江省
147	四川旅游学院	410	25.99	四川省
148	吕梁学院	92	25.94	山西省
149	长春光华学院	205	25.61	吉林省
150	榆林学院	177	25.6	陕西省
151	莆田学院	237	25.59	福建省
152	武汉工商学院	119	25.1	湖北省
153	枣庄学院	494	24.88	山东省
154	兴义民族师范学院	190	24.87	贵州省
155	天津天狮学院	73	24.8	天津市
156	文山学院	95	24.61	云南省
157	衢州学院	257	24.3	浙江省
158	龙岩学院	246	24.18	福建省
159	宁夏大学新华学院	73	24.17	宁夏回族自治区
160	巢湖学院	381	24.06	安徽省
161	平顶山学院	89	23.99	河南省
162	三江学院	192	23.98	江苏省
163	成都文理学院	210	23.83	四川省
164	山东管理学院	182	23.8	山东省
165	黑龙江东方学院	90	23.58	黑龙江省
166	珠海科技学院	95	23.39	广东省
167	南方科技大学	105	22.9	广东省
168	宿迁学院	78	22.85	江苏省
169	新余学院	153	22.73	江西省
170	成都锦城学院	825	22.36	四川省
171	四川大学锦江学院	189	22.35	四川省
172	青岛滨海学院	353	21.15	山东省
173	青岛黄海学院	245	21.12	山东省
174	烟台南山学院	169	21.07	山东省
174	福建师范大学协和学院	94	21.07	福建省
176	保山学院	66	21.03	云南省
177	苏州城市学院	16	21.02	江苏省
178	重庆人文科技学院	30	20.63	重庆市
179	仰恩大学	45	20.48	福建省
180	桂林学院	104	20.44	广西壮族自治区
181	长春科技学院	123	20.34	吉林省
182	云南大学滇池学院	110	20.16	云南省
183	四川工业科技学院	239	20.1	四川省

续表

序号	学校名称	项目数	总分	省份
184	南昌大学科学技术学院	7	20.07	江西省
185	晋中学院	109	20	山西省
186	上海师范大学天华学院	15	19.99	上海市
187	福州大学至诚学院	96	19.9	福建省
188	三峡大学科技学院	11	19.83	湖北省
189	绍兴文理学院元培学院	31	19.69	浙江省
190	北京师范大学珠海分校	109	19.52	广东省
191	浙江师范大学行知学院	82	19.51	浙江省
192	宁波诺丁汉大学	15	19.26	浙江省
193	广州新华学院	89	19.18	广东省
194	兰州文理学院	54	18.93	甘肃省
195	吉利学院	71	18.9	四川省
196	厦门大学嘉庚学院	205	18.85	福建省
197	江西应用科技学院	60	18.8	江西省
198	湖北大学知行学院	58	18.77	湖北省
199	河套学院	44	18.74	内蒙古自治区
200	南京大学金陵学院	23	18.7	江苏省
201	杭州师范大学钱江学院	21	18.66	浙江省
202	齐鲁理工学院	78	18.6	山东省
203	亳州学院	72	18.58	安徽省
204	温州理工学院	111	18.5	浙江省
205	萍乡学院	89	18.36	江西省
206	沈阳城市学院	195	18.15	辽宁省
207	西交利物浦大学	20	18.07	江苏省
208	集美大学诚毅学院	89	17.84	福建省
209	广州南方学院	84	17.77	广东省
209	广州商学院	70	17.77	广东省
211	长春人文学院	198	17.71	吉林省

续表

序号	学校名称	项目数	总分	省份
212	聊城大学东昌学院	68	17.64	山东省
213	景德镇学院	83	17.58	江西省
214	青岛恒星科技学院	33	17.52	山东省
215	长春大学旅游学院	84	17.32	吉林省
216	扬州大学广陵学院	26	17.25	江苏省
217	厦门华厦学院	49	17.2	福建省
218	贵州黔南科技学院	9	16.87	贵州省
219	中国消防救援学院	5	16.83	北京市
220	广州应用科技学院	71	16.53	广东省
221	武汉文理学院	10	16.38	湖北省
222	宁波大学科学技术学院	71	16.29	浙江省
223	香港中文大学(深圳)	2	15.91	广东省
224	新疆理工学院	29	15.75	新疆维吾尔自治区
225	长春工业大学人文信息学院	86	15.67	吉林省
226	哈尔滨剑桥学院	42	15.64	黑龙江省
227	广州工商学院	104	15.13	广东省
228	苏州大学应用技术学院	28	14.36	江苏省
229	河南开封科技传媒学院	7	14.28	河南省
230	嘉兴南湖学院	36	14	浙江省
231	燕京理工学院	42	13.85	河北省
232	吉林师范大学博达学院	100	13.84	吉林省
233	南开大学滨海学院	73	13.71	天津市
234	烟台科技学院	15	13.47	山东省
235	河北师范大学汇华学院	14	13.23	河北省
236	商丘学院	45	12.95	河南省
237	江西师范大学科学技术学院	12	12.92	江西省

续表

序号	学校名称	项目数	总分	省份
238	安徽师范大学皖江学院	96	12.9	安徽省
239	广州理工学院	92	12.83	广东省
240	南通大学杏林学院	12	12.37	江苏省
241	吉首大学张家界学院	10	12.24	湖南省
242	内蒙古鸿德文理学院	2	12.04	内蒙古自治区
243	武汉晴川学院	50	11.36	湖北省
244	广西民族大学相思湖学院	70	11.17	广西壮族自治区
245	湘潭大学兴湘学院	7	11.15	湖南省
246	赣南师范大学科技学院	3	11.03	江西省
247	长江大学文理学院	27	10.54	湖北省
248	安阳学院	49	10.27	河南省
249	上海立达学院	5	10.19	上海市
250	信阳学院	19	10.1	河南省
251	湖南应用技术学院	67	10.08	湖南省
252	闽南科技学院	58	9.9	福建省
253	哈尔滨广厦学院	23	9.87	黑龙江省
254	湖南交通工程学院	53	9.57	湖南省
255	烟台理工学院	26	9.55	山东省
256	南京师范大学中北学院	12	9.46	江苏省
257	天津师范大学津沽学院	5	9.38	天津市
258	淮北理工学院	19	9.29	安徽省
259	滇西应用技术大学	14	9.16	云南省
260	温州肯恩大学	50	9.11	浙江省
261	辽宁师范大学海华学院	13	9.07	辽宁省
262	湖州学院	34	9.01	浙江省
263	南宁师范大学师园学院	45	8.92	广西壮族自治区

续表

序号	学校名称	项目数	总分	省份
264	昆山杜克大学	10	8.88	江苏省
265	江苏大学京江学院	5	8.83	江苏省
266	丽江文化旅游学院	36	8.66	云南省
267	湖北恩施学院	26	8.44	湖北省
268	山西应用科技学院	21	8.42	山西省
269	潍坊理工学院	31	8.39	山东省
270	辽宁理工学院	27	8.06	辽宁省
271	延安大学西安创新学院	8	7.55	陕西省
272	河北东方学院	11	7.41	河北省
272	贵阳信息科技学院	12	7.41	贵州省
274	山东现代学院	10	7.24	山东省
275	江苏师范大学科文学院	10	7.05	江苏省
275	贵阳人文科技学院	12	7.05	贵州省
277	西北大学现代学院	4	6.8	陕西省
278	衡阳师范学院南岳学院	12	6.37	湖南省
279	南昌应用技术师范学院	5	6.09	江西省
280	荆州学院	5	5.93	湖北省
281	湖南师范大学树达学院	7	5.57	湖南省
281	湖南文理学院芙蓉学院	7	5.57	湖南省
283	北京师范大学—香港浸会大学联合国际学院	3	5.36	广东省
283	南昌大学共青学院	3	5.36	江西省
285	山西科技学院	1	4.07	山西省
285	上海纽约大学	1	4.07	上海市

8.5 理工类本科院校教师教学发展指数(2021 版)

续表

序号	学校名称	项目数	总分	省份	序号	学校名称	项目数	总分	省份
1	清华大学	3687	100	北京市	32	北京化工大学	1296	59.41	北京市
2	上海交通大学	2831	86.37	上海市	33	哈尔滨工程大学	1906	59.38	黑龙江省
3	西安交通大学	3369	84.82	陕西省	34	东华大学	1316	59.1	上海市
4	华中科技大学	3415	83.28	湖北省	35	中国海洋大学	1497	58.83	山东省
5	东南大学	2761	80.15	江苏省	36	北京工业大学	1371	57.95	北京市
6	哈尔滨工业大学	2792	80.13	黑龙江省	37	昆明理工大学	839	57.75	云南省
7	天津大学	2699	79.25	天津市	38	中国石油大学(华东)	1314	57.02	山东省
8	同济大学	2721	78.82	上海市	39	中国地质大学(武汉)	1717	56.55	湖北省
9	大连理工大学	2994	76.37	辽宁省	40	北京邮电大学	1356	55.95	北京市
10	北京交通大学	1783	73.34	北京市	41	西南石油大学	861	55.94	四川省
11	中南大学	4666	73.33	湖南省	42	长安大学	1666	55.92	陕西省
12	华南理工大学	2713	72.7	广东省	43	南京工业大学	1095	55.71	江苏省
13	重庆大学	2480	72.53	重庆市	44	华北电力大学	2073	55.15	北京市
14	西南交通大学	1756	71.99	四川省	45	太原理工大学	601	54.66	山西省
15	西北工业大学	3431	71.82	陕西省	46	西安建筑科技大学	793	54.35	陕西省
16	北京理工大学	1967	70.19	北京市	47	大连海事大学	1368	54.24	辽宁省
17	北京航空航天大学	2412	70.04	北京市	48	山东科技大学	1473	53	山东省
18	湖南大学	2229	69.71	湖南省	49	西安理工大学	825	52.74	陕西省
19	东北大学	2276	68.25	辽宁省	50	河南理工大学	1005	52.22	河南省
20	中国科学技术大学	1817	67.83	安徽省	51	上海理工大学	970	52.13	上海市
21	电子科技大学	2640	66.53	四川省	52	南京邮电大学	886	51.83	江苏省
22	中国矿业大学	1669	65.36	江苏省	53	长沙理工大学	484	51.4	湖南省
23	西安电子科技大学	2085	65.12	陕西省	54	杭州电子科技大学	805	51.1	浙江省
24	武汉理工大学	2209	64.66	湖北省	55	南京信息工程大学	1056	51.09	江苏省
25	南京航空航天大学	1582	63.62	江苏省	56	燕山大学	790	50.71	河北省
26	北京科技大学	1278	63.46	北京市	57	广东工业大学	975	50.47	广东省
27	华东理工大学	1533	63.37	上海市	58	河北工业大学	690	50.31	河北省
28	合肥工业大学	1430	62.06	安徽省	59	中国石油大学(北京)	988	50.14	北京市
29	南京理工大学	1549	61.38	江苏省					
30	河海大学	1633	61.14	江苏省					
31	浙江工业大学	1176	59.86	浙江省					

续表

序号	学校名称	项目数	总分	省份
60	天津中德应用技术大学	137	49.95	天津市
61	兰州理工大学	987	49.66	甘肃省
62	浙江理工大学	882	49.59	浙江省
63	天津工业大学	808	49.23	天津市
64	桂林电子科技大学	992	48.98	广西壮族自治区
65	武汉科技大学	705	48.31	湖北省
66	南京工程学院	591	48.01	江苏省
67	河南科技大学	735	47.92	河南省
68	哈尔滨理工大学	560	47.91	黑龙江省
69	桂林理工大学	834	47.9	广西壮族自治区
70	天津理工大学	517	47.87	天津市
71	西南科技大学	619	47.79	四川省
72	成都理工大学	796	47.63	四川省
73	陕西科技大学	635	47.62	陕西省
74	兰州交通大学	583	47.52	甘肃省
75	长春工业大学	785	47.24	吉林省
76	中国地质大学(北京)	1300	47.16	北京市
77	山东理工大学	1031	47.05	山东省
78	西安科技大学	775	46.26	陕西省
79	中北大学	407	46.09	山西省
80	重庆邮电大学	409	45.83	重庆市
81	石家庄铁道大学	332	45.78	河北省
82	湖南科技大学	363	45.74	湖南省
83	青岛科技大学	1004	45.61	山东省
84	北京信息科技大学	595	45.37	北京市
85	上海海事大学	681	45.32	上海市
86	南华大学	628	45.3	湖南省
86	辽宁工程技术大学	506	45.3	辽宁省
88	重庆交通大学	355	45.25	重庆市
89	上海工程技术大学	657	45.15	上海市
90	湖北工业大学	717	45.1	湖北省

续表

序号	学校名称	项目数	总分	省份
91	常州大学	537	44.82	江苏省
91	天津科技大学	598	44.82	天津市
93	河南工业大学	596	44.69	河南省
94	东北石油大学	649	44.59	黑龙江省
95	华北水利水电大学	470	44.4	河南省
96	江西理工大学	576	44.38	江西省
97	东北电力大学	405	44.29	吉林省
98	安徽工业大学	1338	44.09	安徽省
99	东华理工大学	475	44	江西省
100	山东建筑大学	454	43.82	山东省
101	郑州轻工业大学	639	43.68	河南省
102	中国计量大学	584	43.67	浙江省
103	南昌航空大学	463	43.63	江西省
104	华东交通大学	421	43.62	江西省
105	安徽理工大学	1348	43.54	安徽省
106	上海应用技术大学	682	43.12	上海市
107	长春工业大学	668	42.99	吉林省
108	沈阳工业大学	462	42.86	辽宁省
109	河北科技大学	414	42.48	河北省
110	北京建筑大学	547	42.37	北京市
111	内蒙古工业大学	205	42.06	内蒙古自治区
112	武汉工程大学	431	41.93	湖北省
113	沈阳建筑大学	392	41.76	辽宁省
114	内蒙古科技大学	241	41.65	内蒙古自治区
115	西安工业大学	650	41.62	陕西省
115	成都工业学院	466	41.62	四川省
117	安徽建筑大学	1170	41.6	安徽省
118	武汉纺织大学	395	41.59	湖北省
119	齐鲁工业大学	806	41.52	山东省
120	中国矿业大学(北京)	948	41.42	北京市
121	福建工程学院	522	41.35	福建省
122	青岛理工大学	967	41.22	山东省

续表

序号	学校名称	项目数	总分	省份
123	大连工业大学	518	41.21	辽宁省
124	中国民航大学	544	41.12	天津市
125	重庆文理学院	550	41.02	重庆市
126	山东交通学院	791	40.96	山东省
127	成都信息工程大学	649	40.73	四川省
128	重庆科技学院	375	40.51	重庆市
129	江苏科技大学	574	40.44	江苏省
130	沈阳航空航天大学	462	40.38	辽宁省
131	北方工业大学	595	40.01	北京市
132	湖南工业大学	370	39.97	湖南省
133	重庆理工大学	201	39.75	重庆市
134	西安工程大学	555	39.66	陕西省
135	辽宁石油化工大学	414	39.47	辽宁省
136	浙江万里学院	481	39.33	浙江省
137	大连交通大学	558	39.07	辽宁省
138	黑龙江科技大学	426	39.02	黑龙江省
139	上海第二工业大学	430	38.88	上海市
140	河北地质大学	210	38.86	河北省
141	西安邮电大学	673	38.83	陕西省
142	太原科技大学	251	38.75	山西省
143	吉林化工学院	347	38.4	吉林省
144	长春工程学院	544	38.36	吉林省
145	北京服装学院	393	38.27	北京市
146	湖南理工学院	292	38.18	湖南省
147	辽宁科技大学	493	38.11	辽宁省
148	佛山科学技术学院	527	37.99	广东省
148	厦门理工学院	465	37.99	福建省
150	盐城工学院	531	37.62	江苏省
151	大连东软信息学院	610	37.57	辽宁省
152	北京石油化工学院	501	37.54	北京市
153	沈阳工程学院	319	37.5	辽宁省
154	苏州科技大学	416	37.4	江苏省
155	沈阳化工大学	355	37.33	辽宁省
156	西安石油大学	553	37.28	陕西省
157	景德镇陶瓷大学	434	37.24	江西省

续表

序号	学校名称	项目数	总分	省份
158	浙江科技学院	533	37.05	浙江省
159	北京印刷学院	430	36.89	北京市
160	黑龙江工程学院	304	36.84	黑龙江省
160	常州工学院	415	36.84	江苏省
162	河北工程大学	330	36.65	河北省
163	上海电力大学	480	36.63	上海市
164	金陵科技学院	364	36.39	江苏省
165	湖南工程学院	340	36.18	湖南省
166	南昌工程学院	210	36.1	江西省
167	江苏海洋大学	526	35.89	江苏省
168	广西科技大学	536	35.88	广西壮族自治区
169	中原工学院	525	35.84	河南省
170	南阳理工学院	159	35.69	河南省
171	洛阳理工学院	196	35.68	河南省
172	常熟理工学院	622	35.66	江苏省
173	湖南城市学院	277	35.65	湖南省
174	浙江水利水电学院	332	35.63	浙江省
175	安徽工程大学	1294	35.53	安徽省
176	东莞理工学院	413	35.44	广东省
177	上海电机学院	422	35.37	上海市
178	武汉轻工大学	288	34.99	湖北省
179	郑州航空工业管理学院	241	34.89	河南省
180	淮阴工学院	420	34.79	江苏省
181	天津城建大学	309	34.71	天津市
182	吉林建筑大学	378	34.69	吉林省
183	中国民用航空飞行学院	545	34.47	四川省
184	四川轻化工大学	476	34.39	四川省
185	辽宁工业大学	278	34.25	辽宁省
186	安徽科技学院	714	34.13	安徽省
187	沈阳理工大学	264	33.71	辽宁省
188	华北科技学院	511	33.68	河北省
189	河南城建学院	176	33.19	河南省

续表

序号	学校名称	项目数	总分	省份
190	徐州工程学院	424	33.1	江苏省
191	辽宁科技学院	238	32.89	辽宁省
192	湖北汽车工业学院	255	32.72	湖北省
193	宁波工程学院	385	32.52	浙江省
194	北京电子科技学院	389	32.02	北京市
195	浙江树人学院	404	31.98	浙江省
196	陕西理工大学	353	31.04	陕西省
197	河南工学院	110	30.84	河南省
198	攀枝花学院	417	30.7	四川省
199	湖北工程学院	266	30.69	湖北省
200	湖北科技学院	304	30.65	湖北省
201	西安航空学院	261	30.48	陕西省
202	防灾科技学院	525	29.87	河北省
203	新疆工程学院	134	29.52	新疆维吾尔自治区
204	广州航海学院	106	29.47	广东省
205	河北建筑工程学院	92	28.99	河北省
206	湖南工学院	243	28.17	湖南省
207	贵州理工学院	313	28.02	贵州省
208	太原工业学院	109	27.9	山西省
209	北华航天工业学院	104	27.75	河北省
210	河南工程学院	160	27.56	河南省
211	桂林航天工业学院	240	27.11	广西壮族自治区
212	太原学院	64	27.05	山西省
213	广东白云学院	107	26.99	广东省
213	兰州工业学院	159	26.99	甘肃省
215	沈阳工学院	185	26.45	辽宁省
216	郑州工程技术学院	62	26.24	河南省
217	安徽新华学院	689	26.01	安徽省
218	广州城市理工学院	98	25.88	广东省
219	湖北理工学院	188	25.53	湖北省
220	河北水利电力学院	45	25.48	河北省
221	武汉生物工程学院	88	25.19	湖北省

续表

序号	学校名称	项目数	总分	省份
222	宁夏理工学院	68	25.09	宁夏回族自治区
223	湖南信息学院	78	25.02	湖南省
224	江西科技学院	108	24.95	江西省
225	泉州信息工程学院	78	24.81	福建省
226	潍坊科技学院	462	24.8	山东省
227	武汉东湖学院	163	24.5	湖北省
227	燕山大学里仁学院	23	24.5	河北省
229	黄河科技学院	170	24.46	河南省
230	南昌工学院	41	24.27	江西省
231	郑州科技学院	66	24.23	河南省
232	东南大学成贤学院	56	23.65	江苏省
233	上海科技大学	19	23.41	上海市
234	长春建筑学院	123	23.32	吉林省
235	电子科技大学中山学院	98	22.75	广东省
236	河北环境工程学院	37	22.71	河北省
237	武昌理工学院	170	22.65	湖北省
238	中国矿业大学徐海学院	18	22.48	江苏省
239	南宁学院	196	22.1	广西壮族自治区
240	荆楚理工学院	165	22.06	湖北省
241	赣东学院	30	22.04	江西省
242	南昌理工学院	102	21.79	江西省
243	皖江工学院	106	21.77	安徽省
244	闽南理工学院	211	21.64	福建省
245	广东科技学院	117	21.47	广东省
246	广东东软学院	167	21.39	广东省
247	武汉城市学院	106	21.37	湖北省
248	山东石油化工学院	149	21.18	山东省
249	南京邮电大学通达学院	16	21.04	江苏省
250	武汉华夏理工学院	79	20.98	湖北省
251	西安工商学院	17	20.89	陕西省

续表

序号	学校名称	项目数	总分	省份
252	河北工程技术学院	14	20.74	河北省
253	东莞城市学院	86	20.57	广东省
253	南京理工大学泰州科技学院	38	20.57	江苏省
255	安徽信息工程学院	684	20.45	安徽省
256	文华学院	114	20.21	湖北省
257	吉林建筑科技学院	165	20.09	吉林省
258	广东理工学院	50	19.99	广东省
259	浙江工业大学之江学院	131	19.8	浙江省
260	柳州工学院	63	19.71	广西壮族自治区
261	成都东软学院	233	19.5	四川省
262	江西服装学院	39	19.37	江西省
263	安阳工学院	92	19.32	河南省
264	哈尔滨华德学院	53	19.27	黑龙江省
265	华北理工大学轻工学院	16	19.26	河北省
266	安徽三联学院	367	19.15	安徽省
267	电子科技大学成都学院	50	19.14	四川省
268	山西工程技术学院	45	18.94	山西省
269	西安思源学院	67	18.61	陕西省
270	南京航空航天大学金城学院	28	18.48	江苏省
271	黑龙江工业学院	38	18.25	黑龙江省
272	长春电子科技学院	35	18.23	吉林省
273	银川科技学院	59	18.13	宁夏回族自治区
274	天津理工大学中环信息学院	64	18.11	天津市
275	商丘工学院	17	18.1	河南省
276	山东华宇工学院	85	17.86	山东省
276	桂林信息科技学院	163	17.86	广西壮族自治区

续表

序号	学校名称	项目数	总分	省份
278	阳光学院	94	17.81	福建省
279	鄂尔多斯应用技术学院	61	17.68	内蒙古自治区
280	哈尔滨石油学院	54	17.59	黑龙江省
281	湖北工业大学工程技术学院	66	17.45	湖北省
282	武昌首义学院	55	17.41	湖北省
283	南通理工学院	103	17.11	江苏省
284	首钢工学院	6	17.09	北京市
285	西安明德理工学院	41	17.04	陕西省
286	北京邮电大学世纪学院	7	17.01	北京市
287	营口理工学院	57	17	辽宁省
288	沈阳科技学院	24	16.92	辽宁省
289	山西工学院	1	16.81	山西省
290	大连理工大学城市学院	70	16.72	辽宁省
291	安徽文达信息工程学院	116	16.44	安徽省
291	郑州工业应用技术学院	53	16.44	河南省
291	北京理工大学珠海学院	110	16.44	广东省
294	银川能源学院	55	16.24	宁夏回族自治区
295	大连科技学院	156	16.04	辽宁省
296	昆明理工大学津桥学院	62	16.03	云南省
297	中国计量大学现代科技学院	4	15.59	浙江省
298	北京科技大学天津学院	53	15.58	天津市
299	西安交通大学城市学院	53	15.48	陕西省

续表

序号	学校名称	项目数	总分	省份
300	南京理工大学紫金学院	34	15.28	江苏省
301	重庆工程学院	91	15.08	重庆市
302	无锡学院	65	14.55	江苏省
303	成都银杏酒店管理学院	81	14.51	四川省
304	深圳技术大学	57	14.44	广东省
305	成都理工大学工程技术学院	230	14.31	四川省
306	山西能源学院	38	14.13	山西省
307	武昌工学院	98	14	湖北省
307	沧州交通学院	37	14	河北省
309	山西晋中理工学院	19	13.86	山西省
310	西安建筑科技大学华清学院	6	13.76	陕西省
311	青岛城市学院	51	13.6	山东省
312	常州大学怀德学院	14	13.55	江苏省
313	南宁理工学院	124	13.37	广西壮族自治区
314	浙江理工大学科技与艺术学院	61	13.32	浙江省
315	茅台学院	19	13.31	贵州省
316	哈尔滨信息工程学院	17	13.23	黑龙江省
317	广州软件学院	98	13.17	广东省
318	赣南科技学院	38	13.12	江西省
319	西安交通工程学院	41	13.06	陕西省
320	天津仁爱学院	111	13.05	天津市
321	绵阳城市学院	170	13.03	四川省
322	汉口学院	90	12.93	湖北省
323	厦门工学院	111	12.88	福建省
324	南华大学船山学院	10	12.84	湖南省
324	石家庄铁道大学四方学院	12	12.84	河北省
326	江西工程学院	29	12.67	江西省

续表

序号	学校名称	项目数	总分	省份
327	南京工业大学浦江学院	12	12.43	江苏省
328	重庆移通学院	33	12.18	重庆市
329	重庆城市科技学院	32	12.12	重庆市
330	北京工业大学耿丹学院	7	11.89	北京市
331	保定理工学院	13	11.77	河北省
332	武汉工程大学邮电与信息工程学院	15	11.72	湖北省
333	广州华立学院	91	11.5	广东省
334	兰州信息科技学院	67	11.36	甘肃省
335	西南交通大学希望学院	90	11.12	四川省
336	阜阳师范大学信息工程学院	27	10.96	安徽省
337	武汉工程科技学院	32	10.52	湖北省
338	沈阳城市建设学院	70	10.4	辽宁省
339	武汉纺织大学外经贸学院	17	9.34	湖北省
340	陕西科技大学镐京学院	12	9.25	陕西省
341	杭州电子科技大学信息工程学院	40	9.11	浙江省
342	西安科技大学高新学院	7	9.02	陕西省
343	泰山科技学院	39	8.9	山东省
344	长沙理工大学城南学院	10	8.88	湖南省
345	大连工业大学艺术与信息工程学院	38	8.87	辽宁省
345	青岛工学院	35	8.87	山东省
347	湖北工程学院新技术学院	36	8.82	湖北省
348	北京航空航天大学北海学院	8	8.78	广西壮族自治区

续表

序号	学校名称	项目数	总分	省份
349	齐齐哈尔工程学院	15	8.51	黑龙江省
350	沈阳航空航天大学北方科技学院	1	8.4	辽宁省
351	福州理工学院	30	8.33	福建省
352	陕西服装工程学院	31	8.27	陕西省
353	哈尔滨远东理工学院	26	8.21	黑龙江省
354	马鞍山学院	24	8.08	安徽省
355	南昌交通学院	13	7.73	江西省
356	黄河交通学院	17	7.66	河南省
357	河北科技学院	11	7.15	河北省
358	江苏科技大学苏州理工学院	7	6.62	江苏省
359	南昌航空大学科技学院	6	6.37	江西省
360	湖北汽车工业学院科技学院	10	6.09	湖北省
360	湖北文理学院理工学院	5	6.09	湖北省
362	湖南理工学院南湖学院	9	5.93	湖南省
362	湖南工程学院应用技术学院	9	5.93	湖南省
362	兰州博文科学院	8	5.93	甘肃省
365	湖南科技大学潇湘学院	8	5.76	湖南省
366	合肥城市学院	5	5.36	安徽省
366	黑龙江工程学院昆仑旅游学院	6	5.36	黑龙江省
366	新乡工程学院	4	5.36	河南省
369	湖南工业大学科技学院	3	4.5	湖南省
370	河北工程大学科信学院	1	4.07	河北省

续表

序号	学校名称	项目数	总分	省份
371	西安理工大学高科学院	1	3.42	陕西省

8.6 人文社科类本科院校教师教学发展指数(2021版)

续表

序号	学校名称	项目数	总分	省份	序号	学校名称	项目数	总分	省份
1	中国人民大学	2725	83.54	北京市	31	北京第二外国语学院	379	41.78	北京市
2	西南财经大学	1236	58.66	四川省	32	安徽财经大学	3164	41.61	安徽省
3	上海财经大学	1045	56.68	上海市	33	河北经贸大学	280	41.5	河北省
4	中国传媒大学	1131	56.09	北京市	34	浙江财经大学	504	40.72	浙江省
5	对外经济贸易大学	1062	56	北京市	35	中国人民公安大学	423	40.27	北京市
6	北京外国语大学	930	55.12	北京市	36	重庆工商大学	250	40.01	重庆市
7	中南财经政法大学	1347	55.09	湖北省	37	天津外国语大学	141	39.99	天津市
8	中央财经大学	1010	54.9	北京市	38	上海对外经贸大学	480	39.82	上海市
9	中国政法大学	981	54.47	北京市	39	南京财经大学	519	39.68	江苏省
10	上海外国语大学	1126	53.88	上海市	40	上海体育学院	323	39.55	上海市
11	东北财经大学	602	52.89	辽宁省	41	四川外国语大学	173	39.51	重庆市
12	广东外语外贸大学	624	50.43	广东省	42	广东财经大学	426	39.45	广东省
13	中央音乐学院	378	50.04	北京市	43	西安美术学院	357	39.44	陕西省
14	江西财经大学	551	49.29	江西省	44	上海戏剧学院	184	39.41	上海市
15	西南政法大学	272	48.68	重庆市	45	山西财经大学	258	39.32	山西省
16	浙江工商大学	699	47.86	浙江省	46	南京艺术学院	179	39.14	江苏省
17	华东政法大学	563	46.3	上海市	47	河南财经政法大学	329	39.07	河南省
18	中国美术学院	352	45.61	浙江省	48	云南财经大学	206	38.51	云南省
19	中央美术学院	419	45.2	北京市	49	西安外国语大学	477	38.48	陕西省
20	北京体育大学	580	44.94	北京市	50	中国人民警察大学	565	38.43	河北省
21	山东财经大学	607	44.7	山东省	51	贵州财经大学	271	38.36	贵州省
22	北京工商大学	553	44.13	北京市	52	新疆财经大学	247	38.29	新疆维吾尔自治区
23	首都经济贸易大学	665	44.12	北京市	53	湖北经济学院	250	37.88	湖北省
24	北京语言大学	511	43.76	北京市	54	首都体育学院	266	37.34	北京市
25	上海音乐学院	53	42.99	上海市	55	北京舞蹈学院	162	37.17	北京市
26	大连外国语大学	336	42.72	辽宁省	56	天津商业大学	490	37.14	天津市
27	中国音乐学院	137	42.63	北京市	57	中国刑事警察学院	481	37.05	辽宁省
28	天津财经大学	251	42.57	天津市	58	浙江传媒学院	488	36.59	浙江省
29	四川美术学院	142	42.43	重庆市	59	广州美术学院	197	36.46	广东省
30	哈尔滨商业大学	466	42.3	黑龙江省					

续表

序号	学校名称	项目数	总分	省份
60	天津体育学院	150	36.34	天津市
61	南京审计大学	380	36.28	江苏省
62	西北政法大学	481	36.16	陕西省
63	山东工艺美术学院	66	36.09	山东省
64	山东工商学院	528	36.01	山东省
65	鲁迅美术学院	91	35.89	辽宁省
66	北京电影学院	57	35.75	北京市
67	广西艺术学院	385	35.69	广西壮族自治区
68	山东艺术学院	102	35.67	山东省
69	湖南工商大学	181	35.23	湖南省
70	上海立信会计金融学院	419	35.21	上海市
71	吉林财经大学	366	35.15	吉林省
72	云南艺术学院	128	34.45	云南省
73	哈尔滨体育学院	60	34.33	黑龙江省
74	内蒙古财经大学	120	34.27	内蒙古自治区
75	上海政法学院	208	33.3	上海市
76	桂林旅游学院	125	33.22	广西壮族自治区
77	北京物资学院	451	33.01	北京市
78	上海商学院	273	32.9	上海市
79	成都体育学院	270	32.84	四川省
80	福建警察学院	214	32.74	福建省
81	星海音乐学院	111	32.64	广东省
82	吉林艺术学院	213	32.54	吉林省
83	中央戏剧学院	254	32.46	北京市
84	浙江外国语学院	258	32.25	浙江省
85	吉林外国语大学	319	32.14	吉林省
86	外交学院	357	32.12	北京市
87	中国戏曲学院	179	32.07	北京市
88	广西财经学院	558	32.05	广西壮族自治区
89	广东金融学院	314	31.98	广东省

续表

序号	学校名称	项目数	总分	省份
90	浙江警察学院	166	31.89	浙江省
91	兰州财经大学	120	31.84	甘肃省
92	湖北美术学院	159	30.74	湖北省
93	中国青年政治学院	470	30.69	北京市
94	广州体育学院	121	30.38	广东省
95	南京森林警察学院	331	30.36	江苏省
96	南京体育学院	144	30.33	江苏省
97	中国劳动关系学院	396	30.2	北京市
98	武汉体育学院	151	30.04	湖北省
99	西安财经大学	268	29.97	陕西省
100	天津美术学院	62	29.79	天津市
101	沈阳体育学院	120	29.72	辽宁省
101	甘肃政法大学	92	29.72	甘肃省
103	武汉音乐学院	86	29.71	湖北省
104	吉林工商学院	230	29.64	吉林省
105	江西警察学院	118	29.59	江西省
106	四川警察学院	240	29.54	四川省
107	山东体育学院	70	29.46	山东省
108	国际关系学院	325	29.37	北京市
109	天津音乐学院	42	29.23	天津市
110	沈阳音乐学院	31	29	辽宁省
111	宁波财经学院	337	28.8	浙江省
112	吉林体育学院	148	28.62	吉林省
113	湖南警察学院	115	28.38	湖南省
114	重庆警察学院	51	28.17	重庆市
115	四川音乐学院	261	28.08	四川省
116	江苏警官学院	181	28.06	江苏省
117	西安音乐学院	142	28.02	陕西省
118	湖南涉外经济学院	181	27.92	湖南省
119	浙江越秀外国语学院	235	27.04	浙江省
120	吉林动画学院	470	27	吉林省
121	新疆艺术学院	61	26.82	新疆维吾尔自治区
122	湖北警官学院	32	26.77	湖北省

续表

序号	学校名称	项目数	总分	省份
123	云南警官学院	42	26.61	云南省
124	河北金融学院	132	26.53	河北省
125	湖南女子学院	90	26.19	湖南省
126	山西传媒学院	55	26.07	山西省
127	中央司法警官学院	93	26.01	河北省
128	湖南财政经济学院	107	25.83	湖南省
129	广东警官学院	126	25.75	广东省
130	长春财经学院	142	25.61	吉林省
131	河池学院	272	25.52	广西壮族自治区
132	北京警察学院	23	25.36	北京市
133	西安翻译学院	138	24.99	陕西省
134	浙江音乐学院	97	24.8	浙江省
135	哈尔滨金融学院	149	24.66	黑龙江省
136	武汉商学院	159	24.51	湖北省
137	河南警察学院	10	24.23	河南省
138	内蒙古艺术学院	33	24.16	内蒙古自治区
139	山东青年政治学院	317	24.1	山东省
140	山西警察学院	34	24.09	山西省
141	福建商学院	53	24.06	福建省
142	吉林警察学院	58	24.03	吉林省
143	四川传媒学院	368	23.87	四川省
144	辽宁警察学院	41	23.73	辽宁省
145	山东政法学院	76	23.45	山东省
146	福州外语外贸学院	243	23.38	福建省
147	山西工商学院	42	23.28	山西省
148	上海海关学院	281	23.12	上海市
149	山东警察学院	21	22.93	山东省
150	西安体育学院	160	22.84	陕西省
151	铁道警察学院	107	22.58	河南省
152	河南财政金融学院	60	22.28	河南省
153	西安欧亚学院	95	22.21	陕西省
154	河北体育学院	22	22.16	河北省
155	山东女子学院	208	22.14	山东省

续表

序号	学校名称	项目数	总分	省份
155	西安外事学院	101	22.14	陕西省
157	湖北商贸学院	58	21.72	湖北省
158	广东培正学院	68	21.59	广东省
159	海口经济学院	213	21.41	海南省
160	贵州警察学院	6	21.24	贵州省
161	西安培华学院	152	21.15	陕西省
162	云南工商学院	128	21.09	云南省
163	福建江夏学院	258	20.84	福建省
164	辽宁对外经贸学院	179	20.79	辽宁省
165	上海外国语大学贤达经济人文学院	9	20.58	上海市
165	广西外国语学院	169	20.58	广西壮族自治区
167	上海杉达学院	162	20.3	上海市
168	上海视觉艺术学院	56	20.1	上海市
169	哈尔滨音乐学院	14	20.05	黑龙江省
170	武汉学院	93	19.72	湖北省
171	黑河学院	138	19.59	黑龙江省
172	大连艺术学院	68	19.14	辽宁省
173	郑州西亚斯学院	25	19.02	河南省
174	贵州商学院	92	18.71	贵州省
175	河北传媒学院	17	18.46	河北省
176	浙江财经大学东方学院	94	17.98	浙江省
177	四川电影电视学院	46	17.9	四川省
178	四川外国语大学成都学院	139	17.85	四川省
179	四川工商学院	98	17.7	四川省
180	上海财经大学浙江学院	7	17.63	浙江省
181	云南经济管理学院	107	17.47	云南省
182	郑州商学院	61	17.33	河南省
183	郑州经贸学院	26	16.97	河南省
184	陕西国际商贸学院	64	16.79	陕西省
185	重庆对外经贸学院	19	16.44	重庆市

序号	学校名称	项目数	总分	省份
186	天津财经大学珠江学院	12	16.43	天津市
187	浙江工商大学杭州商学院	68	16.24	浙江省
188	首都师范大学科德学院	4	16.18	北京市
189	新疆警察学院	52	15.44	新疆维吾尔自治区
190	武汉设计工程学院	64	15.43	湖北省
191	广东外语外贸大学南国商学院	89	15.34	广东省
192	河北外国语学院	7	14.97	河北省
193	广州华商学院	35	14.85	广东省
194	温州商学院	79	14.69	浙江省
195	南京传媒学院	26	14.61	江苏省
196	大连财经学院	49	14.32	辽宁省
197	黑龙江财经学院	13	14.24	黑龙江省
198	郑州工商学院	11	13.92	河南省
199	重庆财经学院	22	13.86	重庆市
200	黑龙江工商学院	39	13.75	黑龙江省
201	西南财经大学天府学院	91	13.63	四川省
202	同济大学浙江学院	21	13.43	浙江省
203	新疆科技学院	15	13.14	新疆维吾尔自治区
204	天津外国语大学滨海外事学院	6	12.67	天津市
205	广西警察学院	4	12.29	广西壮族自治区
206	安徽外国语学院	22	11.99	安徽省
207	云南艺术学院文华学院	39	11.79	云南省
208	郑州财经学院	31	11.53	河南省
209	武汉传媒学院	51	11.4	湖北省

序号	学校名称	项目数	总分	省份
210	北京第二外国语学院中瑞酒店管理学院	1	10.83	北京市
211	辽宁传媒学院	91	10.61	辽宁省
212	河北美术学院	24	10.48	河北省
213	北海艺术设计学院	84	10.37	广西壮族自治区
214	安徽艺术学院	17	10.3	安徽省
215	重庆外语外事学院	6	10.12	重庆市
216	郑州升达经贸管理学院	37	10.09	河南省
217	天津商业大学宝德学院	6	10.06	天津市
218	四川文化艺术学院	20	9.83	四川省
219	西安财经大学行知学院	15	9.22	陕西省
220	山东财经大学燕山学院	30	9.15	山东省
221	江西财经大学现代经济管理学院	2	9	江西省
222	河北大学工商学院	5	8.83	河北省
223	辽宁财贸学院	6	8.78	辽宁省
224	山东财经大学东方学院	30	8.77	山东省
225	湖北经济学院法商学院	36	8.72	湖北省
226	蚌埠工商学院	16	8.7	安徽省
227	河北地质大学华信学院	11	8.68	河北省
228	兰州工商学院	15	8.03	甘肃省
229	天津传媒学院	9	7.2	天津市
230	北京工商大学嘉华学院	3	6.8	北京市
231	湘潭理工学院	11	6.37	湖南省

续表

序号	学校名称	项目数	总分	省份
232	武汉体育学院体育科技学院	10	6.09	湖北省
232	南京审计大学金审学院	5	6.09	江苏省
232	贵州黔南经济学院	7	6.09	贵州省
235	重庆工商大学派斯学院	5	5.36	重庆市
235	青岛电影学院	3	5.36	山东省
235	河北经贸大学经济管理学院	3	5.36	河北省
238	南京财经大学红山学院	1	4.39	江苏省

8.7　农林类本科院校教师教学发展指数(2021版)

续表

序号	学校名称	项目数	总分	省份	序号	学校名称	项目数	总分	省份
1	华中农业大学	1842	67.39	湖北省	30	青岛农业大学	825	38.53	山东省
2	中国农业大学	2170	66.85	北京市	31	塔里木大学	661	37.81	新疆维吾尔自治区
3	南京农业大学	1604	63.01	江苏省	32	广东海洋大学	659	36.78	广东省
4	华南农业大学	1108	58.47	广东省	33	西南林业大学	281	36.45	云南省
5	山东农业大学	1227	58.15	山东省	34	黑龙江八一农垦大学	309	36.23	黑龙江省
6	西北农林科技大学	1842	57.88	陕西省	35	浙江海洋大学	520	35.88	浙江省
7	北京林业大学	1115	56.7	北京市	36	天津农学院	472	34.59	天津市
8	东北林业大学	1686	54.99	黑龙江省	37	北京农学院	379	33.54	北京市
9	东北农业大学	676	53.93	黑龙江省	38	西藏农牧学院	177	33.42	西藏自治区
10	河北农业大学	478	52.56	河北省	39	仲恺农业工程学院	347	30.95	广东省
11	福建农林大学	781	52.13	福建省	40	吉林农业科技学院	229	26.61	吉林省
12	内蒙古农业大学	230	51.62	内蒙古自治区	41	信阳农林学院	51	23.92	河南省
13	河南农业大学	455	50.39	河南省	42	晋中信息学院	16	19.97	山西省
14	湖南农业大学	500	49.69	湖南省	43	山东农业工程学院	191	19.31	山东省
15	四川农业大学	650	49.53	四川省	44	湖南农业大学东方科技学院	25	17.67	湖南省
16	南京林业大学	896	49.42	江苏省	45	福建农林大学金山学院	86	17.09	福建省
17	新疆农业大学	468	45.95	新疆维吾尔自治区	46	湛江科技学院	56	16.63	广东省
18	吉林农业大学	622	45.37	吉林省	47	中南林业科技大学涉外学院	24	14.42	湖南省
19	沈阳农业大学	507	45.33	辽宁省	48	河北农业大学现代科技学院	1	12.88	河北省
20	安徽农业大学	695	44.92	安徽省	49	浙江农林大学暨阳学院	67	11.93	浙江省
21	云南农业大学	312	44.77	云南省	50	福州工商学院	57	10.18	福建省
22	江西农业大学	389	44.28	江西省	51	新疆农业大学科学技术学院	10	10.04	新疆维吾尔自治区
23	山西农业大学	275	44.24	山西省					
24	上海海洋大学	536	42.45	上海市					
25	河南牧业经济学院	154	42.13	河南省					
26	甘肃农业大学	344	42.04	甘肃省					
27	浙江农林大学	524	40.67	浙江省					
28	中南林业科技大学	307	40.62	湖南省					
29	大连海洋大学	264	39.88	辽宁省					

续表

序号	学校名称	项目数	总分	省份
52	青岛农业大学海都学院	11	9.56	山东省
53	华南农业大学珠江学院	56	9.41	广东省
54	合肥经济学院	51	9.19	安徽省
55	江西农业大学南昌商学院	2	4.84	江西省

8.8 医药类本科院校教师教学发展指数(2021版)

续表

序号	学校名称	项目数	总分	省份
1	首都医科大学	634	58.92	北京市
2	中国药科大学	914	57.34	江苏省
3	哈尔滨医科大学	618	56.94	黑龙江省
4	中国医科大学	556	56.38	辽宁省
5	南方医科大学	774	54.53	广东省
6	上海中医药大学	750	54.45	上海市
7	北京中医药大学	1044	51.79	北京市
8	天津医科大学	331	51.32	天津市
8	南京医科大学	580	51.32	江苏省
10	南京中医药大学	785	50.64	江苏省
11	黑龙江中医药大学	330	50.38	黑龙江省
12	天津中医药大学	296	50.37	天津市
13	成都中医药大学	437	49.55	四川省
14	重庆医科大学	266	49.51	重庆市
15	温州医科大学	608	48.29	浙江省
16	广州中医药大学	609	47.12	广东省
17	北京协和医学院	479	47.02	北京市
18	江西中医药大学	390	46.87	江西省
19	广西医科大学	413	46.29	广西壮族自治区
20	山东中医药大学	595	46.23	山东省
21	山西医科大学	349	45.77	山西省
22	福建中医药大学	346	45.57	福建省
23	河北医科大学	385	45.35	河北省
24	新疆医科大学	342	45.33	新疆维吾尔自治区
25	辽宁中医药大学	255	45.3	辽宁省
26	安徽医科大学	578	45.22	安徽省
27	长春中医药大学	637	45.18	吉林省
28	浙江中医药大学	475	44.75	浙江省
29	宁夏医科大学	273	44.7	宁夏回族自治区
30	昆明医科大学	291	44.07	云南省
31	沈阳药科大学	416	43.44	辽宁省
32	福建医科大学	400	42.96	福建省
33	广州医科大学	334	42.75	广东省
34	大连医科大学	300	41.51	辽宁省
35	徐州医科大学	414	41.31	江苏省
36	安徽中医药大学	771	41.22	安徽省
37	河南中医药大学	380	40.67	河南省
38	湖南中医药大学	285	40.38	湖南省
39	内蒙古医科大学	129	39.71	内蒙古自治区
40	遵义医科大学	240	39.31	贵州省
41	上海健康医学院	326	39.08	上海市
42	湖北中医药大学	251	39.02	湖北省
43	河北中医学院	191	38.75	河北省
44	蚌埠医学院	419	38.51	安徽省
45	广西中医药大学	309	38.42	广西壮族自治区
46	海南医学院	305	38.1	海南省
47	滨州医学院	320	38.02	山东省
48	贵州医科大学	283	37.66	贵州省
49	贵州中医药大学	231	36.34	贵州省
50	广东药科大学	242	36.3	广东省
51	山东第一医科大学	880	36.06	山东省
52	皖南医学院	521	35.99	安徽省
53	济宁医学院	327	35.48	山东省
54	广东医科大学	287	35.39	广东省
55	锦州医科大学	230	35.3	辽宁省
56	甘肃中医药大学	103	35.01	甘肃省

续表

序号	学校名称	项目数	总分	省份
57	潍坊医学院	265	33.93	山东省
58	新乡医学院	369	33.68	河南省
59	桂林医学院	330	33.17	广西壮族自治区
60	西南医科大学	588	32.9	四川省
61	山东协和学院	424	32.33	山东省
62	牡丹江医学院	132	32.24	黑龙江省
63	西藏藏医药大学	100	32.09	西藏自治区
64	陕西中医药大学	297	31.98	陕西省
65	长治医学院	112	31.95	山西省
66	川北医学院	453	31.92	四川省
66	承德医学院	77	31.92	河北省
68	齐齐哈尔医学院	197	31.65	黑龙江省
69	云南中医药大学	154	31.52	云南省
70	成都医学院	351	30.12	四川省
70	杭州医学院	134	30.12	浙江省
72	右江民族医学院	254	29.7	广西壮族自治区
73	吉林医药学院	216	29.5	吉林省
74	湖北医药学院	172	29.25	湖北省
75	山西中医药大学	89	28.83	山西省
76	赣南医学院	177	28.5	江西省
77	沈阳医学院	100	27.57	辽宁省
78	长沙医学院	154	27.06	湖南省
79	西安医学院	177	25.32	陕西省
80	南京医科大学康达学院	22	24.9	江苏省
81	厦门医学院	34	23.74	福建省
82	湖南医药学院	62	22.96	湖南省
83	南京中医药大学翰林学院	12	22.06	江苏省
84	甘肃医学院	30	21.23	甘肃省
85	辽宁何氏医学院	65	19.27	辽宁省
86	齐鲁医药学院	116	18.88	山东省

续表

序号	学校名称	项目数	总分	省份
87	新乡医学院三全学院	38	17.82	河南省
88	南昌医学院	12	15.06	江西省
89	温州医科大学仁济学院	4	14.35	浙江省
90	大连医科大学中山学院	104	14.31	辽宁省
91	辽宁中医药大学杏林学院	15	13.81	辽宁省
92	山西医科大学晋祠学院	1	12.36	山西省
93	华北理工大学冀唐学院	2	12.23	河北省
94	广西中医药大学赛恩斯新医药学院	103	11.04	广西壮族自治区
95	锦州医科大学医疗学院	24	7.58	辽宁省
96	昆明医科大学海源学院	20	7.33	云南省
97	湖北医药学院药护学院	19	7.15	湖北省
97	天津医科大学临床医学院	19	7.15	天津市
99	安徽医科大学临床医学院	15	6.74	安徽省
100	遵义医科大学医学与科技学院	11	6.23	贵州省
100	新疆第二医学院	11	6.23	新疆维吾尔自治区
102	贵州中医药大学时珍学院	5	5.36	贵州省
103	浙江中医药大学滨江学院	2	5.04	浙江省
104	湖南中医药大学湘杏学院	1	3.42	湖南省

续表

序号	学校名称	项目数	总分	省份
104	贵州医科大学神奇民族医药学院	1	3.42	贵州省

8.9 师范类本科院校教师教学发展指数(2021版)

续表

序号	学校名称	项目数	总分	省份	序号	学校名称	项目数	总分	省份
1	北京师范大学	3177	82.25	北京市	31	内蒙古师范大学	200	44.88	内蒙古自治区
2	华东师范大学	3116	77.25	上海市	32	辽宁师范大学	433	44.57	辽宁省
3	华中师范大学	1747	69.35	湖北省	33	吉林师范大学	474	44.16	吉林省
4	南京师范大学	1632	66.79	江苏省	34	聊城大学	606	43.87	山东省
5	东北师范大学	1657	66.58	吉林省	35	天津职业技术师范大学	545	43.76	天津市
6	西南大学	1778	65.81	重庆市	36	青海师范大学	118	42.11	青海省
7	陕西师范大学	1521	63.17	陕西省	37	鲁东大学	1010	41.86	山东省
8	华南师范大学	1494	62.96	广东省	38	新疆师范大学	320	41.78	新疆维吾尔自治区
9	湖南师范大学	888	61.29	湖南省	39	山西师范大学	217	41.76	山西省
10	首都师范大学	1293	59.19	北京市	40	信阳师范学院	459	41.59	河南省
11	福建师范大学	1011	59.1	福建省	41	海南师范大学	317	41.55	海南省
12	河北师范大学	512	54.55	河北省	42	南宁师范大学	711	41.31	广西壮族自治区
13	山东师范大学	1758	54.52	山东省	43	乐山师范学院	617	40.42	四川省
14	天津师范大学	599	53.86	天津市	44	长春师范大学	378	39.32	吉林省
15	浙江师范大学	1077	53.55	浙江省	45	淮阴师范学院	467	38.32	江苏省
16	上海师范大学	950	53.28	上海市	46	赣南师范大学	303	38.27	江西省
17	广西师范大学	923	52.73	广西壮族自治区	47	湖州师范学院	483	37.89	浙江省
18	哈尔滨师范大学	714	51.95	黑龙江省	48	盐城师范学院	369	37.34	江苏省
19	西北师范大学	399	51.93	甘肃省	49	安庆师范大学	602	36.79	安徽省
20	河南师范大学	833	51.92	河南省	50	北部湾大学	326	36.73	广西壮族自治区
21	安徽师范大学	1716	51.77	安徽省	51	湖南文理学院	238	36.52	湖南省
22	江西师范大学	710	51.34	江西省	52	淮北师范大学	503	36.46	安徽省
23	云南师范大学	459	51.25	云南省	53	阜阳师范大学	444	36.43	安徽省
24	贵州师范大学	450	51.01	贵州省	54	湖北师范大学	331	36.38	湖北省
25	四川师范大学	945	50.63	四川省	55	湖南第一师范学院	186	35.91	湖南省
26	江苏师范大学	901	47.7	江苏省	56	岭南师范学院	348	35.25	广东省
27	杭州师范大学	716	47.36	浙江省					
28	沈阳师范大学	742	46.3	辽宁省					
29	重庆师范大学	289	45.36	重庆市					
30	曲阜师范大学	713	45.12	山东省					

续表

序号	学校名称	项目数	总分	省份
57	西华师范大学	525	35.1	四川省
58	河南科技学院	408	34.92	河南省
59	泉州师范学院	272	34.85	福建省
60	贵州师范学院	237	34.84	贵州省
61	黄冈师范学院	313	34.77	湖北省
62	太原师范学院	112	34.5	山西省
63	洛阳师范学院	466	34.47	河南省
64	重庆第二师范学院	102	34.39	重庆市
65	长江师范学院	325	34.29	重庆市
66	山西大同大学	169	34	山西省
67	玉林师范学院	530	33.94	广西壮族自治区
68	江西科技师范大学	442	33.76	江西省
69	遵义师范学院	141	33.66	贵州省
70	广东技术师范大学	480	33.39	广东省
71	江苏理工学院	397	33.27	江苏省
72	绵阳师范学院	462	33.24	四川省
73	商丘师范学院	146	33.23	河南省
74	牡丹江师范学院	260	33.13	黑龙江省
75	吉林工程技术师范学院	358	33.08	吉林省
76	南阳师范学院	539	32.56	河南省
76	湖北第二师范学院	231	32.56	湖北省
78	合肥师范学院	527	32.42	安徽省
79	南京晓庄学院	297	32.16	江苏省
80	昌吉学院	120	32.12	新疆维吾尔自治区
81	宁夏师范学院	104	32.06	宁夏回族自治区
82	昆明学院	126	31.92	云南省
83	安阳师范学院	337	31.9	河南省
84	成都师范学院	438	31.61	四川省
85	宝鸡文理学院	324	31.55	陕西省
86	渭南师范学院	320	31.06	陕西省
87	曲靖师范学院	166	30.99	云南省

续表

序号	学校名称	项目数	总分	省份
88	衡阳师范学院	144	30.83	湖南省
89	保定学院	72	30.76	河北省
90	闽南师范大学	355	30.72	福建省
91	淮南师范学院	357	30.6	安徽省
92	河北科技师范学院	136	30.59	河北省
93	江苏第二师范学院	165	30.53	江苏省
94	郑州师范学院	88	30.12	河南省
95	韩山师范学院	262	30.04	广东省
96	三明学院	277	29.97	福建省
97	周口师范学院	107	29.91	河南省
98	南京特殊教育师范学院	76	29.8	江苏省
99	广东第二师范学院	143	29.79	广东省
99	通化师范学院	273	29.79	吉林省
101	上饶师范学院	191	29.75	江西省
102	鞍山师范学院	100	29.72	辽宁省
103	长沙师范学院	88	29.61	湖南省
104	陕西学前师范学院	191	29.58	陕西省
105	伊犁师范大学	87	29.45	新疆维吾尔自治区
106	邯郸学院	84	29.3	河北省
107	兰州城市学院	75	28.93	甘肃省
108	琼台师范学院	57	28.9	海南省
109	齐鲁师范学院	203	28.36	山东省
110	喀什大学	127	28.32	新疆维吾尔自治区
111	天水师范学院	89	28.24	甘肃省
112	唐山师范学院	59	27.94	河北省
113	忻州师范学院	83	27.9	山西省
114	蚌埠学院	526	27.8	安徽省
115	大庆师范学院	127	27.77	黑龙江省
116	湖南人文科技学院	197	27.74	湖南省
117	黄淮学院	93	27.65	河南省
117	内江师范学院	333	27.65	四川省
119	衡水学院	56	27.16	河北省

续表

序号	学校名称	项目数	总分	省份
120	凯里学院	93	27.12	贵州省
121	百色学院	338	27.05	广西壮族自治区
122	石家庄学院	48	26.88	河北省
123	长治学院	90	26.86	山西省
124	池州学院	521	26.8	安徽省
125	安康学院	298	26.53	陕西省
126	咸阳师范学院	230	26.37	陕西省
127	南昌师范学院	115	26.36	江西省
128	商洛学院	252	26.32	陕西省
129	铜仁学院	197	26.23	贵州省
130	赤峰学院	63	26.16	内蒙古自治区
131	廊坊师范学院	85	25.89	河北省
132	广西科技师范学院	83	25.71	广西壮族自治区
133	黔南民族师范学院	193	25.68	贵州省
134	陇东学院	247	25.41	甘肃省
135	新乡学院	69	24.92	河南省
136	普洱学院	52	24.87	云南省
137	楚雄师范学院	88	24.84	云南省
138	白城师范学院	298	24.73	吉林省
139	贺州学院	379	24.69	广西壮族自治区
140	黑龙江外国语学院	54	24.63	黑龙江省
141	广西民族师范学院	333	24.57	广西壮族自治区
142	昭通学院	38	24.35	云南省
143	滇西科技师范学院	25	24.22	云南省
144	河北民族师范学院	48	24.03	河北省
145	泰州学院	69	23.88	江苏省
146	豫章师范学院	9	22.76	江西省
147	汉江师范学院	97	22.38	湖北省
148	沧州师范学院	13	22.31	河北省

续表

序号	学校名称	项目数	总分	省份
149	集宁师范学院	62	22.27	内蒙古自治区
150	西安文理学院	221	22.21	陕西省
151	济宁学院	112	22.03	山东省
152	六盘水师范学院	159	21.75	贵州省
153	甘肃民族师范学院	48	21.38	甘肃省
154	四川文理学院	238	21.27	四川省
155	宁德师范学院	164	20.57	福建省
156	武夷学院	277	20.04	福建省
157	玉溪师范学院	86	19.92	云南省
158	阿坝师范学院	166	19.38	四川省
159	安顺学院	140	18.57	贵州省
160	广西职业师范学院	12	18.09	广西壮族自治区
161	南京师范大学泰州学院	31	16.27	江苏省
162	昆明城市学院	69	14.56	云南省
163	中原科技学院	24	12.23	河南省
164	张家口学院	32	11.89	河北省
165	昆明文理学院	43	9.06	云南省
166	湖北师范大学文理学院	37	8.66	湖北省
167	山西师范大学现代文理学院	5	5.36	山西省
168	福建技术师范学院	1	4.07	福建省

8.10　民办及独立学院教师教学发展指数(2021 版)

续表

序号	学校名称	项目数	总分	省份
1	大连东软信息学院	610	37.57	辽宁省
2	山东协和学院	424	32.33	山东省
3	西京学院	370	32.25	陕西省
4	吉林外国语大学	319	32.14	吉林省
5	浙江树人学院	404	31.98	浙江省
6	山东英才学院	288	29.92	山东省
7	北京城市学院	430	28.91	北京市
8	宁波财经学院	337	28.8	浙江省
9	湖南涉外经济学院	181	27.92	湖南省
10	三亚学院	266	27.82	海南省
11	长沙医学院	154	27.06	湖南省
12	浙江越秀外国语学院	235	27.04	浙江省
13	吉林动画学院	470	27	吉林省
14	广东白云学院	107	26.99	广东省
15	沈阳工学院	185	26.45	辽宁省
16	上海建桥学院	128	26.21	上海市
17	无锡太湖学院	141	26.14	江苏省
18	安徽新华学院	689	26.01	安徽省
19	广州城市理工学院	98	25.88	广东省
20	长春光华学院	205	25.61	吉林省
20	长春财经学院	142	25.61	吉林省
22	武汉生物工程学院	88	25.19	湖北省
23	武汉工商学院	119	25.1	湖北省
24	宁夏理工学院	68	25.09	宁夏回族自治区
25	湖南信息学院	78	25.02	湖南省
26	西安翻译学院	138	24.99	陕西省
27	江西科技学院	108	24.95	江西省
28	南京医科大学康达学院	22	24.9	江苏省

序号	学校名称	项目数	总分	省份
29	泉州信息工程学院	78	24.81	福建省
30	天津天狮学院	73	24.8	天津市
30	潍坊科技学院	462	24.8	山东省
32	黑龙江外国语学院	54	24.63	黑龙江省
33	武汉东湖学院	163	24.5	湖北省
33	燕山大学里仁学院	23	24.5	河北省
35	黄河科技学院	170	24.46	河南省
36	南昌工学院	41	24.27	江西省
37	郑州科技学院	66	24.23	河南省
38	宁夏大学新华学院	73	24.17	宁夏回族自治区
39	三江学院	192	23.98	江苏省
40	四川传媒学院	368	23.87	四川省
41	成都文理学院	210	23.83	四川省
42	东南大学成贤学院	56	23.65	江苏省
43	黑龙江东方学院	90	23.58	黑龙江省
44	珠海科技学院	95	23.39	广东省
45	福州外语外贸学院	243	23.38	福建省
46	长春建筑学院	123	23.32	吉林省
47	山西工商学院	42	23.28	山西省
48	电子科技大学中山学院	98	22.75	广东省
49	武昌理工学院	170	22.65	湖北省
50	中国矿业大学徐海学院	18	22.48	江苏省
51	成都锦城学院	825	22.36	四川省
52	四川大学锦江学院	189	22.35	四川省
53	西安欧亚学院	95	22.21	陕西省
54	西安外事学院	101	22.14	陕西省
55	南宁学院	196	22.1	广西壮族自治区

续表

序号	学校名称	项目数	总分	省份
56	南京中医药大学翰林学院	12	22.06	江苏省
57	赣东学院	30	22.04	江西省
58	南昌理工学院	102	21.79	江西省
59	皖江工学院	106	21.77	安徽省
60	湖北商贸学院	58	21.72	湖北省
61	闽南理工学院	211	21.64	福建省
62	广东培正学院	68	21.59	广东省
63	广东科技学院	117	21.47	广东省
64	海口经济学院	213	21.41	海南省
65	广东东软学院	167	21.39	广东省
66	武汉城市学院	106	21.37	湖北省
67	山东石油化工学院	149	21.18	山东省
68	青岛滨海学院	353	21.15	山东省
68	西安培华学院	152	21.15	陕西省
70	青岛黄海学院	245	21.12	山东省
71	云南工商学院	128	21.09	云南省
72	烟台南山学院	169	21.07	山东省
72	福建师范大学协和学院	94	21.07	福建省
74	南京邮电大学通达学院	16	21.04	江苏省
75	苏州城市学院	16	21.02	江苏省
76	武汉华夏理工学院	79	20.98	湖北省
77	西安工商学院	17	20.89	陕西省
78	辽宁对外经贸学院	179	20.79	辽宁省
79	河北工程技术学院	14	20.74	河北省
80	重庆人文科技学院	30	20.63	重庆市
81	上海外国语大学贤达经济人文学院	9	20.58	上海市
81	广西外国语学院	169	20.58	广西壮族自治区
83	东莞城市学院	86	20.57	广东省
83	南京理工大学泰州科技学院	38	20.57	江苏省

续表

序号	学校名称	项目数	总分	省份
85	仰恩大学	45	20.48	福建省
86	安徽信息工程学院	684	20.45	安徽省
87	桂林学院	104	20.44	广西壮族自治区
88	长春科技学院	123	20.34	吉林省
89	上海杉达学院	162	20.3	上海市
90	文华学院	114	20.21	湖北省
91	云南大学滇池学院	110	20.16	云南省
92	四川工业科技学院	239	20.1	四川省
92	上海视觉艺术学院	56	20.1	上海市
94	吉林建筑科技学院	165	20.09	吉林省
95	南昌大学科学技术学院	7	20.07	江西省
96	上海师范大学天华学院	15	19.99	上海市
96	广东理工学院	50	19.99	广东省
98	晋中信息学院	16	19.97	山西省
99	福州大学至诚学院	96	19.9	福建省
100	三峡大学科技学院	11	19.83	湖北省
101	浙江工业大学之江学院	131	19.8	浙江省
102	武汉学院	93	19.72	湖北省
103	柳州工学院	63	19.71	广西壮族自治区
104	绍兴文理学院元培学院	31	19.69	浙江省
105	北京师范大学珠海分校	109	19.52	广东省
106	浙江师范大学行知学院	82	19.51	浙江省
107	成都东软学院	233	19.5	四川省
108	江西服装学院	39	19.37	江西省
109	辽宁何氏医学院	65	19.27	辽宁省
109	哈尔滨华德学院	53	19.27	黑龙江省

续表

序号	学校名称	项目数	总分	省份
111	华北理工大学轻工学院	16	19.26	河北省
112	广州新华学院	89	19.18	广东省
113	安徽三联学院	367	19.15	安徽省
114	电子科技大学成都学院	50	19.14	四川省
114	大连艺术学院	68	19.14	辽宁省
116	郑州西亚斯学院	25	19.02	河南省
117	吉利学院	71	18.9	四川省
118	齐鲁医药学院	116	18.88	山东省
119	厦门大学嘉庚学院	205	18.85	福建省
120	江西应用科技学院	60	18.8	江西省
121	湖北大学知行学院	58	18.77	湖北省
122	南京大学金陵学院	23	18.7	江苏省
123	杭州师范大学钱江学院	21	18.66	浙江省
124	西安思源学院	67	18.61	陕西省
125	齐鲁理工学院	78	18.6	山东省
126	温州理工学院	111	18.5	浙江省
127	南京航空航天大学金城学院	28	18.48	江苏省
128	河北传媒学院	17	18.46	河北省
129	长春电子科技学院	35	18.23	吉林省
130	沈阳城市学院	195	18.15	辽宁省
131	银川科技学院	59	18.13	宁夏回族自治区
132	天津理工大学中环信息学院	64	18.11	天津市
133	商丘工学院	17	18.1	河南省
134	浙江财经大学东方学院	94	17.98	浙江省
135	四川电影电视学院	46	17.9	四川省
136	山东华宇工学院	85	17.86	山东省
136	桂林信息科技学院	163	17.86	广西壮族自治区
138	四川外国语大学成都学院	139	17.85	四川省
139	集美大学诚毅学院	89	17.84	福建省
140	新乡医学院三全学院	38	17.82	河南省
141	阳光学院	94	17.81	福建省
142	广州南方学院	84	17.77	广东省
142	广州商学院	70	17.77	广东省
144	长春人文学院	198	17.71	吉林省
145	四川工商学院	98	17.7	四川省
146	湖南农业大学东方科技学院	25	17.67	湖南省
147	聊城大学东昌学院	68	17.64	山东省
148	上海财经大学浙江学院	7	17.63	浙江省
149	哈尔滨石油学院	54	17.59	黑龙江省
150	青岛恒星科技学院	33	17.52	山东省
151	云南经济管理学院	107	17.47	云南省
152	湖北工业大学工程技术学院	66	17.45	湖北省
153	武昌首义学院	55	17.41	湖北省
154	郑州商学院	61	17.33	河南省
155	长春大学旅游学院	84	17.32	吉林省
156	扬州大学广陵学院	26	17.25	江苏省
157	厦门华厦学院	49	17.2	福建省
158	南通理工学院	103	17.11	江苏省
159	福建农林大学金山学院	86	17.09	福建省
160	西安明德理工学院	41	17.04	陕西省
161	北京邮电大学世纪学院	7	17.01	北京市
162	郑州经贸学院	26	16.97	河南省
163	沈阳科技学院	24	16.92	辽宁省
164	贵州黔南科技学院	9	16.87	贵州省
165	山西工学院	1	16.81	山西省

续表

序号	学校名称	项目数	总分	省份
166	陕西国际商贸学院	64	16.79	陕西省
167	大连理工大学城市学院	70	16.72	辽宁省
168	湛江科技学院	56	16.63	广东省
169	广州应用科技学院	71	16.53	广东省
170	安徽文达信息工程学院	116	16.44	安徽省
170	重庆对外经贸学院	19	16.44	重庆市
170	郑州工业应用技术学院	53	16.44	河南省
170	北京理工大学珠海学院	110	16.44	广东省
174	天津财经大学珠江学院	12	16.43	天津市
175	武汉文理学院	10	16.38	湖北省
176	宁波大学科学技术学院	71	16.29	浙江省
177	南京师范大学泰州学院	31	16.27	江苏省
178	银川能源学院	55	16.24	宁夏回族自治区
178	浙江工商大学杭州商学院	68	16.24	浙江省
180	首都师范大学科德学院	4	16.18	北京市
181	大连科技学院	156	16.04	辽宁省
182	昆明理工大学津桥学院	62	16.03	云南省
183	长春工业大学人文信息学院	86	15.67	吉林省
184	哈尔滨剑桥学院	42	15.64	黑龙江省
185	中国计量大学现代科技学院	4	15.59	浙江省
186	北京科技大学天津学院	53	15.58	天津市

续表

序号	学校名称	项目数	总分	省份
187	西安交通大学城市学院	53	15.48	陕西省
188	武汉设计工程学院	64	15.43	湖北省
189	广东外语外贸大学南国商学院	89	15.34	广东省
190	南京理工大学紫金学院	34	15.28	江苏省
191	广州工商学院	104	15.13	广东省
192	重庆工程学院	91	15.08	重庆市
193	南昌医学院	12	15.06	江西省
194	河北外国语学院	7	14.97	河北省
195	广州华商学院	35	14.85	广东省
196	温州商学院	79	14.69	浙江省
197	南京传媒学院	26	14.61	江苏省
198	昆明城市学院	69	14.56	云南省
199	无锡学院	65	14.55	江苏省
200	成都银杏酒店管理学院	81	14.51	四川省
201	中南林业科技大学涉外学院	24	14.42	湖南省
202	苏州大学应用技术学院	28	14.36	江苏省
203	温州医科大学仁济学院	4	14.35	浙江省
204	大连财经学院	49	14.32	辽宁省
205	成都理工大学工程技术学院	230	14.31	四川省
205	大连医科大学中山学院	104	14.31	辽宁省
207	河南开封科技传媒学院	7	14.28	河南省
208	黑龙江财经学院	13	14.24	黑龙江省
209	嘉兴南湖学院	36	14	浙江省
209	武昌工学院	98	14	湖北省
209	沧州交通学院	37	14	河北省

续表

序号	学校名称	项目数	总分	省份
212	郑州工商学院	11	13.92	河南省
213	山西晋中理工学院	19	13.86	山西省
213	重庆财经学院	22	13.86	重庆市
215	燕京理工学院	42	13.85	河北省
216	吉林师范大学博达学院	100	13.84	吉林省
217	辽宁中医药大学杏林学院	15	13.81	辽宁省
218	西安建筑科技大学华清学院	6	13.76	陕西省
219	黑龙江工商学院	39	13.75	黑龙江省
220	南开大学滨海学院	73	13.71	天津市
221	西南财经大学天府学院	91	13.63	四川省
222	青岛城市学院	51	13.6	山东省
223	常州大学怀德学院	14	13.55	江苏省
224	烟台科技学院	15	13.47	山东省
225	同济大学浙江学院	21	13.43	浙江省
226	南宁理工学院	124	13.37	广西壮族自治区
227	浙江理工大学科技与艺术学院	61	13.32	浙江省
228	茅台学院	19	13.31	贵州省
229	哈尔滨信息工程学院	17	13.23	黑龙江省
229	河北师范大学汇华学院	14	13.23	河北省
231	广州软件学院	98	13.17	广东省
232	赣南科技学院	38	13.12	江西省
233	西安交通工程学院	41	13.06	陕西省
234	天津仁爱学院	111	13.05	天津市
235	绵阳城市学院	170	13.03	四川省
236	商丘学院	45	12.95	河南省
237	汉口学院	90	12.93	湖北省
238	江西师范大学科学技术学院	12	12.92	江西省

续表

序号	学校名称	项目数	总分	省份
239	安徽师范大学皖江学院	96	12.9	安徽省
240	厦门工学院	111	12.88	福建省
240	河北农业大学现代科技学院	1	12.88	河北省
242	南华大学船山学院	10	12.84	湖南省
242	石家庄铁道大学四方学院	12	12.84	河北省
244	广州理工学院	92	12.83	广东省
245	天津外国语大学滨海外事学院	6	12.67	天津市
245	江西工程学院	29	12.67	江西省
247	南京工业大学浦江学院	12	12.43	江苏省
248	南通大学杏林学院	12	12.37	江苏省
249	山西医科大学晋祠学院	1	12.36	山西省
250	吉首大学张家界学院	10	12.24	湖南省
251	华北理工大学冀唐学院	2	12.23	河北省
251	中原科技学院	24	12.23	河南省
253	重庆移通学院	33	12.18	重庆市
254	重庆城市科技学院	32	12.12	重庆市
255	内蒙古鸿德文理学院	2	12.04	内蒙古自治区
256	安徽外国语学院	22	11.99	安徽省
257	浙江农林大学暨阳学院	67	11.93	浙江省
258	北京工业大学耿丹学院	7	11.89	北京市
259	云南艺术学院文华学院	39	11.79	云南省
260	保定理工学院	13	11.77	河北省

续表

序号	学校名称	项目数	总分	省份
261	武汉工程大学邮电与信息工程学院	15	11.72	湖北省
262	郑州财经学院	31	11.53	河南省
263	广州华立学院	91	11.5	广东省
264	武汉传媒学院	51	11.4	湖北省
265	武汉晴川学院	50	11.36	湖北省
265	兰州信息科技学院	67	11.36	甘肃省
267	广西民族大学相思湖学院	70	11.17	广西壮族自治区
268	湘潭大学兴湘学院	7	11.15	湖南省
269	西南交通大学希望学院	90	11.12	四川省
270	广西中医药大学赛恩斯新医药学院	103	11.04	广西壮族自治区
271	赣南师范大学科技学院	3	11.03	江西省
272	阜阳师范大学信息工程学院	27	10.96	安徽省
273	北京第二外国语学院中瑞酒店管理学院	1	10.83	北京市
274	辽宁传媒学院	91	10.61	辽宁省
275	长江大学文理学院	27	10.54	湖北省
276	武汉工程科技学院	32	10.52	湖北省
277	河北美术学院	24	10.48	河北省
278	沈阳城市建设学院	70	10.4	辽宁省
279	北海艺术设计学院	84	10.37	广西壮族自治区
280	安阳学院	49	10.27	河南省
281	上海立达学院	5	10.19	上海市
282	福州工商学院	57	10.18	福建省
283	重庆外语外事学院	6	10.12	重庆市
284	信阳学院	19	10.1	河南省
285	郑州升达经贸管理学院	37	10.09	河南省

续表

序号	学校名称	项目数	总分	省份
286	湖南应用技术学院	67	10.08	湖南省
287	天津商业大学宝德学院	6	10.06	天津市
288	新疆农业大学科学技术学院	10	10.04	新疆维吾尔自治区
289	闽南科技学院	58	9.9	福建省
290	哈尔滨广厦学院	23	9.87	黑龙江省
291	四川文化艺术学院	20	9.83	四川省
292	湖南交通工程学院	53	9.57	湖南省
293	青岛农业大学海都学院	11	9.56	山东省
294	烟台理工学院	26	9.55	山东省
295	南京师范大学中北学院	12	9.46	江苏省
296	华南农业大学珠江学院	56	9.41	广东省
297	天津师范大学津沽学院	5	9.38	天津市
298	武汉纺织大学外经贸学院	17	9.34	湖北省
299	淮北理工学院	19	9.29	安徽省
300	陕西科技大学镐京学院	12	9.25	陕西省
301	西安财经大学行知学院	15	9.22	陕西省
302	合肥经济学院	51	9.19	安徽省
303	山东财经大学燕山学院	30	9.15	山东省
304	杭州电子科技大学信息工程学院	40	9.11	浙江省
305	辽宁师范大学海华学院	13	9.07	辽宁省
306	昆明文理学院	43	9.06	云南省
307	西安科技大学高新学院	7	9.02	陕西省

续表

序号	学校名称	项目数	总分	省份
308	湖州学院	34	9.01	浙江省
309	江西财经大学现代经济管理学院	2	9	江西省
310	南宁师范大学师园学院	45	8.92	广西壮族自治区
311	泰山科技学院	39	8.9	山东省
312	长沙理工大学城南学院	10	8.88	湖南省
313	大连工业大学艺术与信息工程学院	38	8.87	辽宁省
313	青岛工学院	35	8.87	山东省
315	江苏大学京江学院	5	8.83	江苏省
315	河北大学工商学院	5	8.83	河北省
317	湖北工程学院新技术学院	36	8.82	湖北省
318	北京航空航天大学北海学院	8	8.78	广西壮族自治区
318	辽宁财贸学院	6	8.78	辽宁省
320	山东财经大学东方学院	30	8.77	山东省
321	湖北经济学院法商学院	36	8.72	湖北省
322	蚌埠工商学院	16	8.7	安徽省
323	河北地质大学华信学院	11	8.68	河北省
324	丽江文化旅游学院	36	8.66	云南省
324	湖北师范大学文理学院	37	8.66	湖北省
326	齐齐哈尔工程学院	15	8.51	黑龙江省
327	湖北恩施学院	26	8.44	湖北省
328	山西应用科技学院	21	8.42	山西省
329	沈阳航空航天大学北方科技学院	1	8.4	辽宁省
330	潍坊理工学院	31	8.39	山东省
331	福州理工学院	30	8.33	福建省

续表

序号	学校名称	项目数	总分	省份
332	陕西服装工程学院	31	8.27	陕西省
333	哈尔滨远东理工学院	26	8.21	黑龙江省
334	马鞍山学院	24	8.08	安徽省
335	辽宁理工学院	27	8.06	辽宁省
336	兰州工商学院	15	8.03	甘肃省
337	南昌交通学院	13	7.73	江西省
338	黄河交通学院	17	7.66	河南省
339	锦州医科大学医疗学院	24	7.58	辽宁省
340	延安大学西安创新学院	8	7.55	陕西省
341	河北东方学院	11	7.41	河北省
341	贵阳信息科技学院	12	7.41	贵州省
343	昆明医科大学海源学院	20	7.33	云南省
344	山东现代学院	10	7.24	山东省
345	天津传媒学院	9	7.2	天津市
346	湖北医药学院药护学院	19	7.15	湖北省
346	河北科技学院	11	7.15	河北省
346	天津医科大学临床医学院	19	7.15	天津市
349	江苏师范大学科文学院	10	7.05	江苏省
349	贵阳人文科技学院	12	7.05	贵州省
351	西北大学现代学院	4	6.8	陕西省
351	北京工商大学嘉华学院	3	6.8	北京市
353	安徽医科大学临床医学院	15	6.74	安徽省
354	江苏科技大学苏州理工学院	7	6.62	江苏省
355	南昌航空大学科技学院	6	6.37	江西省

续表

序号	学校名称	项目数	总分	省份
355	湘潭理工学院	11	6.37	湖南省
355	衡阳师范学院南岳学院	12	6.37	湖南省
358	新疆第二医学院	11	6.23	新疆维吾尔自治区
358	遵义医科大学医学与科技学院	11	6.23	贵州省
360	南昌应用技术师范学院	5	6.09	江西省
360	湖北汽车工业学院科技学院	10	6.09	湖北省
360	武汉体育学院体育科技学院	10	6.09	湖北省
360	南京审计大学金审学院	5	6.09	江苏省
360	湖北文理学院理工学院	5	6.09	湖北省
360	贵州黔南经济学院	7	6.09	贵州省
366	湖南理工学院南湖学院	9	5.93	湖南省
366	湖南工程学院应用技术学院	9	5.93	湖南省
366	兰州博文科学院	8	5.93	甘肃省
366	荆州学院	5	5.93	湖北省
370	湖南科技大学潇湘学院	8	5.76	湖南省
371	湖南师范大学树达学院	7	5.57	湖南省
371	湖南文理学院芙蓉学院	7	5.57	湖南省
373	合肥城市学院	5	5.36	安徽省
373	重庆工商大学派斯学院	5	5.36	重庆市
373	青岛电影学院	3	5.36	山东省

续表

序号	学校名称	项目数	总分	省份
373	贵州中医药大学时珍学院	5	5.36	贵州省
373	黑龙江工程学院昆仑旅游学院	6	5.36	黑龙江省
373	山西师范大学现代文理学院	5	5.36	山西省
373	新乡工程学院	4	5.36	河南省
373	南昌大学共青学院	3	5.36	江西省
373	河北经贸大学经济管理学院	3	5.36	河北省
382	浙江中医药大学滨江学院	2	5.04	浙江省
383	江西农业大学南昌商学院	2	4.84	江西省
384	湖南工业大学科技学院	3	4.5	湖南省
385	南京财经大学红山学院	1	4.39	江苏省
386	山西科技学院	1	4.07	山西省
386	河北工程大学科信学院	1	4.07	河北省
388	湖南中医药大学湘杏学院	1	3.42	湖南省
388	贵州医科大学神奇民族医药学院	1	3.42	贵州省
388	西安理工大学高科学院	1	3.42	陕西省

8.11 新建本科院校教师教学发展指数(2021 版)

续表

序号	学校名称	项目数	总分	省份
1	天津中德应用技术大学	137	49.95	天津市
2	南京工程学院	591	48.01	江苏省
3	上海应用技术大学	682	43.12	上海市
4	合肥学院	1228	42.45	安徽省
5	河南牧业经济学院	154	42.13	河南省
6	成都工业学院	466	41.62	四川省
7	福建工程学院	522	41.35	福建省
8	重庆文理学院	550	41.02	重庆市
9	山东交通学院	791	40.96	山东省
10	重庆科技学院	375	40.51	重庆市
11	乐山师范学院	617	40.42	四川省
12	浙江万里学院	481	39.33	浙江省
13	上海健康医学院	326	39.08	上海市
14	潍坊学院	696	39.06	山东省
15	上海第二工业大学	430	38.88	上海市
16	江汉大学	280	38.8	湖北省
17	河北中医学院	191	38.75	河北省
18	长春工程学院	544	38.36	吉林省
19	厦门理工学院	465	37.99	福建省
20	湖北经济学院	250	37.88	湖北省
21	大连东软信息学院	610	37.57	辽宁省
22	沈阳工程学院	319	37.5	辽宁省
23	黑龙江工程学院	304	36.84	黑龙江省
23	常州工学院	415	36.84	江苏省
25	北部湾大学	326	36.73	广西壮族自治区
26	浙江传媒学院	488	36.59	浙江省
27	金陵科技学院	364	36.39	江苏省
28	湖南工程学院	340	36.18	湖南省
29	南昌工程学院	210	36.1	江西省
30	湖南第一师范学院	186	35.91	湖南省
31	南阳理工学院	159	35.69	河南省
32	洛阳理工学院	196	35.68	河南省
33	常熟理工学院	622	35.66	江苏省
34	湖南城市学院	277	35.65	湖南省
35	浙江水利水电学院	332	35.63	浙江省
36	井冈山大学	333	35.5	江西省
37	东莞理工学院	413	35.44	广东省
38	上海电机学院	422	35.37	上海市
39	韶关学院	291	35.34	广东省
40	上海立信会计金融学院	419	35.21	上海市
41	德州学院	767	35.12	山东省
42	泉州师范学院	272	34.85	福建省
43	贵州师范学院	237	34.84	贵州省
44	淮阴工学院	420	34.79	江苏省
45	河西学院	130	34.72	甘肃省
46	九江学院	290	34.52	江西省
47	洛阳师范学院	466	34.47	河南省
48	重庆第二师范学院	102	34.39	重庆市
49	长江师范学院	325	34.29	重庆市
50	中国科学院大学	81	34.1	北京市
51	玉林师范学院	530	33.94	广西壮族自治区
52	台州学院	439	33.73	浙江省
53	华北科技学院	511	33.68	河北省
54	遵义师范学院	141	33.66	贵州省
55	上海政法学院	208	33.3	上海市
56	绵阳师范学院	462	33.24	四川省
57	商丘师范学院	146	33.23	河南省

续表

序号	学校名称	项目数	总分	省份
58	桂林旅游学院	125	33.22	广西壮族自治区
59	河南城建学院	176	33.19	河南省
60	徐州工程学院	424	33.1	江苏省
61	肇庆学院	252	33.03	广东省
62	上海商学院	273	32.9	上海市
63	辽宁科技学院	238	32.89	辽宁省
64	绥化学院	140	32.8	黑龙江省
65	福建警察学院	214	32.74	福建省
66	闽江学院	313	32.66	福建省
67	宜春学院	232	32.57	江西省
68	南阳师范学院	539	32.56	河南省
68	湖北第二师范学院	231	32.56	湖北省
70	宁波工程学院	385	32.52	浙江省
71	长沙学院	274	32.49	湖南省
72	合肥师范学院	527	32.42	安徽省
73	山东协和学院	424	32.33	山东省
74	嘉兴学院	446	32.27	浙江省
75	浙江外国语学院	258	32.25	浙江省
75	西京学院	370	32.25	陕西省
77	南京晓庄学院	297	32.16	江苏省
78	吉林外国语大学	319	32.14	吉林省
79	昌吉学院	120	32.12	新疆维吾尔自治区
80	宁夏师范学院	104	32.06	宁夏回族自治区
81	广西财经学院	558	32.05	广西壮族自治区
82	西昌学院	360	32.04	四川省
82	湖南科技学院	283	32.04	湖南省
84	浙江树人学院	404	31.98	浙江省
84	广东金融学院	314	31.98	广东省
86	昆明学院	126	31.92	云南省
87	安阳师范学院	337	31.9	河南省
88	浙江警察学院	166	31.89	浙江省

续表

序号	学校名称	项目数	总分	省份
89	滁州学院	557	31.78	安徽省
90	许昌学院	125	31.76	河南省
91	成都师范学院	438	31.61	四川省
92	广东石油化工学院	309	31.52	广东省
93	哈尔滨学院	170	31.5	黑龙江省
94	渭南师范学院	320	31.06	陕西省
95	曲靖师范学院	166	30.99	云南省
96	河南工学院	110	30.84	河南省
97	保定学院	72	30.76	河北省
98	上海公安学院	21	30.71	上海市
99	攀枝花学院	417	30.7	四川省
100	湖北工程学院	266	30.69	湖北省
101	淮南师范学院	357	30.6	安徽省
102	皖西学院	550	30.5	安徽省
103	西安航空学院	261	30.48	陕西省
104	梧州学院	440	30.4	广西壮族自治区
105	怀化学院	344	30.38	湖南省
106	南京森林警察学院	331	30.36	江苏省
107	中国劳动关系学院	396	30.2	北京市
108	嘉应学院	241	30.19	广东省
109	郑州师范学院	88	30.12	河南省
109	杭州医学院	134	30.12	浙江省
111	泰山学院	475	29.99	山东省
112	三明学院	277	29.97	福建省
113	山东英才学院	288	29.92	山东省
114	周口师范学院	107	29.91	河南省
115	防灾科技学院	525	29.87	河北省
116	南京特殊教育师范学院	76	29.8	江苏省
117	广东第二师范学院	143	29.79	广东省
118	上饶师范学院	191	29.75	江西省
119	贵州工程应用技术学院	286	29.66	贵州省
120	吉林工商学院	230	29.64	吉林省

续表

序号	学校名称	项目数	总分	省份
121	长沙师范学院	88	29.61	湖南省
122	江西警察学院	118	29.59	江西省
123	陕西学前师范学院	191	29.58	陕西省
124	四川警察学院	240	29.54	四川省
125	新疆工程学院	134	29.52	新疆维吾尔自治区
126	黄山学院	404	29.48	安徽省
127	广州航海学院	106	29.47	广东省
128	中国社会科学院大学	269	29.43	北京市
129	邯郸学院	84	29.3	河北省
130	红河学院	167	29.29	云南省
131	辽东学院	295	29.26	辽宁省
132	海南热带海洋学院	212	29.18	海南省
133	贵阳学院	181	29.15	贵州省
134	惠州学院	261	29.14	广东省
135	兰州城市学院	75	28.93	甘肃省
135	铜陵学院	762	28.93	安徽省
137	北京城市学院	430	28.91	北京市
138	琼台师范学院	57	28.9	海南省
139	宁波财经学院	337	28.8	浙江省
140	湖南警察学院	115	28.38	湖南省
141	齐鲁师范学院	203	28.36	山东省
142	滨州学院	886	28.34	山东省
143	邢台学院	41	28.31	河北省
144	宜宾学院	431	28.29	四川省
145	湘南学院	186	28.27	湖南省
146	天水师范学院	89	28.24	甘肃省
147	湖南工学院	243	28.17	湖南省
147	重庆警察学院	51	28.17	重庆市
149	江苏警官学院	181	28.06	江苏省
150	贵州理工学院	313	28.02	贵州省
151	宿州学院	649	28.01	安徽省
152	湖南涉外经济学院	181	27.92	湖南省
153	忻州师范学院	83	27.9	山西省

续表

序号	学校名称	项目数	总分	省份
154	菏泽学院	313	27.83	山东省
155	三亚学院	266	27.82	海南省
156	蚌埠学院	526	27.8	安徽省
157	大庆师范学院	127	27.77	黑龙江省
158	北华航天工业学院	104	27.75	河北省
159	湖南人文科技学院	197	27.74	湖南省
160	运城学院	113	27.68	山西省
161	黄淮学院	93	27.65	河南省
161	内江师范学院	333	27.65	四川省
163	河南工程学院	160	27.56	河南省
164	衡水学院	56	27.16	河北省
165	凯里学院	93	27.12	贵州省
166	桂林航天工业学院	240	27.11	广西壮族自治区
167	长沙医学院	154	27.06	湖南省
168	太原学院	64	27.05	山西省
168	百色学院	338	27.05	广西壮族自治区
170	浙江越秀外国语学院	235	27.04	浙江省
171	吉林动画学院	470	27	吉林省
172	广东白云学院	107	26.99	广东省
172	兰州工业学院	159	26.99	甘肃省
174	石家庄学院	48	26.88	河北省
175	长治学院	90	26.86	山西省
176	池州学院	521	26.8	安徽省
177	湖北警官学院	32	26.77	湖北省
178	唐山学院	83	26.72	河北省
179	呼和浩特民族学院	61	26.66	内蒙古自治区
180	吉林农业科技学院	229	26.61	吉林省
180	云南警官学院	42	26.61	云南省
182	浙大宁波理工学院	307	26.55	浙江省
183	河北金融学院	132	26.53	河北省
183	安康学院	298	26.53	陕西省

续表

序号	学校名称	项目数	总分	省份
185	沈阳工学院	185	26.45	辽宁省
186	咸阳师范学院	230	26.37	陕西省
187	南昌师范学院	115	26.36	江西省
188	商洛学院	252	26.32	陕西省
189	呼伦贝尔学院	101	26.27	内蒙古自治区
190	郑州工程技术学院	62	26.24	河南省
191	铜仁学院	197	26.23	贵州省
192	上海建桥学院	128	26.21	上海市
193	湖南女子学院	90	26.19	湖南省
194	赤峰学院	63	26.16	内蒙古自治区
195	四川民族学院	111	26.15	四川省
196	无锡太湖学院	141	26.14	江苏省
197	山西传媒学院	55	26.07	山西省
198	中央司法警官学院	93	26.01	河北省
198	安徽新华学院	689	26.01	安徽省
200	丽水学院	358	26	浙江省
201	四川旅游学院	410	25.99	四川省
202	吕梁学院	92	25.94	山西省
203	廊坊师范学院	85	25.89	河北省
204	广州城市理工学院	98	25.88	广东省
205	湖南财政经济学院	107	25.83	湖南省
206	广东警官学院	126	25.75	广东省
207	广西科技师范学院	83	25.71	广西壮族自治区
208	黔南民族师范学院	193	25.68	贵州省
209	长春光华学院	205	25.61	吉林省
209	长春财经学院	142	25.61	吉林省
211	榆林学院	177	25.6	陕西省
212	莆田学院	237	25.59	福建省
213	湖北理工学院	188	25.53	湖北省
214	河池学院	272	25.52	广西壮族自治区
215	河北水利电力学院	45	25.48	河北省

续表

序号	学校名称	项目数	总分	省份
216	陇东学院	247	25.41	甘肃省
217	北京警察学院	23	25.36	北京市
218	西安医学院	177	25.32	陕西省
219	武汉生物工程学院	88	25.19	湖北省
220	武汉工商学院	119	25.1	湖北省
221	宁夏理工学院	68	25.09	宁夏回族自治区
222	湖南信息学院	78	25.02	湖南省
223	西安翻译学院	138	24.99	陕西省
224	江西科技学院	108	24.95	江西省
225	新乡学院	69	24.92	河南省
226	枣庄学院	494	24.88	山东省
227	普洱学院	52	24.87	云南省
227	兴义民族师范学院	190	24.87	贵州省
229	楚雄师范学院	88	24.84	云南省
230	泉州信息工程学院	78	24.81	福建省
231	天津天狮学院	73	24.8	天津市
231	浙江音乐学院	97	24.8	浙江省
231	潍坊科技学院	462	24.8	山东省
234	白城师范学院	298	24.73	吉林省
235	贺州学院	379	24.69	广西壮族自治区
236	哈尔滨金融学院	149	24.66	黑龙江省
237	黑龙江外国语学院	54	24.63	黑龙江省
238	文山学院	95	24.61	云南省
239	广西民族师范学院	333	24.57	广西壮族自治区
240	武汉商学院	159	24.51	湖北省
241	武汉东湖学院	163	24.5	湖北省
241	燕山大学里仁学院	23	24.5	河北省
243	黄河科技学院	170	24.46	河南省
244	昭通学院	38	24.35	云南省
245	衢州学院	257	24.3	浙江省
246	南昌工学院	41	24.27	江西省
247	郑州科技学院	66	24.23	河南省

续表

序号	学校名称	项目数	总分	省份
247	河南警察学院	10	24.23	河南省
249	滇西科技师范学院	25	24.22	云南省
250	龙岩学院	246	24.18	福建省
251	宁夏大学新华学院	73	24.17	宁夏回族自治区
252	山东青年政治学院	.317	24.1	山东省
253	山西警察学院	34	24.09	山西省
254	巢湖学院	381	24.06	安徽省
254	福建商学院	53	24.06	福建省
256	吉林警察学院	58	24.03	吉林省
256	河北民族师范学院	48	24.03	河北省
258	平顶山学院	89	23.99	河南省
259	三江学院	192	23.98	江苏省
260	信阳农林学院	51	23.92	河南省
261	泰州学院	69	23.88	江苏省
262	四川传媒学院	368	23.87	四川省
263	成都文理学院	210	23.83	四川省
264	山东管理学院	182	23.8	山东省
265	厦门医学院	34	23.74	福建省
266	东南大学成贤学院	56	23.65	江苏省
267	黑龙江东方学院	90	23.58	黑龙江省
268	山东政法学院	76	23.45	山东省
269	上海科技大学	19	23.41	上海市
270	珠海科技学院	95	23.39	广东省
271	福州外语外贸学院	243	23.38	福建省
272	长春建筑学院	123	23.32	吉林省
273	山西工商学院	42	23.28	山西省
274	上海海关学院	281	23.12	上海市
275	湖南医药学院	62	22.96	湖南省
276	山东警察学院	21	22.93	山东省
277	南方科技大学	105	22.9	广东省
278	宿迁学院	78	22.85	江苏省
279	豫章师范学院	9	22.76	江西省
280	电子科技大学中山学院	98	22.75	广东省

续表

序号	学校名称	项目数	总分	省份
281	新余学院	153	22.73	江西省
282	河北环境工程学院	37	22.71	河北省
283	武昌理工学院	170	22.65	湖北省
284	铁道警察学院	107	22.58	河南省
285	中国矿业大学徐海学院	18	22.48	江苏省
286	汉江师范学院	97	22.38	湖北省
287	成都锦城学院	825	22.36	四川省
288	四川大学锦江学院	189	22.35	四川省
289	沧州师范学院	13	22.31	河北省
290	河南财政金融学院	60	22.28	河南省
291	集宁师范学院	62	22.27	内蒙古自治区
292	西安文理学院	221	22.21	陕西省
292	西安欧亚学院	95	22.21	陕西省
294	山东女子学院	208	22.14	山东省
294	西安外事学院	101	22.14	陕西省
296	南宁学院	196	22.1	广西壮族自治区
297	荆楚理工学院	165	22.06	湖北省
297	南京中医药大学翰林学院	12	22.06	江苏省
299	赣东学院	30	22.04	江西省
300	济宁学院	112	22.03	山东省
301	南昌理工学院	102	21.79	江西省
302	皖江工学院	106	21.77	安徽省
303	六盘水师范学院	159	21.75	贵州省
304	湖北商贸学院	58	21.72	湖北省
305	闽南理工学院	211	21.64	福建省
306	广东培正学院	68	21.59	广东省
307	广东科技学院	117	21.47	广东省
308	海口经济学院	213	21.41	海南省
309	广东东软学院	167	21.39	广东省
310	甘肃民族师范学院	48	21.38	甘肃省
311	武汉城市学院	106	21.37	湖北省

续表

序号	学校名称	项目数	总分	省份
312	四川文理学院	238	21.27	四川省
313	贵州警察学院	6	21.24	贵州省
314	甘肃医学院	30	21.23	甘肃省
315	山东石油化工学院	149	21.18	山东省
316	青岛滨海学院	353	21.15	山东省
316	西安培华学院	152	21.15	陕西省
318	青岛黄海学院	245	21.12	山东省
319	云南工商学院	128	21.09	云南省
320	烟台南山学院	169	21.07	山东省
320	福建师范大学协和学院	94	21.07	福建省
322	保山学院	66	21.03	云南省
323	武汉华夏理工学院	79	20.98	湖北省
324	西安工商学院	17	20.89	陕西省
325	福建江夏学院	258	20.84	福建省
326	辽宁对外经贸学院	179	20.79	辽宁省
327	河北工程技术学院	14	20.74	河北省
328	重庆人文科技学院	30	20.63	重庆市
329	上海外国语大学贤达经济人文学院	9	20.58	上海市
329	广西外国语学院	169	20.58	广西壮族自治区
331	东莞城市学院	86	20.57	广东省
331	南京理工大学泰州科技学院	38	20.57	江苏省
331	宁德师范学院	164	20.57	福建省
334	安徽信息工程学院	684	20.45	安徽省
335	桂林学院	104	20.44	广西壮族自治区
336	长春科技学院	123	20.34	吉林省
337	上海杉达学院	162	20.3	上海市
338	文华学院	114	20.21	湖北省
339	云南大学滇池学院	110	20.16	云南省
340	四川工业科技学院	239	20.1	四川省
340	上海视觉艺术学院	56	20.1	上海市

续表

序号	学校名称	项目数	总分	省份
342	吉林建筑科技学院	165	20.09	吉林省
343	南昌大学科学技术学院	7	20.07	江西省
344	哈尔滨音乐学院	14	20.05	黑龙江省
345	武夷学院	277	20.04	福建省
346	晋中学院	109	20	山西省
347	上海师范大学天华学院	15	19.99	上海市
347	广东理工学院	50	19.99	广东省
349	晋中信息学院	16	19.97	山西省
350	玉溪师范学院	86	19.92	云南省
351	福州大学至诚学院	96	19.9	福建省
352	三峡大学科技学院	11	19.83	湖北省
353	武汉学院	93	19.72	湖北省
354	柳州工学院	63	19.71	广西壮族自治区
355	绍兴文理学院元培学院	31	19.69	浙江省
356	黑河学院	138	19.59	黑龙江省
357	北京师范大学珠海分校	109	19.52	广东省
358	成都东软学院	233	19.5	四川省
359	阿坝师范学院	166	19.38	四川省
360	江西服装学院	39	19.37	江西省
361	安阳工学院	92	19.32	河南省
362	山东农业工程学院	191	19.31	山东省
363	辽宁何氏医学院	65	19.27	辽宁省
364	宁波诺丁汉大学	15	19.26	浙江省
364	华北理工大学轻工学院	16	19.26	河北省
366	广州新华学院	89	19.18	广东省
367	安徽三联学院	367	19.15	安徽省
368	电子科技大学成都学院	50	19.14	四川省
368	大连艺术学院	68	19.14	辽宁省

续表

序号	学校名称	项目数	总分	省份
370	郑州西亚斯学院	25	19.02	河南省
371	山西工程技术学院	45	18.94	山西省
372	兰州文理学院	54	18.93	甘肃省
373	吉利学院	71	18.9	四川省
374	齐鲁医药学院	116	18.88	山东省
375	厦门大学嘉庚学院	205	18.85	福建省
376	江西应用科技学院	60	18.8	江西省
377	湖北大学知行学院	58	18.77	湖北省
378	河套学院	44	18.74	内蒙古自治区
379	贵州商学院	92	18.71	贵州省
380	南京大学金陵学院	23	18.7	江苏省
381	西安思源学院	67	18.61	陕西省
382	齐鲁理工学院	78	18.6	山东省
383	亳州学院	72	18.58	安徽省
384	安顺学院	140	18.57	贵州省
385	温州理工学院	111	18.5	浙江省
386	河北传媒学院	17	18.46	河北省
387	萍乡学院	89	18.36	江西省
388	黑龙江工业学院	38	18.25	黑龙江省
389	长春电子科技学院	35	18.23	吉林省
390	沈阳城市学院	195	18.15	辽宁省
391	银川科技学院	59	18.13	宁夏回族自治区
392	天津理工大学中环信息学院	64	18.11	天津市
393	商丘工学院	17	18.1	河南省
394	广西职业师范学院	12	18.09	广西壮族自治区
395	西交利物浦大学	20	18.07	江苏省
396	四川电影电视学院	46	17.9	四川省
397	山东华宇工学院	85	17.86	山东省
397	桂林信息科技学院	163	17.86	广西壮族自治区

续表

序号	学校名称	项目数	总分	省份
399	四川外国语大学成都学院	139	17.85	四川省
400	集美大学诚毅学院	89	17.84	福建省
401	新乡医学院三全学院	38	17.82	河南省
402	阳光学院	94	17.81	福建省
403	广州南方学院	84	17.77	广东省
403	广州商学院	70	17.77	广东省
405	长春人文学院	198	17.71	吉林省
406	四川工商学院	98	17.7	四川省
407	鄂尔多斯应用技术学院	61	17.68	内蒙古自治区
408	湖南农业大学东方科技学院	25	17.67	湖南省
409	聊城大学东昌学院	68	17.64	山东省
410	上海财经大学浙江学院	7	17.63	浙江省
411	哈尔滨石油学院	54	17.59	黑龙江省
412	景德镇学院	83	17.58	江西省
413	青岛恒星科技学院	33	17.52	山东省
414	云南经济管理学院	107	17.47	云南省
415	湖北工业大学工程技术学院	66	17.45	湖北省
416	武昌首义学院	55	17.41	湖北省
417	郑州商学院	61	17.33	河南省
418	长春大学旅游学院	84	17.32	吉林省
419	厦门华厦学院	49	17.2	福建省
420	南通理工学院	103	17.11	江苏省
421	福建农林大学金山学院	86	17.09	福建省
422	西安明德理工学院	41	17.04	陕西省
423	北京邮电大学世纪学院	7	17.01	北京市
424	营口理工学院	57	17	辽宁省
425	郑州经贸学院	26	16.97	河南省

续表

序号	学校名称	项目数	总分	省份
426	贵州黔南科技学院	9	16.87	贵州省
427	中国消防救援学院	5	16.83	北京市
428	山西工学院	1	16.81	山西省
429	陕西国际商贸学院	64	16.79	陕西省
430	大连理工大学城市学院	70	16.72	辽宁省
431	湛江科技学院	56	16.63	广东省
432	广州应用科技学院	71	16.53	广东省
433	安徽文达信息工程学院	116	16.44	安徽省
433	重庆对外经贸学院	19	16.44	重庆市
433	郑州工业应用技术学院	53	16.44	河南省
433	北京理工大学珠海学院	110	16.44	广东省
437	天津财经大学珠江学院	12	16.43	天津市
438	武汉文理学院	10	16.38	湖北省
439	南京师范大学泰州学院	31	16.27	江苏省
440	银川能源学院	55	16.24	宁夏回族自治区
441	首都师范大学科德学院	4	16.18	北京市
442	大连科技学院	156	16.04	辽宁省
443	昆明理工大学津桥学院	62	16.03	云南省
444	香港中文大学(深圳)	2	15.91	广东省
445	新疆理工学院	29	15.75	新疆维吾尔自治区
446	哈尔滨剑桥学院	42	15.64	黑龙江省
447	北京科技大学天津学院	53	15.58	天津市
448	西安交通大学城市学院	53	15.48	陕西省

续表

序号	学校名称	项目数	总分	省份
449	新疆警察学院	52	15.44	新疆维吾尔自治区
450	武汉设计工程学院	64	15.43	湖北省
451	广东外语外贸大学南国商学院	89	15.34	广东省
452	广州工商学院	104	15.13	广东省
453	重庆工程学院	91	15.08	重庆市
454	南昌医学院	12	15.06	江西省
455	河北外国语学院	7	14.97	河北省
456	广州华商学院	35	14.85	广东省
457	温州商学院	79	14.69	浙江省
458	南京传媒学院	26	14.61	江苏省
459	昆明城市学院	69	14.56	云南省
460	无锡学院	65	14.55	江苏省
461	成都银杏酒店管理学院	81	14.51	四川省
462	深圳技术大学	57	14.44	广东省
463	中南林业科技大学涉外学院	24	14.42	湖南省
464	温州医科大学仁济学院	4	14.35	浙江省
465	大连财经学院	49	14.32	辽宁省
466	成都理工大学工程技术学院	230	14.31	四川省
467	河南开封科技传媒学院	7	14.28	河南省
468	黑龙江财经学院	13	14.24	黑龙江省
469	山西能源学院	38	14.13	山西省
470	武昌工学院	98	14	湖北省
470	嘉兴南湖学院	36	14	浙江省
470	沧州交通学院	37	14	河北省
473	郑州工商学院	11	13.92	河南省
474	山西晋中理工学院	19	13.86	山西省
474	重庆财经学院	22	13.86	重庆市
476	燕京理工学院	42	13.85	河北省

续表

序号	学校名称	项目数	总分	省份
477	吉林师范大学博达学院	100	13.84	吉林省
478	辽宁中医药大学杏林学院	15	13.81	辽宁省
479	西安建筑科技大学华清学院	6	13.76	陕西省
480	黑龙江工商学院	39	13.75	黑龙江省
481	南开大学滨海学院	73	13.71	天津市
482	西南财经大学天府学院	91	13.63	四川省
483	青岛城市学院	51	13.6	山东省
484	常州大学怀德学院	14	13.55	江苏省
485	烟台科技学院	15	13.47	山东省
486	同济大学浙江学院	21	13.43	浙江省
487	南宁理工学院	124	13.37	广西壮族自治区
488	茅台学院	19	13.31	贵州省
489	哈尔滨信息工程学院	17	13.23	黑龙江省
489	河北师范大学汇华学院	14	13.23	河北省
491	广州软件学院	98	13.17	广东省
492	新疆科技学院	15	13.14	新疆维吾尔自治区
493	赣南科技学院	38	13.12	江西省
494	西安交通工程学院	41	13.06	陕西省
495	天津仁爱学院	111	13.05	天津市
496	绵阳城市学院	170	13.03	四川省
497	商丘学院	45	12.95	河南省
498	汉口学院	90	12.93	湖北省
499	江西师范大学科学技术学院	12	12.92	江西省
500	安徽师范大学皖江学院	96	12.9	安徽省
501	厦门工学院	111	12.88	福建省

续表

序号	学校名称	项目数	总分	省份
501	河北农业大学现代科技学院	1	12.88	河北省
503	南华大学船山学院	10	12.84	湖南省
503	石家庄铁道大学四方学院	12	12.84	河北省
505	广州理工学院	92	12.83	广东省
506	天津外国语大学滨海外事学院	6	12.67	天津市
506	江西工程学院	29	12.67	江西省
508	山西医科大学晋祠学院	1	12.36	山西省
509	广西警察学院	4	12.29	广西壮族自治区
510	吉首大学张家界学院	10	12.24	湖南省
511	华北理工大学冀唐学院	2	12.23	河北省
511	中原科技学院	24	12.23	河南省
513	重庆移通学院	33	12.18	重庆市
514	重庆城市科技学院	32	12.12	重庆市
515	内蒙古鸿德文理学院	2	12.04	内蒙古自治区
516	安徽外国语学院	22	11.99	安徽省
517	浙江农林大学暨阳学院	67	11.93	浙江省
518	北京工业大学耿丹学院	7	11.89	北京市
518	张家口学院	32	11.89	河北省
520	云南艺术学院文华学院	39	11.79	云南省
521	保定理工学院	13	11.77	河北省
522	武汉工程大学邮电与信息工程学院	15	11.72	湖北省
523	郑州财经学院	31	11.53	河南省
524	广州华立学院	91	11.5	广东省

续表

序号	学校名称	项目数	总分	省份
525	武汉传媒学院	51	11.4	湖北省
526	武汉晴川学院	50	11.36	湖北省
526	兰州信息科技学院	67	11.36	甘肃省
528	广西民族大学相思湖学院	70	11.17	广西壮族自治区
529	湘潭大学兴湘学院	7	11.15	湖南省
530	西南交通大学希望学院	90	11.12	四川省
531	广西中医药大学赛恩斯新医药学院	103	11.04	广西壮族自治区
532	赣南师范大学科技学院	3	11.03	江西省
533	阜阳师范大学信息工程学院	27	10.96	安徽省
534	北京第二外国语学院中瑞酒店管理学院	1	10.83	北京市
535	辽宁传媒学院	91	10.61	辽宁省
536	长江大学文理学院	27	10.54	湖北省
537	武汉工程科技学院	32	10.52	湖北省
538	河北美术学院	24	10.48	河北省
539	沈阳城市建设学院	70	10.4	辽宁省
540	北海艺术设计学院	84	10.37	广西壮族自治区
541	安徽艺术学院	17	10.3	安徽省
542	安阳学院	49	10.27	河南省
543	上海立达学院	5	10.19	上海市
544	福州工商学院	57	10.18	福建省
545	重庆外语外事学院	6	10.12	重庆市
546	信阳学院	19	10.1	河南省
547	湖南应用技术学院	67	10.08	湖南省
548	天津商业大学宝德学院	6	10.06	天津市
549	新疆农业大学科学技术学院	10	10.04	新疆维吾尔自治区

续表

序号	学校名称	项目数	总分	省份
550	闽南科技学院	58	9.9	福建省
551	哈尔滨广厦学院	23	9.87	黑龙江省
552	四川文化艺术学院	20	9.83	四川省
553	湖南交通工程学院	53	9.57	湖南省
554	青岛农业大学海都学院	11	9.56	山东省
555	烟台理工学院	26	9.55	山东省
556	华南农业大学珠江学院	56	9.41	广东省
557	天津师范大学津沽学院	5	9.38	天津市
558	武汉纺织大学外经贸学院	17	9.34	湖北省
559	淮北理工学院	19	9.29	安徽省
560	陕西科技大学镐京学院	12	9.25	陕西省
561	西安财经大学行知学院	15	9.22	陕西省
562	合肥经济学院	51	9.19	安徽省
563	滇西应用技术大学	14	9.16	云南省
564	山东财经大学燕山学院	30	9.15	山东省
565	温州肯恩大学	50	9.11	浙江省
566	辽宁师范大学海华学院	13	9.07	辽宁省
567	昆明文理学院	43	9.06	云南省
568	西安科技大学高新学院	7	9.02	陕西省
569	江西财经大学现代经济管理学院	2	9	江西省
570	南宁师范大学师园学院	45	8.92	广西壮族自治区
571	泰山科技学院	39	8.9	山东省
572	长沙理工大学城南学院	10	8.88	湖南省

续表

序号	学校名称	项目数	总分	省份
572	昆山杜克大学	10	8.88	江苏省
574	大连工业大学艺术与信息工程学院	38	8.87	辽宁省
574	青岛工学院	35	8.87	山东省
576	江苏大学京江学院	5	8.83	江苏省
576	河北大学工商学院	5	8.83	河北省
578	湖北工程学院新技术学院	36	8.82	湖北省
579	北京航空航天大学北海学院	8	8.78	广西壮族自治区
579	辽宁财贸学院	6	8.78	辽宁省
581	山东财经大学东方学院	30	8.77	山东省
582	湖北经济学院法商学院	36	8.72	湖北省
583	蚌埠工商学院	16	8.7	安徽省
584	河北地质大学华信学院	11	8.68	河北省
585	丽江文化旅游学院	36	8.66	云南省
585	湖北师范大学文理学院	37	8.66	湖北省
587	齐齐哈尔工程学院	15	8.51	黑龙江省
588	湖北恩施学院	26	8.44	湖北省
589	山西应用科技学院	21	8.42	山西省
590	潍坊理工学院	31	8.39	山东省
591	福州理工学院	30	8.33	福建省
592	陕西服装工程学院	31	8.27	陕西省
593	哈尔滨远东理工学院	26	8.21	黑龙江省
594	马鞍山学院	24	8.08	安徽省
595	辽宁理工学院	27	8.06	辽宁省
596	兰州工商学院	15	8.03	甘肃省
597	南昌交通学院	13	7.73	江西省
598	黄河交通学院	17	7.66	河南省

续表

序号	学校名称	项目数	总分	省份
599	锦州医科大学医疗学院	24	7.58	辽宁省
600	延安大学西安创新学院	8	7.55	陕西省
601	河北东方学院	11	7.41	河北省
601	贵阳信息科技学院	12	7.41	贵州省
603	昆明医科大学海源学院	20	7.33	云南省
604	山东现代学院	10	7.24	山东省
605	天津传媒学院	9	7.2	天津市
606	湖北医药学院药护学院	19	7.15	湖北省
606	河北科技学院	11	7.15	河北省
606	天津医科大学临床医学院	19	7.15	天津市
609	江苏师范大学科文学院	10	7.05	江苏省
609	贵阳人文科技学院	12	7.05	贵州省
611	西北大学现代学院	4	6.8	陕西省
611	北京工商大学嘉华学院	3	6.8	北京市
613	安徽医科大学临床医学院	15	6.74	安徽省
614	江苏科技大学苏州理工学院	7	6.62	江苏省
615	南昌航空大学科技学院	6	6.37	江西省
615	湘潭理工学院	11	6.37	湖南省
615	衡阳师范学院南岳学院	12	6.37	湖南省
618	遵义医科大学医学与科技学院	11	6.23	贵州省
618	新疆第二医学院	11	6.23	新疆维吾尔自治区

续表

序号	学校名称	项目数	总分	省份
620	南昌应用技术师范学院	5	6.09	江西省
620	湖北汽车工业学院科技学院	10	6.09	湖北省
620	武汉体育学院体育科技学院	10	6.09	湖北省
620	南京审计大学金审学院	5	6.09	江苏省
620	湖北文理学院理工学院	5	6.09	湖北省
620	贵州黔南经济学院	7	6.09	贵州省
626	湖南理工学院南湖学院	9	5.93	湖南省
626	湖南工程学院应用技术学院	9	5.93	湖南省
626	兰州博文科技学院	8	5.93	甘肃省
626	荆州学院	5	5.93	湖北省
630	湖南科技大学潇湘学院	8	5.76	湖南省
631	湖南师范大学树达学院	7	5.57	湖南省
631	湖南文理学院芙蓉学院	7	5.57	湖南省
633	合肥城市学院	5	5.36	安徽省
633	青岛电影学院	3	5.36	山东省
633	贵州中医药大学时珍学院	5	5.36	贵州省
633	黑龙江工程学院昆仑旅游学院	6	5.36	黑龙江省
633	山西师范大学现代文理学院	5	5.36	山西省
633	新乡工程学院	4	5.36	河南省
633	北京师范大学—香港浸会大学联合国际学院	3	5.36	广东省

续表

序号	学校名称	项目数	总分	省份
633	南昌大学共青学院	3	5.36	江西省
633	河北经贸大学经济管理学院	3	5.36	河北省
642	江西农业大学南昌商学院	2	4.84	江西省
643	湖南工业大学科技学院	3	4.5	湖南省
644	河北工程大学科信学院	1	4.07	河北省
644	福建技术师范学院	1	4.07	福建省
644	山西科技学院	1	4.07	山西省
644	上海纽约大学	1	4.07	上海市
648	湖南中医药大学湘杏学院	1	3.42	湖南省
648	贵州医科大学神奇民族医药学院	1	3.42	贵州省
648	西安理工大学高科学院	1	3.42	陕西省

9

全国高职院校教师教学发展指数（2021版）

9.1 全国高职院校教师教学发展指数(2021版总清单)

续表

序号	学校名称	项目数	总分	省份
1	深圳职业技术学院	913	100	广东省
2	天津市职业大学	662	84.07	天津市
3	金华职业技术学院	797	81.28	浙江省
4	无锡职业技术学院	427	79.16	江苏省
5	长沙民政职业技术学院	407	79.07	湖南省
6	黄河水利职业技术学院	460	78.51	河南省
7	山东商业职业技术学院	435	78.38	山东省
8	陕西工业职业技术学院	465	78.28	陕西省
9	北京工业职业技术学院	545	77.66	北京市
10	广东轻工职业技术学院	408	77.54	广东省
11	浙江金融职业学院	619	76.81	浙江省
12	浙江机电职业技术学院	376	76.27	浙江省
13	淄博职业学院	451	75.91	山东省
14	广州番禺职业技术学院	428	75.84	广东省
15	顺德职业技术学院	524	75.45	广东省
16	湖南铁道职业技术学院	289	75.24	湖南省
17	成都航空职业技术学院	274	75.04	四川省
18	宁波职业技术学院	393	74.68	浙江省
19	南京工业职业技术大学	494	74.59	江苏省

序号	学校名称	项目数	总分	省份
20	重庆电子工程职业学院	452	74.27	重庆市
21	昆明冶金高等专科学校	321	74.17	云南省
22	武汉职业技术学院	347	74.12	湖北省
23	北京电子科技职业学院	515	73.56	北京市
24	河北石油职业技术大学	247	73.44	河北省
25	河北科技工程职业技术大学	344	72.41	河北省
26	杨凌职业技术学院	336	72.29	陕西省
27	常州信息职业技术学院	340	72.22	江苏省
28	辽宁省交通高等专科学校	318	72	辽宁省
29	长春职业技术学院	583	71.92	吉林省
30	深圳信息职业技术学院	344	71.82	广东省
31	河北工业职业技术大学	304	71.8	河北省
32	重庆工业职业技术学院	428	70.89	重庆市
33	浙江交通职业技术学院	244	70.84	浙江省
34	新疆农业职业技术学院	246	70.56	新疆维吾尔自治区
35	江苏建筑职业技术学院	301	70.39	江苏省
36	常州机电职业技术学院	320	70	江苏省

续表

序号	学校名称	项目数	总分	省份
37	浙江经济职业技术学院	298	69.9	浙江省
38	武汉船舶职业技术学院	212	69.8	湖北省
39	江苏农林职业技术学院	259	69.74	江苏省
40	南宁职业技术学院	370	69.65	广西壮族自治区
41	九江职业技术学院	292	69.25	江西省
42	四川工程职业技术学院	157	69.23	四川省
43	日照职业技术学院	278	69.04	山东省
44	威海职业学院	286	68.75	山东省
45	温州职业技术学院	241	68.29	浙江省
46	浙江商业职业技术学院	331	67.87	浙江省
47	北京财贸职业学院	290	67.37	北京市
47	辽宁农业职业技术学院	241	67.37	辽宁省
49	常州工程职业技术学院	248	67.28	江苏省
50	天津医学高等专科学校	166	67.27	天津市
51	江苏农牧科技职业学院	216	67.24	江苏省
52	山西工程职业学院	224	67.07	山西省
53	兰州石化职业技术大学	298	67.04	甘肃省
54	北京信息职业技术学院	358	66.97	北京市
55	滨州职业学院	202	66.88	山东省
56	江苏经贸职业技术学院	258	66.84	江苏省
57	黑龙江建筑职业技术学院	172	66.82	黑龙江省

续表

序号	学校名称	项目数	总分	省份
57	南京信息职业技术学院	254	66.82	江苏省
59	浙江经贸职业技术学院	307	66.76	浙江省
60	广东交通职业技术学院	259	66.68	广东省
61	贵州交通职业技术学院	223	66.48	贵州省
62	襄阳职业技术学院	185	66.39	湖北省
63	天津电子信息职业技术学院	297	66.09	天津市
64	福建船政交通职业学院	410	65.98	福建省
65	江苏工程职业技术学院	217	65.91	江苏省
66	长春汽车工业高等专科学校	258	65.83	吉林省
67	杭州职业技术学院	248	65.55	浙江省
68	无锡商业职业技术学院	341	65.49	江苏省
69	柳州职业技术学院	241	65.45	广西壮族自治区
70	青岛职业技术学院	221	65.24	山东省
71	潍坊职业学院	297	65.19	山东省
71	四川交通职业技术学院	213	65.19	四川省
73	广东科学技术职业学院	251	65.18	广东省
74	四川建筑职业技术学院	210	65.01	四川省
75	广州民航职业技术学院	139	64.87	广东省
76	郑州铁路职业技术学院	221	64.63	河南省
77	芜湖职业技术学院	293	64.54	安徽省

续表

序号	学校名称	项目数	总分	省份
78	山西省财政税务专科学校	213	64.2	山西省
79	黑龙江农业经济职业学院	222	64.19	黑龙江省
80	湖南工业职业技术学院	251	64.18	湖南省
81	天津轻工职业技术学院	246	64.15	天津市
82	北京农业职业学院	243	64.07	北京市
83	石家庄铁路职业技术学院	110	63.75	河北省
84	河南工业职业技术学院	327	63.73	河南省
85	哈尔滨职业技术学院	285	63.71	黑龙江省
86	西安航空职业技术学院	233	63.25	陕西省
87	江苏航运职业技术学院	173	63.06	江苏省
88	天津交通职业学院	224	63.04	天津市
89	永州职业技术学院	139	62.85	湖南省
90	黄冈职业技术学院	203	62.67	湖北省
91	黑龙江农业工程职业学院	252	62.55	黑龙江省
92	陕西铁路工程职业技术学院	187	62.41	陕西省
92	江苏食品药品职业技术学院	144	62.41	江苏省
94	广西职业技术学院	194	62.28	广西壮族自治区
95	浙江旅游职业学院	208	62.23	浙江省
95	安徽职业技术学院	315	62.23	安徽省
97	天津现代职业技术学院	181	62.13	天津市

续表

序号	学校名称	项目数	总分	省份
98	石家庄邮电职业技术学院	121	62.12	河北省
99	湖北职业技术学院	160	62.09	湖北省
100	平顶山工业职业技术学院	150	62.06	河南省
101	黑龙江职业学院	277	61.96	黑龙江省
102	山西工程科技职业大学	241	61.89	山西省
103	重庆城市管理职业学院	282	61.79	重庆市
104	重庆工程职业技术学院	329	61.69	重庆市
105	山东科技职业学院	204	61.56	山东省
106	兰州资源环境职业技术大学	162	61.54	甘肃省
107	湖南交通职业技术学院	207	61.47	湖南省
108	安徽机电职业技术学院	260	61.18	安徽省
109	安徽商贸职业技术学院	279	60.75	安徽省
110	河南职业技术学院	316	60.61	河南省
111	南京交通职业技术学院	260	60.51	江苏省
112	浙江工商职业技术学院	218	60.5	浙江省
113	广东食品药品职业学院	131	60.49	广东省
114	大连职业技术学院	232	60.22	辽宁省
115	浙江建设职业技术学院	207	60.21	浙江省
116	南京科技职业学院	210	60.17	江苏省
117	江西交通职业技术学院	151	60.08	江西省

续表

序号	学校名称	项目数	总分	省份
118	广东机电职业技术学院	237	60.03	广东省
119	河北化工医药职业技术学院	166	60.02	河北省
120	浙江工贸职业技术学院	151	59.99	浙江省
121	常州工业职业技术学院	275	59.94	江苏省
122	武汉铁路职业技术学院	121	59.86	湖北省
122	山东畜牧兽医职业学院	116	59.86	山东省
124	河南农业职业学院	133	59.75	河南省
125	济南职业学院	191	59.67	山东省
126	苏州农业职业技术学院	180	59.64	江苏省
127	广东水利电力职业技术学院	159	59.62	广东省
128	内蒙古建筑职业技术学院	119	59.51	内蒙古自治区
129	南京铁道职业技术学院	173	59.49	江苏省
130	唐山工业职业技术学院	199	59.44	河北省
131	江西应用技术职业学院	266	59.43	江西省
132	湖南汽车工程职业学院	185	59.32	湖南省
133	徐州工业职业技术学院	175	59.24	江苏省
134	苏州工艺美术职业技术学院	126	59.23	江苏省
135	宁夏职业技术学院	164	59.21	宁夏回族自治区

续表

序号	学校名称	项目数	总分	省份
136	安徽水利水电职业技术学院	184	59.2	安徽省
136	沈阳职业技术学院	201	59.2	辽宁省
138	湖南化工职业技术学院	164	58.98	湖南省
139	云南交通职业技术学院	119	58.94	云南省
140	海南职业技术学院	137	58.84	海南省
141	北京交通运输职业学院	163	58.39	北京市
142	湖南工艺美术职业学院	84	58.25	湖南省
143	江苏联合职业技术学院	406	58.19	江苏省
144	广州铁路职业技术学院	160	58.18	广东省
145	辽宁机电职业技术学院	190	58.13	辽宁省
146	江苏海事职业技术学院	168	57.96	江苏省
147	上海工艺美术职业学院	92	57.95	上海市
148	福建信息职业技术学院	334	57.46	福建省
149	山东职业学院	175	57.44	山东省
150	浙江纺织服装职业技术学院	182	57.41	浙江省
151	上海城建职业学院	173	57.23	上海市
152	广东农工商职业技术学院	234	57.12	广东省
153	烟台职业学院	222	57.03	山东省
154	山东交通职业学院	231	57.01	山东省
155	长沙航空职业技术学院	135	56.99	湖南省

续表

序号	学校名称	项目数	总分	省份
156	武汉软件工程职业学院	184	56.98	湖北省
157	广西农业职业技术大学	261	56.97	广西壮族自治区
158	重庆工商职业学院	289	56.96	重庆市
159	陕西国防工业职业技术学院	170	56.92	陕西省
160	江苏电子信息职业学院	233	56.88	江苏省
161	石家庄职业技术学院	129	56.79	河北省
162	黎明职业大学	244	56.61	福建省
163	成都纺织高等专科学校	164	56.6	四川省
164	重庆医药高等专科学校	95	56.55	重庆市
165	湖北交通职业技术学院	111	56.45	湖北省
166	青岛酒店管理职业技术学院	152	56.33	山东省
167	湖南大众传媒职业技术学院	116	56.16	湖南省
168	成都职业技术学院	197	56.02	四川省
168	苏州工业职业技术学院	149	56.02	江苏省
170	宁波城市职业技术学院	227	55.82	浙江省
171	海南经贸职业技术学院	199	55.75	海南省
172	山东外贸职业学院	110	55.7	山东省
173	河南经贸职业学院	256	55.69	河南省
174	包头职业技术学院	82	55.66	内蒙古自治区
175	宁夏工商职业技术学院	162	55.59	宁夏回族自治区

续表

序号	学校名称	项目数	总分	省份
176	东营职业学院	180	55.5	山东省
177	浙江药科职业大学	106	55.43	浙江省
178	江西旅游商贸职业学院	177	55.4	江西省
179	上海出版印刷高等专科学校	77	55.38	上海市
179	浙江警官职业学院	77	55.38	浙江省
181	商丘职业技术学院	114	55.31	河南省
182	吉林工业职业技术学院	144	55.29	吉林省
183	漳州职业技术学院	283	55.21	福建省
184	天津商务职业学院	162	55.2	天津市
185	许昌职业技术学院	238	55.1	河南省
186	安徽工商职业学院	311	55.07	安徽省
187	天津渤海职业技术学院	149	55.06	天津市
188	苏州工业园区职业技术学院	63	54.96	江苏省
189	内蒙古机电职业技术学院	101	54.95	内蒙古自治区
190	铜仁职业技术学院	71	54.93	贵州省
191	福建林业职业技术学院	101	54.78	福建省
192	武汉交通职业学院	142	54.73	湖北省
193	广西交通职业技术学院	177	54.65	广西壮族自治区
194	苏州经贸职业技术学院	158	54.6	江苏省
195	辽宁石化职业技术学院	125	54.59	辽宁省
196	吉林交通职业技术学院	161	54.52	吉林省
197	南通职业大学	160	54.45	江苏省
198	河北交通职业技术学院	108	54.38	河北省

续表

序号	学校名称	项目数	总分	省份
199	山西职业技术学院	240	54.37	山西省
200	北京社会管理职业学院	60	54.36	北京市
201	秦皇岛职业技术学院	143	54.28	河北省
202	武汉电力职业技术学院	118	54.23	湖北省
203	上海电子信息职业技术学院	259	54.11	上海市
204	福州职业技术学院	219	54.09	福建省
205	湖北三峡职业技术学院	143	54.07	湖北省
206	北京劳动保障职业学院	148	53.96	北京市
207	扬州工业职业技术学院	192	53.91	江苏省
208	湖州职业技术学院	170	53.87	浙江省
209	广西机电职业技术学院	176	53.79	广西壮族自治区
210	辽宁生态工程职业学院	184	53.69	辽宁省
211	新疆轻工职业技术学院	82	53.64	新疆维吾尔自治区
212	湖南现代物流职业技术学院	95	53.63	湖南省
212	重庆三峡医药高等专科学校	113	53.63	重庆市
214	中山职业技术学院	187	53.48	广东省
215	绵阳职业技术学院	95	53.47	四川省
216	江西环境工程职业学院	214	53.4	江西省
217	岳阳职业技术学院	129	53.33	湖南省
218	南京旅游职业学院	187	53.29	江苏省
219	江西财经职业学院	190	53.26	江西省

续表

序号	学校名称	项目数	总分	省份
220	天津机电职业技术学院	177	53.04	天津市
221	酒泉职业技术学院	157	53.01	甘肃省
222	常州纺织服装职业技术学院	153	52.96	江苏省
223	渤海船舶职业学院	126	52.83	辽宁省
224	江苏信息职业技术学院	132	52.72	江苏省
225	江西现代职业技术学院	232	52.69	江西省
226	江苏财经职业技术学院	181	52.66	江苏省
227	丽水职业技术学院	168	52.63	浙江省
228	义乌工商职业技术学院	157	52.6	浙江省
229	长沙商贸旅游职业技术学院	153	52.59	湖南省
230	安徽医学高等专科学校	80	52.49	安徽省
231	湖北城市建设职业技术学院	123	52.45	湖北省
231	重庆电力高等专科学校	87	52.45	重庆市
233	济宁职业技术学院	93	52.35	山东省
234	内蒙古化工职业学院	69	52.3	内蒙古自治区
235	唐山职业技术学院	102	52.24	河北省
236	贵州轻工职业技术学院	104	52.1	贵州省
237	广东工贸职业技术学院	174	52.03	广东省
238	扬州市职业大学	107	52.01	江苏省
239	浙江工业职业技术学院	166	51.95	浙江省

续表

序号	学校名称	项目数	总分	省份
240	江西陶瓷工艺美术职业技术学院	50	51.89	江西省
241	湖南科技职业学院	88	51.85	湖南省
242	湖南环境生物职业技术学院	66	51.84	湖南省
242	辽宁经济职业技术学院	161	51.84	辽宁省
244	湖北工业职业技术学院	74	51.8	湖北省
245	湖南商务职业技术学院	145	51.79	湖南省
245	克拉玛依职业技术学院	72	51.79	新疆维吾尔自治区
247	广西建设职业技术学院	144	51.75	广西壮族自治区
248	山西药科职业学院	61	51.66	山西省
249	陕西交通职业技术学院	131	51.46	陕西省
250	上海旅游高等专科学校	94	51.45	上海市
251	武汉城市职业学院	190	51.42	湖北省
252	云南机电职业技术学院	59	51.37	云南省
253	江西外语外贸职业学院	150	51.29	江西省
254	山东水利职业学院	149	51.14	山东省
255	合肥职业技术学院	125	51.13	安徽省
256	西安铁路职业技术学院	134	51.09	陕西省
257	陕西职业技术学院	144	51.08	陕西省
258	天津铁道职业技术学院	72	51.03	天津市
259	湖南生物机电职业技术学院	113	50.96	湖南省

续表

序号	学校名称	项目数	总分	省份
260	柳州铁道职业技术学院	352	50.92	广西壮族自治区
261	苏州卫生职业技术学院	74	50.85	江苏省
262	青海交通职业技术学院	84	50.84	青海省
263	湖南铁路科技职业技术学院	89	50.83	湖南省
264	湖南城建职业技术学院	72	50.7	湖南省
265	佛山职业技术学院	133	50.68	广东省
265	山东中医药高等专科学校	76	50.68	山东省
267	中山火炬职业技术学院	93	50.64	广东省
268	福建水利电力职业技术学院	84	50.63	福建省
269	厦门城市职业学院	145	50.42	福建省
270	湖北水利水电职业技术学院	122	50.4	湖北省
271	吉林铁道职业技术学院	95	50.32	吉林省
272	保定职业技术学院	108	50.23	河北省
273	河北软件职业技术学院	116	50.21	河北省
274	吉林电子信息职业技术学院	206	49.91	吉林省
275	新疆交通职业技术学院	58	49.89	新疆维吾尔自治区
276	河南交通职业技术学院	124	49.88	河南省
277	广东省外语艺术职业学院	90	49.86	广东省
278	山东工业职业学院	106	49.85	山东省

续表

序号	学校名称	项目数	总分	省份
279	湖南机电职业技术学院	118	49.82	湖南省
280	山西机电职业技术学院	203	49.62	山西省
281	聊城职业技术学院	148	49.47	山东省
281	成都农业科技职业学院	136	49.47	四川省
283	包头轻工职业技术学院	65	49.4	内蒙古自治区
284	杭州科技职业技术学院	139	49.32	浙江省
285	济南工程职业技术学院	101	49.28	山东省
286	四川邮电职业技术学院	97	49.24	四川省
286	济源职业技术学院	141	49.24	河南省
288	温州科技职业学院	92	49.23	浙江省
289	黑龙江交通职业技术学院	148	49.22	黑龙江省
289	四川工商职业技术学院	97	49.22	四川省
291	河北对外经贸职业学院	73	49.18	河北省
292	江西工业贸易职业技术学院	87	49.13	江西省
293	苏州职业大学	136	49.08	江苏省
294	甘肃林业职业技术学院	113	49.04	甘肃省
295	莱芜职业技术学院	100	48.98	山东省
296	青海畜牧兽医职业技术学院	44	48.95	青海省
297	安徽财贸职业学院	160	48.93	安徽省
298	山东理工职业学院	101	48.9	山东省
299	河北旅游职业学院	77	48.88	河北省

续表

序号	学校名称	项目数	总分	省份
300	哈尔滨铁道职业技术学院	47	48.87	黑龙江省
301	锡林郭勒职业学院	132	48.79	内蒙古自治区
302	浙江艺术职业学院	72	48.78	浙江省
303	青岛港湾职业技术学院	52	48.76	山东省
304	湖北生物科技职业学院	124	48.75	湖北省
305	邯郸职业技术学院	70	48.73	河北省
306	天津城市职业学院	73	48.72	天津市
307	广西电力职业技术学院	119	48.7	广西壮族自治区
308	广西国际商务职业技术学院	107	48.64	广西壮族自治区
309	长春医学高等专科学校	66	48.6	吉林省
310	宜宾职业技术学院	106	48.52	四川省
311	重庆航天职业技术学院	97	48.5	重庆市
312	广西经贸职业技术学院	91	48.43	广西壮族自治区
313	上海交通职业技术学院	110	48.42	上海市
314	山东旅游职业学院	85	48.35	山东省
315	上海农林职业技术学院	123	48.33	上海市
316	北京经济管理职业学院	81	48.06	北京市
317	河北机电职业技术学院	105	48.04	河北省
318	广西工业职业技术学院	120	48.02	广西壮族自治区
319	北京戏曲艺术职业学院	50	47.97	北京市

续表

序号	学校名称	项目数	总分	省份
320	安徽交通职业技术学院	58	47.92	安徽省
321	宁夏财经职业技术学院	87	47.83	宁夏回族自治区
322	嘉兴职业技术学院	121	47.81	浙江省
323	辽宁职业学院	89	47.79	辽宁省
324	西藏职业技术学院	78	47.68	西藏自治区
325	广西金融职业技术学院	68	47.62	广西壮族自治区
326	邢台医学高等专科学校	52	47.59	河北省
326	山东医学高等专科学校	60	47.59	山东省
328	云南林业职业技术学院	77	47.56	云南省
329	江西卫生职业学院	62	47.51	江西省
330	甘肃工业职业技术学院	105	47.47	甘肃省
331	沧州医学高等专科学校	87	47.43	河北省
332	郑州电力高等专科学校	80	47.42	河南省
333	上海思博职业技术学院	113	47.39	上海市
334	盐城工业职业技术学院	93	47.34	江苏省
335	黔东南民族职业技术学院	55	47.33	贵州省
336	陕西能源职业技术学院	99	47.32	陕西省
336	湖北生态工程职业技术学院	129	47.32	湖北省
338	黑龙江生物科技职业学院	104	47.3	黑龙江省

续表

序号	学校名称	项目数	总分	省份
339	贵州电子信息职业技术学院	113	47.27	贵州省
340	鄂州职业大学	81	47.21	湖北省
341	广西水利电力职业技术学院	105	47.2	广西壮族自治区
342	广东职业技术学院	92	47.15	广东省
343	包头铁道职业技术学院	65	47.06	内蒙古自治区
344	云南国土资源职业学院	94	47	云南省
345	黑龙江林业职业技术学院	75	46.99	黑龙江省
346	安庆职业技术学院	97	46.9	安徽省
347	广东建设职业技术学院	66	46.84	广东省
348	山东城市建设职业学院	67	46.81	山东省
349	天津海运职业学院	117	46.75	天津市
349	黑龙江农业职业技术学院	76	46.75	黑龙江省
351	郑州旅游职业学院	101	46.73	河南省
352	河北建材职业技术学院	55	46.71	河北省
353	甘肃交通职业技术学院	84	46.68	甘肃省
354	江西工业工程职业技术学院	72	46.54	江西省
355	乐山职业技术学院	81	46.51	四川省
356	新疆石河子职业技术学院	90	46.5	新疆维吾尔自治区
357	天津国土资源和房屋职业学院	129	46.47	天津市
357	无锡工艺职业技术学院	85	46.47	江苏省

续表

序号	学校名称	项目数	总分	省份
359	浙江国际海运职业技术学院	83	46.46	浙江省
360	乌鲁木齐职业大学	79	46.35	新疆维吾尔自治区
361	徐州幼儿师范高等专科学校	45	46.29	江苏省
362	辽宁铁道职业技术学院	58	46.27	辽宁省
363	四川职业技术学院	77	46.21	四川省
364	湖北科技职业学院	154	46.19	湖北省
365	东莞职业技术学院	166	46.17	广东省
365	北京青年政治学院	145	46.17	北京市
367	厦门海洋职业技术学院	61	46.11	福建省
368	泸州职业技术学院	64	46.07	四川省
369	宁波卫生职业技术学院	65	46.06	浙江省
370	荆州职业技术学院	96	45.97	湖北省
371	四川电力职业技术学院	34	45.92	四川省
372	大庆职业学院	76	45.88	黑龙江省
372	泉州医学高等专科学校	59	45.88	福建省
374	山东电子职业技术学院	112	45.85	山东省
375	江苏医药职业学院	88	45.81	江苏省
376	咸宁职业技术学院	113	45.73	湖北省
377	鹤壁职业技术学院	142	45.72	河南省
377	四川信息职业技术学院	122	45.72	四川省
379	天津工业职业学院	86	45.61	天津市
380	广州城市职业学院	122	45.57	广东省
381	台州职业技术学院	122	45.56	浙江省
382	开封大学	103	45.35	河南省

续表

序号	学校名称	项目数	总分	省份
383	黑龙江农垦职业学院	71	45.34	黑龙江省
384	福建卫生职业技术学院	70	45.33	福建省
385	福建幼儿师范高等专科学校	37	45.31	福建省
386	漯河医学高等专科学校	33	45.27	河南省
387	山东经贸职业学院	72	45.22	山东省
388	云南农业职业技术学院	58	45.16	云南省
389	安徽电气工程职业技术学院	56	45.14	安徽省
390	青海建筑职业技术学院	44	45.01	青海省
391	新疆职业大学	75	44.98	新疆维吾尔自治区
392	昆明工业职业技术学院	44	44.92	云南省
393	湖北轻工职业技术学院	58	44.87	湖北省
394	咸阳职业技术学院	123	44.76	陕西省
395	广东工程职业技术学院	83	44.69	广东省
396	四川化工职业技术学院	80	44.68	四川省
396	珠海城市职业技术学院	121	44.68	广东省
398	山西艺术职业学院	60	44.65	山西省
399	上海东海职业技术学院	62	44.64	上海市
400	海南科技职业大学	171	44.62	海南省
401	兰州职业技术学院	81	44.58	甘肃省
402	阜阳职业技术学院	48	44.53	安徽省

续表

序号	学校名称	项目数	总分	省份
403	湖南中医药高等专科学校	53	44.51	湖南省
404	沙洲职业工学院	67	44.46	江苏省
405	闽西职业技术学院	96	44.38	福建省
406	青岛远洋船员职业学院	39	44.37	山东省
407	三亚航空旅游职业学院	62	44.32	海南省
408	无锡科技职业学院	80	44.3	江苏省
409	河源职业技术学院	173	44.28	广东省
410	辽宁建筑职业学院	71	44.21	辽宁省
411	湖南高速铁路职业技术学院	50	44.17	湖南省
412	辽宁轻工职业学院	88	44.12	辽宁省
413	河南建筑职业技术学院	88	44.09	河南省
414	辽宁轨道交通职业学院	102	44.06	辽宁省
415	安徽中医药高等专科学校	49	43.99	安徽省
416	内蒙古商贸职业学院	93	43.91	内蒙古自治区
417	湖南财经工业职业技术学院	66	43.89	湖南省
417	江西机电职业技术学院	57	43.89	江西省
419	黑龙江旅游职业技术学院	57	43.81	黑龙江省
420	山东劳动职业技术学院	83	43.75	山东省
421	安徽国防科技职业学院	120	43.68	安徽省
422	上海济光职业技术学院	49	43.66	上海市
423	仙桃职业学院	158	43.59	湖北省

续表

序号	学校名称	项目数	总分	省份
424	曲靖医学高等专科学校	37	43.54	云南省
425	重庆水利电力职业技术学院	69	43.38	重庆市
425	六安职业技术学院	62	43.38	安徽省
427	辽宁装备制造职业技术学院	65	43.37	辽宁省
428	湖南邮电职业技术学院	41	43.36	湖南省
429	陕西财经职业技术学院	131	43.35	陕西省
429	德州职业技术学院	105	43.35	山东省
431	长沙环境保护职业技术学院	80	43.33	湖南省
432	北京政法职业学院	101	43.29	北京市
433	沧州职业技术学院	80	43.27	河北省
434	河北政法职业学院	73	43.23	河北省
435	合肥幼儿师范高等专科学校	37	43.16	安徽省
436	山东商务职业学院	123	43.1	山东省
437	重庆三峡职业学院	199	43.08	重庆市
437	辽宁金融职业学院	68	43.08	辽宁省
437	河北轨道运输职业技术学院	47	43.08	河北省
440	安徽国际商务职业学院	138	43.07	安徽省
441	辽源职业技术学院	64	43.05	吉林省
442	四川财经职业学院	83	43.04	四川省
443	山东电力高等专科学校	36	43.02	山东省
444	广州城建职业学院	88	42.95	广东省
445	呼和浩特职业学院	62	42.92	内蒙古自治区
445	广东科贸职业学院	114	42.92	广东省
447	泰州职业技术学院	99	42.84	江苏省

续表

序号	学校名称	项目数	总分	省份
448	广西幼儿师范高等专科学校	49	42.83	广西壮族自治区
449	昌吉职业技术学院	56	42.8	新疆维吾尔自治区
450	无锡城市职业技术学院	66	42.79	江苏省
450	晋中职业技术学院	109	42.79	山西省
452	太原旅游职业学院	74	42.76	山西省
453	河南应用技术职业学院	116	42.71	河南省
454	长春金融高等专科学校	77	42.62	吉林省
455	延安职业技术学院	48	42.53	陕西省
456	四川国际标榜职业学院	39	42.48	四川省
457	湖南电气职业技术学院	95	42.46	湖南省
458	南阳医学高等专科学校	36	42.43	河南省
458	苏州健雄职业技术学院	72	42.43	江苏省
460	江苏城乡建设职业学院	81	42.37	江苏省
461	江西信息应用职业技术学院	67	42.36	江西省
462	辽宁城市建设职业技术学院	80	42.28	辽宁省
462	甘肃建筑职业技术学院	72	42.28	甘肃省
464	泉州幼儿师范高等专科学校	38	42.27	福建省
464	湖北中医药高等专科学校	36	42.27	湖北省

续表

序号	学校名称	项目数	总分	省份
466	上海民航职业技术学院	40	42.24	上海市
467	锦州师范高等专科学校	38	42.15	辽宁省
468	湖南信息职业技术学院	63	42.1	湖南省
468	清远职业技术学院	59	42.1	广东省
470	重庆财经职业学院	123	42.09	重庆市
471	潍坊工程职业学院	66	42.08	山东省
471	南通科技职业学院	84	42.08	江苏省
473	苏州工业园区服务外包职业学院	102	42.07	江苏省
474	宁夏民族职业技术学院	45	42.06	宁夏回族自治区
475	枣庄职业学院	69	42.05	山东省
476	江苏城市职业学院	60	42.04	江苏省
477	云南能源职业技术学院	48	41.98	云南省
478	天津滨海职业学院	65	41.95	天津市
479	浙江同济科技职业学院	66	41.91	浙江省
480	广安职业技术学院	71	41.84	四川省
481	广东女子职业技术学院	65	41.82	广东省
482	山东药品食品职业学院	34	41.77	山东省
483	三门峡职业技术学院	66	41.74	河南省
484	九江职业大学	64	41.71	江西省
485	湖南艺术职业学院	38	41.67	湖南省
486	常德职业技术学院	63	41.65	湖南省
487	绍兴职业技术学院	88	41.61	浙江省
488	湖南外贸职业学院	45	41.6	湖南省
489	长江职业学院	82	41.59	湖北省

续表

序号	学校名称	项目数	总分	省份
490	内蒙古电子信息职业技术学院	96	41.56	内蒙古自治区
490	海南软件职业技术学院	102	41.56	海南省
492	河南机电职业学院	99	41.53	河南省
493	江西工业职业技术学院	100	41.51	江西省
494	四川水利职业技术学院	62	41.47	四川省
495	山东轻工职业学院	94	41.46	山东省
496	肇庆医学高等专科学校	44	41.45	广东省
496	广州工程技术职业学院	130	41.45	广东省
498	烟台汽车工程职业学院	101	41.44	山东省
499	湖南网络工程职业学院	72	41.35	湖南省
500	湘西民族职业技术学院	31	41.34	湖南省
501	河南测绘职业学院	48	41.28	河南省
502	安徽城市管理职业学院	74	41.27	安徽省
503	黑龙江护理高等专科学校	41	41.21	黑龙江省
504	南充职业技术学院	64	41.2	四川省
505	浙江广厦建设职业技术大学	54	41.19	浙江省
506	湖北艺术职业学院	23	41.17	湖北省
507	广东理工职业学院	79	41.14	广东省
508	抚顺职业技术学院	46	41.09	辽宁省
509	四川商务职业学院	78	40.94	四川省
510	湄洲湾职业技术学院	55	40.9	福建省
511	滁州职业技术学院	91	40.86	安徽省

续表

序号	学校名称	项目数	总分	省份
512	武威职业学院	53	40.77	甘肃省
513	安徽工业经济职业技术学院	176	40.73	安徽省
513	广西工商职业技术学院	59	40.73	广西壮族自治区
515	雅安职业技术学院	53	40.7	四川省
516	漯河职业技术学院	54	40.59	河南省
517	浙江邮电职业技术学院	45	40.57	浙江省
517	福建农业职业技术学院	71	40.57	福建省
519	浙江农业商贸职业学院	59	40.51	浙江省
520	桂林师范高等专科学校	64	40.49	广西壮族自治区
521	安徽电子信息职业技术学院	113	40.36	安徽省
522	河北女子职业技术学院	58	40.32	河北省
523	渭南职业技术学院	51	40.3	陕西省
524	镇江市高等专科学校	56	40.25	江苏省
524	贵阳职业技术学院	40	40.25	贵州省
526	营口职业技术学院	40	40.16	辽宁省
526	江西制造职业技术学院	73	40.16	江西省
528	黔南民族职业技术学院	36	40.11	贵州省
529	武汉铁路桥梁职业学院	54	40.09	湖北省
530	山西金融职业学院	75	40.06	山西省
530	泉州轻工职业学院	42	40.06	福建省
530	辽宁医药职业学院	35	40.06	辽宁省
530	三明医学科技职业学院	68	40.06	福建省

续表

序号	学校名称	项目数	总分	省份
534	山西林业职业技术学院	36	40.04	山西省
535	广西生态工程职业技术学院	56	40.03	广西壮族自治区
536	闽江师范高等专科学校	69	40.02	福建省
537	黑龙江民族职业学院	34	39.98	黑龙江省
538	大庆医学高等专科学校	30	39.95	黑龙江省
538	湖南工程职业技术学院	114	39.95	湖南省
540	陕西工商职业学院	71	39.93	陕西省
541	天津城市建设管理职业技术学院	40	39.91	天津市
542	四川航天职业技术学院	53	39.9	四川省
542	云南旅游职业学院	49	39.9	云南省
544	广东邮电职业技术学院	37	39.89	广东省
544	上海行健职业学院	50	39.89	上海市
546	连云港职业技术学院	56	39.88	江苏省
547	泰山职业技术学院	42	39.87	山东省
548	安徽警官职业学院	60	39.77	安徽省
549	马鞍山师范高等专科学校	54	39.72	安徽省
550	广东环境保护工程职业学院	70	39.69	广东省
551	江苏卫生健康职业学院	44	39.68	江苏省
552	濮阳职业技术学院	80	39.64	河南省
553	甘肃农业职业技术学院	52	39.62	甘肃省

续表

序号	学校名称	项目数	总分	省份
554	济南幼儿师范高等专科学校	23	39.6	山东省
555	广州科技贸易职业学院	67	39.56	广东省
556	重庆建筑工程职业学院	63	39.54	重庆市
557	漳州卫生职业学院	52	39.51	福建省
557	江西生物科技职业学院	41	39.51	江西省
559	四川幼儿师范高等专科学校	36	39.5	四川省
560	江苏旅游职业学院	45	39.45	江苏省
561	上海工商职业技术学院	69	39.42	上海市
562	辽宁现代服务职业技术学院	72	39.41	辽宁省
563	陕西邮电职业技术学院	38	39.38	陕西省
564	江汉艺术职业学院	30	39.3	湖北省
565	天津工程职业技术学院	31	39.26	天津市
566	天津艺术职业学院	30	39.16	天津市
567	北京卫生职业学院	43	39.02	北京市
568	上海工商外国语职业学院	29	39.01	上海市
569	晋中师范高等专科学校	42	39	山西省
570	山西经贸职业学院	39	38.98	山西省
570	上海科学技术职业学院	46	38.98	上海市
572	四川机电职业技术学院	32	38.94	四川省
573	南通师范高等专科学校	32	38.93	江苏省
573	信阳职业技术学院	54	38.93	河南省

续表

序号	学校名称	项目数	总分	省份
575	青海卫生职业技术学院	32	38.92	青海省
576	福建对外经济贸易职业技术学院	29	38.91	福建省
577	湖南安全技术职业学院	38	38.9	湖南省
578	廊坊职业技术学院	87	38.82	河北省
579	遵义职业技术学院	52	38.8	贵州省
580	通辽职业学院	45	38.7	内蒙古自治区
581	衢州职业技术学院	86	38.59	浙江省
581	山西铁道职业技术学院	26	38.59	山西省
583	乌兰察布职业学院	22	38.52	内蒙古自治区
584	北京交通职业技术学院	39	38.5	北京市
584	贵州建设职业技术学院	18	38.5	贵州省
584	贵阳康养职业大学	34	38.5	贵州省
584	内蒙古交通职业技术学院	28	38.5	内蒙古自治区
588	眉山职业技术学院	37	38.46	四川省
589	湖北幼儿师范高等专科学校	24	38.42	湖北省
589	淮南职业技术学院	31	38.42	安徽省
589	盘锦职业技术学院	41	38.42	辽宁省
592	四川城市职业学院	64	38.38	四川省
593	宝鸡职业技术学院	43	38.37	陕西省
593	重庆工贸职业技术学院	122	38.37	重庆市
595	漳州科技职业学院	48	38.35	福建省
596	黑龙江幼儿师范高等专科学校	36	38.33	黑龙江省
597	娄底职业技术学院	50	38.32	湖南省

续表

序号	学校名称	项目数	总分	省份
598	黑龙江生态工程职业学院	36	38.28	黑龙江省
599	重庆商务职业学院	69	38.27	重庆市
600	长沙职业技术学院	49	38.25	湖南省
601	云南文化艺术职业学院	25	38.23	云南省
602	江西建设职业技术学院	37	38.19	江西省
603	宁夏建设职业技术学院	20	38.18	宁夏回族自治区
604	恩施职业技术学院	36	38.17	湖北省
604	安徽新闻出版职业技术学院	43	38.17	安徽省
606	荆州理工职业学院	38	38.14	湖北省
607	河北艺术职业学院	49	38.06	河北省
608	宜春职业学院	44	37.99	江西省
609	云南国防工业职业技术学院	47	37.96	云南省
610	枣庄科技职业学院	77	37.93	山东省
611	开封文化艺术职业学院	28	37.92	河南省
612	甘肃机电职业技术学院	49	37.9	甘肃省
613	江门职业技术学院	81	37.85	广东省
614	甘肃畜牧工程职业技术学院	55	37.83	甘肃省
614	河南水利与环境职业学院	74	37.83	河南省
616	乌海职业技术学院	89	37.78	内蒙古自治区
617	山西水利职业技术学院	91	37.77	山西省
617	惠州城市职业学院	80	37.77	广东省
619	郑州职业技术学院	78	37.73	河南省

续表

序号	学校名称	项目数	总分	省份
620	上海海事职业技术学院	21	37.67	上海市
621	河北能源职业技术学院	51	37.66	河北省
622	福建艺术职业学院	43	37.65	福建省
623	成都工业职业技术学院	67	37.61	四川省
624	山西财贸职业技术学院	39	37.51	山西省
625	湖南理工职业技术学院	66	37.49	湖南省
626	长沙电力职业技术学院	32	37.43	湖南省
627	朝阳师范高等专科学校	45	37.37	辽宁省
628	辽阳职业技术学院	46	37.32	辽宁省
629	江苏商贸职业学院	69	37.3	江苏省
630	商丘医学高等专科学校	41	37.22	河南省
631	石家庄幼儿师范高等专科学校	28	37.2	河北省
632	杭州万向职业技术学院	49	37.19	浙江省
633	天津石油职业技术学院	75	37.15	天津市
634	淮南联合大学	45	37.13	安徽省
635	甘肃钢铁职业技术学院	32	37.12	甘肃省
636	上海中侨职业技术大学	60	37.09	上海市
637	伊犁职业技术学院	41	37.08	新疆维吾尔自治区
638	陕西艺术职业学院	42	37.07	陕西省
638	江西电力职业技术学院	29	37.07	江西省

续表

序号	学校名称	项目数	总分	省份
638	焦作师范高等专科学校	38	37.07	河南省
641	郴州职业技术学院	35	37.04	湖南省
642	广东岭南职业技术学院	49	37.02	广东省
643	青海警官职业学院	14	37	青海省
644	池州职业技术学院	51	36.99	安徽省
645	铜陵职业技术学院	59	36.95	安徽省
646	晋城职业技术学院	61	36.89	山西省
647	西安职业技术学院	79	36.86	陕西省
648	广西体育高等专科学校	26	36.78	广西壮族自治区
649	江西中医药高等专科学校	39	36.77	江西省
650	福建生物工程职业技术学院	30	36.69	福建省
651	黑龙江艺术职业学院	16	36.67	黑龙江省
652	江西农业工程职业学院	48	36.55	江西省
653	长江工程职业技术学院	42	36.52	湖北省
654	海南政法职业学院	41	36.5	海南省
655	运城师范高等专科学校	10	36.47	山西省
656	临汾职业技术学院	44	36.45	山西省
657	商洛职业技术学院	19	36.43	陕西省
657	河南工业贸易职业学院	61	36.43	河南省
659	周口职业技术学院	53	36.39	河南省
660	江西水利职业学院	34	36.34	江西省
661	兴安职业技术学院	30	36.23	内蒙古自治区
662	广西卫生职业技术学院	41	36.22	广西壮族自治区

续表

序号	学校名称	项目数	总分	省份
662	河南工业和信息化职业学院	41	36.22	河南省
662	黑龙江农垦科技职业学院	38	36.22	黑龙江省
665	湖南水利水电职业技术学院	56	36.2	湖南省
666	松原职业技术学院	37	36.17	吉林省
667	湖南民族职业学院	29	36.15	湖南省
667	淮北职业技术学院	65	36.15	安徽省
669	抚顺师范高等专科学校	11	36.11	辽宁省
670	山东铝业职业学院	25	36.1	山东省
670	四川中医药高等专科学校	28	36.1	四川省
672	菏泽医学专科学校	36	35.99	山东省
673	张家口职业技术学院	34	35.98	河北省
674	广东松山职业技术学院	44	35.93	广东省
675	张家界航空工业职业技术学院	35	35.91	湖南省
675	宁德职业技术学院	26	35.91	福建省
677	海南外国语职业学院	63	35.88	海南省
678	漳州理工职业学院	27	35.82	福建省
678	辽宁地质工程职业学院	40	35.82	辽宁省
678	四川文化产业职业学院	30	35.82	四川省
681	湖北国土资源职业学院	41	35.76	湖北省
682	重庆机电职业技术大学	46	35.75	重庆市
683	铁岭师范高等专科学校	25	35.66	辽宁省

续表

序号	学校名称	项目数	总分	省份
684	湘潭医卫职业技术学院	35	35.65	湖南省
685	江苏护理职业学院	25	35.57	江苏省
686	重庆化工职业学院	70	35.56	重庆市
687	临沂职业学院	59	35.54	山东省
688	浙江育英职业技术学院	28	35.53	浙江省
688	新疆建设职业技术学院	26	35.53	新疆维吾尔自治区
690	台州科技职业学院	63	35.47	浙江省
691	西宁城市职业技术学院	40	35.45	青海省
691	江西工程职业学院	30	35.45	江西省
693	牡丹江大学	37	35.41	黑龙江省
693	重庆建筑科技职业学院	24	35.41	重庆市
695	安康职业技术学院	16	35.4	陕西省
696	阿克苏职业技术学院	52	35.39	新疆维吾尔自治区
696	上海震旦职业学院	42	35.39	上海市
698	安顺职业技术学院	37	35.38	贵州省
699	和田师范专科学校	17	35.36	新疆维吾尔自治区
700	安徽工贸职业技术学院	15	35.35	安徽省
701	四川长江职业学院	46	35.33	四川省
702	丽江师范高等专科学校	20	35.32	云南省
702	石家庄信息工程职业学院	56	35.32	河北省
704	重庆科创职业学院	39	35.29	重庆市
705	阳江职业技术学院	31	35.26	广东省
706	连云港师范高等专科学校	42	35.19	江苏省
706	重庆交通职业学院	69	35.19	重庆市

续表

序号	学校名称	项目数	总分	省份
708	上海电影艺术职业学院	31	35.18	上海市
708	鄂尔多斯职业学院	30	35.18	内蒙古自治区
710	佳木斯职业学院	52	35.17	黑龙江省
711	拉萨师范高等专科学校	9	35.14	西藏自治区
712	德宏职业学院	34	35.11	云南省
713	郑州幼儿师范高等专科学校	18	35.09	河南省
714	徽商职业学院	62	35.04	安徽省
715	太原城市职业技术学院	46	35	山西省
716	河南信息统计职业学院	29	34.91	河南省
717	贵州工业职业技术学院	42	34.9	贵州省
718	上海邦德职业技术学院	20	34.89	上海市
719	楚雄医药高等专科学校	10	34.87	云南省
720	柳州城市职业学院	58	34.85	广西壮族自治区
720	泉州工艺美术职业学院	15	34.85	福建省
722	泉州华光职业学院	18	34.8	福建省
723	渤海理工职业学院	28	34.72	河北省
724	西安医学高等专科学校	10	34.71	陕西省
724	江阴职业技术学院	40	34.71	江苏省
726	江西青年职业学院	34	34.69	江西省
727	湖南冶金职业技术学院	11	34.68	湖南省
727	河南林业职业学院	57	34.68	河南省
729	潍坊护理职业学院	18	34.66	山东省

续表

序号	学校名称	项目数	总分	省份
730	贵州盛华职业学院	9	34.62	贵州省
731	山东胜利职业学院	19	34.58	山东省
732	江西艺术职业学院	20	34.56	江西省
733	保险职业学院	22	34.55	湖南省
733	重庆电讯职业学院	18	34.55	重庆市
735	浙江长征职业技术学院	35	34.54	浙江省
736	南昌职业大学	73	34.49	江西省
736	淄博师范高等专科学校	11	34.49	山东省
738	白城医学高等专科学校	30	34.45	吉林省
739	新乡职业技术学院	56	34.41	河南省
740	新疆师范高等专科学校	38	34.39	新疆维吾尔自治区
741	陇南师范高等专科学校	29	34.37	甘肃省
742	白银矿冶职业技术学院	52	34.29	甘肃省
743	运城幼儿师范高等专科学校	18	34.25	山西省
744	抚州职业技术学院	34	34.23	江西省
745	内江职业技术学院	41	34.22	四川省
746	江西冶金职业技术学院	31	34.18	江西省
747	厦门软件职业技术学院	59	34.09	福建省
748	武汉外语外事职业学院	92	34.08	湖北省
748	保定电力职业技术学院	20	34.08	河北省
750	襄阳汽车职业技术学院	29	34.05	湖北省
751	陕西航空职业技术学院	12	34.03	陕西省

续表

序号	学校名称	项目数	总分	省份
752	烟台工程职业技术学院	60	33.92	山东省
753	新疆铁道职业技术学院	20	33.88	新疆维吾尔自治区
754	三峡电力职业学院	14	33.87	湖北省
755	齐齐哈尔高等师范专科学校	26	33.84	黑龙江省
756	江西航空职业技术学院	23	33.83	江西省
757	洛阳职业技术学院	42	33.78	河南省
758	西安电力高等专科学校	20	33.76	陕西省
759	菏泽家政职业学院	14	33.75	山东省
760	湖北工程职业学院	29	33.7	湖北省
761	威海海洋职业学院	39	33.61	山东省
762	武汉信息传播职业技术学院	67	33.6	湖北省
762	江西医学高等专科学校	17	33.6	江西省
764	吉林工程职业学院	31	33.59	吉林省
765	宁夏警官职业学院	18	33.51	宁夏回族自治区
765	郑州财税金融职业学院	51	33.51	河南省
767	云南经贸外事职业学院	17	33.5	云南省
768	云南体育运动职业技术学院	14	33.49	云南省
769	哈尔滨科学技术职业学院	28	33.42	黑龙江省
770	四平职业大学	33	33.37	吉林省
771	苏州信息职业技术学院	48	33.36	江苏省
772	云南锡业职业技术学院	32	33.32	云南省

续表

序号	学校名称	项目数	总分	省份
773	汕头职业技术学院	34	33.27	广东省
774	保山中医药高等专科学校	14	33.24	云南省
775	包头钢铁职业技术学院	13	33.21	内蒙古自治区
776	浙江东方职业技术学院	39	33.2	浙江省
776	内蒙古民族幼儿师范高等专科学校	7	33.2	内蒙古自治区
778	安徽中澳科技职业学院	43	33.16	安徽省
778	安徽广播影视职业技术学院	25	33.16	安徽省
780	福建电力职业技术学院	53	33.12	福建省
780	南阳农业职业学院	22	33.12	河南省
782	河南医学高等专科学校	21	33.09	河南省
783	湖南司法警官职业学院	18	33.04	湖南省
784	运城职业技术大学	35	33.03	山西省
785	邵阳职业技术学院	23	33.02	湖南省
786	湖南食品药品职业学院	68	33	湖南省
787	广东南华工商职业学院	43	32.95	广东省
788	安徽邮电职业技术学院	47	32.92	安徽省
788	正德职业技术学院	15	32.92	江苏省
790	上海工会管理职业学院	16	32.91	上海市
791	江西传媒职业学院	14	32.9	江西省
792	滁州城市职业学院	26	32.86	安徽省
793	江西司法警官职业学院	26	32.84	江西省

续表

序号	学校名称	项目数	总分	省份
794	怀化职业技术学院	15	32.82	湖南省
795	焦作大学	31	32.81	河南省
796	巴音郭楞职业技术学院	39	32.77	新疆维吾尔自治区
797	湖南体育职业学院	9	32.76	湖南省
798	宁夏艺术职业学院	19	32.74	宁夏回族自治区
799	郑州信息科技职业学院	60	32.71	河南省
800	重庆公共运输职业学院	22	32.67	重庆市
801	北京京北职业技术学院	36	32.64	北京市
802	赣州师范高等专科学校	13	32.59	江西省
802	承德护理职业学院	14	32.59	河北省
804	宣化科技职业学院	46	32.58	河北省
805	安徽工业职业技术学院	47	32.54	安徽省
806	达州职业技术学院	21	32.52	四川省
807	湖南国防工业职业技术学院	13	32.47	湖南省
808	汉中职业技术学院	34	32.32	陕西省
809	新疆工业职业技术学院	13	32.3	新疆维吾尔自治区
809	重庆旅游职业学院	57	32.3	重庆市
811	山西旅游职业学院	55	32.27	山西省
812	合肥通用职业技术学院	18	32.25	安徽省
813	四川卫生康复职业学院	23	32.21	四川省
814	天津生物工程职业技术学院	36	32.19	天津市
815	长沙卫生职业学院	30	32.15	湖南省

续表

序号	学校名称	项目数	总分	省份
816	天津工艺美术职业学院	8	32.12	天津市
817	厦门南洋职业学院	39	32.1	福建省
818	山西电力职业技术学院	16	32.05	山西省
819	福建华南女子职业学院	16	32.04	福建省
819	马鞍山职业技术学院	57	32.04	安徽省
821	重庆文化艺术职业学院	13	31.98	重庆市
822	福州软件职业技术学院	29	31.97	福建省
822	四川华新现代职业学院	36	31.97	四川省
824	呼伦贝尔职业技术学院	28	31.95	内蒙古自治区
825	赤峰工业职业技术学院	11	31.93	内蒙古自治区
826	漯河食品职业学院	40	31.92	河南省
827	黄山职业技术学院	18	31.87	安徽省
828	吉安职业技术学院	34	31.83	江西省
829	山东外国语职业技术大学	58	31.79	山东省
829	广东文艺职业学院	19	31.79	广东省
831	三亚城市职业学院	22	31.76	海南省
832	宁夏工业职业学院	7	31.75	宁夏回族自治区
833	昆山登云科技职业学院	23	31.72	江苏省
834	成都工贸职业技术学院	50	31.66	四川省
834	四川体育职业学院	4	31.66	四川省
836	河北正定师范高等专科学校	24	31.65	河北省

续表

序号	学校名称	项目数	总分	省份
837	随州职业技术学院	27	31.63	湖北省
838	四川司法警官职业学院	8	31.62	四川省
839	江苏财会职业学院	32	31.61	江苏省
840	甘肃卫生职业学院	21	31.54	甘肃省
841	潍坊工商职业学院	41	31.52	山东省
842	遵义医药高等专科学校	12	31.51	贵州省
842	宣城职业技术学院	32	31.51	安徽省
844	黑龙江能源职业学院	21	31.49	黑龙江省
844	新疆生产建设兵团兴新职业技术学院	33	31.49	新疆维吾尔自治区
846	湖南三一工业职业技术学院	21	31.46	湖南省
847	武汉民政职业学院	18	31.45	湖北省
847	石家庄财经职业学院	43	31.45	河北省
849	厦门华天涉外职业技术学院	37	31.44	福建省
850	安徽审计职业学院	26	31.41	安徽省
851	重庆能源职业学院	34	31.4	重庆市
852	衡水职业技术学院	42	31.38	河北省
853	山东信息职业技术学院	27	31.37	山东省
854	玉溪农业职业技术学院	48	31.29	云南省
855	大同煤炭职业技术学院	21	31.28	山西省
856	三亚理工职业学院	16	31.27	海南省
857	德宏师范高等专科学校	11	31.22	云南省
858	四川科技职业学院	35	31.18	四川省
859	茂名职业技术学院	27	31.17	广东省
860	重庆城市职业学院	25	31.14	重庆市

续表

序号	学校名称	项目数	总分	省份
861	宿州职业技术学院	25	31.13	安徽省
862	四川现代职业学院	34	31.07	四川省
862	长垣烹饪职业技术学院	35	31.07	河南省
864	泉州职业技术大学	58	31.05	福建省
864	安徽冶金科技职业学院	14	31.05	安徽省
864	南京城市职业学院	61	31.05	江苏省
867	海南工商职业学院	32	31.02	海南省
868	青海柴达木职业技术学院	21	30.97	青海省
869	北京科技职业学院	24	30.94	北京市
869	黑龙江商业职业学院	48	30.94	黑龙江省
871	四川西南航空职业学院	16	30.91	四川省
872	广州现代信息工程职业技术学院	25	30.88	广东省
873	山东海事职业学院	24	30.82	山东省
874	昆明卫生职业学院	18	30.81	云南省
874	广州南洋理工职业学院	38	30.81	广东省
876	辽宁商贸职业学院	7	30.79	辽宁省
877	河南司法警官职业学院	14	30.76	河南省
878	山东司法警官职业学院	19	30.75	山东省
879	安庆医药高等专科学校	19	30.74	安徽省
880	黑龙江公安警官职业学院	4	30.73	黑龙江省
881	天津公安警官职业学院	7	30.72	天津市
881	河南艺术职业学院	18	30.72	河南省
883	钟山职业技术学院	14	30.7	江苏省

续表

序号	学校名称	项目数	总分	省份
883	亳州职业技术学院	49	30.7	安徽省
885	青海高等职业技术学院	23	30.6	青海省
886	四川护理职业学院	19	30.58	四川省
887	江苏安全技术职业学院	36	30.56	江苏省
888	四川托普信息技术职业学院	45	30.54	四川省
889	北京经济技术职业学院	63	30.53	北京市
889	陕西机电职业技术学院	27	30.53	陕西省
891	广西城市职业大学	60	30.52	广西壮族自治区
892	湖北青年职业学院	10	30.5	湖北省
893	河南质量工程职业学院	32	30.45	河南省
894	铜仁幼儿师范高等专科学校	13	30.38	贵州省
895	徐州生物工程职业技术学院	35	30.37	江苏省
896	江西软件职业技术大学	28	30.32	江西省
897	四川艺术职业学院	28	30.25	四川省
898	浙江体育职业技术学院	5	30.23	浙江省
899	广西现代职业技术学院	31	30.22	广西壮族自治区
900	湖南幼儿师范高等专科学校	10	30.2	湖南省
901	安阳职业技术学院	28	30.17	河南省
902	武汉警官职业学院	36	30.16	湖北省
903	武汉工程职业技术学院	26	30.15	湖北省
904	皖西卫生职业学院	28	30.1	安徽省

续表

序号	学校名称	项目数	总分	省份
905	鹤岗师范高等专科学校	7	30.09	黑龙江省
906	闽北职业技术学院	17	30.07	福建省
907	广州体育职业技术学院	12	30.04	广东省
908	贵州职业技术学院	26	29.98	贵州省
909	广东舞蹈戏剧职业学院	15	29.95	广东省
910	西藏警官高等专科学校	7	29.89	西藏自治区
911	厦门兴才职业技术学院	30	29.85	福建省
912	河北公安警察职业学院	7	29.83	河北省
912	六盘水职业技术学院	14	29.83	贵州省
914	重庆幼儿师范高等专科学校	14	29.82	重庆市
915	辽宁理工职业大学	51	29.78	辽宁省
916	平顶山职业技术学院	49	29.76	河南省
917	河南推拿职业学院	4	29.74	河南省
917	伊春职业学院	23	29.74	黑龙江省
919	河北工艺美术职业学院	11	29.71	河北省
920	红河卫生职业学院	14	29.69	云南省
921	上饶职业技术学院	28	29.68	江西省
922	广东司法警官职业学院	21	29.66	广东省
923	北京汇佳职业学院	14	29.63	北京市
924	怀化师范高等专科学校	2	29.62	湖南省
925	济南护理职业学院	26	29.6	山东省
925	泰山护理职业学院	19	29.6	山东省
927	云南财经职业学院	18	29.58	云南省

续表

序号	学校名称	项目数	总分	省份
928	新疆应用职业技术学院	27	29.57	新疆维吾尔自治区
929	辽河石油职业技术学院	5	29.56	辽宁省
929	山东服装职业学院	27	29.56	山东省
931	永城职业学院	12	29.54	河南省
932	重庆安全技术职业学院	21	29.47	重庆市
933	武汉商贸职业学院	20	29.44	湖北省
934	河南检察职业学院	11	29.42	河南省
934	湖北财税职业学院	25	29.42	湖北省
936	河南科技职业大学	14	29.41	河南省
937	黑龙江司法警官职业学院	5	29.39	黑龙江省
938	山西体育职业学院	8	29.37	山西省
939	陕西青年职业学院	31	29.36	陕西省
940	益阳医学高等专科学校	11	29.34	湖南省
941	新疆天山职业技术大学	32	29.33	新疆维吾尔自治区
942	山西华澳商贸职业学院	10	29.32	山西省
943	山西信息职业技术学院	5	29.23	山西省
944	湖南都市职业学院	8	29.21	湖南省
945	江西师范高等专科学校	14	29.18	江西省
946	安徽公安职业学院	6	29.17	安徽省
947	菏泽职业学院	33	29.07	山东省
948	浙江横店影视职业学院	25	29.04	浙江省
948	泉州经贸职业技术学院	22	29.04	福建省
950	白城职业技术学院	15	29.03	吉林省

续表

序号	学校名称	项目数	总分	省份
951	川北幼儿师范高等专科学校	18	29.01	四川省
952	南阳职业学院	39	28.91	河南省
953	山西运城农业职业技术学院	34	28.89	山西省
954	哈尔滨幼儿师范高等专科学校	10	28.81	黑龙江省
955	宜春幼儿师范高等专科学校	6	28.8	江西省
956	焦作工贸职业学院	51	28.76	河南省
957	石河子工程职业技术学院	14	28.66	新疆维吾尔自治区
958	罗定职业技术学院	22	28.64	广东省
959	山西管理职业学院	16	28.62	山西省
959	安徽粮食工程职业学院	16	28.62	安徽省
961	四川铁道职业学院	15	28.56	四川省
962	湖北黄冈应急管理职业技术学院	8	28.52	湖北省
963	天津开发区职业技术学院	10	28.51	天津市
964	长治职业技术学院	16	28.49	山西省
964	唐山科技职业技术学院	13	28.49	河北省
966	嵩山少林武术职业学院	8	28.48	河南省
967	贵阳幼儿师范高等专科学校	10	28.46	贵州省
968	河南护理职业学院	14	28.45	河南省
969	成都艺术职业大学	50	28.42	四川省
970	安徽黄梅戏艺术职业学院	5	28.39	安徽省
971	扬州环境资源职业技术学院	14	28.35	江苏省

续表

序号	学校名称	项目数	总分	省份
972	宁夏葡萄酒与防沙治沙职业技术学院	10	28.33	宁夏回族自治区
972	广东体育职业技术学院	9	28.33	广东省
974	安徽矿业职业技术学院	23	28.32	安徽省
975	广东工商职业技术大学	29	28.29	广东省
976	重庆青年职业技术学院	33	28.24	重庆市
977	廊坊卫生职业学院	13	28.23	河北省
977	荆门职业学院	15	28.23	湖北省
979	辽宁冶金职业技术学院	15	28.22	辽宁省
979	沧州幼儿师范高等专科学校	14	28.22	河北省
981	黔南民族医学高等专科学校	5	28.21	贵州省
981	山西青年职业学院	20	28.21	山西省
983	湖南有色金属职业技术学院	14	28.19	湖南省
984	云南交通运输职业学院	17	28.11	云南省
985	山东传媒职业学院	17	28.07	山东省
986	西安海棠职业学院	13	28.05	陕西省
986	安徽卫生健康职业学院	10	28.05	安徽省
986	延边职业技术学院	24	28.05	吉林省
989	广东青年职业学院	22	28.04	广东省
990	朔州职业技术学院	17	28.03	山西省
991	三峡旅游职业技术学院	42	27.97	湖北省
992	郑州澍青医学高等专科学校	16	27.94	河南省

续表

序号	学校名称	项目数	总分	省份
993	湖南石油化工职业技术学院	9	27.87	湖南省
994	江西应用工程职业学院	13	27.86	江西省
994	陕西警官职业学院	12	27.86	陕西省
996	吉林司法警官职业学院	21	27.85	吉林省
997	科尔沁艺术职业学院	13	27.82	内蒙古自治区
998	惠州经济职业技术学院	19	27.8	广东省
999	益阳职业技术学院	13	27.78	湖南省
1000	昆明铁道职业技术学院	16	27.72	云南省
1001	阳泉职业技术学院	25	27.71	山西省
1002	北海职业学院	30	27.7	广西壮族自治区
1003	四川希望汽车职业学院	31	27.62	四川省
1004	河南轻工职业学院	33	27.56	河南省
1005	四川三河职业学院	22	27.52	四川省
1006	广州卫生职业技术学院	13	27.51	广东省
1007	湖南劳动人事职业学院	22	27.47	湖南省
1008	四川文化传媒职业学院	28	27.34	四川省
1009	榆林职业技术学院	32	27.26	陕西省
1010	云南工程职业学院	17	27.2	云南省
1011	潞安职业技术学院	9	27.19	山西省
1012	宿迁泽达职业技术学院	7	27.17	江苏省
1012	民办合肥财经职业学院	24	27.17	安徽省

续表

序号	学校名称	项目数	总分	省份
1012	黔西南民族职业技术学院	14	27.17	贵州省
1015	贵州农业职业学院	14	27.16	贵州省
1016	甘肃警察职业学院	8	27.13	甘肃省
1016	甘肃有色冶金职业技术学院	30	27.13	甘肃省
1018	广东生态工程职业学院	25	27.12	广东省
1019	河北劳动关系职业学院	15	27.07	河北省
1019	大兴安岭职业学院	11	27.07	黑龙江省
1021	广东碧桂园职业学院	12	27.03	广东省
1022	汕尾职业技术学院	25	27.01	广东省
1023	吉林科技职业技术学院	11	26.99	吉林省
1024	天津广播影视职业学院	6	26.95	天津市
1025	广州华夏职业学院	19	26.91	广东省
1026	郑州电力职业技术学院	31	26.9	河南省
1027	河北司法警官职业学院	18	26.88	河北省
1028	湖南软件职业技术大学	17	26.86	湖南省
1029	大理农林职业技术学院	11	26.84	云南省
1030	许昌电气职业学院	23	26.82	河南省
1031	株洲师范高等专科学校	3	26.8	湖南省
1032	定西师范高等专科学校	3	26.67	甘肃省
1033	鹤壁汽车工程职业学院	25	26.63	河南省

续表

序号	学校名称	项目数	总分	省份
1034	江西泰豪动漫职业学院	16	26.59	江西省
1035	郑州电子信息职业技术学院	21	26.57	河南省
1035	陕西经济管理职业技术学院	2	26.57	陕西省
1037	驻马店职业技术学院	26	26.55	河南省
1038	金肯职业技术学院	17	26.48	江苏省
1039	苏州高博软件技术职业学院	14	26.45	江苏省
1040	安徽涉外经济职业学院	42	26.42	安徽省
1040	鄂尔多斯生态环境职业学院	6	26.42	内蒙古自治区
1042	黑龙江冰雪体育职业学院	5	26.39	黑龙江省
1042	七台河职业学院	17	26.39	黑龙江省
1044	苏州百年职业学院	21	26.32	江苏省
1045	长春师范高等专科学校	13	26.29	吉林省
1046	西安汽车职业大学	22	26.25	陕西省
1047	江西工商职业技术学院	10	26.23	江西省
1048	嘉兴南洋职业技术学院	36	26.15	浙江省
1049	武昌职业学院	27	26.05	湖北省
1050	云南司法警官职业学院	6	26.03	云南省
1051	山西警官职业学院	19	25.99	山西省
1052	哈尔滨电力职业技术学院	11	25.97	黑龙江省
1053	长春信息技术职业学院	10	25.96	吉林省

续表

序号	学校名称	项目数	总分	省份
1054	广西理工职业技术学院	99	25.94	广西壮族自治区
1055	山西国际商务职业学院	18	25.86	山西省
1056	阜新高等专科学校	13	25.82	辽宁省
1057	鹰潭职业技术学院	2	25.8	江西省
1058	山东工程职业技术大学	36	25.78	山东省
1058	广西安全工程职业技术学院	23	25.78	广西壮族自治区
1060	北京北大方正软件职业技术学院	69	25.77	北京市
1061	福州墨尔本理工职业学院	12	25.7	福建省
1062	江海职业技术学院	20	25.68	江苏省
1063	漳州城市职业学院	22	25.63	福建省
1064	安徽林业职业技术学院	10	25.62	安徽省
1065	洛阳科技职业学院	13	25.52	河南省
1066	兰州现代职业学院	38	25.44	甘肃省
1067	广州华商职业学院	33	25.37	广东省
1068	江西新能源科技职业学院	28	25.35	江西省
1068	北京科技经营管理学院	3	25.35	北京市
1070	南京机电职业技术学院	18	25.34	江苏省
1071	贵州电力职业技术学院	2	25.3	贵州省
1072	广州华立科技职业学院	29	25.28	广东省
1073	珠海艺术职业学院	18	25.25	广东省
1074	冀中职业学院	14	25.23	河北省
1075	广州科技职业技术大学	50	25.16	广东省

续表

序号	学校名称	项目数	总分	省份
1075	辽宁政法职业学院	21	25.16	辽宁省
1075	江西经济管理职业学院	4	25.16	江西省
1078	陕西旅游烹饪职业学院	29	25.13	陕西省
1079	泉州海洋职业学院	20	25.1	福建省
1080	东营科技职业学院	21	25.08	山东省
1081	安徽艺术职业学院	34	25.07	安徽省
1082	北京体育职业学院	5	25.05	北京市
1083	保定幼儿师范高等专科学校	5	25.02	河北省
1084	泉州纺织服装职业学院	17	24.99	福建省
1084	西昌民族幼儿师范高等专科学校	8	24.99	四川省
1086	贵州水利水电职业技术学院	11	24.98	贵州省
1087	贵州经贸职业技术学院	4	24.93	贵州省
1088	盐城幼儿师范高等专科学校	22	24.92	江苏省
1089	合肥科技职业学院	12	24.86	安徽省
1090	九州职业技术学院	14	24.83	江苏省
1090	海南健康管理职业技术学院	11	24.83	海南省
1092	阿拉善职业技术学院	13	24.78	内蒙古自治区
1093	铁岭卫生职业学院	21	24.76	辽宁省
1094	长白山职业技术学院	9	24.75	吉林省
1095	沈阳北软信息职业技术学院	13	24.73	辽宁省
1095	合肥信息技术职业学院	8	24.73	安徽省
1095	揭阳职业技术学院	18	24.73	广东省

续表

序号	学校名称	项目数	总分	省份
1095	惠州工程职业学院	22	24.73	广东省
1099	扎兰屯职业学院	6	24.53	内蒙古自治区
1099	百色职业学院	15	24.53	广西壮族自治区
1101	重庆电信职业学院	32	24.5	重庆市
1102	北京培黎职业学院	15	24.45	北京市
1103	乌兰察布医学高等专科学校	5	24.38	内蒙古自治区
1104	厦门安防科技职业学院	16	24.34	福建省
1104	民办万博科技职业学院	12	24.34	安徽省
1104	西双版纳职业技术学院	11	24.34	云南省
1107	民办四川天一学院	15	24.32	四川省
1108	浙江安防职业技术学院	23	24.28	浙江省
1109	南京视觉艺术职业学院	13	24.18	江苏省
1110	黔南民族幼儿师范高等专科学校	6	24.15	贵州省
1111	吉林水利电力职业学院	19	24.14	吉林省
1112	重庆艺术工程职业学院	9	24.07	重庆市
1113	甘肃财贸职业学院	29	24.03	甘肃省
1114	山西卫生健康职业学院	5	24.02	山西省
1115	安阳幼儿师范高等专科学校	9	23.99	河南省
1116	铜川职业技术学院	10	23.97	陕西省
1116	湖南外国语职业学院	15	23.97	湖南省

续表

序号	学校名称	项目数	总分	省份
1118	广东江门中医药职业学院	13	23.95	广东省
1119	大连枫叶职业技术学院	23	23.9	辽宁省
1120	石家庄人民医学高等专科学校	8	23.85	河北省
1121	毕节医学高等专科学校	5	23.81	贵州省
1122	毕节职业技术学院	14	23.63	贵州省
1123	硅湖职业技术学院	15	23.62	江苏省
1124	广东茂名幼儿师范专科学校	23	23.6	广东省
1125	太原幼儿师范高等专科学校	4	23.55	山西省
1126	贵州航天职业技术学院	19	23.54	贵州省
1127	巴中职业技术学院	6	23.53	四川省
1128	武汉光谷职业学院	14	23.49	湖北省
1129	贵州食品工程职业学院	8	23.47	贵州省
1129	广东创新科技职业学院	17	23.47	广东省
1131	北京经贸职业学院	7	23.4	北京市
1132	廊坊燕京职业技术学院	12	23.39	河北省
1133	运城护理职业学院	7	23.38	山西省
1133	吐鲁番职业技术学院	9	23.38	新疆维吾尔自治区
1135	辽宁特殊教育师范高等专科学校	3	23.36	辽宁省
1136	庆阳职业技术学院	15	23.3	甘肃省
1137	驻马店幼儿师范高等专科学校	6	23.23	河南省
1138	忻州职业技术学院	26	23.18	山西省
1138	私立华联学院	14	23.18	广东省

续表

序号	学校名称	项目数	总分	省份
1140	皖北卫生职业学院	7	23.16	安徽省
1141	神木职业技术学院	18	23.09	陕西省
1142	江南影视艺术职业学院	8	23.03	江苏省
1142	西安信息职业大学	35	23.03	陕西省
1142	新疆维吾尔医学专科学校	5	23.03	新疆维吾尔自治区
1145	广州珠江职业技术学院	10	23.02	广东省
1146	广东行政职业学院	29	23	广东省
1147	承德应用技术职业学院	22	22.99	河北省
1147	山东圣翰财贸职业学院	18	22.99	山东省
1147	贵州护理职业技术学院	3	22.99	贵州省
1147	德州科技职业学院	13	22.99	山东省
1151	安徽汽车职业技术学院	17	22.96	安徽省
1152	惠州卫生职业技术学院	17	22.95	广东省
1153	安徽体育运动职业技术学院	7	22.91	安徽省
1154	安徽绿海商务职业学院	8	22.87	安徽省
1155	天府新区通用航空职业学院	25	22.82	四川省
1155	大连汽车职业技术学院	65	22.82	辽宁省
1157	重庆海联职业技术学院	6	22.77	重庆市
1158	山西同文职业技术学院	3	22.75	山西省
1159	应天职业技术学院	6	22.72	江苏省

续表

序号	学校名称	项目数	总分	省份
1160	石家庄理工职业学院	16	22.66	河北省
1160	云南城市建设职业学院	5	22.66	云南省
1162	渤海石油职业学院	7	22.63	河北省
1163	宁夏幼儿师范高等专科学校	4	22.58	宁夏回族自治区
1164	西安城市建设职业学院	11	22.52	陕西省
1165	云南商务职业学院	29	22.49	云南省
1165	吉林职业技术学院	10	22.49	吉林省
1165	四川电子机械职业技术学院	15	22.49	四川省
1165	湘南幼儿师范高等专科学校	5	22.49	湖南省
1169	石家庄医学高等专科学校	8	22.48	河北省
1170	湖北体育职业学院	4	22.41	湖北省
1171	梧州职业学院	18	22.32	广西壮族自治区
1171	天津滨海汽车工程职业学院	3	22.32	天津市
1173	广州东华职业学院	13	22.28	广东省
1174	内蒙古体育职业学院	3	22.24	内蒙古自治区
1175	大连装备制造职业技术学院	2	22.22	辽宁省
1176	广西工程职业学院	6	22.2	广西壮族自治区
1177	博尔塔拉职业技术学院	18	22.14	新疆维吾尔自治区
1178	广西蓝天航空职业学院	22	21.96	广西壮族自治区
1178	新疆机电职业技术学院	3	21.96	新疆维吾尔自治区

续表

序号	学校名称	项目数	总分	省份
1178	内蒙古警察职业学院	6	21.96	内蒙古自治区
1181	广西英华国际职业学院	15	21.91	广西壮族自治区
1182	新疆体育职业技术学院	3	21.88	新疆维吾尔自治区
1183	满洲里俄语职业学院	3	21.83	内蒙古自治区
1183	郑州城市职业学院	2	21.83	河南省
1185	广西经济职业学院	25	21.78	广西壮族自治区
1185	共青科技职业学院	15	21.78	江西省
1185	江西枫林涉外经贸职业学院	10	21.78	江西省
1188	福建体育职业技术学院	2	21.69	福建省
1188	临沂科技职业学院	1	21.69	山东省
1190	浙江舟山群岛新区旅游与健康职业学院	12	21.6	浙江省
1191	天府新区信息职业学院	12	21.59	四川省
1192	河南地矿职业学院	15	21.51	河南省
1193	山东化工职业学院	24	21.48	山东省
1194	郑州理工职业学院	2	21.45	河南省
1195	潮汕职业技术学院	12	21.41	广东省
1196	安徽扬子职业技术学院	15	21.39	安徽省
1196	江西洪州职业学院	11	21.39	江西省
1198	厦门演艺职业学院	3	21.3	福建省
1199	桐城师范高等专科学校	13	21.22	安徽省
1199	辽宁民族师范高等专科学校	10	21.22	辽宁省
1201	金山职业技术学院	12	21.19	江苏省

续表

序号	学校名称	项目数	总分	省份
1202	石家庄工程职业学院	11	21.14	河北省
1203	江阳城建职业学院	12	21.13	四川省
1204	湖南高尔夫旅游职业学院	5	21.09	湖南省
1205	山东外事职业大学	11	20.98	山东省
1205	广西自然资源职业技术学院	15	20.98	广西壮族自治区
1205	西安高新科技职业学院	11	20.98	陕西省
1205	湖南电子科技职业学院	8	20.98	湖南省
1209	上海民远职业技术学院	7	20.97	上海市
1210	河北石油职业技术学院	2	20.83	河北省
1211	南充科技职业学院	10	20.77	四川省
1211	厦门东海职业技术学院	11	20.77	福建省
1213	云南外事外语职业学院	14	20.58	云南省
1213	福州黎明职业技术学院	33	20.58	福建省
1215	信阳涉外职业技术学院	11	20.55	河南省
1215	郑州信息工程职业学院	9	20.55	河南省
1215	潇湘职业学院	10	20.55	湖南省
1218	无锡南洋职业技术学院	13	20.33	江苏省
1219	吕梁职业技术学院	12	20.32	山西省
1219	苏州托普信息职业技术学院	10	20.32	江苏省
1221	辽宁广告职业学院	26	20.26	辽宁省
1222	广州松田职业学院	13	20.09	广东省

续表

序号	学校名称	项目数	总分	省份
1222	重庆科技职业学院	11	20.09	重庆市
1222	兰州外语职业学院	13	20.09	甘肃省
1222	广州涉外经济职业技术学院	11	20.09	广东省
1222	川南幼儿师范高等专科学校	5	20.09	四川省
1222	哈尔滨应用职业技术学院	8	20.09	黑龙江省
1228	贵州城市职业学院	16	20.02	贵州省
1229	浙江特殊教育职业学院	10	20	浙江省
1230	沈阳航空职业技术学院	3	19.91	辽宁省
1231	广西科技职业学院	2	19.9	广西壮族自治区
1232	重庆传媒职业学院	7	19.87	重庆市
1232	湘中幼儿师范高等专科学校	5	19.87	湖南省
1232	唐山幼儿师范高等专科学校	2	19.87	河北省
1235	三亚中瑞酒店管理职业学院	14	19.84	海南省
1235	浙江汽车职业技术学院	7	19.84	浙江省
1237	长沙南方职业学院	8	19.77	湖南省
1238	赣州职业技术学院	11	19.59	江西省
1238	江西科技职业学院	4	19.59	江西省
1240	湛江幼儿师范专科学校	11	19.43	广东省
1241	山东艺术设计职业学院	12	19.33	山东省
1241	广东茂名农林科技职业学院	8	19.33	广东省
1243	山东特殊教育职业学院	7	19.24	山东省

续表

序号	学校名称	项目数	总分	省份
1244	三门峡社会管理职业学院	6	19.09	河南省
1245	赣西科技职业学院	11	19.06	江西省
1246	广东南方职业学院	13	19.05	广东省
1246	临夏现代职业学院	13	19.05	甘肃省
1246	日照航海工程职业学院	11	19.05	山东省
1246	云南水利水电职业学院	9	19.05	云南省
1250	广东亚视演艺职业学院	17	19.01	广东省
1250	云南轻纺职业学院	18	19.01	云南省
1252	广西演艺职业学院	16	18.77	广西壮族自治区
1252	烟台黄金职业学院	10	18.77	山东省
1252	四川汽车职业技术学院	2	18.77	四川省
1252	天府新区航空旅游职业学院	6	18.77	四川省
1252	武汉航海职业技术学院	5	18.77	湖北省
1252	贵州航空职业技术学院	3	18.77	贵州省
1258	苏州幼儿师范高等专科学校	2	18.55	江苏省
1259	云南新兴职业学院	5	18.51	云南省
1260	信阳航空职业学院	15	18.47	河南省
1260	喀什职业技术学院	9	18.47	新疆维吾尔自治区
1260	长江艺术工程职业学院	9	18.47	湖北省
1260	德阳城市轨道交通职业学院	5	18.47	四川省
1264	石家庄工商职业学院	15	18.31	河北省

续表

序号	学校名称	项目数	总分	省份
1265	大理护理职业学院	5	18.28	云南省
1266	北京艺术传媒职业学院	1	18.24	北京市
1267	贵州工商职业学院	13	18.23	贵州省
1268	辽宁工程职业学院	10	18.22	辽宁省
1269	广东新安职业技术学院	10	18.15	广东省
1269	哈密职业技术学院	10	18.15	新疆维吾尔自治区
1269	河南物流职业学院	8	18.15	河南省
1272	天门职业学院	4	17.86	湖北省
1272	郑州黄河护理职业学院	2	17.86	河南省
1274	崇左幼儿师范高等专科学校	9	17.82	广西壮族自治区
1274	海南卫生健康职业学院	9	17.82	海南省
1274	福州英华职业学院	9	17.82	福建省
1274	广东茂名健康职业学院	7	17.82	广东省
1274	广东酒店管理职业技术学院	7	17.82	广东省
1274	南昌影视传播职业学院	5	17.82	江西省
1274	新疆能源职业技术学院	2	17.82	新疆维吾尔自治区
1281	青岛工程职业学院	5	17.46	山东省
1281	湖北铁道运输职业学院	8	17.46	湖北省
1281	重庆轻工职业学院	8	17.46	重庆市
1281	哈尔滨北方航空职业技术学院	4	17.46	黑龙江省
1281	湖南工商职业学院	4	17.46	湖南省
1281	贵州装备制造职业学院	4	17.46	贵州省

序号	学校名称	项目数	总分	省份
1281	黄冈科技职业学院	3	17.46	湖北省
1288	重庆护理职业学院	7	17.11	重庆市
1289	眉山药科职业学院	11	17.09	四川省
1289	兰考三农职业学院	11	17.09	河南省
1289	贵州健康职业学院	2	17.09	贵州省
1289	资阳环境科技职业学院	9	17.09	四川省
1289	濮阳医学高等专科学校	9	17.09	河南省
1289	明达职业技术学院	5	17.09	江苏省
1295	大连软件职业学院	1	16.73	辽宁省
1295	山东杏林科技职业学院	1	16.73	山东省
1295	上海南湖职业技术学院	1	16.73	上海市
1295	上海中华职业技术学院	1	16.73	上海市
1299	河南对外经济贸易职业学院	10	16.69	河南省
1299	重庆应用技术职业学院	8	16.69	重庆市
1299	江苏航空职业技术学院	6	16.69	江苏省
1299	景德镇陶瓷职业技术学院	4	16.69	江西省
1299	内蒙古北方职业技术学院	1	16.69	内蒙古自治区
1299	昆明艺术职业学院	1	16.69	云南省
1299	新疆现代职业技术学院	1	16.69	新疆维吾尔自治区
1299	内蒙古经贸外语职业学院	1	16.69	内蒙古自治区
1307	四川文轩职业学院	5	16.64	四川省
1308	赣南卫生健康职业学院	7	16.41	江西省

续表

序号	学校名称	项目数	总分	省份
1309	郑州工业安全职业学院	9	16.25	河南省
1309	广西物流职业技术学院	9	16.25	广西壮族自治区
1309	烟台文化旅游职业学院	9	16.25	山东省
1309	石家庄经济职业学院	7	16.25	河北省
1309	广西培贤国际职业学院	5	16.25	广西壮族自治区
1309	云南特殊教育职业学院	5	16.25	云南省
1309	平凉职业技术学院	5	16.25	甘肃省
1309	齐齐哈尔理工职业学院	5	16.25	黑龙江省
1309	贵州电子科技职业学院	3	16.25	贵州省
1309	贵州电子商务职业技术学院	3	16.25	贵州省
1309	贵州应用技术职业学院	3	16.25	贵州省
1320	重庆信息技术职业学院	12	16.12	重庆市
1321	萍乡卫生职业学院	6	15.8	江西省
1322	曲靖职业技术学院	8	15.78	云南省
1322	红河职业技术学院	8	15.78	云南省
1322	云南工贸职业技术学院	4	15.78	云南省
1322	哈尔滨城市职业学院	4	15.78	黑龙江省
1326	宁波幼儿师范高等专科学校	4	15.28	浙江省
1327	重庆经贸职业学院	7	15.26	重庆市
1327	太湖创意职业技术学院	7	15.26	江苏省

续表

序号	学校名称	项目数	总分	省份
1327	福州科技职业技术学院	7	15.26	福建省
1327	广东财贸职业学院	7	15.26	广东省
1327	广州华南商贸职业学院	5	15.26	广东省
1327	和田职业技术学院	5	15.26	新疆维吾尔自治区
1327	山东力明科技职业学院	5	15.26	山东省
1334	武夷山职业学院	7	15.18	福建省
1335	铁门关职业技术学院	6	14.68	新疆维吾尔自治区
1335	唐山海运职业学院	6	14.68	河北省
1335	广东信息工程职业学院	4	14.68	广东省
1335	昭通卫生职业学院	4	14.68	云南省
1335	毕节工业职业技术学院	2	14.68	贵州省
1335	哈尔滨传媒职业学院	2	14.68	黑龙江省
1341	郑州卫生健康职业学院	5	14.5	河南省
1342	长治幼儿师范高等专科学校	1	14.47	山西省
1343	泉州工程职业技术学院	5	14.03	福建省
1343	培黎职业学院	5	14.03	甘肃省
1343	曲阜远东职业技术学院	5	14.03	山东省
1343	许昌陶瓷职业学院	5	14.03	河南省
1343	辽宁师范高等专科学校	5	14.03	辽宁省
1343	邯郸科技职业学院	5	14.03	河北省
1343	上饶幼儿师范高等专科学校	3	14.03	江西省

续表

序号	学校名称	项目数	总分	省份
1343	民办合肥滨湖职业技术学院	3	14.03	安徽省
1343	郑州商贸旅游职业学院	3	14.03	河南省
1343	重庆资源与环境保护职业学院	3	14.03	重庆市
1353	大连航运职业技术学院	1	13.77	辽宁省
1354	天津体育职业学院	3	13.59	天津市
1355	武汉海事职业学院	2	13.31	湖北省
1355	广州康大职业技术学院	4	13.31	广东省
1357	建东职业技术学院	2	13.28	江苏省
1358	梧州医学高等专科学校	4	13.27	广西壮族自治区
1358	曹妃甸职业技术学院	4	13.27	河北省
1358	广西制造工程职业技术学院	4	13.27	广西壮族自治区
1358	昆明幼儿师范高等专科学校	4	13.27	云南省
1358	四川应用技术职业学院	2	13.27	四川省
1358	德阳科贸职业学院	2	13.27	四川省
1364	广东文理职业学院	2	12.9	广东省
1365	青岛求实职业技术学院	4	12.56	山东省
1366	北京网络职业学院	3	12.35	北京市
1366	阿勒泰职业技术学院	3	12.35	新疆维吾尔自治区
1366	青岛幼儿师范高等专科学校	3	12.35	山东省
1366	宿迁职业技术学院	3	12.35	江苏省
1366	黑龙江三江美术职业学院	3	12.35	黑龙江省

续表

序号	学校名称	项目数	总分	省份
1366	长春东方职业学院	3	12.35	吉林省
1366	北海康养职业学院	3	12.35	广西壮族自治区
1366	陕西电子信息职业技术学院	3	12.35	陕西省
1366	海南体育职业技术学院	1	12.35	海南省
1366	永州师范高等专科学校	1	12.35	湖南省
1366	民办合肥经济技术职业学院	1	12.35	安徽省
1366	衡阳幼儿师范高等专科学校	1	12.35	湖南省
1366	毕节幼儿师范高等专科学校	1	12.35	贵州省
1366	蚌埠经济技术职业学院	1	12.35	安徽省
1380	资阳口腔职业学院	1	12.02	四川省
1380	湖南九嶷职业技术学院	1	12.02	湖南省
1382	鞍山职业技术学院	2	11.17	辽宁省
1383	石家庄城市经济职业学院	2	11.16	河北省
1383	山东文化产业职业学院	2	11.16	山东省
1383	钦州幼儿师范高等专科学校	2	11.16	广西壮族自治区
1383	湖南吉利汽车职业技术学院	2	11.16	湖南省
1383	长春健康职业学院	2	11.16	吉林省
1383	克孜勒苏职业技术学院	2	11.16	新疆维吾尔自治区
1383	内江卫生与健康职业学院	2	11.16	四川省

续表

序号	学校名称	项目数	总分	省份
1383	青岛航空科技职业学院	2	11.16	山东省
1383	桂林山水职业学院	2	11.16	广西壮族自治区
1392	山西老区职业技术学院	3	10.26	山西省
1393	抚州幼儿师范高等专科学校	1	9.41	江西省
1394	重庆智能工程职业学院	1	9.38	重庆市
1394	攀枝花攀西职业学院	1	9.38	四川省
1394	潍坊环境工程职业学院	1	9.38	山东省
1394	炎黄职业技术学院	1	9.38	江苏省
1394	云南科技信息职业学院	1	9.38	云南省
1394	达州中医药职业学院	1	9.38	四川省
1394	广元中核职业技术学院	1	9.38	四川省
1394	广东江门幼儿师范高等专科学校	1	9.38	广东省
1394	云南现代职业技术学院	1	9.38	云南省
1394	重庆理工职业学院	1	9.38	重庆市
1394	石家庄科技职业学院	1	9.38	河北省
1394	江西婺源茶业职业学院	1	9.38	江西省
1394	新疆科技职业技术学院	1	9.38	新疆维吾尔自治区
1394	兰州科技职业学院	1	9.38	甘肃省
1408	阜阳幼儿师范高等专科学校	2	6.86	安徽省

9.2 "双高"高职院校教师教学发展指数(2021 版)

序号	学校名称	项目数	总分	省份
1	深圳职业技术学院	913	100	广东省
2	天津市职业大学	662	84.07	天津市
3	金华职业技术学院	797	81.28	浙江省
4	无锡职业技术学院	427	79.16	江苏省
5	长沙民政职业技术学院	407	79.07	湖南省
6	黄河水利职业技术学院	460	78.51	河南省
7	山东商业职业技术学院	435	78.38	山东省
8	陕西工业职业技术学院	465	78.28	陕西省
9	北京工业职业技术学院	545	77.66	北京市
10	广东轻工职业技术学院	408	77.54	广东省
11	浙江金融职业学院	619	76.81	浙江省
12	浙江机电职业技术学院	376	76.27	浙江省
13	淄博职业学院	451	75.91	山东省
14	广州番禺职业技术学院	428	75.84	广东省
15	顺德职业技术学院	524	75.45	广东省
16	湖南铁道职业技术学院	289	75.24	湖南省
17	成都航空职业技术学院	274	75.04	四川省
18	宁波职业技术学院	393	74.68	浙江省
19	重庆电子工程职业学院	452	74.27	重庆市

续表

序号	学校名称	项目数	总分	省份
20	昆明冶金高等专科学校	321	74.17	云南省
21	武汉职业技术学院	347	74.12	湖北省
22	北京电子科技职业学院	515	73.56	北京市
23	杨凌职业技术学院	336	72.29	陕西省
24	常州信息职业技术学院	340	72.22	江苏省
25	辽宁省交通高等专科学校	318	72	辽宁省
26	长春职业技术学院	583	71.92	吉林省
27	深圳信息职业技术学院	344	71.82	广东省
28	重庆工业职业技术学院	428	70.89	重庆市
29	浙江交通职业技术学院	244	70.84	浙江省
30	新疆农业职业技术学院	246	70.56	新疆维吾尔自治区
31	江苏建筑职业技术学院	301	70.39	江苏省
32	常州机电职业技术学院	320	70	江苏省
33	浙江经济职业技术学院	298	69.9	浙江省
34	武汉船舶职业技术学院	212	69.8	湖北省
35	江苏农林职业技术学院	259	69.74	江苏省
36	南宁职业技术学院	370	69.65	广西壮族自治区

续表

序号	学校名称	项目数	总分	省份
37	九江职业技术学院	292	69.25	江西省
38	四川工程职业技术学院	157	69.23	四川省
39	日照职业技术学院	278	69.04	山东省
40	威海职业学院	286	68.75	山东省
41	温州职业技术学院	241	68.29	浙江省
42	浙江商业职业技术学院	331	67.87	浙江省
43	北京财贸职业学院	290	67.37	北京市
43	辽宁农业职业技术学院	241	67.37	辽宁省
45	常州工程职业技术学院	248	67.28	江苏省
46	天津医学高等专科学校	166	67.27	天津市
47	江苏农牧科技职业学院	216	67.24	江苏省
48	山西工程职业学院	224	67.07	山西省
49	北京信息职业技术学院	358	66.97	北京市
50	滨州职业学院	202	66.88	山东省
51	江苏经贸职业技术学院	258	66.84	江苏省
52	黑龙江建筑职业技术学院	172	66.82	黑龙江省
52	南京信息职业技术学院	254	66.82	江苏省
54	浙江经贸职业技术学院	307	66.76	浙江省
55	贵州交通职业技术学院	223	66.48	贵州省
56	襄阳职业技术学院	185	66.39	湖北省
57	天津电子信息职业技术学院	297	66.09	天津市

续表

序号	学校名称	项目数	总分	省份
58	福建船政交通职业学院	410	65.98	福建省
59	江苏工程职业技术学院	217	65.91	江苏省
60	长春汽车工业高等专科学校	258	65.83	吉林省
61	杭州职业技术学院	248	65.55	浙江省
62	无锡商业职业技术学院	341	65.49	江苏省
63	柳州职业技术学院	241	65.45	广西壮族自治区
64	青岛职业技术学院	221	65.24	山东省
65	潍坊职业学院	297	65.19	山东省
65	四川交通职业技术学院	213	65.19	四川省
67	广东科学技术职业学院	251	65.18	广东省
68	四川建筑职业技术学院	210	65.01	四川省
69	广州民航职业技术学院	139	64.87	广东省
70	郑州铁路职业技术学院	221	64.63	河南省
71	芜湖职业技术学院	293	64.54	安徽省
72	山西省财政税务专科学校	213	64.2	山西省
73	黑龙江农业经济职业学院	222	64.19	黑龙江省
74	湖南工业职业技术学院	251	64.18	湖南省
75	天津轻工职业技术学院	246	64.15	天津市
76	北京农业职业学院	243	64.07	北京市
77	石家庄铁路职业技术学院	110	63.75	河北省

序号	学校名称	项目数	总分	省份
78	河南工业职业技术学院	327	63.73	河南省
79	哈尔滨职业技术学院	285	63.71	黑龙江省
80	西安航空职业技术学院	233	63.25	陕西省
81	江苏航运职业技术学院	173	63.06	江苏省
82	天津交通职业学院	224	63.04	天津市
83	黄冈职业技术学院	203	62.67	湖北省
84	黑龙江农业工程职业学院	252	62.55	黑龙江省
85	陕西铁路工程职业技术学院	187	62.41	陕西省
85	江苏食品药品职业技术学院	144	62.41	江苏省
87	广西职业技术学院	194	62.28	广西壮族自治区
88	浙江旅游职业学院	208	62.23	浙江省
89	天津现代职业技术学院	181	62.13	天津市
90	石家庄邮电职业技术学院	121	62.12	河北省
91	湖北职业技术学院	160	62.09	湖北省
92	黑龙江职业学院	277	61.96	黑龙江省
93	重庆城市管理职业学院	282	61.79	重庆市
94	重庆工程职业技术学院	329	61.69	重庆市
95	山东科技职业学院	204	61.56	山东省
96	湖南交通职业技术学院	207	61.47	湖南省
97	安徽机电职业技术学院	260	61.18	安徽省

序号	学校名称	项目数	总分	省份
98	安徽商贸职业技术学院	279	60.75	安徽省
99	河南职业技术学院	316	60.61	河南省
100	广东食品药品职业学院	131	60.49	广东省
101	浙江建设职业技术学院	207	60.21	浙江省
102	江西交通职业技术学院	151	60.08	江西省
103	广东机电职业技术学院	237	60.03	广东省
104	河北化工医药职业技术学院	166	60.02	河北省
105	浙江工贸职业技术学院	151	59.99	浙江省
106	武汉铁路职业技术学院	121	59.86	湖北省
106	山东畜牧兽医职业学院	116	59.86	山东省
108	河南农业职业学院	133	59.75	河南省
109	济南职业学院	191	59.67	山东省
110	苏州农业职业技术学院	180	59.64	江苏省
111	广东水利电力职业技术学院	159	59.62	广东省
112	内蒙古建筑职业技术学院	119	59.51	内蒙古自治区
113	南京铁道职业技术学院	173	59.49	江苏省
114	唐山工业职业技术学院	199	59.44	河北省
115	江西应用技术职业学院	266	59.43	江西省
116	湖南汽车工程职业学院	185	59.32	湖南省

序号	学校名称	项目数	总分	省份
117	徐州工业职业技术学院	175	59.24	江苏省
118	苏州工艺美术职业技术学院	126	59.23	江苏省
119	宁夏职业技术学院	164	59.21	宁夏回族自治区
120	安徽水利水电职业技术学院	184	59.2	安徽省
120	沈阳职业技术学院	201	59.2	辽宁省
122	湖南化工职业技术学院	164	58.98	湖南省
123	北京交通运输职业学院	163	58.39	北京市
124	湖南工艺美术职业学院	84	58.25	湖南省
125	广州铁路职业技术学院	160	58.18	广东省
126	辽宁机电职业技术学院	190	58.13	辽宁省
127	江苏海事职业技术学院	168	57.96	江苏省
128	上海工艺美术职业学院	92	57.95	上海市
129	福建信息职业技术学院	334	57.46	福建省
130	山东职业学院	175	57.44	山东省
131	烟台职业学院	222	57.03	山东省
132	山东交通职业学院	231	57.01	山东省
133	长沙航空职业技术学院	135	56.99	湖南省
134	重庆工商职业学院	289	56.96	重庆市
135	陕西国防工业职业技术学院	170	56.92	陕西省
136	石家庄职业技术学院	129	56.79	河北省

序号	学校名称	项目数	总分	省份
137	黎明职业大学	244	56.61	福建省
138	成都纺织高等专科学校	164	56.6	四川省
139	重庆医药高等专科学校	95	56.55	重庆市
140	湖北交通职业技术学院	111	56.45	湖北省
141	青岛酒店管理职业技术学院	152	56.33	山东省
142	成都职业技术学院	197	56.02	四川省
142	苏州工业职业技术学院	149	56.02	江苏省
144	海南经贸职业技术学院	199	55.75	海南省
145	宁夏工商职业技术学院	162	55.59	宁夏回族自治区
146	东营职业学院	180	55.5	山东省
147	浙江警官职业学院	77	55.38	浙江省
148	漳州职业技术学院	283	55.21	福建省
149	许昌职业技术学院	238	55.1	河南省
150	天津渤海职业技术学院	149	55.06	天津市
151	内蒙古机电职业技术学院	101	54.95	内蒙古自治区
152	铜仁职业技术学院	71	54.93	贵州省
153	吉林交通职业技术学院	161	54.52	吉林省
154	南通职业大学	160	54.45	江苏省
155	山西职业技术学院	240	54.37	山西省
156	秦皇岛职业技术学院	143	54.28	河北省
157	武汉电力职业技术学院	118	54.23	湖北省
158	福州职业技术学院	219	54.09	福建省

续表

序号	学校名称	项目数	总分	省份
159	北京劳动保障职业学院	148	53.96	北京市
160	新疆轻工职业技术学院	82	53.64	新疆维吾尔自治区
161	重庆三峡医药高等专科学校	113	53.63	重庆市
162	江西环境工程职业学院	214	53.4	江西省
163	岳阳职业技术学院	129	53.33	湖南省
164	江西财经职业学院	190	53.26	江西省
165	酒泉职业技术学院	157	53.01	甘肃省
166	渤海船舶职业学院	126	52.83	辽宁省
167	长沙商贸旅游职业技术学院	153	52.59	湖南省
168	安徽医学高等专科学校	80	52.49	安徽省
169	重庆电力高等专科学校	87	52.45	重庆市
170	内蒙古化工职业学院	69	52.3	内蒙古自治区
171	贵州轻工职业技术学院	104	52.1	贵州省
172	广东工贸职业技术学院	174	52.03	广东省
173	辽宁经济职业技术学院	161	51.84	辽宁省
174	广西建设职业技术学院	144	51.75	广西壮族自治区
175	云南机电职业技术学院	59	51.37	云南省
176	江西外语外贸职业学院	150	51.29	江西省
177	陕西职业技术学院	144	51.08	陕西省
178	湖南生物机电职业技术学院	113	50.96	湖南省

续表

序号	学校名称	项目数	总分	省份
179	中山火炬职业技术学院	93	50.64	广东省
180	吉林铁道职业技术学院	95	50.32	吉林省
181	山西机电职业技术学院	203	49.62	山西省
182	成都农业科技职业学院	136	49.47	四川省
183	四川邮电职业技术学院	97	49.24	四川省
184	哈尔滨铁道职业技术学院	47	48.87	黑龙江省
185	浙江艺术职业学院	72	48.78	浙江省
186	重庆航天职业技术学院	97	48.5	重庆市
187	沧州医学高等专科学校	87	47.43	河北省
188	陕西能源职业技术学院	99	47.32	陕西省
189	东莞职业技术学院	166	46.17	广东省
190	昆明工业职业技术学院	44	44.92	云南省
191	咸阳职业技术学院	123	44.76	陕西省
192	重庆三峡职业学院	199	43.08	重庆市

9.3　一般高职院校教师教学发展指数(2021版)

续表

序号	学校名称	项目数	总分	省份	序号	学校名称	项目数	总分	省份
1	河北石油职业技术大学	247	73.44	河北省	17	广东机电职业技术学院	237	60.03	广东省
2	河北科技工程职业技术大学	344	72.41	河北省	18	浙江工贸职业技术学院	151	59.99	浙江省
3	河北工业职业技术大学	304	71.8	河北省	19	常州工业职业技术学院	275	59.94	江苏省
4	浙江商业职业技术学院	331	67.87	浙江省	20	苏州农业职业技术学院	180	59.64	江苏省
5	常州工程职业技术学院	248	67.28	江苏省	21	南京铁道职业技术学院	173	59.49	江苏省
6	山西工程职业学院	224	67.07	山西省	22	湖南汽车工程职业学院	185	59.32	湖南省
7	兰州石化职业技术大学	298	67.04	甘肃省	23	徐州工业职业技术学院	175	59.24	江苏省
8	浙江经贸职业技术学院	307	66.76	浙江省	24	湖南化工职业技术学院	164	58.98	湖南省
9	无锡商业职业技术学院	341	65.49	江苏省	25	北京交通运输职业学院	163	58.39	北京市
10	潍坊职业学院	297	65.19	山东省	26	江苏联合职业技术学院	406	58.19	江苏省
11	石家庄邮电职业技术学院	121	62.12	河北省	27	辽宁机电职业技术学院	190	58.13	辽宁省
12	山西工程科技职业大学	241	61.89	山西省	28	江苏海事职业技术学院	168	57.96	江苏省
13	兰州资源环境职业技术大学	162	61.54	甘肃省	29	浙江纺织服装职业技术学院	182	57.41	浙江省
14	南京交通职业技术学院	260	60.51	江苏省	30	上海城建职业学院	173	57.23	上海市
15	浙江工商职业技术学院	218	60.5	浙江省	31	广东农工商职业技术学院	234	57.12	广东省
16	广东食品药品职业学院	131	60.49	广东省	32	山东交通职业学院	231	57.01	山东省

续表

序号	学校名称	项目数	总分	省份
33	长沙航空职业技术学院	135	56.99	湖南省
34	广西农业职业技术大学	261	56.97	广西壮族自治区
35	江苏电子信息职业学院	233	56.88	江苏省
36	石家庄职业技术学院	129	56.79	河北省
37	黎明职业大学	244	56.61	福建省
38	重庆医药高等专科学校	95	56.55	重庆市
39	湖北交通职业技术学院	111	56.45	湖北省
40	青岛酒店管理职业技术学院	152	56.33	山东省
41	苏州工业职业技术学院	149	56.02	江苏省
42	宁波城市职业技术学院	227	55.82	浙江省
43	山东外贸职业学院	110	55.7	山东省
44	河南经贸职业学院	256	55.69	河南省
45	浙江药科职业大学	106	55.43	浙江省
46	江西旅游商贸职业学院	177	55.4	江西省
47	天津商务职业学院	162	55.2	天津市
48	许昌职业技术学院	238	55.1	河南省
49	安徽工商职业学院	311	55.07	安徽省
50	天津渤海职业技术学院	149	55.06	天津市
51	武汉交通职业学院	142	54.73	湖北省
52	广西交通职业技术学院	177	54.65	广西壮族自治区
53	苏州经贸职业技术学院	158	54.6	江苏省
54	南通职业大学	160	54.45	江苏省

续表

序号	学校名称	项目数	总分	省份
55	河北交通职业技术学院	108	54.38	河北省
56	北京社会管理职业学院	60	54.36	北京市
57	武汉电力职业技术学院	118	54.23	湖北省
58	福州职业技术学院	219	54.09	福建省
59	湖北三峡职业技术学院	143	54.07	湖北省
60	扬州工业职业技术学院	192	53.91	江苏省
61	湖州职业技术学院	170	53.87	浙江省
62	辽宁生态工程职业学院	184	53.69	辽宁省
63	湖南现代物流职业技术学院	95	53.63	湖南省
63	重庆三峡医药高等专科学校	113	53.63	重庆市
65	中山职业技术学院	187	53.48	广东省
66	江西环境工程职业学院	214	53.4	江西省
67	岳阳职业技术学院	129	53.33	湖南省
68	南京旅游职业学院	187	53.29	江苏省
69	天津机电职业技术学院	177	53.04	天津市
70	常州纺织服装职业技术学院	153	52.96	江苏省
71	江苏信息职业技术学院	132	52.72	江苏省
72	江苏财经职业技术学院	181	52.66	江苏省
73	丽水职业技术学院	168	52.63	浙江省
74	义乌工商职业技术学院	157	52.6	浙江省

续表

序号	学校名称	项目数	总分	省份
75	长沙商贸旅游职业技术学院	153	52.59	湖南省
76	安徽医学高等专科学校	80	52.49	安徽省
77	湖北城市建设职业技术学院	123	52.45	湖北省
78	济宁职业技术学院	93	52.35	山东省
79	唐山职业技术学院	102	52.24	河北省
80	贵州轻工职业技术学院	104	52.1	贵州省
81	广东工贸职业技术学院	174	52.03	广东省
82	扬州市职业大学	107	52.01	江苏省
83	浙江工业职业技术学院	166	51.95	浙江省
84	江西陶瓷工艺美术职业技术学院	50	51.89	江西省
85	湖南环境生物职业技术学院	66	51.84	湖南省
85	辽宁经济职业技术学院	161	51.84	辽宁省
87	湖南商务职业技术学院	145	51.79	湖南省
88	广西建设职业技术学院	144	51.75	广西壮族自治区
89	山西药科职业学院	61	51.66	山西省
90	陕西交通职业技术学院	131	51.46	陕西省
91	武汉城市职业学院	190	51.42	湖北省
92	江西外语外贸职业学院	150	51.29	江西省
93	山东水利职业学院	149	51.14	山东省
94	合肥职业技术学院	125	51.13	安徽省
95	西安铁路职业技术学院	134	51.09	陕西省

续表

序号	学校名称	项目数	总分	省份
96	天津铁道职业技术学院	72	51.03	天津市
97	湖南生物机电职业技术学院	113	50.96	湖南省
98	柳州铁道职业技术学院	352	50.92	广西壮族自治区
99	苏州卫生职业技术学院	74	50.85	江苏省
100	湖南铁路科技职业技术学院	89	50.83	湖南省
101	湖南城建职业技术学院	72	50.7	湖南省
102	佛山职业技术学院	133	50.68	广东省
102	山东中医药高等专科学校	76	50.68	山东省
104	福建水利电力职业技术学院	84	50.63	福建省
105	厦门城市职业学院	145	50.42	福建省
106	湖北水利水电职业技术学院	122	50.4	湖北省
107	吉林铁道职业技术学院	95	50.32	吉林省
108	保定职业技术学院	108	50.23	河北省
109	河北软件职业技术学院	116	50.21	河北省
110	吉林电子信息职业技术学院	206	49.91	吉林省
111	新疆交通职业技术学院	58	49.89	新疆维吾尔自治区
112	河南交通职业技术学院	124	49.88	河南省
113	广东省外语艺术职业学院	90	49.86	广东省
114	山东工业职业学院	106	49.85	山东省

续表

序号	学校名称	项目数	总分	省份
115	湖南机电职业技术学院	118	49.82	湖南省
116	山西机电职业技术学院	·203	49.62	山西省
117	聊城职业技术学院	148	49.47	山东省
117	成都农业科技职业学院	136	49.47	四川省
119	包头轻工职业技术学院	65	49.4	内蒙古自治区
120	杭州科技职业技术学院	139	49.32	浙江省
121	济南工程职业技术学院	101	49.28	山东省
122	济源职业技术学院	141	49.24	河南省
123	温州科技职业学院	92	49.23	浙江省
124	黑龙江交通职业技术学院	148	49.22	黑龙江省
124	四川工商职业技术学院	97	49.22	四川省
126	河北对外经贸职业学院	73	49.18	河北省
127	江西工业贸易职业技术学院	87	49.13	江西省
128	苏州职业大学	136	49.08	江苏省
129	莱芜职业技术学院	100	48.98	山东省
130	安徽财贸职业学院	160	48.93	安徽省
131	山东理工职业学院	101	48.9	山东省
132	河北旅游职业学院	77	48.88	河北省
133	锡林郭勒职业学院	132	48.79	内蒙古自治区
134	浙江艺术职业学院	72	48.78	浙江省
135	湖北生物科技职业学院	124	48.75	湖北省
136	天津城市职业学院	73	48.72	天津市

续表

序号	学校名称	项目数	总分	省份
137	广西电力职业技术学院	119	48.7	广西壮族自治区
138	广西国际商务职业技术学院	107	48.64	广西壮族自治区
139	长春医学高等专科学校	66	48.6	吉林省
140	重庆航天职业技术学院	97	48.5	重庆市
141	广西经贸职业技术学院	91	48.43	广西壮族自治区
142	上海交通职业技术学院	110	48.42	上海市
143	山东旅游职业学院	85	48.35	山东省
144	上海农林职业技术学院	123	48.33	上海市
145	北京经济管理职业学院	81	48.06	北京市
146	河北机电职业技术学院	105	48.04	河北省
147	广西工业职业技术学院	120	48.02	广西壮族自治区
148	北京戏曲艺术职业学院	50	47.97	北京市
149	嘉兴职业技术学院	121	47.81	浙江省
150	广西金融职业技术学院	68	47.62	广西壮族自治区
151	邢台医学高等专科学校	52	47.59	河北省
151	山东医学高等专科学校	60	47.59	山东省
153	云南林业职业技术学院	77	47.56	云南省
154	江西卫生职业学院	62	47.51	江西省
155	甘肃工业职业技术学院	105	47.47	甘肃省

续表

序号	学校名称	项目数	总分	省份
156	沧州医学高等专科学校	87	47.43	河北省
157	郑州电力高等专科学校	80	47.42	河南省
158	上海思博职业技术学院	113	47.39	上海市
159	盐城工业职业技术学院	93	47.34	江苏省
160	黔东南民族职业技术学院	55	47.33	贵州省
161	陕西能源职业技术学院	99	47.32	陕西省
161	湖北生态工程职业技术学院	129	47.32	湖北省
163	黑龙江生物科技职业学院	104	47.3	黑龙江省
164	贵州电子信息职业技术学院	113	47.27	贵州省
165	广东职业技术学院	92	47.15	广东省
166	包头铁道职业技术学院	65	47.06	内蒙古自治区
167	云南国土资源职业学院	94	47	云南省
168	黑龙江林业职业技术学院	75	46.99	黑龙江省
169	安庆职业技术学院	97	46.9	安徽省
170	广东建设职业技术学院	66	46.84	广东省
171	山东城市建设职业学院	67	46.81	山东省
172	天津海运职业学院	117	46.75	天津市
172	黑龙江农业职业技术学院	76	46.75	黑龙江省
174	郑州旅游职业学院	101	46.73	河南省

续表

序号	学校名称	项目数	总分	省份
175	河北建材职业技术学院	55	46.71	河北省
176	甘肃交通职业技术学院	84	46.68	甘肃省
177	江西工业工程职业技术学院	72	46.54	江西省
178	乐山职业技术学院	81	46.51	四川省
179	天津国土资源和房屋职业学院	129	46.47	天津市
179	无锡工艺职业技术学院	85	46.47	江苏省
181	浙江国际海运职业技术学院	83	46.46	浙江省
182	徐州幼儿师范高等专科学校	45	46.29	江苏省
183	辽宁铁道职业技术学院	58	46.27	辽宁省
184	四川职业技术学院	77	46.21	四川省
185	湖北科技职业学院	154	46.19	湖北省
186	东莞职业技术学院	166	46.17	广东省
186	北京青年政治学院	145	46.17	北京市
188	厦门海洋职业技术学院	61	46.11	福建省
189	泸州职业技术学院	64	46.07	四川省
190	宁波卫生职业技术学院	65	46.06	浙江省
191	荆州职业技术学院	96	45.97	湖北省
192	山东电子职业技术学院	112	45.85	山东省
193	江苏医药职业学院	88	45.81	江苏省
194	咸宁职业技术学院	113	45.73	湖北省
195	鹤壁职业技术学院	142	45.72	河南省
195	四川信息职业技术学院	122	45.72	四川省
197	天津工业职业学院	86	45.61	天津市

续表

序号	学校名称	项目数	总分	省份
198	广州城市职业学院	122	45.57	广东省
199	台州职业技术学院	122	45.56	浙江省
200	开封大学	103	45.35	河南省
201	黑龙江农垦职业学院	71	45.34	黑龙江省
202	福建卫生职业技术学院	70	45.33	福建省
203	福建幼儿师范高等专科学校	37	45.31	福建省
204	漯河医学高等专科学校	33	45.27	河南省
205	山东经贸职业学院	72	45.22	山东省
206	云南农业职业技术学院	58	45.16	云南省
207	青海建筑职业技术学院	44	45.01	青海省
208	新疆职业大学	75	44.98	新疆维吾尔自治区
209	昆明工业职业技术学院	44	44.92	云南省
210	湖北轻工职业技术学院	58	44.87	湖北省
211	咸阳职业技术学院	123	44.76	陕西省
212	广东工程职业技术学院	83	44.69	广东省
213	四川化工职业技术学院	80	44.68	四川省
213	珠海城市职业技术学院	121	44.68	广东省
215	山西艺术职业学院	60	44.65	山西省
216	上海东海职业技术学院	62	44.64	上海市
217	海南科技职业大学	171	44.62	海南省
218	兰州职业技术学院	81	44.58	甘肃省

续表

序号	学校名称	项目数	总分	省份
219	湖南中医药高等专科学校	53	44.51	湖南省
220	沙洲职业工学院	67	44.46	江苏省
221	青岛远洋船员职业学院	39	44.37	山东省
222	三亚航空旅游职业学院	62	44.32	海南省
223	无锡科技职业学院	80	44.3	江苏省
224	河源职业技术学院	173	44.28	广东省
225	辽宁建筑职业学院	71	44.21	辽宁省
226	湖南高速铁路职业技术学院	50	44.17	湖南省
227	辽宁轻工职业学院	88	44.12	辽宁省
228	河南建筑职业技术学院	88	44.09	河南省
229	辽宁轨道交通职业学院	102	44.06	辽宁省
230	安徽中医药高等专科学校	49	43.99	安徽省
231	内蒙古商贸职业学院	93	43.91	内蒙古自治区
232	湖南财经工业职业技术学院	66	43.89	湖南省
232	江西机电职业技术学院	57	43.89	江西省
234	黑龙江旅游职业技术学院	57	43.81	黑龙江省
235	山东劳动职业技术学院	83	43.75	山东省
236	安徽国防科技职业学院	120	43.68	安徽省
237	上海济光职业技术学院	49	43.66	上海市
238	仙桃职业学院	158	43.59	湖北省

续表

序号	学校名称	项目数	总分	省份
239	曲靖医学高等专科学校	37	43.54	云南省
240	重庆水利电力职业技术学院	69	43.38	重庆市
240	六安职业技术学院	62	43.38	安徽省
242	辽宁装备制造业职业技术学院	65	43.37	辽宁省
243	湖南邮电职业技术学院	41	43.36	湖南省
244	陕西财经职业技术学院	131	43.35	陕西省
244	德州职业技术学院	105	43.35	山东省
246	长沙环境保护职业技术学院	80	43.33	湖南省
247	北京政法职业学院	101	43.29	北京市
248	沧州职业技术学院	80	43.27	河北省
249	河北政法职业学院	73	43.23	河北省
250	合肥幼儿师范高等专科学校	37	43.16	安徽省
251	山东商务职业学院	123	43.1	山东省
252	重庆三峡职业学院	199	43.08	重庆市
252	辽宁金融职业学院	68	43.08	辽宁省
252	河北轨道运输职业技术学院	47	43.08	河北省
255	安徽国际商务职业学院	138	43.07	安徽省
256	辽源职业技术学院	64	43.05	吉林省
257	四川财经职业学院	83	43.04	四川省
258	山东电力高等专科学校	36	43.02	山东省
259	广州城建职业学院	88	42.95	广东省
260	呼和浩特职业学院	62	42.92	内蒙古自治区
260	广东科贸职业学院	114	42.92	广东省
262	泰州职业技术学院	99	42.84	江苏省

续表

序号	学校名称	项目数	总分	省份
263	广西幼儿师范高等专科学校	49	42.83	广西壮族自治区
264	昌吉职业技术学院	56	42.8	新疆维吾尔自治区
265	无锡城市职业技术学院	66	42.79	江苏省
265	晋中职业技术学院	109	42.79	山西省
267	太原旅游职业学院	74	42.76	山西省
268	河南应用技术职业学院	116	42.71	河南省
269	长春金融高等专科学校	77	42.62	吉林省
270	延安职业技术学院	48	42.53	陕西省
271	四川国际标榜职业学院	39	42.48	四川省
272	湖南电气职业技术学院	95	42.46	湖南省
273	南阳医学高等专科学校	36	42.43	河南省
273	苏州健雄职业技术学院	72	42.43	江苏省
275	江苏城乡建设职业学院	81	42.37	江苏省
276	江西信息应用职业技术学院	67	42.36	江西省
277	辽宁城市建设职业技术学院	80	42.28	辽宁省
277	甘肃建筑职业技术学院	72	42.28	甘肃省
279	泉州幼儿师范高等专科学校	38	42.27	福建省
279	湖北中医药高等专科学校	36	42.27	湖北省
281	上海民航职业技术学院	40	42.24	上海市

续表

序号	学校名称	项目数	总分	省份
282	锦州师范高等专科学校	38	42.15	辽宁省
283	湖南信息职业技术学院	63	42.1	湖南省
283	清远职业技术学院	59	42.1	广东省
285	重庆财经职业学院	123	42.09	重庆市
286	潍坊工程职业学院	66	42.08	山东省
286	南通科技职业学院	84	42.08	江苏省
288	苏州工业园区服务外包职业学院	102	42.07	江苏省
289	宁夏民族职业技术学院	45	42.06	宁夏回族自治区
290	枣庄职业学院	69	42.05	山东省
291	江苏城市职业学院	60	42.04	江苏省
292	云南能源职业技术学院	48	41.98	云南省
293	天津滨海职业学院	65	41.95	天津市
294	浙江同济科技职业学院	66	41.91	浙江省
295	广安职业技术学院	71	41.84	四川省
296	广东女子职业技术学院	65	41.82	广东省
297	山东药品食品职业学院	34	41.77	山东省
298	三门峡职业技术学院	66	41.74	河南省
299	九江职业大学	64	41.71	江西省
300	湖南艺术职业学院	38	41.67	湖南省
301	常德职业技术学院	63	41.65	湖南省
302	绍兴职业技术学院	88	41.61	浙江省
303	湖南外贸职业学院	45	41.6	湖南省
304	长江职业学院	82	41.59	湖北省
305	内蒙古电子信息职业技术学院	96	41.56	内蒙古自治区
305	海南软件职业技术学院	102	41.56	海南省

续表

序号	学校名称	项目数	总分	省份
307	河南机电职业学院	99	41.53	河南省
308	江西工业职业技术学院	100	41.51	江西省
309	四川水利职业技术学院	62	41.47	四川省
310	山东轻工职业学院	94	41.46	山东省
311	肇庆医学高等专科学校	44	41.45	广东省
311	广州工程技术职业学院	130	41.45	广东省
313	烟台汽车工程职业学院	101	41.44	山东省
314	湖南网络工程职业学院	72	41.35	湖南省
315	湘西民族职业技术学院	31	41.34	湖南省
316	河南测绘职业学院	48	41.28	河南省
317	安徽城市管理职业学院	74	41.27	安徽省
318	黑龙江护理高等专科学校	41	41.21	黑龙江省
319	南充职业技术学院	64	41.2	四川省
320	浙江广厦建设职业技术大学	54	41.19	浙江省
321	湖北艺术职业学院	23	41.17	湖北省
322	广东理工职业学院	79	41.14	广东省
323	抚顺职业技术学院	46	41.09	辽宁省
324	四川商务职业学院	78	40.94	四川省
325	湄洲湾职业技术学院	55	40.9	福建省
326	滁州职业技术学院	91	40.86	安徽省
327	安徽工业经济职业技术学院	176	40.73	安徽省
327	广西工商职业技术学院	59	40.73	广西壮族自治区

续表

序号	学校名称	项目数	总分	省份
329	雅安职业技术学院	53	40.7	四川省
330	漯河职业技术学院	54	40.59	河南省
331	浙江邮电职业技术学院	45	40.57	浙江省
331	福建农业职业技术学院	71	40.57	福建省
333	浙江农业商贸职业学院	59	40.51	浙江省
334	桂林师范高等专科学校	64	40.49	广西壮族自治区
335	安徽电子信息职业技术学院	113	40.36	安徽省
336	河北女子职业技术学院	58	40.32	河北省
337	渭南职业技术学院	51	40.3	陕西省
338	镇江市高等专科学校	56	40.25	江苏省
338	贵阳职业技术学院	40	40.25	贵州省
340	营口职业技术学院	40	40.16	辽宁省
340	江西制造职业技术学院	73	40.16	江西省
342	黔南民族职业技术学院	36	40.11	贵州省
343	武汉铁路桥梁职业学院	54	40.09	湖北省
344	山西金融职业学院	75	40.06	山西省
344	泉州轻工职业学院	42	40.06	福建省
344	辽宁医药职业学院	35	40.06	辽宁省
344	三明医学科技职业学院	68	40.06	福建省
348	山西林业职业技术学院	36	40.04	山西省
349	广西生态工程职业技术学院	56	40.03	广西壮族自治区

续表

序号	学校名称	项目数	总分	省份
350	闽江师范高等专科学校	69	40.02	福建省
351	黑龙江民族职业学院	34	39.98	黑龙江省
352	大庆医学高等专科学校	30	39.95	黑龙江省
352	湖南工程职业技术学院	114	39.95	湖南省
354	陕西工商职业学院	71	39.93	陕西省
355	天津城市建设管理职业技术学院	40	39.91	天津市
356	四川航天职业技术学院	53	39.9	四川省
356	云南旅游职业学院	49	39.9	云南省
358	广东邮电职业技术学院	37	39.89	广东省
358	上海行健职业学院	50	39.89	上海市
360	连云港职业技术学院	56	39.88	江苏省
361	泰山职业技术学院	42	39.87	山东省
362	安徽警官职业学院	60	39.77	安徽省
363	马鞍山师范高等专科学校	54	39.72	安徽省
364	广东环境保护工程职业学院	70	39.69	广东省
365	江苏卫生健康职业学院	44	39.68	江苏省
366	濮阳职业技术学院	80	39.64	河南省
367	甘肃农业职业技术学院	52	39.62	甘肃省
368	济南幼儿师范高等专科学校	23	39.6	山东省
369	广州科技贸易职业学院	67	39.56	广东省

续表

序号	学校名称	项目数	总分	省份
370	重庆建筑工程职业学院	63	39.54	重庆市
371	漳州卫生职业学院	52	39.51	福建省
371	江西生物科技职业学院	41	39.51	江西省
373	四川幼儿师范高等专科学校	36	39.5	四川省
374	江苏旅游职业学院	45	39.45	江苏省
375	上海工商职业技术学院	69	39.42	上海市
376	辽宁现代服务职业技术学院	72	39.41	辽宁省
377	陕西邮电职业技术学院	38	39.38	陕西省
378	江汉艺术职业学院	30	39.3	湖北省
379	天津工程职业技术学院	31	39.26	天津市
380	天津艺术职业学院	30	39.16	天津市
381	北京卫生职业学院	43	39.02	北京市
382	上海工商外国语职业学院	29	39.01	上海市
383	晋中师范高等专科学校	42	39	山西省
384	山西经贸职业学院	39	38.98	山西省
384	上海科学技术职业学院	46	38.98	上海市
386	南通师范高等专科学校	32	38.93	江苏省
386	信阳职业技术学院	54	38.93	河南省
388	青海卫生职业技术学院	32	38.92	青海省
389	福建对外经济贸易职业技术学院	29	38.91	福建省
390	湖南安全技术职业学院	38	38.9	湖南省

续表

序号	学校名称	项目数	总分	省份
391	廊坊职业技术学院	87	38.82	河北省
392	遵义职业技术学院	52	38.8	贵州省
393	通辽职业学院	45	38.7	内蒙古自治区
394	衢州职业技术学院	86	38.59	浙江省
394	山西铁道职业技术学院	26	38.59	山西省
396	乌兰察布职业学院	22	38.52	内蒙古自治区
397	北京交通职业技术学院	39	38.5	北京市
397	贵州建设职业技术学院	18	38.5	贵州省
397	贵阳康养职业大学	34	38.5	贵州省
397	内蒙古交通职业技术学院	28	38.5	内蒙古自治区
401	眉山职业技术学院	37	38.46	四川省
402	湖北幼儿师范高等专科学校	24	38.42	湖北省
402	淮南职业技术学院	31	38.42	安徽省
402	盘锦职业技术学院	41	38.42	辽宁省
405	四川城市职业学院	64	38.38	四川省
406	宝鸡职业技术学院	43	38.37	陕西省
406	重庆工贸职业技术学院	122	38.37	重庆市
408	漳州科技职业学院	48	38.35	福建省
409	黑龙江幼儿师范高等专科学校	36	38.33	黑龙江省
410	黑龙江生态工程职业学院	36	38.28	黑龙江省
411	重庆商务职业学院	69	38.27	重庆市
412	长沙职业技术学院	49	38.25	湖南省
413	云南文化艺术职业学院	25	38.23	云南省

序号	学校名称	项目数	总分	省份
414	江西建设职业技术学院	37	38.19	江西省
415	宁夏建设职业技术学院	20	38.18	宁夏回族自治区
416	恩施职业技术学院	36	38.17	湖北省
416	安徽新闻出版职业技术学院	43	38.17	安徽省
418	荆州理工职业学院	38	38.14	湖北省
419	河北艺术职业学院	49	38.06	河北省
420	宜春职业技术学院	44	37.99	江西省
421	云南国防工业职业技术学院	47	37.96	云南省
422	枣庄科技职业学院	77	37.93	山东省
423	开封文化艺术职业学院	28	37.92	河南省
424	甘肃机电职业技术学院	49	37.9	甘肃省
425	江门职业技术学院	81	37.85	广东省
426	甘肃畜牧工程职业技术学院	55	37.83	甘肃省
426	河南水利与环境职业学院	74	37.83	河南省
428	乌海职业技术学院	89	37.78	内蒙古自治区
429	山西水利职业技术学院	91	37.77	山西省
429	惠州城市职业学院	80	37.77	广东省
431	郑州职业技术学院	78	37.73	河南省
432	上海海事职业技术学院	21	37.67	上海市
433	河北能源职业技术学院	51	37.66	河北省
434	福建艺术职业学院	43	37.65	福建省
435	成都工业职业技术学院	67	37.61	四川省

序号	学校名称	项目数	总分	省份
436	山西财贸职业技术学院	39	37.51	山西省
437	湖南理工职业技术学院	66	37.49	湖南省
438	长沙电力职业技术学院	32	37.43	湖南省
439	朝阳师范高等专科学校	45	37.37	辽宁省
440	辽阳职业技术学院	46	37.32	辽宁省
441	江苏商贸职业学院	69	37.3	江苏省
442	商丘医学高等专科学校	41	37.22	河南省
443	石家庄幼儿师范高等专科学校	28	37.2	河北省
444	杭州万向职业技术学院	49	37.19	浙江省
445	天津石油职业技术学院	75	37.15	天津市
446	淮南联合大学	45	37.13	安徽省
447	甘肃钢铁职业技术学院	32	37.12	甘肃省
448	上海中侨职业技术大学	60	37.09	上海市
449	伊犁职业技术学院	41	37.08	新疆维吾尔自治区
450	陕西艺术职业学院	42	37.07	陕西省
450	江西电力职业技术学院	29	37.07	江西省
450	焦作师范高等专科学校	38	37.07	河南省
453	郴州职业技术学院	35	37.04	湖南省
454	广东岭南职业技术学院	49	37.02	广东省
455	青海警官职业学院	14	37	青海省
456	池州职业技术学院	51	36.99	安徽省

续表

序号	学校名称	项目数	总分	省份
457	铜陵职业技术学院	59	36.95	安徽省
458	晋城职业技术学院	61	36.89	山西省
459	西安职业技术学院	79	36.86	陕西省
460	广西体育高等专科学校	26	36.78	广西壮族自治区
461	江西中医药高等专科学校	39	36.77	江西省
462	福建生物工程职业技术学院	30	36.69	福建省
463	黑龙江艺术职业学院	16	36.67	黑龙江省
464	江西农业工程职业学院	48	36.55	江西省
465	长江工程职业技术学院	42	36.52	湖北省
466	海南政法职业学院	41	36.5	海南省
467	运城师范高等专科学校	10	36.47	山西省
468	临汾职业技术学院	44	36.45	山西省
469	商洛职业技术学院	19	36.43	陕西省
469	河南工业贸易职业学院	61	36.43	河南省
471	周口职业技术学院	53	36.39	河南省
472	江西水利职业学院	34	36.34	江西省
473	兴安职业技术学院	30	36.23	内蒙古自治区
474	广西卫生职业技术学院	41	36.22	广西壮族自治区
474	河南工业和信息化职业学院	41	36.22	河南省
474	黑龙江农垦科技职业学院	38	36.22	黑龙江省
477	湖南水利水电职业技术学院	56	36.2	湖南省
478	松原职业技术学院	37	36.17	吉林省

续表

序号	学校名称	项目数	总分	省份
479	湖南民族职业学院	29	36.15	湖南省
479	淮北职业技术学院	65	36.15	安徽省
481	抚顺师范高等专科学校	11	36.11	辽宁省
482	山东铝业职业学院	25	36.1	山东省
482	四川中医药高等专科学校	28	36.1	四川省
484	菏泽医学专科学校	36	35.99	山东省
485	张家口职业技术学院	34	35.98	河北省
486	广东松山职业技术学院	44	35.93	广东省
487	张家界航空工业职业技术学院	35	35.91	湖南省
487	宁德职业技术学院	26	35.91	福建省
489	海南外国语职业学院	63	35.88	海南省
490	漳州理工职业学院	27	35.82	福建省
490	辽宁地质工程职业学院	40	35.82	辽宁省
490	四川文化产业职业学院	30	35.82	四川省
493	湖北国土资源职业学院	41	35.76	湖北省
494	重庆机电职业技术大学	46	35.75	重庆市
495	铁岭师范高等专科学校	25	35.66	辽宁省
496	湘潭医卫职业技术学院	35	35.65	湖南省
497	江苏护理职业学院	25	35.57	江苏省
498	重庆化工职业学院	70	35.56	重庆市
499	临沂职业学院	59	35.54	山东省
500	浙江育英职业技术学院	28	35.53	浙江省

续表

序号	学校名称	项目数	总分	省份
500	新疆建设职业技术学院	26	35.53	新疆维吾尔自治区
502	台州科技职业学院	63	35.47	浙江省
503	西宁城市职业技术学院	40	35.45	青海省
503	江西工程职业学院	30	35.45	江西省
505	牡丹江大学	37	35.41	黑龙江省
505	重庆建筑科技职业学院	24	35.41	重庆市
507	安康职业技术学院	16	35.4	陕西省
508	阿克苏职业技术学院	52	35.39	新疆维吾尔自治区
508	上海震旦职业学院	42	35.39	上海市
510	安顺职业技术学院	37	35.38	贵州省
511	和田师范专科学校	17	35.36	新疆维吾尔自治区
512	安徽工贸职业技术学院	15	35.35	安徽省
513	四川长江职业学院	46	35.33	四川省
514	丽江师范高等专科学校	20	35.32	云南省
514	石家庄信息工程职业学院	56	35.32	河北省
516	重庆科创职业学院	39	35.29	重庆市
517	阳江职业技术学院	31	35.26	广东省
518	连云港师范高等专科学校	42	35.19	江苏省
518	重庆交通职业学院	69	35.19	重庆市
520	上海电影艺术职业学院	31	35.18	上海市
520	鄂尔多斯职业学院	30	35.18	内蒙古自治区
522	佳木斯职业学院	52	35.17	黑龙江省
523	拉萨师范高等专科学校	9	35.14	西藏自治区

续表

序号	学校名称	项目数	总分	省份
524	德宏职业学院	34	35.11	云南省
525	郑州幼儿师范高等专科学校	18	35.09	河南省
526	徽商职业学院	62	35.04	安徽省
527	太原城市职业技术学院	46	35	山西省
528	河南信息统计职业学院	29	34.91	河南省
529	贵州工业职业技术学院	42	34.9	贵州省
530	上海邦德职业技术学院	20	34.89	上海市
531	楚雄医药高等专科学校	10	34.87	云南省
532	柳州城市职业学院	58	34.85	广西壮族自治区
532	泉州工艺美术职业学院	15	34.85	福建省
534	泉州华光职业学院	18	34.8	福建省
535	渤海理工职业学院	28	34.72	河北省
536	西安医学高等专科学校	10	34.71	陕西省
536	江阴职业技术学院	40	34.71	江苏省
538	江西青年职业学院	34	34.69	江西省
539	湖南冶金职业技术学院	11	34.68	湖南省
539	河南林业职业学院	57	34.68	河南省
541	潍坊护理职业学院	18	34.66	山东省
542	贵州盛华职业学院	9	34.62	贵州省
543	山东胜利职业学院	19	34.58	山东省
544	江西艺术职业学院	20	34.56	江西省
545	保险职业学院	22	34.55	湖南省
545	重庆电讯职业学院	18	34.55	重庆市
547	浙江长征职业技术学院	35	34.54	浙江省

续表

序号	学校名称	项目数	总分	省份
548	南昌职业大学	73	34.49	江西省
548	淄博师范高等专科学校	11	34.49	山东省
550	白城医学高等专科学校	30	34.45	吉林省
551	新乡职业技术学院	56	34.41	河南省
552	新疆师范高等专科学校	38	34.39	新疆维吾尔自治区
553	陇南师范高等专科学校	29	34.37	甘肃省
554	白银矿冶职业技术学院	52	34.29	甘肃省
555	运城幼儿师范高等专科学校	18	34.25	山西省
556	抚州职业技术学院	34	34.23	江西省
557	内江职业技术学院	41	34.22	四川省
558	江西冶金职业技术学院	31	34.18	江西省
559	厦门软件职业技术学院	59	34.09	福建省
560	武汉外语外事职业学院	92	34.08	湖北省
560	保定电力职业技术学院	20	34.08	河北省
562	襄阳汽车职业技术学院	29	34.05	湖北省
563	陕西航空职业技术学院	12	34.03	陕西省
564	烟台工程职业技术学院	60	33.92	山东省
565	新疆铁道职业技术学院	20	33.88	新疆维吾尔自治区
566	三峡电力职业学院	14	33.87	湖北省
567	齐齐哈尔高等师范专科学校	26	33.84	黑龙江省

续表

序号	学校名称	项目数	总分	省份
568	江西航空职业技术学院	23	33.83	江西省
569	洛阳职业技术学院	42	33.78	河南省
570	西安电力高等专科学校	20	33.76	陕西省
571	菏泽家政职业学院	14	33.75	山东省
572	湖北工程职业学院	29	33.7	湖北省
573	威海海洋职业学院	39	33.61	山东省
574	武汉信息传播职业技术学院	67	33.6	湖北省
574	江西医学高等专科学校	17	33.6	江西省
576	吉林工程职业学院	31	33.59	吉林省
577	宁夏警官职业学院	18	33.51	宁夏回族自治区
577	郑州财税金融职业学院	51	33.51	河南省
579	云南经贸外事职业学院	17	33.5	云南省
580	云南体育运动职业技术学院	14	33.49	云南省
581	哈尔滨科学技术职业学院	28	33.42	黑龙江省
582	四平职业大学	33	33.37	吉林省
583	苏州信息职业技术学院	48	33.36	江苏省
584	云南锡业职业技术学院	32	33.32	云南省
585	汕头职业技术学院	34	33.27	广东省
586	保山中医药高等专科学校	14	33.24	云南省
587	包头钢铁职业技术学院	13	33.21	内蒙古自治区
588	浙江东方职业技术学院	39	33.2	浙江省

续表

序号	学校名称	项目数	总分	省份
588	内蒙古民族幼儿师范高等专科学校	7	33.2	内蒙古自治区
590	安徽中澳科技职业学院	43	33.16	安徽省
590	安徽广播影视职业技术学院	25	33.16	安徽省
592	福建电力职业技术学院	53	33.12	福建省
592	南阳农业职业学院	22	33.12	河南省
594	河南医学高等专科学校	21	33.09	河南省
595	湖南司法警官职业学院	18	33.04	湖南省
596	运城职业技术大学	35	33.03	山西省
597	邵阳职业技术学院	23	33.02	湖南省
598	湖南食品药品职业学院	68	33	湖南省
599	广东南华工商职业学院	43	32.95	广东省
600	安徽邮电职业技术学院	47	32.92	安徽省
600	正德职业技术学院	15	32.92	江苏省
602	上海工会管理职业学院	16	32.91	上海市
603	江西传媒职业学院	14	32.9	江西省
604	滁州城市职业学院	26	32.86	安徽省
605	江西司法警官职业学院	26	32.84	江西省
606	怀化职业技术学院	15	32.82	湖南省
607	焦作大学	31	32.81	河南省
608	巴音郭楞职业技术学院	39	32.77	新疆维吾尔自治区
609	湖南体育职业学院	9	32.76	湖南省
610	宁夏艺术职业学院	19	32.74	宁夏回族自治区

续表

序号	学校名称	项目数	总分	省份
611	郑州信息科技职业学院	60	32.71	河南省
612	重庆公共运输职业学院	22	32.67	重庆市
613	北京京北职业技术学院	36	32.64	北京市
614	赣州师范高等专科学校	13	32.59	江西省
614	承德护理职业学院	14	32.59	河北省
616	宣化科技职业学院	46	32.58	河北省
617	安徽工业职业技术学院	47	32.54	安徽省
618	达州职业技术学院	21	32.52	四川省
619	湖南国防工业职业技术学院	13	32.47	湖南省
620	汉中职业技术学院	34	32.32	陕西省
621	新疆工业职业技术学院	13	32.3	新疆维吾尔自治区
621	重庆旅游职业学院	57	32.3	重庆市
623	山西旅游职业学院	55	32.27	山西省
624	合肥通用职业技术学院	18	32.25	安徽省
625	四川卫生康复职业学院	23	32.21	四川省
626	天津生物工程职业技术学院	36	32.19	天津市
627	长沙卫生职业学院	30	32.15	湖南省
628	天津工艺美术职业学院	8	32.12	天津市
629	厦门南洋职业学院	39	32.1	福建省
630	山西电力职业技术学院	16	32.05	山西省
631	福建华南女子职业学院	16	32.04	福建省

续表

序号	学校名称	项目数	总分	省份
631	马鞍山职业技术学院	57	32.04	安徽省
633	重庆文化艺术职业学院	13	31.98	重庆市
634	福州软件职业技术学院	29	31.97	福建省
634	四川华新现代职业学院	36	31.97	四川省
636	呼伦贝尔职业技术学院	28	31.95	内蒙古自治区
637	赤峰工业职业技术学院	11	31.93	内蒙古自治区
638	漯河食品职业学院	40	31.92	河南省
639	黄山职业技术学院	18	31.87	安徽省
640	吉安职业技术学院	34	31.83	江西省
641	山东外国语职业技术大学	58	31.79	山东省
641	广东文艺职业学院	19	31.79	广东省
643	三亚城市职业学院	22	31.76	海南省
644	宁夏工业职业学院	7	31.75	宁夏回族自治区
645	昆山登云科技职业学院	23	31.72	江苏省
646	成都工贸职业技术学院	50	31.66	四川省
646	四川体育职业学院	4	31.66	四川省
648	河北正定师范高等专科学校	24	31.65	河北省
649	随州职业技术学院	27	31.63	湖北省
650	四川司法警官职业学院	8	31.62	四川省
651	江苏财会职业学院	32	31.61	江苏省
652	甘肃卫生职业学院	21	31.54	甘肃省
653	潍坊工商职业学院	41	31.52	山东省

续表

序号	学校名称	项目数	总分	省份
654	遵义医药高等专科学校	12	31.51	贵州省
654	宣城职业技术学院	32	31.51	安徽省
656	黑龙江能源职业学院	21	31.49	黑龙江省
656	新疆生产建设兵团兴新职业技术学院	33	31.49	新疆维吾尔自治区
658	湖南三一工业职业技术学院	21	31.46	湖南省
659	武汉民政职业学院	18	31.45	湖北省
659	石家庄财经职业学院	43	31.45	河北省
661	厦门华天涉外职业技术学院	37	31.44	福建省
662	安徽审计职业学院	26	31.41	安徽省
663	重庆能源职业学院	34	31.4	重庆市
664	衡水职业技术学院	42	31.38	河北省
665	山东信息职业技术学院	27	31.37	山东省
666	玉溪农业职业技术学院	48	31.29	云南省
667	大同煤炭职业技术学院	21	31.28	山西省
668	三亚理工职业学院	16	31.27	海南省
669	德宏师范高等专科学校	11	31.22	云南省
670	四川科技职业学院	35	31.18	四川省
671	茂名职业技术学院	27	31.17	广东省
672	重庆城市职业学院	25	31.14	重庆市
673	宿州职业技术学院	25	31.13	安徽省
674	四川现代职业学院	34	31.07	四川省
674	长垣烹饪职业技术学院	35	31.07	河南省
676	泉州职业技术大学	58	31.05	福建省

续表

序号	学校名称	项目数	总分	省份
676	安徽冶金科技职业学院	14	31.05	安徽省
676	南京城市职业学院	61	31.05	江苏省
679	海南工商职业学院	32	31.02	海南省
680	青海柴达木职业技术学院	21	30.97	青海省
681	北京科技职业学院	24	30.94	北京市
681	黑龙江商业职业学院	48	30.94	黑龙江省
683	四川西南航空职业学院	16	30.91	四川省
684	广州现代信息工程职业技术学院	25	30.88	广东省
685	山东海事职业学院	24	30.82	山东省
686	昆明卫生职业学院	18	30.81	云南省
686	广州南洋理工职业学院	38	30.81	广东省
688	辽宁商贸职业学院	7	30.79	辽宁省
689	河南司法警官职业学院	14	30.76	河南省
690	山东司法警官职业学院	19	30.75	山东省
691	安庆医药高等专科学校	19	30.74	安徽省
692	黑龙江公安警官职业学院	4	30.73	黑龙江省
693	天津公安警官职业学院	7	30.72	天津市
693	河南艺术职业学院	18	30.72	河南省
695	钟山职业技术学院	14	30.7	江苏省
695	亳州职业技术学院	49	30.7	安徽省
697	青海高等职业技术学院	23	30.6	青海省
698	四川护理职业学院	19	30.58	四川省

续表

序号	学校名称	项目数	总分	省份
699	江苏安全技术职业学院	36	30.56	江苏省
700	四川托普信息技术职业学院	45	30.54	四川省
701	北京经济技术职业学院	63	30.53	北京市
701	陕西机电职业技术学院	27	30.53	陕西省
703	广西城市职业大学	60	30.52	广西壮族自治区
704	湖北青年职业学院	10	30.5	湖北省
705	河南质量工程职业学院	32	30.45	河南省
706	铜仁幼儿师范高等专科学校	13	30.38	贵州省
707	徐州生物工程职业技术学院	35	30.37	江苏省
708	江西软件职业技术大学	28	30.32	江西省
709	四川艺术职业学院	28	30.25	四川省
710	浙江体育职业技术学院	5	30.23	浙江省
711	广西现代职业技术学院	31	30.22	广西壮族自治区
712	湖南幼儿师范高等专科学校	10	30.2	湖南省
713	安阳职业技术学院	28	30.17	河南省
714	武汉警官职业学院	36	30.16	湖北省
715	武汉工程职业技术学院	26	30.15	湖北省
716	皖西卫生职业学院	28	30.1	安徽省
717	鹤岗师范高等专科学校	7	30.09	黑龙江省
718	闽北职业技术学院	17	30.07	福建省

续表

序号	学校名称	项目数	总分	省份
719	广州体育职业技术学院	12	30.04	广东省
720	贵州职业技术学院	26	29.98	贵州省
721	广东舞蹈戏剧职业学院	15	29.95	广东省
722	西藏警官高等专科学校	7	29.89	西藏自治区
723	厦门兴才职业技术学院	30	29.85	福建省
724	河北公安警察职业学院	7	29.83	河北省
724	六盘水职业技术学院	14	29.83	贵州省
726	重庆幼儿师范高等专科学校	14	29.82	重庆市
727	辽宁理工职业大学	51	29.78	辽宁省
728	平顶山职业技术学院	49	29.76	河南省
729	河南推拿职业学院	4	29.74	河南省
729	伊春职业学院	23	29.74	黑龙江省
731	河北工艺美术职业学院	11	29.71	河北省
732	红河卫生职业学院	14	29.69	云南省
733	上饶职业技术学院	28	29.68	江西省
734	广东司法警官职业学院	21	29.66	广东省
735	北京汇佳职业学院	14	29.63	北京市
736	怀化师范高等专科学校	2	29.62	湖南省
737	济南护理职业学院	26	29.6	山东省
737	泰山护理职业学院	19	29.6	山东省
739	云南财经职业学院	18	29.58	云南省
740	新疆应用职业技术学院	27	29.57	新疆维吾尔自治区

续表

序号	学校名称	项目数	总分	省份
741	辽河石油职业技术学院	5	29.56	辽宁省
741	山东服装职业学院	27	29.56	山东省
743	永城职业学院	12	29.54	河南省
744	重庆安全技术职业学院	21	29.47	重庆市
745	武汉商贸职业学院	20	29.44	湖北省
746	河南检察职业学院	11	29.42	河南省
746	湖北财税职业学院	25	29.42	湖北省
748	河南科技职业大学	14	29.41	河南省
749	黑龙江司法警官职业学院	5	29.39	黑龙江省
750	山西体育职业学院	8	29.37	山西省
751	陕西青年职业学院	31	29.36	陕西省
752	益阳医学高等专科学校	11	29.34	湖南省
753	新疆天山职业技术大学	32	29.33	新疆维吾尔自治区
754	山西华澳商贸职业学院	10	29.32	山西省
755	山西信息职业技术学院	5	29.23	山西省
756	湖南都市职业学院	8	29.21	湖南省
757	江西师范高等专科学校	14	29.18	江西省
758	安徽公安职业学院	6	29.17	安徽省
759	菏泽职业学院	33	29.07	山东省
760	浙江横店影视职业学院	25	29.04	浙江省
760	泉州经贸职业技术学院	22	29.04	福建省
762	白城职业技术学院	15	29.03	吉林省
763	川北幼儿师范高等专科学校	18	29.01	四川省
764	南阳职业学院	39	28.91	河南省

续表

序号	学校名称	项目数	总分	省份
765	山西运城农业职业技术学院	34	28.89	山西省
766	哈尔滨幼儿师范高等专科学校	10	28.81	黑龙江省
767	宜春幼儿师范高等专科学校	6	28.8	江西省
768	焦作工贸职业学院	51	28.76	河南省
769	石河子工程职业技术学院	14	28.66	新疆维吾尔自治区
770	罗定职业技术学院	22	28.64	广东省
771	山西管理职业学院	16	28.62	山西省
771	安徽粮食工程职业学院	16	28.62	安徽省
773	四川铁道职业学院	15	28.56	四川省
774	湖北黄冈应急管理职业技术学院	8	28.52	湖北省
775	天津开发区职业技术学院	10	28.51	天津市
776	长治职业技术学院	16	28.49	山西省
776	唐山科技职业技术学院	13	28.49	河北省
778	嵩山少林武术职业学院	8	28.48	河南省
779	贵阳幼儿师范高等专科学校	10	28.46	贵州省
780	河南护理职业学院	14	28.45	河南省
781	成都艺术职业大学	50	28.42	四川省
782	安徽黄梅戏艺术职业学院	5	28.39	安徽省
783	扬州环境资源职业技术学院	14	28.35	江苏省
784	宁夏葡萄酒与防沙治沙职业技术学院	10	28.33	宁夏回族自治区
784	广东体育职业技术学院	9	28.33	广东省

续表

序号	学校名称	项目数	总分	省份
786	安徽矿业职业技术学院	23	28.32	安徽省
787	广东工商职业技术大学	29	28.29	广东省
788	重庆青年职业技术学院	33	28.24	重庆市
789	廊坊卫生职业学院	13	28.23	河北省
789	荆门职业学院	15	28.23	湖北省
791	辽宁冶金职业技术学院	15	28.22	辽宁省
791	沧州幼儿师范高等专科学校	14	28.22	河北省
793	黔南民族医学高等专科学校	5	28.21	贵州省
793	山西青年职业学院	20	28.21	山西省
795	湖南有色金属职业技术学院	14	28.19	湖南省
796	云南交通运输职业学院	17	28.11	云南省
797	山东传媒职业学院	17	28.07	山东省
798	西安海棠职业学院	13	28.05	陕西省
798	安徽卫生健康职业学院	10	28.05	安徽省
798	延边职业技术学院	24	28.05	吉林省
801	广东青年职业学院	22	28.04	广东省
802	朔州职业技术学院	17	28.03	山西省
803	三峡旅游职业技术学院	42	27.97	湖北省
804	郑州澍青医学高等专科学校	16	27.94	河南省
805	湖南石油化工职业技术学院	9	27.87	湖南省
806	江西应用工程职业学院	13	27.86	江西省
806	陕西警官职业学院	12	27.86	陕西省

续表

序号	学校名称	项目数	总分	省份
808	吉林司法警官职业学院	21	27.85	吉林省
809	科尔沁艺术职业学院	13	27.82	内蒙古自治区
810	惠州经济职业技术学院	19	27.8	广东省
811	益阳职业技术学院	13	27.78	湖南省
812	昆明铁道职业技术学院	16	27.72	云南省
813	阳泉职业技术学院	25	27.71	山西省
814	北海职业学院	30	27.7	广西壮族自治区
815	四川希望汽车职业学院	31	27.62	四川省
816	河南轻工职业学院	33	27.56	河南省
817	四川三河职业学院	22	27.52	四川省
818	广州卫生职业技术学院	13	27.51	广东省
819	湖南劳动人事职业学院	22	27.47	湖南省
820	四川文化传媒职业学院	28	27.34	四川省
821	榆林职业技术学院	32	27.26	陕西省
822	云南工程职业学院	17	27.2	云南省
823	潞安职业技术学院	9	27.19	山西省
824	宿迁泽达职业技术学院	7	27.17	江苏省
824	民办合肥财经职业学院	24	27.17	安徽省
824	黔西南民族职业技术学院	14	27.17	贵州省
827	贵州农业职业学院	14	27.16	贵州省
828	甘肃警察职业学院	8	27.13	甘肃省
828	甘肃有色冶金职业技术学院	30	27.13	甘肃省

续表

序号	学校名称	项目数	总分	省份
830	广东生态工程职业学院	25	27.12	广东省
831	河北劳动关系职业学院	15	27.07	河北省
831	大兴安岭职业学院	11	27.07	黑龙江省
833	广东碧桂园职业学院	12	27.03	广东省
834	汕尾职业技术学院	25	27.01	广东省
835	吉林科技职业技术学院	11	26.99	吉林省
836	天津广播影视职业学院	6	26.95	天津市
837	广州华夏职业学院	19	26.91	广东省
838	郑州电力职业技术学院	31	26.9	河南省
839	河北司法警官职业学院	18	26.88	河北省
840	湖南软件职业技术大学	17	26.86	湖南省
841	大理农林职业技术学院	11	26.84	云南省
842	许昌电气职业学院	23	26.82	河南省
843	株洲师范高等专科学校	3	26.8	湖南省
844	定西师范高等专科学校	3	26.67	甘肃省
845	鹤壁汽车工程职业学院	25	26.63	河南省
846	江西泰豪动漫职业学院	16	26.59	江西省
847	郑州电子信息职业技术学院	21	26.57	河南省
847	陕西经济管理职业技术学院	2	26.57	陕西省

续表

序号	学校名称	项目数	总分	省份
849	驻马店职业技术学院	26	26.55	河南省
850	金肯职业技术学院	17	26.48	江苏省
851	苏州高博软件技术职业学院	14	26.45	江苏省
852	安徽涉外经济职业学院	42	26.42	安徽省
852	鄂尔多斯生态环境职业学院	6	26.42	内蒙古自治区
854	黑龙江冰雪体育职业学院	5	26.39	黑龙江省
854	七台河职业学院	17	26.39	黑龙江省
856	苏州百年职业学院	21	26.32	江苏省
857	长春师范高等专科学校	13	26.29	吉林省
858	西安汽车职业大学	22	26.25	陕西省
859	江西工商职业技术学院	10	26.23	江西省
860	嘉兴南洋职业技术学院	36	26.15	浙江省
861	武昌职业学院	27	26.05	湖北省
862	云南司法警官职业学院	6	26.03	云南省
863	山西警官职业学院	19	25.99	山西省
864	哈尔滨电力职业技术学院	11	25.97	黑龙江省
865	长春信息技术职业学院	10	25.96	吉林省
866	广西理工职业技术学院	99	25.94	广西壮族自治区
867	山西国际商务职业学院	18	25.86	山西省
868	阜新高等专科学校	13	25.82	辽宁省
869	鹰潭职业技术学院	2	25.8	江西省

续表

序号	学校名称	项目数	总分	省份
870	山东工程职业技术大学	36	25.78	山东省
870	广西安全工程职业技术学院	23	25.78	广西壮族自治区
872	北京北大方正软件职业技术学院	69	25.77	北京市
873	福州墨尔本理工职业学院	12	25.7	福建省
874	江海职业技术学院	20	25.68	江苏省
875	漳州城市职业学院	22	25.63	福建省
876	安徽林业职业技术学院	10	25.62	安徽省
877	洛阳科技职业学院	13	25.52	河南省
878	兰州现代职业学院	38	25.44	甘肃省
879	广州华商职业学院	33	25.37	广东省
880	江西新能源科技职业学院	28	25.35	江西省
880	北京科技经营管理学院	3	25.35	北京市
882	南京机电职业技术学院	18	25.34	江苏省
883	贵州电力职业技术学院	2	25.3	贵州省
884	广州华立科技职业学院	29	25.28	广东省
885	珠海艺术职业学院	18	25.25	广东省
886	冀中职业学院	14	25.23	河北省
887	广州科技职业技术大学	50	25.16	广东省
887	辽宁政法职业学院	21	25.16	辽宁省
887	江西经济管理职业学院	4	25.16	江西省
890	陕西旅游烹饪职业学院	29	25.13	陕西省
891	泉州海洋职业学院	20	25.1	福建省

续表

序号	学校名称	项目数	总分	省份
892	东营科技职业学院	21	25.08	山东省
893	安徽艺术职业学院	34	25.07	安徽省
894	北京体育职业学院	5	25.05	北京市
895	保定幼儿师范高等专科学校	5	25.02	河北省
896	泉州纺织服装职业学院	17	24.99	福建省
896	西昌民族幼儿师范高等专科学校	8	24.99	四川省
898	贵州水利水电职业技术学院	11	24.98	贵州省
899	贵州经贸职业技术学院	4	24.93	贵州省
900	盐城幼儿师范高等专科学校	22	24.92	江苏省
901	合肥科技职业学院	12	24.86	安徽省
902	九州职业技术学院	14	24.83	江苏省
902	海南健康管理职业技术学院	11	24.83	海南省
904	阿拉善职业技术学院	13	24.78	内蒙古自治区
905	铁岭卫生职业学院	21	24.76	辽宁省
906	长白山职业技术学院	9	24.75	吉林省
907	沈阳北软信息职业技术学院	13	24.73	辽宁省
907	合肥信息技术职业学院	8	24.73	安徽省
907	揭阳职业技术学院	18	24.73	广东省
907	惠州工程职业学院	22	24.73	广东省
911	扎兰屯职业学院	6	24.53	内蒙古自治区
911	百色职业学院	15	24.53	广西壮族自治区
913	重庆电信职业学院	32	24.5	重庆市

续表

序号	学校名称	项目数	总分	省份
914	北京培黎职业学院	15	24.45	北京市
915	乌兰察布医学高等专科学校	5	24.38	内蒙古自治区
916	厦门安防科技职业学院	16	24.34	福建省
916	民办万博科技职业学院	12	24.34	安徽省
916	西双版纳职业技术学院	11	24.34	云南省
919	民办四川天一学院	15	24.32	四川省
920	浙江安防职业技术学院	23	24.28	浙江省
921	南京视觉艺术职业学院	13	24.18	江苏省
922	黔南民族幼儿师范高等专科学校	6	24.15	贵州省
923	吉林水利电力职业学院	19	24.14	吉林省
924	重庆艺术工程职业学院	9	24.07	重庆市
925	甘肃财贸职业学院	29	24.03	甘肃省
926	山西卫生健康职业学院	5	24.02	山西省
927	安阳幼儿师范高等专科学校	9	23.99	河南省
928	铜川职业技术学院	10	23.97	陕西省
928	湖南外国语职业学院	15	23.97	湖南省
930	广东江门中医药职业学院	13	23.95	广东省
931	大连枫叶职业技术学院	23	23.9	辽宁省
932	石家庄人民医学高等专科学校	8	23.85	河北省

续表

序号	学校名称	项目数	总分	省份
933	毕节医学高等专科学校	5	23.81	贵州省
934	毕节职业技术学院	14	23.63	贵州省
935	硅湖职业技术学院	15	23.62	江苏省
936	广东茂名幼儿师范专科学校	23	23.6	广东省
937	太原幼儿师范高等专科学校	4	23.55	山西省
938	贵州航天职业技术学院	19	23.54	贵州省
939	巴中职业技术学院	6	23.53	四川省
940	武汉光谷职业学院	14	23.49	湖北省
941	贵州食品工程职业学院	8	23.47	贵州省
941	广东创新科技职业学院	17	23.47	广东省
943	北京经贸职业学院	7	23.4	北京市
944	廊坊燕京职业技术学院	12	23.39	河北省
945	运城护理职业学院	7	23.38	山西省
945	吐鲁番职业技术学院	9	23.38	新疆维吾尔自治区
947	辽宁特殊教育师范高等专科学校	3	23.36	辽宁省
948	庆阳职业技术学院	15	23.3	甘肃省
949	驻马店幼儿师范高等专科学校	6	23.23	河南省
950	忻州职业技术学院	26	23.18	山西省
950	私立华联学院	14	23.18	广东省
952	皖北卫生职业学院	7	23.16	安徽省
953	神木职业技术学院	18	23.09	陕西省
954	江南影视艺术职业学院	8	23.03	江苏省
954	西安信息职业大学	35	23.03	陕西省

续表

序号	学校名称	项目数	总分	省份
954	新疆维吾尔医学专科学校	5	23.03	新疆维吾尔自治区
957	广州珠江职业技术学院	10	23.02	广东省
958	广东行政职业学院	29	23	广东省
959	承德应用技术职业学院	22	22.99	河北省
959	山东圣翰财贸职业学院	18	22.99	山东省
959	贵州护理职业技术学院	3	22.99	贵州省
959	德州科技职业学院	13	22.99	山东省
963	安徽汽车职业技术学院	17	22.96	安徽省
964	惠州卫生职业技术学院	17	22.95	广东省
965	安徽体育运动职业技术学院	7	22.91	安徽省
966	安徽绿海商务职业学院	8	22.87	安徽省
967	天府新区通用航空职业学院	25	22.82	四川省
967	大连汽车职业技术学院	65	22.82	辽宁省
969	重庆海联职业技术学院	6	22.77	重庆市
970	山西同文职业技术学院	3	22.75	山西省
971	应天职业技术学院	6	22.72	江苏省
972	石家庄理工职业学院	16	22.66	河北省
972	云南城市建设职业学院	5	22.66	云南省
974	渤海石油职业学院	7	22.63	河北省

续表

序号	学校名称	项目数	总分	省份
975	宁夏幼儿师范高等专科学校	4	22.58	宁夏回族自治区
976	西安城市建设职业学院	11	22.52	陕西省
977	云南商务职业学院	29	22.49	云南省
977	吉林职业技术学院	10	22.49	吉林省
977	四川电子机械职业技术学院	15	22.49	四川省
977	湘南幼儿师范高等专科学校	5	22.49	湖南省
981	石家庄医学高等专科学校	8	22.48	河北省
982	湖北体育职业学院	4	22.41	湖北省
983	梧州职业学院	18	22.32	广西壮族自治区
983	天津滨海汽车工程职业学院	3	22.32	天津市
985	广州东华职业学院	13	22.28	广东省
986	内蒙古体育职业学院	3	22.24	内蒙古自治区
987	大连装备制造职业技术学院	2	22.22	辽宁省
988	广西工程职业学院	6	22.2	广西壮族自治区
989	博尔塔拉职业技术学院	18	22.14	新疆维吾尔自治区
990	广西蓝天航空职业学院	22	21.96	广西壮族自治区
990	新疆机电职业技术学院	3	21.96	新疆维吾尔自治区
990	内蒙古警察职业学院	6	21.96	内蒙古自治区
993	广西英华国际职业学院	15	21.91	广西壮族自治区

续表

序号	学校名称	项目数	总分	省份
994	新疆体育职业技术学院	3	21.88	新疆维吾尔自治区
995	满洲里俄语职业学院	3	21.83	内蒙古自治区
995	郑州城市职业学院	2	21.83	河南省
997	广西经济职业学院	25	21.78	广西壮族自治区
997	共青科技职业学院	15	21.78	江西省
997	江西枫林涉外经贸职业学院	10	21.78	江西省
1000	福建体育职业技术学院	2	21.69	福建省
1000	临沂科技职业学院	1	21.69	山东省
1002	浙江舟山群岛新区旅游与健康职业学院	12	21.6	浙江省
1003	天府新区信息职业学院	12	21.59	四川省
1004	河南地矿职业学院	15	21.51	河南省
1005	山东化工职业学院	24	21.48	山东省
1006	郑州理工职业学院	2	21.45	河南省
1007	潮汕职业技术学院	12	21.41	广东省
1008	安徽扬子职业技术学院	15	21.39	安徽省
1008	江西洪州职业学院	11	21.39	江西省
1010	厦门演艺职业学院	3	21.3	福建省
1011	桐城师范高等专科学校	13	21.22	安徽省
1011	辽宁民族师范高等专科学校	10	21.22	辽宁省
1013	金山职业技术学院	12	21.19	江苏省
1014	石家庄工程职业学院	11	21.14	河北省
1015	江阳城建职业学院	12	21.13	四川省
1016	湖南高尔夫旅游职业学院	5	21.09	湖南省

续表

序号	学校名称	项目数	总分	省份
1017	山东外事职业大学	11	20.98	山东省
1017	广西自然资源职业技术学院	15	20.98	广西壮族自治区
1017	西安高新科技职业学院	11	20.98	陕西省
1017	湖南电子科技职业学院	8	20.98	湖南省
1021	上海民远职业技术学院	7	20.97	上海市
1022	河北石油职业技术学院	2	20.83	河北省
1023	南充科技职业学院	10	20.77	四川省
1023	厦门东海职业技术学院	11	20.77	福建省
1025	云南外事外语职业学院	14	20.58	云南省
1025	福州黎明职业技术学院	33	20.58	福建省
1027	信阳涉外职业技术学院	11	20.55	河南省
1027	郑州信息工程职业学院	9	20.55	河南省
1027	潇湘职业学院	10	20.55	湖南省
1030	无锡南洋职业技术学院	13	20.33	江苏省
1031	吕梁职业技术学院	12	20.32	山西省
1031	苏州托普信息职业技术学院	10	20.32	江苏省
1033	辽宁广告职业学院	26	20.26	辽宁省
1034	广州松田职业学院	13	20.09	广东省
1034	重庆科技职业学院	11	20.09	重庆市
1034	兰州外语职业学院	13	20.09	甘肃省
1034	广州涉外经济职业技术学院	11	20.09	广东省

续表

序号	学校名称	项目数	总分	省份
1034	川南幼儿师范高等专科学校	5	20.09	四川省
1034	哈尔滨应用职业技术学院	8	20.09	黑龙江省
1040	贵州城市职业学院	16	20.02	贵州省
1041	浙江特殊教育职业学院	10	20	浙江省
1042	沈阳航空职业技术学院	3	19.91	辽宁省
1043	广西科技职业学院	2	19.9	广西壮族自治区
1044	重庆传媒职业学院	7	19.87	重庆市
1044	湘中幼儿师范高等专科学校	5	19.87	湖南省
1044	唐山幼儿师范高等专科学校	2	19.87	河北省
1047	三亚中瑞酒店管理职业学院	14	19.84	海南省
1047	浙江汽车职业技术学院	7	19.84	浙江省
1049	长沙南方职业学院	8	19.77	湖南省
1050	赣州职业技术学院	11	19.59	江西省
1050	江西科技职业学院	4	19.59	江西省
1052	湛江幼儿师范专科学校	11	19.43	广东省
1053	山东艺术设计职业学院	12	19.33	山东省
1053	广东茂名农林科技职业学院	8	19.33	广东省
1055	山东特殊教育职业学院	7	19.24	山东省
1056	三门峡社会管理职业学院	6	19.09	河南省
1057	赣西科技职业学院	11	19.06	江西省
1058	广东南方职业学院	13	19.05	广东省

续表

序号	学校名称	项目数	总分	省份
1058	临夏现代职业学院	13	19.05	甘肃省
1058	日照航海工程职业学院	11	19.05	山东省
1058	云南水利水电职业学院	9	19.05	云南省
1062	广东亚视演艺职业学院	17	19.01	广东省
1062	云南轻纺职业学院	18	19.01	云南省
1064	广西演艺职业学院	16	18.77	广西壮族自治区
1064	烟台黄金职业学院	10	18.77	山东省
1064	四川汽车职业技术学院	2	18.77	四川省
1064	天府新区航空旅游职业学院	6	18.77	四川省
1064	武汉航海职业技术学院	5	18.77	湖北省
1064	贵州航空职业技术学院	3	18.77	贵州省
1070	苏州幼儿师范高等专科学校	2	18.55	江苏省
1071	云南新兴职业学院	5	18.51	云南省
1072	信阳航空职业学院	15	18.47	河南省
1072	喀什职业技术学院	9	18.47	新疆维吾尔自治区
1072	长江艺术工程职业学院	9	18.47	湖北省
1072	德阳城市轨道交通职业学院	5	18.47	四川省
1076	石家庄工商职业学院	15	18.31	河北省
1077	大理护理职业学院	5	18.28	云南省
1078	北京艺术传媒职业学院	1	18.24	北京市
1079	贵州工商职业学院	13	18.23	贵州省

续表

序号	学校名称	项目数	总分	省份
1080	辽宁工程职业学院	10	18.22	辽宁省
1081	广东新安职业技术学院	10	18.15	广东省
1081	哈密职业技术学院	10	18.15	新疆维吾尔自治区
1081	河南物流职业学院	8	18.15	河南省
1084	天门职业学院	4	17.86	湖北省
1084	郑州黄河护理职业学院	2	17.86	河南省
1086	崇左幼儿师范高等专科学校	9	17.82	广西壮族自治区
1086	海南卫生健康职业学院	9	17.82	海南省
1086	福州英华职业学院	9	17.82	福建省
1086	广东茂名健康职业学院	7	17.82	广东省
1086	广东酒店管理职业技术学院	7	17.82	广东省
1086	南昌影视传播职业学院	5	17.82	江西省
1086	新疆能源职业技术学院	2	17.82	新疆维吾尔自治区
1093	青岛工程职业学院	5	17.46	山东省
1093	湖北铁道运输职业学院	8	17.46	湖北省
1093	重庆轻工业职业学院	8	17.46	重庆市
1093	哈尔滨北方航空职业技术学院	4	17.46	黑龙江省
1093	湖南工商职业学院	4	17.46	湖南省
1093	贵州装备制造职业学院	4	17.46	贵州省
1093	黄冈科技职业学院	3	17.46	湖北省
1100	重庆护理职业学院	7	17.11	重庆市
1101	眉山药科职业学院	11	17.09	四川省
1101	兰考三农职业学院	11	17.09	河南省

续表

序号	学校名称	项目数	总分	省份
1101	贵州健康职业学院	2	17.09	贵州省
1101	资阳环境科技职业学院	9	17.09	四川省
1101	濮阳医学高等专科学校	9	17.09	河南省
1101	明达职业技术学院	5	17.09	江苏省
1107	大连软件职业学院	1	16.73	辽宁省
1107	山东杏林科技职业学院	1	16.73	山东省
1107	上海南湖职业技术学院	1	16.73	上海市
1107	上海中华职业技术学院	1	16.73	上海市
1111	河南对外经济贸易职业学院	10	16.69	河南省
1111	重庆应用技术职业学院	8	16.69	重庆市
1111	江苏航空职业技术学院	6	16.69	江苏省
1111	景德镇陶瓷职业技术学院	4	16.69	江西省
1111	内蒙古北方职业技术学院	1	16.69	内蒙古自治区
1111	昆明艺术职业学院	1	16.69	云南省
1111	新疆现代职业技术学院	1	16.69	新疆维吾尔自治区
1111	内蒙古经贸外语职业学院	1	16.69	内蒙古自治区
1119	四川文轩职业学院	5	16.64	四川省
1120	赣南卫生健康职业学院	7	16.41	江西省
1121	郑州工业安全职业学院	9	16.25	河南省
1121	广西物流职业技术学院	9	16.25	广西壮族自治区

续表

序号	学校名称	项目数	总分	省份
1121	烟台文化旅游职业学院	9	16.25	山东省
1121	石家庄经济职业学院	7	16.25	河北省
1121	广西培贤国际职业学院	5	16.25	广西壮族自治区
1121	云南特殊教育职业学院	5	16.25	云南省
1121	平凉职业技术学院	5	16.25	甘肃省
1121	齐齐哈尔理工职业学院	5	16.25	黑龙江省
1121	贵州电子科技职业学院	3	16.25	贵州省
1121	贵州电子商务职业技术学院	3	16.25	贵州省
1121	贵州应用技术职业学院	3	16.25	贵州省
1132	重庆信息技术职业学院	12	16.12	重庆市
1133	萍乡卫生职业学院	6	15.8	江西省
1134	曲靖职业技术学院	8	15.78	云南省
1134	红河职业技术学院	8	15.78	云南省
1134	云南工贸职业技术学院	4	15.78	云南省
1134	哈尔滨城市职业学院	4	15.78	黑龙江省
1138	宁波幼儿师范高等专科学校	4	15.28	浙江省
1139	重庆经贸职业学院	7	15.26	重庆市
1139	太湖创意职业技术学院	7	15.26	江苏省
1139	福州科技职业技术学院	7	15.26	福建省
1139	广东财贸职业学院	7	15.26	广东省

续表

序号	学校名称	项目数	总分	省份
1139	广州华南商贸职业学院	5	15.26	广东省
1139	和田职业技术学院	5	15.26	新疆维吾尔自治区
1139	山东力明科技职业学院	5	15.26	山东省
1146	武夷山职业学院	7	15.18	福建省
1147	铁门关职业技术学院	6	14.68	新疆维吾尔自治区
1147	唐山海运职业学院	6	14.68	河北省
1147	广东信息工程职业学院	4	14.68	广东省
1147	昭通卫生职业学院	4	14.68	云南省
1147	毕节工业职业技术学院	2	14.68	贵州省
1147	哈尔滨传媒职业学院	2	14.68	黑龙江省
1153	郑州卫生健康职业学院	5	14.5	河南省
1154	长治幼儿师范高等专科学校	1	14.47	山西省
1155	泉州工程职业技术学院	5	14.03	福建省
1155	培黎职业学院	5	14.03	甘肃省
1155	曲阜远东职业技术学院	5	14.03	山东省
1155	许昌陶瓷职业学院	5	14.03	河南省
1155	辽宁师范高等专科学校	5	14.03	辽宁省
1155	邯郸科技职业学院	5	14.03	河北省
1155	上饶幼儿师范高等专科学校	3	14.03	江西省
1155	民办合肥滨湖职业技术学院	3	14.03	安徽省

续表

序号	学校名称	项目数	总分	省份
1155	郑州商贸旅游职业学院	3	14.03	河南省
1155	重庆资源与环境保护职业学院	3	14.03	重庆市
1165	大连航运职业技术学院	1	13.77	辽宁省
1166	天津体育职业学院	3	13.59	天津市
1167	武汉海事职业学院	2	13.31	湖北省
1167	广州康大职业技术学院	4	13.31	广东省
1169	建东职业技术学院	2	13.28	江苏省
1170	梧州医学高等专科学校	4	13.27	广西壮族自治区
1170	曹妃甸职业技术学院	4	13.27	河北省
1170	广西制造工程职业技术学院	4	13.27	广西壮族自治区
1170	昆明幼儿师范高等专科学校	4	13.27	云南省
1170	四川应用技术职业学院	2	13.27	四川省
1170	德阳科贸职业学院	2	13.27	四川省
1176	广东文理职业学院	2	12.9	广东省
1177	青岛求实职业技术学院	4	12.56	山东省
1178	北京网络职业学院	3	12.35	北京市
1178	阿勒泰职业技术学院	3	12.35	新疆维吾尔自治区
1178	青岛幼儿师范高等专科学校	3	12.35	山东省
1178	宿迁职业技术学院	3	12.35	江苏省
1178	黑龙江三江美术职业学院	3	12.35	黑龙江省
1178	长春东方职业学院	3	12.35	吉林省

续表

序号	学校名称	项目数	总分	省份
1178	北海康养职业学院	3	12.35	广西壮族自治区
1178	陕西电子信息职业技术学院	3	12.35	陕西省
1178	海南体育职业技术学院	1	12.35	海南省
1178	永州师范高等专科学校	1	12.35	湖南省
1178	民办合肥经济技术职业学院	1	12.35	安徽省
1178	衡阳幼儿师范高等专科学校	1	12.35	湖南省
1178	毕节幼儿师范高等专科学校	1	12.35	贵州省
1178	蚌埠经济技术职业学院	1	12.35	安徽省
1192	资阳口腔职业学院	1	12.02	四川省
1192	湖南九嶷职业技术学院	1	12.02	湖南省
1194	鞍山职业技术学院	2	11.17	辽宁省
1195	石家庄城市经济职业学院	2	11.16	河北省
1195	山东文化产业职业学院	2	11.16	山东省
1195	钦州幼儿师范高等专科学校	2	11.16	广西壮族自治区
1195	湖南吉利汽车职业技术学院	2	11.16	湖南省
1195	长春健康职业学院	2	11.16	吉林省
1195	克孜勒苏职业技术学院	2	11.16	新疆维吾尔自治区
1195	内江卫生与健康职业学院	2	11.16	四川省
1195	青岛航空科技职业学院	2	11.16	山东省

续表

序号	学校名称	项目数	总分	省份
1195	桂林山水职业学院	2	11.16	广西壮族自治区
1204	山西老区职业技术学院	3	10.26	山西省
1205	抚州幼儿师范高等专科学校	1	9.41	江西省
1206	重庆智能工程职业学院	1	9.38	重庆市
1206	攀枝花攀西职业学院	1	9.38	四川省
1206	潍坊环境工程职业学院	1	9.38	山东省
1206	炎黄职业技术学院	1	9.38	江苏省
1206	云南科技信息职业学院	1	9.38	云南省
1206	达州中医药职业学院	1	9.38	四川省
1206	广元中核职业技术学院	1	9.38	四川省
1206	广东江门幼儿师范高等专科学校	1	9.38	广东省
1206	云南现代职业技术学院	1	9.38	云南省
1206	重庆理工职业学院	1	9.38	重庆市
1206	石家庄科技职业学院	1	9.38	河北省
1206	江西婺源茶业职业学院	1	9.38	江西省
1206	新疆科技职业技术学院	1	9.38	新疆维吾尔自治区
1206	兰州科技职业学院	1	9.38	甘肃省
1220	阜阳幼儿师范高等专科学校	2	6.86	安徽省

9.4　东部地区高职院校教师教学发展指数(2021 版)

续表

序号	学校名称	项目数	总分	省份
1	深圳职业技术学院	913	100	广东省
2	天津市职业大学	662	84.07	天津市
3	金华职业技术学院	797	81.28	浙江省
4	无锡职业技术学院	427	79.16	江苏省
5	山东商业职业技术学院	435	78.38	山东省
6	北京工业职业技术学院	545	77.66	北京市
7	广东轻工职业技术学院	408	77.54	广东省
8	浙江金融职业学院	619	76.81	浙江省
9	浙江机电职业技术学院	376	76.27	浙江省
10	淄博职业学院	451	75.91	山东省
11	广州番禺职业技术学院	428	75.84	广东省
12	顺德职业技术学院	524	75.45	广东省
13	宁波职业技术学院	393	74.68	浙江省
14	南京工业职业技术大学	494	74.59	江苏省
15	北京电子科技职业学院	515	73.56	北京市
16	河北石油职业技术大学	247	73.44	河北省
17	河北科技工程职业技术大学	344	72.41	河北省
18	常州信息职业技术学院	340	72.22	江苏省
19	深圳信息职业技术学院	344	71.82	广东省

序号	学校名称	项目数	总分	省份
20	河北工业职业技术大学	304	71.8	河北省
21	浙江交通职业技术学院	244	70.84	浙江省
22	江苏建筑职业技术学院	301	70.39	江苏省
23	常州机电职业技术学院	320	70	江苏省
24	浙江经济职业技术学院	298	69.9	浙江省
25	江苏农林职业技术学院	259	69.74	江苏省
26	日照职业技术学院	278	69.04	山东省
27	威海职业学院	286	68.75	山东省
28	温州职业技术学院	241	68.29	浙江省
29	浙江商业职业技术学院	331	67.87	浙江省
30	北京财贸职业学院	290	67.37	北京市
31	常州工程职业技术学院	248	67.28	江苏省
32	天津医学高等专科学校	166	67.27	天津市
33	江苏农牧科技职业学院	216	67.24	江苏省
34	北京信息职业技术学院	358	66.97	北京市
35	滨州职业学院	202	66.88	山东省
36	江苏经贸职业技术学院	258	66.84	江苏省
37	南京信息职业技术学院	254	66.82	江苏省

续表

序号	学校名称	项目数	总分	省份
38	浙江经贸职业技术学院	307	66.76	浙江省
39	广东交通职业技术学院	259	66.68	广东省
40	天津电子信息职业技术学院	297	66.09	天津市
41	福建船政交通职业学院	410	65.98	福建省
42	江苏工程职业技术学院	217	65.91	江苏省
43	杭州职业技术学院	248	65.55	浙江省
44	无锡商业职业技术学院	341	65.49	江苏省
45	青岛职业技术学院	221	65.24	山东省
46	潍坊职业学院	297	65.19	山东省
47	广东科学技术职业学院	251	65.18	广东省
48	广州民航职业技术学院	139	64.87	广东省
49	天津轻工职业技术学院	246	64.15	天津市
50	北京农业职业学院	243	64.07	北京市
51	石家庄铁路职业技术学院	110	63.75	河北省
52	江苏航运职业技术学院	173	63.06	江苏省
53	天津交通职业学院	224	63.04	天津市
54	江苏食品药品职业技术学院	144	62.41	江苏省
55	浙江旅游职业学院	208	62.23	浙江省
56	天津现代职业技术学院	181	62.13	天津市
57	石家庄邮电职业技术学院	121	62.12	河北省
58	山东科技职业学院	204	61.56	山东省

续表

序号	学校名称	项目数	总分	省份
59	南京交通职业技术学院	260	60.51	江苏省
60	浙江工商职业技术学院	218	60.5	浙江省
61	广东食品药品职业学院	131	60.49	广东省
62	浙江建设职业技术学院	207	60.21	浙江省
63	南京科技职业学院	210	60.17	江苏省
64	广东机电职业技术学院	237	60.03	广东省
65	河北化工医药职业技术学院	166	60.02	河北省
66	浙江工贸职业技术学院	151	59.99	浙江省
67	常州工业职业技术学院	275	59.94	江苏省
68	山东畜牧兽医职业学院	116	59.86	山东省
69	济南职业学院	191	59.67	山东省
70	苏州农业职业技术学院	180	59.64	江苏省
71	广东水利电力职业技术学院	159	59.62	广东省
72	南京铁道职业技术学院	173	59.49	江苏省
73	唐山工业职业技术学院	199	59.44	河北省
74	徐州工业职业技术学院	175	59.24	江苏省
75	苏州工艺美术职业技术学院	126	59.23	江苏省
76	海南职业技术学院	137	58.84	海南省
77	北京交通运输职业学院	163	58.39	北京市

续表

序号	学校名称	项目数	总分	省份
78	江苏联合职业技术学院	406	58.19	江苏省
79	广州铁路职业技术学院	160	58.18	广东省
80	江苏海事职业技术学院	168	57.96	江苏省
81	上海工艺美术职业学院	92	57.95	上海市
82	福建信息职业技术学院	334	57.46	福建省
83	山东职业学院	175	57.44	山东省
84	浙江纺织服装职业技术学院	182	57.41	浙江省
85	上海城建职业学院	173	57.23	上海市
86	广东农工商职业技术学院	234	57.12	广东省
87	烟台职业学院	222	57.03	山东省
88	山东交通职业学院	231	57.01	山东省
89	江苏电子信息职业学院	233	56.88	江苏省
90	石家庄职业技术学院	129	56.79	河北省
91	黎明职业大学	244	56.61	福建省
92	青岛酒店管理职业技术学院	152	56.33	山东省
93	苏州工业职业技术学院	149	56.02	江苏省
94	宁波城市职业技术学院	227	55.82	浙江省
95	海南经贸职业技术学院	199	55.75	海南省
96	山东外贸职业学院	110	55.7	山东省
97	东营职业学院	180	55.5	山东省
98	浙江药科职业大学	106	55.43	浙江省

续表

序号	学校名称	项目数	总分	省份
99	上海出版印刷高等专科学校	77	55.38	上海市
99	浙江警官职业学院	77	55.38	浙江省
101	漳州职业技术学院	283	55.21	福建省
102	天津商务职业学院	162	55.2	天津市
103	天津渤海职业技术学院	149	55.06	天津市
104	苏州工业园区职业技术学院	63	54.96	江苏省
105	福建林业职业技术学院	101	54.78	福建省
106	苏州经贸职业技术学院	158	54.6	江苏省
107	南通职业大学	160	54.45	江苏省
108	河北交通职业技术学院	108	54.38	河北省
109	北京社会管理职业学院	60	54.36	北京市
110	秦皇岛职业技术学院	143	54.28	河北省
111	上海电子信息职业技术学院	259	54.11	上海市
112	福州职业技术学院	219	54.09	福建省
113	北京劳动保障职业学院	148	53.96	北京市
114	扬州工业职业技术学院	192	53.91	江苏省
115	湖州职业技术学院	170	53.87	浙江省
116	中山职业技术学院	187	53.48	广东省
117	南京旅游职业学院	187	53.29	江苏省
118	天津机电职业技术学院	177	53.04	天津市
119	常州纺织服装职业技术学院	153	52.96	江苏省

续表

序号	学校名称	项目数	总分	省份
120	江苏信息职业技术学院	132	52.72	江苏省
121	江苏财经职业技术学院	181	52.66	江苏省
122	丽水职业技术学院	168	52.63	浙江省
123	义乌工商职业技术学院	157	52.6	浙江省
124	济宁职业技术学院	93	52.35	山东省
125	唐山职业技术学院	102	52.24	河北省
126	广东工贸职业技术学院	174	52.03	广东省
127	扬州市职业大学	107	52.01	江苏省
128	浙江工业职业技术学院	166	51.95	浙江省
129	上海旅游高等专科学校	94	51.45	上海市
130	山东水利职业学院	149	51.14	山东省
131	天津铁道职业技术学院	72	51.03	天津市
132	苏州卫生职业技术学院	74	50.85	江苏省
133	佛山职业技术学院	133	50.68	广东省
133	山东中医药高等专科学校	76	50.68	山东省
135	中山火炬职业技术学院	93	50.64	广东省
136	福建水利电力职业技术学院	84	50.63	福建省
137	厦门城市职业学院	145	50.42	福建省
138	保定职业技术学院	108	50.23	河北省
139	河北软件职业技术学院	116	50.21	河北省
140	广东省外语艺术职业学院	90	49.86	广东省
141	山东工业职业学院	106	49.85	山东省

续表

序号	学校名称	项目数	总分	省份
142	聊城职业技术学院	148	49.47	山东省
143	杭州科技职业技术学院	139	49.32	浙江省
144	济南工程职业技术学院	101	49.28	山东省
145	温州科技职业学院	92	49.23	浙江省
146	河北对外经贸职业学院	73	49.18	河北省
147	苏州职业大学	136	49.08	江苏省
148	莱芜职业技术学院	100	48.98	山东省
149	山东理工职业学院	101	48.9	山东省
150	河北旅游职业学院	77	48.88	河北省
151	浙江艺术职业学院	72	48.78	浙江省
152	青岛港湾职业技术学院	52	48.76	山东省
153	邯郸职业技术学院	70	48.73	河北省
154	天津城市职业学院	73	48.72	天津市
155	上海交通职业技术学院	110	48.42	上海市
156	山东旅游职业学院	85	48.35	山东省
157	上海农林职业技术学院	123	48.33	上海市
158	北京经济管理职业学院	81	48.06	北京市
159	河北机电职业技术学院	105	48.04	河北省
160	北京戏曲艺术职业学院	50	47.97	北京市
161	嘉兴职业技术学院	121	47.81	浙江省
162	邢台医学高等专科学校	52	47.59	河北省
162	山东医学高等专科学校	60	47.59	山东省
164	沧州医学高等专科学校	87	47.43	河北省

续表

序号	学校名称	项目数	总分	省份
165	上海思博职业技术学院	113	47.39	上海市
166	盐城工业职业技术学院	93	47.34	江苏省
167	广东职业技术学院	92	47.15	广东省
168	广东建设职业技术学院	66	46.84	广东省
169	山东城市建设职业学院	67	46.81	山东省
170	天津海运职业学院	117	46.75	天津市
171	河北建材职业技术学院	55	46.71	河北省
172	天津国土资源和房屋职业学院	129	46.47	天津市
172	无锡工艺职业技术学院	85	46.47	江苏省
174	浙江国际海运职业技术学院	83	46.46	浙江省
175	徐州幼儿师范高等专科学校	45	46.29	江苏省
176	东莞职业技术学院	166	46.17	广东省
176	北京青年政治学院	145	46.17	北京市
178	厦门海洋职业技术学院	61	46.11	福建省
179	宁波卫生职业技术学院	65	46.06	浙江省
180	泉州医学高等专科学校	59	45.88	福建省
181	山东电子职业技术学院	112	45.85	山东省
182	江苏医药职业学院	88	45.81	江苏省
183	天津工业职业学院	86	45.61	天津市
184	广州城市职业学院	122	45.57	广东省
185	台州职业技术学院	122	45.56	浙江省

续表

序号	学校名称	项目数	总分	省份
186	福建卫生职业技术学院	70	45.33	福建省
187	福建幼儿师范高等专科学校	37	45.31	福建省
188	山东经贸职业学院	72	45.22	山东省
189	广东工程职业技术学院	83	44.69	广东省
190	珠海城市职业技术学院	121	44.68	广东省
191	上海东海职业技术学院	62	44.64	上海市
192	海南科技职业大学	171	44.62	海南省
193	沙洲职业工学院	67	44.46	江苏省
194	闽西职业技术学院	96	44.38	福建省
195	青岛远洋船员职业学院	39	44.37	山东省
196	三亚航空旅游职业学院	62	44.32	海南省
197	无锡科技职业学院	80	44.3	江苏省
198	河源职业技术学院	173	44.28	广东省
199	山东劳动职业技术学院	83	43.75	山东省
200	上海济光职业技术学院	49	43.66	上海市
201	德州职业技术学院	105	43.35	山东省
202	北京政法职业学院	101	43.29	北京市
203	沧州职业技术学院	80	43.27	河北省
204	河北政法职业学院	73	43.23	河北省
205	山东商务职业学院	123	43.1	山东省
206	河北轨道运输职业技术学院	47	43.08	河北省
207	山东电力高等专科学校	36	43.02	山东省
208	广州城建职业学院	88	42.95	广东省
209	广东科贸职业学院	114	42.92	广东省

续表

序号	学校名称	项目数	总分	省份
210	泰州职业技术学院	99	42.84	江苏省
211	无锡城市职业技术学院	66	42.79	江苏省
212	苏州健雄职业技术学院	72	42.43	江苏省
213	江苏城乡建设职业学院	81	42.37	江苏省
214	泉州幼儿师范高等专科学校	38	42.27	福建省
215	上海民航职业技术学院	40	42.24	上海市
216	清远职业技术学院	59	42.1	广东省
217	潍坊工程职业学院	66	42.08	山东省
217	南通科技职业学院	84	42.08	江苏省
219	苏州工业园区服务外包职业学院	102	42.07	江苏省
220	枣庄职业学院	69	42.05	山东省
221	江苏城市职业学院	60	42.04	江苏省
222	天津滨海职业学院	65	41.95	天津市
223	浙江同济科技职业学院	66	41.91	浙江省
224	广东女子职业技术学院	65	41.82	广东省
225	山东药品食品职业学院	34	41.77	山东省
226	绍兴职业技术学院	88	41.61	浙江省
227	海南软件职业技术学院	102	41.56	海南省
228	山东轻工职业学院	94	41.46	山东省
229	肇庆医学高等专科学校	44	41.45	广东省
229	广州工程技术职业学院	130	41.45	广东省
231	烟台汽车工程职业学院	101	41.44	山东省

续表

序号	学校名称	项目数	总分	省份
232	浙江广厦建设职业技术大学	54	41.19	浙江省
233	广东理工职业学院	79	41.14	广东省
234	湄洲湾职业技术学院	55	40.9	福建省
235	浙江邮电职业技术学院	45	40.57	浙江省
235	福建农业职业技术学院	71	40.57	福建省
237	浙江农业商贸职业学院	59	40.51	浙江省
238	河北女子职业技术学院	58	40.32	河北省
239	镇江市高等专科学校	56	40.25	江苏省
240	泉州轻工职业学院	42	40.06	福建省
240	三明医学科技职业学院	68	40.06	福建省
242	闽江师范高等专科学校	69	40.02	福建省
243	天津城市建设管理职业技术学院	40	39.91	天津市
244	广东邮电职业技术学院	37	39.89	广东省
244	上海行健职业学院	50	39.89	上海市
246	连云港职业技术学院	56	39.88	江苏省
247	泰山职业技术学院	42	39.87	山东省
248	广东环境保护工程职业学院	70	39.69	广东省
249	江苏卫生健康职业学院	44	39.68	江苏省
250	济南幼儿师范高等专科学校	23	39.6	山东省

续表

序号	学校名称	项目数	总分	省份
251	广州科技贸易职业学院	67	39.56	广东省
252	漳州卫生职业学院	52	39.51	福建省
253	江苏旅游职业学院	45	39.45	江苏省
254	上海工商职业技术学院	69	39.42	上海市
255	天津工程职业技术学院	31	39.26	天津市
256	天津艺术职业学院	30	39.16	天津市
257	北京卫生职业学院	43	39.02	北京市
258	上海工商外国语职业学院	29	39.01	上海市
259	上海科学技术职业学院	46	38.98	上海市
260	南通师范高等专科学校	32	38.93	江苏省
261	福建对外经济贸易职业技术学院	29	38.91	福建省
262	廊坊职业技术学院	87	38.82	河北省
263	衢州职业技术学院	86	38.59	浙江省
264	北京交通职业技术学院	39	38.5	北京市
265	漳州科技职业学院	48	38.35	福建省
266	河北艺术职业学院	49	38.06	河北省
267	枣庄科技职业学院	77	37.93	山东省
268	江门职业技术学院	81	37.85	广东省
269	惠州城市职业学院	80	37.77	广东省
270	上海海事职业技术学院	21	37.67	上海市
271	河北能源职业技术学院	51	37.66	河北省
272	福建艺术职业学院	43	37.65	福建省
273	江苏商贸职业学院	69	37.3	江苏省
274	石家庄幼儿师范高等专科学校	28	37.2	河北省

续表

序号	学校名称	项目数	总分	省份
275	杭州万向职业技术学院	49	37.19	浙江省
276	天津石油职业技术学院	75	37.15	天津市
277	上海中侨职业技术大学	60	37.09	上海市
278	广东岭南职业技术学院	49	37.02	广东省
279	福建生物工程职业技术学院	30	36.69	福建省
280	海南政法职业学院	41	36.5	海南省
281	山东铝业职业学院	25	36.1	山东省
282	菏泽医学专科学校	36	35.99	山东省
283	张家口职业技术学院	34	35.98	河北省
284	广东松山职业技术学院	44	35.93	广东省
285	宁德职业技术学院	26	35.91	福建省
286	海南外国语职业学院	63	35.88	海南省
287	漳州理工职业学院	27	35.82	福建省
288	江苏护理职业学院	25	35.57	江苏省
289	临沂职业学院	59	35.54	山东省
290	浙江育英职业技术学院	28	35.53	浙江省
291	台州科技职业学院	63	35.47	浙江省
292	上海震旦职业学院	42	35.39	上海市
293	石家庄信息工程职业学院	56	35.32	河北省
294	阳江职业技术学院	31	35.26	广东省
295	连云港师范高等专科学校	42	35.19	江苏省
296	上海电影艺术职业学院	31	35.18	上海市

续表

序号	学校名称	项目数	总分	省份
297	上海邦德职业技术学院	20	34.89	上海市
298	泉州工艺美术职业学院	15	34.85	福建省
299	泉州华光职业学院	18	34.8	福建省
300	渤海理工职业学院	28	34.72	河北省
301	江阴职业技术学院	40	34.71	江苏省
302	潍坊护理职业学院	18	34.66	山东省
303	山东胜利职业学院	19	34.58	山东省
304	浙江长征职业技术学院	35	34.54	浙江省
305	淄博师范高等专科学校	11	34.49	山东省
306	厦门软件职业技术学院	59	34.09	福建省
307	保定电力职业技术学院	20	34.08	河北省
308	烟台工程职业技术学院	60	33.92	山东省
309	菏泽家政职业学院	14	33.75	山东省
310	威海海洋职业学院	39	33.61	山东省
311	苏州信息职业技术学院	48	33.36	江苏省
312	汕头职业技术学院	34	33.27	广东省
313	浙江东方职业技术学院	39	33.2	浙江省
314	福建电力职业技术学院	53	33.12	福建省
315	广东南华工商职业学院	43	32.95	广东省
316	正德职业技术学院	15	32.92	江苏省
317	上海工会管理职业学院	16	32.91	上海市
318	北京京北职业技术学院	36	32.64	北京市

续表

序号	学校名称	项目数	总分	省份
319	承德护理职业学院	14	32.59	河北省
320	宣化科技职业学院	46	32.58	河北省
321	天津生物工程职业技术学院	36	32.19	天津市
322	天津工艺美术职业学院	8	32.12	天津市
323	厦门南洋职业学院	39	32.1	福建省
324	福建华南女子职业学院	16	32.04	福建省
325	福州软件职业技术学院	29	31.97	福建省
326	山东外国语职业技术大学	58	31.79	山东省
326	广东文艺职业学院	19	31.79	广东省
328	三亚城市职业学院	22	31.76	海南省
329	昆山登云科技职业学院	23	31.72	江苏省
330	河北正定师范高等专科学校	24	31.65	河北省
331	江苏财会职业学院	32	31.61	江苏省
332	潍坊工商职业学院	41	31.52	山东省
333	石家庄财经职业学院	43	31.45	河北省
334	厦门华天涉外职业技术学院	37	31.44	福建省
335	衡水职业技术学院	42	31.38	河北省
336	山东信息职业技术学院	27	31.37	山东省
337	三亚理工职业学院	16	31.27	海南省
338	茂名职业技术学院	27	31.17	广东省
339	泉州职业技术大学	58	31.05	福建省
339	南京城市职业学院	61	31.05	江苏省
341	海南工商职业学院	32	31.02	海南省
342	北京科技职业学院	24	30.94	北京市

续表

序号	学校名称	项目数	总分	省份
343	广州现代信息工程职业技术学院	25	30.88	广东省
344	山东海事职业学院	24	30.82	山东省
345	广州南洋理工职业学院	38	30.81	广东省
346	山东司法警官职业学院	19	30.75	山东省
347	天津公安警官职业学院	7	30.72	天津市
348	钟山职业技术学院	14	30.7	江苏省
349	江苏安全技术职业学院	36	30.56	江苏省
350	北京经济技术职业学院	63	30.53	北京市
351	徐州生物工程职业技术学院	35	30.37	江苏省
352	浙江体育职业技术学院	5	30.23	浙江省
353	闽北职业技术学院	17	30.07	福建省
354	广州体育职业技术学院	12	30.04	广东省
355	广东舞蹈戏剧职业学院	15	29.95	广东省
356	厦门兴才职业技术学院	30	29.85	福建省
357	河北公安警察职业学院	7	29.83	河北省
358	河北工艺美术职业学院	11	29.71	河北省
359	广东司法警官职业学院	21	29.66	广东省
360	北京汇佳职业学院	14	29.63	北京市
361	济南护理职业学院	26	29.6	山东省
361	泰山护理职业学院	19	29.6	山东省
363	山东服装职业学院	27	29.56	山东省

续表

序号	学校名称	项目数	总分	省份
364	菏泽职业学院	33	29.07	山东省
365	浙江横店影视职业学院	25	29.04	浙江省
365	泉州经贸职业技术学院	22	29.04	福建省
367	罗定职业技术学院	22	28.64	广东省
368	天津开发区职业技术学院	10	28.51	天津市
369	唐山科技职业技术学院	13	28.49	河北省
370	扬州环境资源职业技术学院	14	28.35	江苏省
371	广东体育职业技术学院	9	28.33	广东省
372	广东工商职业技术大学	29	28.29	广东省
373	廊坊卫生职业学院	13	28.23	河北省
374	沧州幼儿师范高等专科学校	14	28.22	河北省
375	山东传媒职业学院	17	28.07	山东省
376	广东青年职业学院	22	28.04	广东省
377	惠州经济职业技术学院	19	27.8	广东省
378	广州卫生职业技术学院	13	27.51	广东省
379	宿迁泽达职业技术学院	7	27.17	江苏省
380	广东生态工程职业学院	25	27.12	广东省
381	河北劳动关系职业学院	15	27.07	河北省
382	广东碧桂园职业学院	12	27.03	广东省
383	汕尾职业技术学院	25	27.01	广东省

续表

序号	学校名称	项目数	总分	省份
384	天津广播影视职业学院	6	26.95	天津市
385	广州华夏职业学院	19	26.91	广东省
386	河北司法警官职业学院	18	26.88	河北省
387	金肯职业技术学院	17	26.48	江苏省
388	苏州高博软件技术职业学院	14	26.45	江苏省
389	苏州百年职业学院	21	26.32	江苏省
390	嘉兴南洋职业技术学院	36	26.15	浙江省
391	山东工程职业技术大学	36	25.78	山东省
392	北京北大方正软件职业技术学院	69	25.77	北京市
393	福州墨尔本理工职业学院	12	25.7	福建省
394	江海职业技术学院	20	25.68	江苏省
395	漳州城市职业学院	22	25.63	福建省
396	广州华商职业学院	33	25.37	广东省
397	北京科技经营管理学院	3	25.35	北京市
398	南京机电职业技术学院	18	25.34	江苏省
399	广州华立科技职业学院	29	25.28	广东省
400	珠海艺术职业学院	18	25.25	广东省
401	冀中职业学院	14	25.23	河北省
402	广州科技职业技术大学	50	25.16	广东省
403	泉州海洋职业学院	20	25.1	福建省
404	东营科技职业学院	21	25.08	山东省
405	北京体育职业学院	5	25.05	北京市
406	保定幼儿师范高等专科学校	5	25.02	河北省

续表

序号	学校名称	项目数	总分	省份
407	泉州纺织服装职业学院	17	24.99	福建省
408	盐城幼儿师范高等专科学校	22	24.92	江苏省
409	九州职业技术学院	14	24.83	江苏省
409	海南健康管理职业技术学院	11	24.83	海南省
411	揭阳职业技术学院	18	24.73	广东省
411	惠州工程职业学院	22	24.73	广东省
413	北京培黎职业学院	15	24.45	北京市
414	厦门安防科技职业学院	16	24.34	福建省
415	浙江安防职业技术学院	23	24.28	浙江省
416	南京视觉艺术职业学院	13	24.18	江苏省
417	广东江门中医药职业学院	13	23.95	广东省
418	石家庄人民医学高等专科学校	8	23.85	河北省
419	硅湖职业技术学院	15	23.62	江苏省
420	广东茂名幼儿师范专科学校	23	23.6	广东省
421	广东创新科技职业学院	17	23.47	广东省
422	北京经贸职业学院	7	23.4	北京市
423	廊坊燕京职业技术学院	12	23.39	河北省
424	私立华联学院	14	23.18	广东省
425	江南影视艺术职业学院	8	23.03	江苏省
426	广州珠江职业技术学院	10	23.02	广东省
427	广东行政职业学院	29	23	广东省

续表

序号	学校名称	项目数	总分	省份
428	承德应用技术职业学院	22	22.99	河北省
428	山东圣翰财贸职业学院	18	22.99	山东省
428	德州科技职业学院	13	22.99	山东省
431	惠州卫生职业技术学院	17	22.95	广东省
432	应天职业技术学院	6	22.72	江苏省
433	石家庄理工职业学院	16	22.66	河北省
434	渤海石油职业学院	7	22.63	河北省
435	石家庄医学高等专科学校	8	22.48	河北省
436	天津滨海汽车工程职业学院	3	22.32	天津市
437	广州东华职业学院	13	22.28	广东省
438	福建体育职业技术学院	2	21.69	福建省
438	临沂科技职业学院	1	21.69	山东省
440	浙江舟山群岛新区旅游与健康职业学院	12	21.6	浙江省
441	山东化工职业学院	24	21.48	山东省
442	潮汕职业技术学院	12	21.41	广东省
443	厦门演艺职业学院	3	21.3	福建省
444	金山职业技术学院	12	21.19	江苏省
445	石家庄工程职业学院	11	21.14	河北省
446	山东外事职业大学	11	20.98	山东省
447	上海民远职业技术学院	7	20.97	上海市
448	河北石油职业技术学院	2	20.83	河北省
449	厦门东海职业技术学院	11	20.77	福建省

续表

序号	学校名称	项目数	总分	省份
450	福州黎明职业技术学院	33	20.58	福建省
451	无锡南洋职业技术学院	13	20.33	江苏省
452	苏州托普信息职业技术学院	10	20.32	江苏省
453	广州松田职业学院	13	20.09	广东省
453	广州涉外经济职业技术学院	11	20.09	广东省
455	浙江特殊教育职业学院	10	20	浙江省
456	唐山幼儿师范高等专科学校	2	19.87	河北省
457	三亚中瑞酒店管理职业学院	14	19.84	海南省
457	浙江汽车职业技术学院	7	19.84	浙江省
459	湛江幼儿师范专科学校	11	19.43	广东省
460	山东艺术设计职业学院	12	19.33	山东省
460	广东茂名农林科技职业学院	8	19.33	广东省
462	山东特殊教育职业学院	7	19.24	山东省
463	广东南方职业学院	13	19.05	广东省
463	日照航海工程职业学院	11	19.05	山东省
465	广东亚视演艺职业学院	17	19.01	广东省
466	烟台黄金职业学院	10	18.77	山东省
467	苏州幼儿师范高等专科学校	2	18.55	江苏省
468	石家庄工商职业学院	15	18.31	河北省

续表

序号	学校名称	项目数	总分	省份
469	北京艺术传媒职业学院	1	18.24	北京市
470	广东新安职业技术学院	10	18.15	广东省
471	海南卫生健康职业学院	9	17.82	海南省
471	福州英华职业学院	9	17.82	福建省
471	广东茂名健康职业学院	7	17.82	广东省
471	广东酒店管理职业技术学院	7	17.82	广东省
475	青岛工程职业学院	5	17.46	山东省
476	明达职业技术学院	5	17.09	江苏省
477	山东杏林科技职业学院	1	16.73	山东省
477	上海南湖职业技术学院	1	16.73	上海市
477	上海中华职业技术学院	1	16.73	上海市
480	江苏航空职业技术学院	6	16.69	江苏省
481	烟台文化旅游职业学院	9	16.25	山东省
481	石家庄经济职业学院	7	16.25	河北省
483	宁波幼儿师范高等专科学校	4	15.28	浙江省
484	太湖创意职业技术学院	7	15.26	江苏省
484	福州科技职业技术学院	7	15.26	福建省
484	广东财贸职业学院	7	15.26	广东省
484	广州华南商贸职业学院	5	15.26	广东省

续表

序号	学校名称	项目数	总分	省份
484	山东力明科技职业学院	5	15.26	山东省
489	武夷山职业学院	7	15.18	福建省
490	唐山海运职业学院	6	14.68	河北省
490	广东信息工程职业学院	4	14.68	广东省
492	泉州工程职业技术学院	5	14.03	福建省
492	曲阜远东职业技术学院	5	14.03	山东省
492	邯郸科技职业学院	5	14.03	河北省
495	天津体育职业学院	3	13.59	天津市
496	广州康大职业技术学院	4	13.31	广东省
497	建东职业技术学院	2	13.28	江苏省
498	曹妃甸职业技术学院	4	13.27	河北省
499	广东文理职业学院	2	12.9	广东省
500	青岛求实职业技术学院	4	12.56	山东省
501	北京网络职业学院	3	12.35	北京市
501	青岛幼儿师范高等专科学校	3	12.35	山东省
501	宿迁职业技术学院	3	12.35	江苏省
501	海南体育职业技术学院	1	12.35	海南省
505	石家庄城市经济职业学院	2	11.16	河北省
505	山东文化产业职业学院	2	11.16	山东省
505	青岛航空科技职业学院	2	11.16	山东省
508	潍坊环境工程职业学院	1	9.38	山东省
508	炎黄职业技术学院	1	9.38	江苏省

续表

序号	学校名称	项目数	总分	省份
508	广东江门幼儿师范高等专科学校	1	9.38	广东省
508	石家庄科技职业学院	1	9.38	河北省

9.5 中部地区高职院校教师教学发展指数(2021版)

续表

序号	学校名称	项目数	总分	省份
1	长沙民政职业技术学院	407	79.07	湖南省
2	黄河水利职业技术学院	460	78.51	河南省
3	湖南铁道职业技术学院	289	75.24	湖南省
4	武汉职业技术学院	347	74.12	湖北省
5	武汉船舶职业技术学院	212	69.8	湖北省
6	九江职业技术学院	292	69.25	江西省
7	山西工程职业学院	224	67.07	山西省
8	襄阳职业技术学院	185	66.39	湖北省
9	郑州铁路职业技术学院	221	64.63	河南省
10	芜湖职业技术学院	293	64.54	安徽省
11	山西省财政税务专科学校	213	64.2	山西省
12	湖南工业职业技术学院	251	64.18	湖南省
13	河南工业职业技术学院	327	63.73	河南省
14	永州职业技术学院	139	62.85	湖南省
15	黄冈职业技术学院	203	62.67	湖北省
16	安徽职业技术学院	315	62.23	安徽省
17	湖北职业技术学院	160	62.09	湖北省
18	平顶山工业职业技术学院	150	62.06	河南省
19	山西工程科技职业大学	241	61.89	山西省
20	湖南交通职业技术学院	207	61.47	湖南省
21	安徽机电职业技术学院	260	61.18	安徽省
22	安徽商贸职业技术学院	279	60.75	安徽省
23	河南职业技术学院	316	60.61	河南省
24	江西交通职业技术学院	151	60.08	江西省
25	武汉铁路职业技术学院	121	59.86	湖北省
26	河南农业职业学院	133	59.75	河南省
27	江西应用技术职业学院	266	59.43	江西省
28	湖南汽车工程职业学院	185	59.32	湖南省
29	安徽水利水电职业技术学院	184	59.2	安徽省
30	湖南化工职业技术学院	164	58.98	湖南省
31	湖南工艺美术职业学院	84	58.25	湖南省
32	长沙航空职业技术学院	135	56.99	湖南省
33	武汉软件工程职业学院	184	56.98	湖北省
34	湖北交通职业技术学院	111	56.45	湖北省
35	湖南大众传媒职业技术学院	116	56.16	湖南省
36	河南经贸职业学院	256	55.69	河南省
37	江西旅游商贸职业学院	177	55.4	江西省

续表

序号	学校名称	项目数	总分	省份
38	商丘职业技术学院	114	55.31	河南省
39	许昌职业技术学院	238	55.1	河南省
40	安徽工商职业学院	311	55.07	安徽省
41	武汉交通职业学院	142	54.73	湖北省
42	山西职业技术学院	240	54.37	山西省
43	武汉电力职业技术学院	118	54.23	湖北省
44	湖北三峡职业技术学院	143	54.07	湖北省
45	湖南现代物流职业技术学院	95	53.63	湖南省
46	江西环境工程职业学院	214	53.4	江西省
47	岳阳职业技术学院	129	53.33	湖南省
48	江西财经职业学院	190	53.26	江西省
49	江西现代职业技术学院	232	52.69	江西省
50	长沙商贸旅游职业技术学院	153	52.59	湖南省
51	安徽医学高等专科学校	80	52.49	安徽省
52	湖北城市建设职业技术学院	123	52.45	湖北省
53	江西陶瓷工艺美术职业技术学院	50	51.89	江西省
54	湖南科技职业学院	88	51.85	湖南省
55	湖南环境生物职业技术学院	66	51.84	湖南省
56	湖北工业职业技术学院	74	51.8	湖北省
57	湖南商务职业技术学院	145	51.79	湖南省
58	山西药科职业学院	61	51.66	山西省
59	武汉城市职业学院	190	51.42	湖北省

续表

序号	学校名称	项目数	总分	省份
60	江西外语外贸职业学院	150	51.29	江西省
61	合肥职业技术学院	125	51.13	安徽省
62	湖南生物机电职业技术学院	113	50.96	湖南省
63	湖南铁路科技职业技术学院	89	50.83	湖南省
64	湖南城建职业技术学院	72	50.7	湖南省
65	湖北水利水电职业技术学院	122	50.4	湖北省
66	河南交通职业技术学院	124	49.88	河南省
67	湖南机电职业技术学院	118	49.82	湖南省
68	山西机电职业技术学院	203	49.62	山西省
69	济源职业技术学院	141	49.24	河南省
70	江西工业贸易职业技术学院	87	49.13	江西省
71	安徽财贸职业学院	160	48.93	安徽省
72	湖北生物科技职业学院	124	48.75	湖北省
73	安徽交通职业技术学院	58	47.92	安徽省
74	江西卫生职业学院	62	47.51	江西省
75	郑州电力高等专科学校	80	47.42	河南省
76	湖北生态工程职业技术学院	129	47.32	湖北省
77	鄂州职业大学	81	47.21	湖北省
78	安庆职业技术学院	97	46.9	安徽省
79	郑州旅游职业学院	101	46.73	河南省
80	江西工业工程职业技术学院	72	46.54	江西省

续表

序号	学校名称	项目数	总分	省份
81	湖北科技职业学院	154	46.19	湖北省
82	荆州职业技术学院	96	45.97	湖北省
83	咸宁职业技术学院	113	45.73	湖北省
84	鹤壁职业技术学院	142	45.72	河南省
85	开封大学	103	45.35	河南省
86	漯河医学高等专科学校	33	45.27	河南省
87	安徽电气工程职业技术学院	56	45.14	安徽省
88	湖北轻工职业技术学院	58	44.87	湖北省
89	山西艺术职业学院	60	44.65	山西省
90	阜阳职业技术学院	48	44.53	安徽省
91	湖南中医药高等专科学校	53	44.51	湖南省
92	湖南高速铁路职业技术学院	50	44.17	湖南省
93	河南建筑职业技术学院	88	44.09	河南省
94	安徽中医药高等专科学校	49	43.99	安徽省
95	湖南财经工业职业技术学院	66	43.89	湖南省
95	江西机电职业技术学院	57	43.89	江西省
97	安徽国防科技职业学院	120	43.68	安徽省
98	仙桃职业学院	158	43.59	湖北省
99	六安职业技术学院	62	43.38	安徽省
100	湖南邮电职业技术学院	41	43.36	湖南省
101	长沙环境保护职业技术学院	80	43.33	湖南省
102	合肥幼儿师范高等专科学校	37	43.16	安徽省

续表

序号	学校名称	项目数	总分	省份
103	安徽国际商务职业学院	138	43.07	安徽省
104	晋中职业技术学院	109	42.79	山西省
105	太原旅游职业学院	74	42.76	山西省
106	河南应用技术职业学院	116	42.71	河南省
107	湖南电气职业技术学院	95	42.46	湖南省
108	南阳医学高等专科学校	36	42.43	河南省
109	江西信息应用职业技术学院	67	42.36	江西省
110	湖北中医药高等专科学校	36	42.27	湖北省
111	湖南信息职业技术学院	63	42.1	湖南省
112	三门峡职业技术学院	66	41.74	河南省
113	九江职业大学	64	41.71	江西省
114	湖南艺术职业学院	38	41.67	湖南省
115	常德职业技术学院	63	41.65	湖南省
116	湖南外贸职业学院	45	41.6	湖南省
117	长江职业学院	82	41.59	湖北省
118	河南机电职业学院	99	41.53	河南省
119	江西工业职业技术学院	100	41.51	江西省
120	湖南网络工程职业学院	72	41.35	湖南省
121	湘西民族职业技术学院	31	41.34	湖南省
122	河南测绘职业学院	48	41.28	河南省
123	安徽城市管理职业学院	74	41.27	安徽省
124	湖北艺术职业学院	23	41.17	湖北省
125	滁州职业技术学院	91	40.86	安徽省

续表

序号	学校名称	项目数	总分	省份
126	安徽工业经济职业技术学院	176	40.73	安徽省
127	漯河职业技术学院	54	40.59	河南省
128	安徽电子信息职业技术学院	113	40.36	安徽省
129	江西制造职业技术学院	73	40.16	江西省
130	武汉铁路桥梁职业学院	54	40.09	湖北省
131	山西金融职业学院	75	40.06	山西省
132	山西林业职业技术学院	36	40.04	山西省
133	湖南工程职业技术学院	114	39.95	湖南省
134	安徽警官职业学院	60	39.77	安徽省
135	马鞍山师范高等专科学校	54	39.72	安徽省
136	濮阳职业技术学院	80	39.64	河南省
137	江西生物科技职业学院	41	39.51	江西省
138	江汉艺术职业学院	30	39.3	湖北省
139	晋中师范高等专科学校	42	39	山西省
140	山西经贸职业学院	39	38.98	山西省
141	信阳职业技术学院	54	38.93	河南省
142	湖南安全技术职业学院	38	38.9	湖南省
143	山西铁道职业技术学院	26	38.59	山西省
144	湖北幼儿师范高等专科学校	24	38.42	湖北省
144	淮南职业技术学院	31	38.42	安徽省
146	娄底职业技术学院	50	38.32	湖南省
147	长沙职业技术学院	49	38.25	湖南省

续表

序号	学校名称	项目数	总分	省份
148	江西建设职业技术学院	37	38.19	江西省
149	恩施职业技术学院	36	38.17	湖北省
149	安徽新闻出版职业技术学院	43	38.17	安徽省
151	荆州理工职业学院	38	38.14	湖北省
152	宜春职业技术学院	44	37.99	江西省
153	开封文化艺术职业学院	28	37.92	河南省
154	河南水利与环境职业学院	74	37.83	河南省
155	山西水利职业技术学院	91	37.77	山西省
156	郑州职业技术学院	78	37.73	河南省
157	山西财贸职业技术学院	39	37.51	山西省
158	湖南理工职业技术学院	66	37.49	湖南省
159	长沙电力职业技术学院	32	37.43	湖南省
160	商丘医学高等专科学校	41	37.22	河南省
161	淮南联合大学	45	37.13	安徽省
162	江西电力职业技术学院	29	37.07	江西省
162	焦作师范高等专科学校	38	37.07	河南省
164	郴州职业技术学院	35	37.04	湖南省
165	池州职业技术学院	51	36.99	安徽省
166	铜陵职业技术学院	59	36.95	安徽省
167	晋城职业技术学院	61	36.89	山西省
168	江西中医药高等专科学校	39	36.77	江西省
169	江西农业工程职业学院	48	36.55	江西省

续表

序号	学校名称	项目数	总分	省份
170	长江工程职业技术学院	42	36.52	湖北省
171	运城师范高等专科学校	10	36.47	山西省
172	临汾职业技术学院	44	36.45	山西省
173	河南工业贸易职业学院	61	36.43	河南省
174	周口职业技术学院	53	36.39	河南省
175	江西水利职业学院	34	36.34	江西省
176	河南工业和信息化职业学院	41	36.22	河南省
177	湖南水利水电职业技术学院	56	36.2	湖南省
178	湖南民族职业学院	29	36.15	湖南省
178	淮北职业技术学院	65	36.15	安徽省
180	张家界航空工业职业技术学院	35	35.91	湖南省
181	湖北国土资源职业学院	41	35.76	湖北省
182	湘潭医卫职业技术学院	35	35.65	湖南省
183	江西工程职业学院	30	35.45	江西省
184	安徽工贸职业技术学院	15	35.35	安徽省
185	郑州幼儿师范高等专科学校	18	35.09	河南省
186	徽商职业学院	62	35.04	安徽省
187	太原城市职业技术学院	46	35	山西省
188	河南信息统计职业学院	29	34.91	河南省
189	江西青年职业学院	34	34.69	江西省
190	湖南冶金职业技术学院	11	34.68	湖南省
190	河南林业职业学院	57	34.68	河南省

续表

序号	学校名称	项目数	总分	省份
192	江西艺术职业学院	20	34.56	江西省
193	保险职业学院	22	34.55	湖南省
194	南昌职业大学	73	34.49	江西省
195	新乡职业技术学院	56	34.41	河南省
196	运城幼儿师范高等专科学校	18	34.25	山西省
197	抚州职业技术学院	34	34.23	江西省
198	江西冶金职业技术学院	31	34.18	江西省
199	武汉外语外事职业学院	92	34.08	湖北省
200	襄阳汽车职业技术学院	29	34.05	湖北省
201	三峡电力职业学院	14	33.87	湖北省
202	江西航空职业技术学院	23	33.83	江西省
203	洛阳职业技术学院	42	33.78	河南省
204	湖北工程职业学院	29	33.7	湖北省
205	武汉信息传播职业技术学院	67	33.6	湖北省
205	江西医学高等专科学校	17	33.6	江西省
207	郑州财税金融职业学院	51	33.51	河南省
208	安徽中澳科技职业学院	43	33.16	安徽省
208	安徽广播影视职业技术学院	25	33.16	安徽省
210	南阳农业职业学院	22	33.12	河南省
211	河南医学高等专科学校	21	33.09	河南省
212	湖南司法警官职业学院	18	33.04	湖南省
213	运城职业技术大学	35	33.03	山西省

续表

序号	学校名称	项目数	总分	省份
214	邵阳职业技术学院	23	33.02	湖南省
215	湖南食品药品职业学院	68	33	湖南省
216	安徽邮电职业技术学院	47	32.92	安徽省
217	江西传媒职业学院	14	32.9	江西省
218	滁州城市职业学院	26	32.86	安徽省
219	江西司法警官职业学院	26	32.84	江西省
220	怀化职业技术学院	15	32.82	湖南省
221	焦作大学	31	32.81	河南省
222	湖南体育职业学院	9	32.76	湖南省
223	郑州信息科技职业学院	60	32.71	河南省
224	赣州师范高等专科学校	13	32.59	江西省
225	安徽工业职业技术学院	47	32.54	安徽省
226	湖南国防工业职业技术学院	13	32.47	湖南省
227	山西旅游职业学院	55	32.27	山西省
228	合肥通用职业技术学院	18	32.25	安徽省
229	长沙卫生职业学院	30	32.15	湖南省
230	山西电力职业技术学院	16	32.05	山西省
231	马鞍山职业技术学院	57	32.04	安徽省
232	漯河食品职业学院	40	31.92	河南省
233	黄山职业技术学院	18	31.87	安徽省
234	吉安职业技术学院	34	31.83	江西省
235	随州职业技术学院	27	31.63	湖北省
236	宣城职业技术学院	32	31.51	安徽省
237	湖南三一工业职业技术学院	21	31.46	湖南省

续表

序号	学校名称	项目数	总分	省份
238	武汉民政职业学院	18	31.45	湖北省
239	安徽审计职业学院	26	31.41	安徽省
240	大同煤炭职业技术学院	21	31.28	山西省
241	宿州职业技术学院	25	31.13	安徽省
242	长垣烹饪职业技术学院	35	31.07	河南省
243	安徽冶金科技职业学院	14	31.05	安徽省
244	河南司法警官职业学院	14	30.76	河南省
245	安庆医药高等专科学校	19	30.74	安徽省
246	河南艺术职业学院	18	30.72	河南省
247	亳州职业技术学院	49	30.7	安徽省
248	湖北青年职业学院	10	30.5	湖北省
249	河南质量工程职业学院	32	30.45	河南省
250	江西软件职业技术大学	28	30.32	江西省
251	湖南幼儿师范高等专科学校	10	30.2	湖南省
252	安阳职业技术学院	28	30.17	河南省
253	武汉警官职业学院	36	30.16	湖北省
254	武汉工程职业技术学院	26	30.15	湖北省
255	皖西卫生职业学院	28	30.1	安徽省
256	平顶山职业技术学院	49	29.76	河南省
257	河南推拿职业学院	4	29.74	河南省
258	上饶职业技术学院	28	29.68	江西省
259	怀化师范高等专科学校	2	29.62	湖南省
260	永城职业学院	12	29.54	河南省
261	武汉商贸职业学院	20	29.44	湖北省

续表

序号	学校名称	项目数	总分	省份
262	河南检察职业学院	11	29.42	河南省
262	湖北财税职业学院	25	29.42	湖北省
264	河南科技职业大学	14	29.41	河南省
265	山西体育职业学院	8	29.37	山西省
266	益阳医学高等专科学校	11	29.34	湖南省
267	山西华澳商贸职业学院	10	29.32	山西省
268	山西信息职业技术学院	5	29.23	山西省
269	湖南都市职业学院	8	29.21	湖南省
270	江西师范高等专科学校	14	29.18	江西省
271	安徽公安职业学院	6	29.17	安徽省
272	南阳职业学院	39	28.91	河南省
273	山西运城农业职业技术学院	34	28.89	山西省
274	宜春幼儿师范高等专科学校	6	28.8	江西省
275	焦作工贸职业学院	51	28.76	河南省
276	山西管理职业学院	16	28.62	山西省
276	安徽粮食工程职业学院	16	28.62	安徽省
278	湖北黄冈应急管理职业技术学院	8	28.52	湖北省
279	长治职业技术学院	16	28.49	山西省
280	嵩山少林武术职业学院	8	28.48	河南省
281	河南护理职业学院	14	28.45	河南省
282	安徽黄梅戏艺术职业学院	5	28.39	安徽省
283	安徽矿业职业技术学院	23	28.32	安徽省
284	荆门职业学院	15	28.23	湖北省
285	山西青年职业学院	20	28.21	山西省

续表

序号	学校名称	项目数	总分	省份
286	湖南有色金属职业技术学院	14	28.19	湖南省
287	安徽卫生健康职业学院	10	28.05	安徽省
288	朔州职业技术学院	17	28.03	山西省
289	三峡旅游职业技术学院	42	27.97	湖北省
290	郑州澍青医学高等专科学校	16	27.94	河南省
291	湖南石油化工职业技术学院	9	27.87	湖南省
292	江西应用工程职业学院	13	27.86	江西省
293	益阳职业技术学院	13	27.78	湖南省
294	阳泉职业技术学院	25	27.71	山西省
295	河南轻工职业学院	33	27.56	河南省
296	湖南劳动人事职业学院	22	27.47	湖南省
297	潞安职业技术学院	9	27.19	山西省
298	民办合肥财经职业学院	24	27.17	安徽省
299	郑州电力职业技术学院	31	26.9	河南省
300	湖南软件职业技术大学	17	26.86	湖南省
301	许昌电气职业学院	23	26.82	河南省
302	株洲师范高等专科学校	3	26.8	湖南省
303	鹤壁汽车工程职业学院	25	26.63	河南省
304	江西泰豪动漫职业学院	16	26.59	江西省
305	郑州电子信息职业技术学院	21	26.57	河南省

续表

序号	学校名称	项目数	总分	省份
306	驻马店职业技术学院	26	26.55	河南省
307	安徽涉外经济职业学院	42	26.42	安徽省
308	江西工商职业技术学院	10	26.23	江西省
309	武昌职业学院	27	26.05	湖北省
310	山西警官职业学院	19	25.99	山西省
311	山西国际商务职业学院	18	25.86	山西省
312	鹰潭职业技术学院	2	25.8	江西省
313	安徽林业职业技术学院	10	25.62	安徽省
314	洛阳科技职业学院	13	25.52	河南省
315	江西新能源科技职业学院	28	25.35	江西省
316	江西经济管理职业学院	4	25.16	江西省
317	安徽艺术职业学院	34	25.07	安徽省
318	合肥科技职业学院	12	24.86	安徽省
319	合肥信息技术职业学院	8	24.73	安徽省
320	民办万博科技职业学院	12	24.34	安徽省
321	山西卫生健康职业学院	5	24.02	山西省
322	安阳幼儿师范高等专科学校	9	23.99	河南省
323	湖南外国语职业学院	15	23.97	湖南省
324	太原幼儿师范高等专科学校	4	23.55	山西省
325	武汉光谷职业学院	14	23.49	湖北省
326	运城护理职业学院	7	23.38	山西省

续表

序号	学校名称	项目数	总分	省份
327	驻马店幼儿师范高等专科学校	6	23.23	河南省
328	忻州职业技术学院	26	23.18	山西省
329	皖北卫生职业学院	7	23.16	安徽省
330	安徽汽车职业技术学院	17	22.96	安徽省
331	安徽体育运动职业技术学院	7	22.91	安徽省
332	安徽绿海商务职业学院	8	22.87	安徽省
333	山西同文职业技术学院	3	22.75	山西省
334	湘南幼儿师范高等专科学校	5	22.49	湖南省
335	湖北体育职业学院	4	22.41	湖北省
336	郑州城市职业学院	2	21.83	河南省
337	共青科技职业学院	15	21.78	江西省
337	江西枫林涉外经贸职业学院	10	21.78	江西省
339	河南地矿职业学院	15	21.51	河南省
340	郑州理工职业学院	2	21.45	河南省
341	安徽扬子职业技术学院	15	21.39	安徽省
341	江西洪州职业学院	11	21.39	江西省
343	桐城师范高等专科学校	13	21.22	安徽省
344	湖南高尔夫旅游职业学院	5	21.09	湖南省
345	湖南电子科技职业学院	8	20.98	湖南省
346	信阳涉外职业技术学院	11	20.55	河南省
346	郑州信息工程职业学院	9	20.55	河南省
346	潇湘职业学院	10	20.55	湖南省

续表

序号	学校名称	项目数	总分	省份
349	吕梁职业技术学院	12	20.32	山西省
350	湘中幼儿师范高等专科学校	5	19.87	湖南省
351	长沙南方职业学院	8	19.77	湖南省
352	赣州职业技术学院	11	19.59	江西省
352	江西科技职业学院	4	19.59	江西省
354	三门峡社会管理职业学院	6	19.09	河南省
355	赣西科技职业学院	11	19.06	江西省
356	武汉航海职业技术学院	5	18.77	湖北省
357	信阳航空职业学院	15	18.47	河南省
357	长江艺术工程职业学院	9	18.47	湖北省
359	河南物流职业学院	8	18.15	河南省
360	天门职业学院	4	17.86	湖北省
360	郑州黄河护理职业学院	2	17.86	河南省
362	南昌影视传播职业学院	5	17.82	江西省
363	湖北铁道运输职业学院	8	17.46	湖北省
363	湖南工商职业学院	4	17.46	湖南省
363	黄冈科技职业学院	3	17.46	湖北省
366	兰考三农职业学院	11	17.09	河南省
366	濮阳医学高等专科学校	9	17.09	河南省
368	河南对外经济贸易职业学院	10	16.69	河南省
368	景德镇陶瓷职业技术学院	4	16.69	江西省
370	赣南卫生健康职业学院	7	16.41	江西省
371	郑州工业安全职业学院	9	16.25	河南省

续表

序号	学校名称	项目数	总分	省份
372	萍乡卫生职业学院	6	15.8	江西省
373	郑州卫生健康职业学院	5	14.5	河南省
374	长治幼儿师范高等专科学校	1	14.47	山西省
375	许昌陶瓷职业学院	5	14.03	河南省
375	上饶幼儿师范高等专科学校	3	14.03	江西省
375	民办合肥滨湖职业技术学院	3	14.03	安徽省
375	郑州商贸旅游职业学院	3	14.03	河南省
379	武汉海事职业学院	2	13.31	湖北省
380	永州师范高等专科学校	1	12.35	湖南省
380	民办合肥经济技术职业学院	1	12.35	安徽省
380	衡阳幼儿师范高等专科学校	1	12.35	湖南省
380	蚌埠经济技术职业学院	1	12.35	安徽省
384	湖南九嶷职业技术学院	1	12.02	湖南省
385	湖南吉利汽车职业技术学院	2	11.16	湖南省
386	山西老区职业技术学院	3	10.26	山西省
387	抚州幼儿师范高等专科学校	1	9.41	江西省
388	江西婺源茶业职业学院	1	9.38	江西省
389	阜阳幼儿师范高等专科学校	2	6.86	安徽省

9.6 西部地区高职院校教师教学发展指数（2021版）

续表

序号	学校名称	项目数	总分	省份
1	陕西工业职业技术学院	465	78.28	陕西省
2	成都航空职业技术学院	274	75.04	四川省
3	重庆电子工程职业学院	452	74.27	重庆市
4	昆明冶金高等专科学校	321	74.17	云南省
5	杨凌职业技术学院	336	72.29	陕西省
6	重庆工业职业技术学院	428	70.89	重庆市
7	新疆农业职业技术学院	246	70.56	新疆维吾尔自治区
8	南宁职业技术学院	370	69.65	广西壮族自治区
9	四川工程职业技术学院	157	69.23	四川省
10	兰州石化职业技术大学	298	67.04	甘肃省
11	贵州交通职业技术学院	223	66.48	贵州省
12	柳州职业技术学院	241	65.45	广西壮族自治区
13	四川交通职业技术学院	213	65.19	四川省
14	四川建筑职业技术学院	210	65.01	四川省
15	西安航空职业技术学院	233	63.25	陕西省
16	陕西铁路工程职业技术学院	187	62.41	陕西省

序号	学校名称	项目数	总分	省份
17	广西职业技术学院	194	62.28	广西壮族自治区
18	重庆城市管理职业学院	282	61.79	重庆市
19	重庆工程职业技术学院	329	61.69	重庆市
20	兰州资源环境职业技术大学	162	61.54	甘肃省
21	内蒙古建筑职业技术学院	119	59.51	内蒙古自治区
22	宁夏职业技术学院	164	59.21	宁夏回族自治区
23	云南交通职业技术学院	119	58.94	云南省
24	广西农业职业技术大学	261	56.97	广西壮族自治区
25	重庆工商职业学院	289	56.96	重庆市
26	陕西国防工业职业技术学院	170	56.92	陕西省
27	成都纺织高等专科学校	164	56.6	四川省
28	重庆医药高等专科学校	95	56.55	重庆市
29	成都职业技术学院	197	56.02	四川省
30	包头职业技术学院	82	55.66	内蒙古自治区
31	宁夏工商职业技术学院	162	55.59	宁夏回族自治区
32	内蒙古机电职业技术学院	101	54.95	内蒙古自治区
33	铜仁职业技术学院	71	54.93	贵州省

续表

序号	学校名称	项目数	总分	省份
34	广西交通职业技术学院	177	54.65	广西壮族自治区
35	广西机电职业技术学院	176	53.79	广西壮族自治区
36	新疆轻工职业技术学院	82	53.64	新疆维吾尔自治区
37	重庆三峡医药高等专科学校	113	53.63	重庆市
38	绵阳职业技术学院	95	53.47	四川省
39	酒泉职业技术学院	157	53.01	甘肃省
40	重庆电力高等专科学校	87	52.45	重庆市
41	内蒙古化工职业学院	69	52.3	内蒙古自治区
42	贵州轻工职业技术学院	104	52.1	贵州省
43	克拉玛依职业技术学院	72	51.79	新疆维吾尔自治区
44	广西建设职业技术学院	144	51.75	广西壮族自治区
45	陕西交通职业技术学院	131	51.46	陕西省
46	云南机电职业技术学院	59	51.37	云南省
47	西安铁路职业技术学院	134	51.09	陕西省
48	陕西职业技术学院	144	51.08	陕西省
49	柳州铁道职业技术学院	352	50.92	广西壮族自治区
50	青海交通职业技术学院	84	50.84	青海省
51	新疆交通职业技术学院	58	49.89	新疆维吾尔自治区
52	成都农业科技职业学院	136	49.47	四川省

续表

序号	学校名称	项目数	总分	省份
53	包头轻工职业技术学院	65	49.4	内蒙古自治区
54	四川邮电职业技术学院	97	49.24	四川省
55	四川工商职业技术学院	97	49.22	四川省
56	甘肃林业职业技术学院	113	49.04	甘肃省
57	青海畜牧兽医职业技术学院	44	48.95	青海省
58	锡林郭勒职业学院	132	48.79	内蒙古自治区
59	广西电力职业技术学院	119	48.7	广西壮族自治区
60	广西国际商务职业技术学院	107	48.64	广西壮族自治区
61	宜宾职业技术学院	106	48.52	四川省
62	重庆航天职业技术学院	97	48.5	重庆市
63	广西经贸职业技术学院	91	48.43	广西壮族自治区
64	广西工业职业技术学院	120	48.02	广西壮族自治区
65	宁夏财经职业技术学院	87	47.83	宁夏回族自治区
66	西藏职业技术学院	78	47.68	西藏自治区
67	广西金融职业技术学院	68	47.62	广西壮族自治区
68	云南林业职业技术学院	77	47.56	云南省
69	甘肃工业职业技术学院	105	47.47	甘肃省
70	黔东南民族职业技术学院	55	47.33	贵州省

续表

序号	学校名称	项目数	总分	省份
71	陕西能源职业技术学院	99	47.32	陕西省
72	贵州电子信息职业技术学院	113	47.27	贵州省
73	广西水利电力职业技术学院	105	47.2	广西壮族自治区
74	包头铁道职业技术学院	65	47.06	内蒙古自治区
75	云南国土资源职业学院	94	47	云南省
76	甘肃交通职业技术学院	84	46.68	甘肃省
77	乐山职业技术学院	81	46.51	四川省
78	新疆石河子职业技术学院	90	46.5	新疆维吾尔自治区
79	乌鲁木齐职业大学	79	46.35	新疆维吾尔自治区
80	四川职业技术学院	77	46.21	四川省
81	泸州职业技术学院	64	46.07	四川省
82	四川电力职业技术学院	34	45.92	四川省
83	四川信息职业技术学院	122	45.72	四川省
84	云南农业职业技术学院	58	45.16	云南省
85	青海建筑职业技术学院	44	45.01	青海省
86	新疆职业大学	75	44.98	新疆维吾尔自治区
87	昆明工业职业技术学院	44	44.92	云南省
88	咸阳职业技术学院	123	44.76	陕西省
89	四川化工职业技术学院	80	44.68	四川省
90	兰州职业技术学院	81	44.58	甘肃省

续表

序号	学校名称	项目数	总分	省份
91	内蒙古商贸职业学院	93	43.91	内蒙古自治区
92	曲靖医学高等专科学校	37	43.54	云南省
93	重庆水利电力职业技术学院	69	43.38	重庆市
94	陕西财经职业技术学院	131	43.35	陕西省
95	重庆三峡职业学院	199	43.08	重庆市
96	四川财经职业学院	83	43.04	四川省
97	呼和浩特职业学院	62	42.92	内蒙古自治区
98	广西幼儿师范高等专科学校	49	42.83	广西壮族自治区
99	昌吉职业技术学院	56	42.8	新疆维吾尔自治区
100	延安职业技术学院	48	42.53	陕西省
101	四川国际标榜职业学院	39	42.48	四川省
102	甘肃建筑职业技术学院	72	42.28	甘肃省
103	重庆财经职业学院	123	42.09	重庆市
104	宁夏民族职业技术学院	45	42.06	宁夏回族自治区
105	云南能源职业技术学院	48	41.98	云南省
106	广安职业技术学院	71	41.84	四川省
107	内蒙古电子信息职业技术学院	96	41.56	内蒙古自治区
108	四川水利职业技术学院	62	41.47	四川省
109	南充职业技术学院	64	41.2	四川省
110	四川商务职业学院	78	40.94	四川省
111	武威职业学院	53	40.77	甘肃省

续表

序号	学校名称	项目数	总分	省份
112	广西工商职业技术学院	59	40.73	广西壮族自治区
113	雅安职业技术学院	53	40.7	四川省
114	桂林师范高等专科学校	64	40.49	广西壮族自治区
115	渭南职业技术学院	51	40.3	陕西省
116	贵阳职业技术学院	40	40.25	贵州省
117	黔南民族职业技术学院	36	40.11	贵州省
118	广西生态工程职业技术学院	56	40.03	广西壮族自治区
119	陕西工商职业学院	71	39.93	陕西省
120	四川航天职业技术学院	53	39.9	四川省
120	云南旅游职业学院	49	39.9	云南省
122	甘肃农业职业技术学院	52	39.62	甘肃省
123	重庆建筑工程职业学院	63	39.54	重庆市
124	四川幼儿师范高等专科学校	36	39.5	四川省
125	陕西邮电职业技术学院	38	39.38	陕西省
126	四川机电职业技术学院	32	38.94	四川省
127	青海卫生职业技术学院	32	38.92	青海省
128	遵义职业技术学院	52	38.8	贵州省
129	通辽职业学院	45	38.7	内蒙古自治区
130	乌兰察布职业学院	22	38.52	内蒙古自治区
131	贵州建设职业技术学院	18	38.5	贵州省
131	贵阳康养职业大学	34	38.5	贵州省
131	内蒙古交通职业技术学院	28	38.5	内蒙古自治区
134	眉山职业技术学院	37	38.46	四川省
135	四川城市职业学院	64	38.38	四川省
136	宝鸡职业技术学院	43	38.37	陕西省
136	重庆工贸职业技术学院	122	38.37	重庆市
138	重庆商务职业学院	69	38.27	重庆市
139	云南文化艺术职业学院	25	38.23	云南省
140	宁夏建设职业技术学院	20	38.18	宁夏回族自治区
141	云南国防工业职业技术学院	47	37.96	云南省
142	甘肃机电职业技术学院	49	37.9	甘肃省
143	甘肃畜牧工程职业技术学院	55	37.83	甘肃省
144	乌海职业技术学院	89	37.78	内蒙古自治区
145	成都工业职业技术学院	67	37.61	四川省
146	甘肃钢铁职业技术学院	32	37.12	甘肃省
147	伊犁职业技术学院	41	37.08	新疆维吾尔自治区
148	陕西艺术职业学院	42	37.07	陕西省
149	青海警官职业学院	14	37	青海省
150	西安职业技术学院	79	36.86	陕西省
151	广西体育高等专科学校	26	36.78	广西壮族自治区
152	商洛职业技术学院	19	36.43	陕西省
153	兴安职业技术学院	30	36.23	内蒙古自治区

续表

序号	学校名称	项目数	总分	省份
154	广西卫生职业技术学院	41	36.22	广西壮族自治区
155	四川中医药高等专科学校	28	36.1	四川省
156	四川文化产业职业学院	30	35.82	四川省
157	重庆机电职业技术大学	46	35.75	重庆市
158	重庆化工职业学院	70	35.56	重庆市
159	新疆建设职业技术学院	26	35.53	新疆维吾尔自治区
160	西宁城市职业技术学院	40	35.45	青海省
161	重庆建筑科技职业学院	24	35.41	重庆市
162	安康职业技术学院	16	35.4	陕西省
163	阿克苏职业技术学院	52	35.39	新疆维吾尔自治区
164	安顺职业技术学院	37	35.38	贵州省
165	和田师范专科学校	17	35.36	新疆维吾尔自治区
166	四川长江职业学院	46	35.33	四川省
167	丽江师范高等专科学校	20	35.32	云南省
168	重庆科创职业学院	39	35.29	重庆市
169	重庆交通职业学院	69	35.19	重庆市
170	鄂尔多斯职业学院	30	35.18	内蒙古自治区
171	拉萨师范高等专科学校	9	35.14	西藏自治区
172	德宏职业学院	34	35.11	云南省
173	贵州工业职业技术学院	42	34.9	贵州省
174	楚雄医药高等专科学校	10	34.87	云南省

续表

序号	学校名称	项目数	总分	省份
175	柳州城市职业学院	58	34.85	广西壮族自治区
176	西安医学高等专科学校	10	34.71	陕西省
177	贵州盛华职业学院	9	34.62	贵州省
178	重庆电讯职业学院	18	34.55	重庆市
179	新疆师范高等专科学校	38	34.39	新疆维吾尔自治区
180	陇南师范高等专科学校	29	34.37	甘肃省
181	白银矿冶职业技术学院	52	34.29	甘肃省
182	内江职业技术学院	41	34.22	四川省
183	陕西航空职业技术学院	12	34.03	陕西省
184	新疆铁道职业技术学院	20	33.88	新疆维吾尔自治区
185	西安电力高等专科学校	20	33.76	陕西省
186	宁夏警官职业学院	18	33.51	宁夏回族自治区
187	云南经贸外事职业学院	17	33.5	云南省
188	云南体育运动职业技术学院	14	33.49	云南省
189	云南锡业职业技术学院	32	33.32	云南省
190	保山中医药高等专科学校	14	33.24	云南省
191	包头钢铁职业技术学院	13	33.21	内蒙古自治区
192	内蒙古民族幼师范高等专科学校	7	33.2	内蒙古自治区
193	巴音郭楞职业技术学院	39	32.77	新疆维吾尔自治区

续表

序号	学校名称	项目数	总分	省份
194	宁夏艺术职业学院	19	32.74	宁夏回族自治区
195	重庆公共运输职业学院	22	32.67	重庆市
196	达州职业技术学院	21	32.52	四川省
197	汉中职业技术学院	34	32.32	陕西省
198	新疆工业职业技术学院	13	32.3	新疆维吾尔自治区
198	重庆旅游职业学院	57	32.3	重庆市
200	四川卫生康复职业学院	23	32.21	四川省
201	重庆文化艺术职业学院	13	31.98	重庆市
202	四川华新现代职业学院	36	31.97	四川省
203	呼伦贝尔职业技术学院	28	31.95	内蒙古自治区
204	赤峰工业职业技术学院	11	31.93	内蒙古自治区
205	宁夏工业职业学院	7	31.75	宁夏回族自治区
206	成都工贸职业技术学院	50	31.66	四川省
206	四川体育职业学院	4	31.66	四川省
208	四川司法警官职业学院	8	31.62	四川省
209	甘肃卫生职业学院	21	31.54	甘肃省
210	遵义医药高等专科学校	12	31.51	贵州省
211	新疆生产建设兵团兴新职业技术学院	33	31.49	新疆维吾尔自治区
212	重庆能源职业学院	34	31.4	重庆市
213	玉溪农业职业技术学院	48	31.29	云南省

续表

序号	学校名称	项目数	总分	省份
214	德宏师范高等专科学校	11	31.22	云南省
215	四川科技职业学院	35	31.18	四川省
216	重庆城市职业学院	25	31.14	重庆市
217	四川现代职业学院	34	31.07	四川省
218	青海柴达木职业技术学院	21	30.97	青海省
219	四川西南航空职业学院	16	30.91	四川省
220	昆明卫生职业学院	18	30.81	云南省
221	青海高等职业技术学院	23	30.6	青海省
222	四川护理职业学院	19	30.58	四川省
223	四川托普信息技术职业学院	45	30.54	四川省
224	陕西机电职业技术学院	27	30.53	陕西省
225	广西城市职业大学	60	30.52	广西壮族自治区
226	铜仁幼儿师范高等专科学校	13	30.38	贵州省
227	四川艺术职业学院	28	30.25	四川省
228	广西现代职业技术学院	31	30.22	广西壮族自治区
229	贵州职业技术学院	26	29.98	贵州省
230	西藏警官高等专科学校	7	29.89	西藏自治区
231	六盘水职业技术学院	14	29.83	贵州省
232	重庆幼儿师范高等专科学校	14	29.82	重庆市
233	红河卫生职业学院	14	29.69	云南省
234	云南财经职业学院	18	29.58	云南省

续表

序号	学校名称	项目数	总分	省份
235	新疆应用职业技术学院	27	29.57	新疆维吾尔自治区
236	重庆安全技术职业学院	21	29.47	重庆市
237	陕西青年职业学院	31	29.36	陕西省
238	新疆天山职业技术大学	32	29.33	新疆维吾尔自治区
239	川北幼儿师范高等专科学校	18	29.01	四川省
240	石河子工程职业技术学院	14	28.66	新疆维吾尔自治区
241	四川铁道职业学院	15	28.56	四川省
242	贵阳幼儿师范高等专科学校	10	28.46	贵州省
243	成都艺术职业大学	50	28.42	四川省
244	宁夏葡萄酒与防沙治沙职业技术学院	10	28.33	宁夏回族自治区
245	重庆青年职业技术学院	33	28.24	重庆市
246	黔南民族医学高等专科学校	5	28.21	贵州省
247	云南交通运输职业学院	17	28.11	云南省
248	西安海棠职业学院	13	28.05	陕西省
249	陕西警官职业学院	12	27.86	陕西省
250	科尔沁艺术职业学院	13	27.82	内蒙古自治区
251	昆明铁道职业技术学院	16	27.72	云南省
252	北海职业学院	30	27.7	广西壮族自治区
253	四川希望汽车职业学院	31	27.62	四川省
254	四川三河职业学院	22	27.52	四川省
255	四川文化传媒职业学院	28	27.34	四川省
256	榆林职业技术学院	32	27.26	陕西省
257	云南工程职业学院	17	27.2	云南省
258	黔西南民族职业技术学院	14	27.17	贵州省
259	贵州农业职业学院	14	27.16	贵州省
260	甘肃警察职业学院	8	27.13	甘肃省
260	甘肃有色冶金职业技术学院	30	27.13	甘肃省
262	大理农林职业技术学院	11	26.84	云南省
263	定西师范高等专科学校	3	26.67	甘肃省
264	陕西经济管理职业技术学院	2	26.57	陕西省
265	鄂尔多斯生态环境职业学院	6	26.42	内蒙古自治区
266	西安汽车职业大学	22	26.25	陕西省
267	云南司法警官职业学院	6	26.03	云南省
268	广西理工职业技术学院	99	25.94	广西壮族自治区
269	广西安全工程职业技术学院	23	25.78	广西壮族自治区
270	兰州现代职业学院	38	25.44	甘肃省
271	贵州电力职业技术学院	2	25.3	贵州省
272	陕西旅游烹饪职业学院	29	25.13	陕西省
273	西昌民族幼儿师范高等专科学校	8	24.99	四川省
274	贵州水利水电职业技术学院	11	24.98	贵州省

续表

序号	学校名称	项目数	总分	省份
275	贵州经贸职业技术学院	4	24.93	贵州省
276	阿拉善职业技术学院	13	24.78	内蒙古自治区
277	扎兰屯职业学院	6	24.53	内蒙古自治区
277	百色职业学院	15	24.53	广西壮族自治区
279	重庆电信职业学院	32	24.5	重庆市
280	乌兰察布医学高等专科学校	5	24.38	内蒙古自治区
281	西双版纳职业技术学院	11	24.34	云南省
282	民办四川天一学院	15	24.32	四川省
283	黔南民族幼儿师范高等专科学校	6	24.15	贵州省
284	重庆艺术工程职业学院	9	24.07	重庆市
285	甘肃财贸职业学院	29	24.03	甘肃省
286	铜川职业技术学院	10	23.97	陕西省
287	毕节医学高等专科学校	5	23.81	贵州省
288	毕节职业技术学院	14	23.63	贵州省
289	贵州航天职业技术学院	19	23.54	贵州省
290	巴中职业技术学院	6	23.53	四川省
291	贵州食品工程职业学院	8	23.47	贵州省
292	吐鲁番职业技术学院	9	23.38	新疆维吾尔自治区
293	庆阳职业技术学院	15	23.3	甘肃省
294	神木职业技术学院	18	23.09	陕西省
295	西安信息职业大学	35	23.03	陕西省
295	新疆维吾尔医学专科学校	5	23.03	新疆维吾尔自治区

续表

序号	学校名称	项目数	总分	省份
297	贵州护理职业技术学院	3	22.99	贵州省
298	天府新区通用航空职业学院	25	22.82	四川省
299	重庆海联职业技术学院	6	22.77	重庆市
300	云南城市建设职业学院	5	22.66	云南省
301	宁夏幼儿师范高等专科学校	4	22.58	宁夏回族自治区
302	西安城市建设职业学院	11	22.52	陕西省
303	云南商务职业学院	29	22.49	云南省
303	四川电子机械职业技术学院	15	22.49	四川省
305	梧州职业学院	18	22.32	广西壮族自治区
306	内蒙古体育职业学院	3	22.24	内蒙古自治区
307	广西工程职业学院	6	22.2	广西壮族自治区
308	博尔塔拉职业技术学院	18	22.14	新疆维吾尔自治区
309	广西蓝天航空职业学院	22	21.96	广西壮族自治区
309	新疆机电职业技术学院	3	21.96	新疆维吾尔自治区
309	内蒙古警察职业学院	6	21.96	内蒙古自治区
312	广西英华国际职业学院	15	21.91	广西壮族自治区
313	新疆体育职业技术学院	3	21.88	新疆维吾尔自治区
314	满洲里俄语职业学院	3	21.83	内蒙古自治区

续表

序号	学校名称	项目数	总分	省份
315	广西经济职业学院	25	21.78	广西壮族自治区
316	天府新区信息职业学院	12	21.59	四川省
317	江阳城建职业学院	12	21.13	四川省
318	广西自然资源职业技术学院	15	20.98	广西壮族自治区
318	西安高新科技职业学院	11	20.98	陕西省
320	南充科技职业学院	10	20.77	四川省
321	云南外事外语职业学院	14	20.58	云南省
322	重庆科技职业学院	11	20.09	重庆市
322	兰州外语职业学院	13	20.09	甘肃省
322	川南幼儿师范高等专科学校	5	20.09	四川省
325	贵州城市职业学院	16	20.02	贵州省
326	广西科技职业学院	2	19.9	广西壮族自治区
327	重庆传媒职业学院	7	19.87	重庆市
328	临夏现代职业学院	13	19.05	甘肃省
328	云南水利水电职业学院	9	19.05	云南省
330	云南轻纺职业学院	18	19.01	云南省
331	广西演艺职业学院	16	18.77	广西壮族自治区
331	四川汽车职业技术学院	2	18.77	四川省
331	天府新区航空旅游职业学院	6	18.77	四川省
331	贵州航空职业技术学院	3	18.77	贵州省
335	云南新兴职业学院	5	18.51	云南省
336	喀什职业技术学院	9	18.47	新疆维吾尔自治区

续表

序号	学校名称	项目数	总分	省份
336	德阳城市轨道交通职业学院	5	18.47	四川省
338	大理护理职业学院	5	18.28	云南省
339	贵州工商职业学院	13	18.23	贵州省
340	哈密职业技术学院	10	18.15	新疆维吾尔自治区
341	崇左幼儿师范高等专科学校	9	17.82	广西壮族自治区
341	新疆能源职业技术学院	2	17.82	新疆维吾尔自治区
343	重庆轻工职业学院	8	17.46	重庆市
343	贵州装备制造职业学院	4	17.46	贵州省
345	重庆护理职业学院	7	17.11	重庆市
346	眉山药科职业学院	11	17.09	四川省
346	贵州健康职业学院	2	17.09	贵州省
346	资阳环境科技职业学院	9	17.09	四川省
349	重庆应用技术职业学院	8	16.69	重庆市
349	内蒙古北方职业技术学院	1	16.69	内蒙古自治区
349	昆明艺术职业学院	1	16.69	云南省
349	新疆现代职业技术学院	1	16.69	新疆维吾尔自治区
349	内蒙古经贸外语职业学院	1	16.69	内蒙古自治区
354	四川文轩职业学院	5	16.64	四川省
355	广西物流职业技术学院	9	16.25	广西壮族自治区
355	广西培贤国际职业学院	5	16.25	广西壮族自治区
355	云南特殊教育职业学院	5	16.25	云南省
355	平凉职业技术学院	5	16.25	甘肃省

续表

序号	学校名称	项目数	总分	省份
355	贵州电子科技职业学院	3	16.25	贵州省
355	贵州电子商务职业技术学院	3	16.25	贵州省
355	贵州应用技术职业学院	3	16.25	贵州省
362	重庆信息技术职业学院	12	16.12	重庆市
363	曲靖职业技术学院	8	15.78	云南省
363	红河职业技术学院	8	15.78	云南省
363	云南工贸职业技术学院	4	15.78	云南省
366	重庆经贸职业学院	7	15.26	重庆市
366	和田职业技术学院	5	15.26	新疆维吾尔自治区
368	铁门关职业技术学院	6	14.68	新疆维吾尔自治区
368	昭通卫生职业学院	4	14.68	云南省
368	毕节工业职业技术学院	2	14.68	贵州省
371	培黎职业学院	5	14.03	甘肃省
371	重庆资源与环境保护职业学院	3	14.03	重庆市
373	梧州医学高等专科学校	4	13.27	广西壮族自治区
373	广西制造工程职业技术学院	4	13.27	广西壮族自治区
373	昆明幼儿师范高等专科学校	4	13.27	云南省
373	四川应用技术职业学院	2	13.27	四川省
373	德阳科贸职业学院	2	13.27	四川省
378	阿勒泰职业技术学院	3	12.35	新疆维吾尔自治区

续表

序号	学校名称	项目数	总分	省份
378	北海康养职业学院	3	12.35	广西壮族自治区
378	陕西电子信息职业技术学院	3	12.35	陕西省
378	毕节幼儿师范高等专科学校	1	12.35	贵州省
382	资阳口腔职业学院	1	12.02	四川省
383	钦州幼儿师范高等专科学校	2	11.16	广西壮族自治区
383	克孜勒苏职业技术学院	2	11.16	新疆维吾尔自治区
383	内江卫生与健康职业学院	2	11.16	四川省
383	桂林山水职业学院	2	11.16	广西壮族自治区
387	重庆智能工程职业学院	1	9.38	重庆市
387	攀枝花攀西职业学院	1	9.38	四川省
387	云南科技信息职业学院	1	9.38	云南省
387	达州中医药职业学院	1	9.38	四川省
387	广元中核职业技术学院	1	9.38	四川省
387	云南现代职业技术学院	1	9.38	云南省
387	重庆理工职业学院	1	9.38	重庆市
387	新疆科技职业技术学院	1	9.38	新疆维吾尔自治区
387	兰州科技职业学院	1	9.38	甘肃省

9.7　东北地区高职院校教师教学发展指数（2021版）

续表

序号	学校名称	项目数	总分	省份
1	辽宁省交通高等专科学校	318	72	辽宁省
2	长春职业技术学院	583	71.92	吉林省
3	辽宁农业职业技术学院	241	67.37	辽宁省
4	黑龙江建筑职业技术学院	172	66.82	黑龙江省
5	长春汽车工业高等专科学校	258	65.83	吉林省
6	黑龙江农业经济职业学院	222	64.19	黑龙江省
7	哈尔滨职业技术学院	285	63.71	黑龙江省
8	黑龙江农业工程职业学院	252	62.55	黑龙江省
9	黑龙江职业学院	277	61.96	黑龙江省
10	大连职业技术学院	232	60.22	辽宁省
11	沈阳职业技术学院	201	59.2	辽宁省
12	辽宁机电职业技术学院	190	58.13	辽宁省
13	吉林工业职业技术学院	144	55.29	吉林省
14	辽宁石化职业技术学院	125	54.59	辽宁省
15	吉林交通职业技术学院	161	54.52	吉林省
16	辽宁生态工程职业学院	184	53.69	辽宁省
17	渤海船舶职业学院	126	52.83	辽宁省
18	辽宁经济职业技术学院	161	51.84	辽宁省
19	吉林铁道职业技术学院	95	50.32	吉林省
20	吉林电子信息职业技术学院	206	49.91	吉林省
21	黑龙江交通职业技术学院	148	49.22	黑龙江省
22	哈尔滨铁道职业技术学院	47	48.87	黑龙江省
23	长春医学高等专科学校	66	48.6	吉林省
24	辽宁职业学院	89	47.79	辽宁省
25	黑龙江生物科技职业学院	104	47.3	黑龙江省
26	黑龙江林业职业技术学院	75	46.99	黑龙江省
27	黑龙江农业职业技术学院	76	46.75	黑龙江省
28	辽宁铁道职业技术学院	58	46.27	辽宁省
29	大庆职业学院	76	45.88	黑龙江省
30	黑龙江农垦职业学院	71	45.34	黑龙江省
31	辽宁建筑职业学院	71	44.21	辽宁省
32	辽宁轻工职业学院	88	44.12	辽宁省
33	辽宁轨道交通职业学院	102	44.06	辽宁省
34	黑龙江旅游职业技术学院	57	43.81	黑龙江省
35	辽宁装备制造职业技术学院	65	43.37	辽宁省
36	辽宁金融职业学院	68	43.08	辽宁省

续表

序号	学校名称	项目数	总分	省份
37	辽源职业技术学院	64	43.05	吉林省
38	长春金融高等专科学校	77	42.62	吉林省
39	辽宁城市建设职业技术学院	80	42.28	辽宁省
40	锦州师范高等专科学校	38	42.15	辽宁省
41	黑龙江护理高等专科学校	41	41.21	黑龙江省
42	抚顺职业技术学院	46	41.09	辽宁省
43	营口职业技术学院	40	40.16	辽宁省
44	辽宁医药职业学院	35	40.06	辽宁省
45	黑龙江民族职业学院	34	39.98	黑龙江省
46	大庆医学高等专科学校	30	39.95	黑龙江省
47	辽宁现代服务职业技术学院	72	39.41	辽宁省
48	盘锦职业技术学院	41	38.42	辽宁省
49	黑龙江幼儿师范高等专科学校	36	38.33	黑龙江省
50	黑龙江生态工程职业学院	36	38.28	黑龙江省
51	朝阳师范高等专科学校	45	37.37	辽宁省
52	辽阳职业技术学院	46	37.32	辽宁省
53	黑龙江艺术职业学院	16	36.67	黑龙江省
54	黑龙江农垦科技职业学院	38	36.22	黑龙江省
55	松原职业技术学院	37	36.17	吉林省
56	抚顺师范高等专科学校	11	36.11	辽宁省
57	辽宁地质工程职业学院	40	35.82	辽宁省

续表

序号	学校名称	项目数	总分	省份
58	铁岭师范高等专科学校	25	35.66	辽宁省
59	牡丹江大学	37	35.41	黑龙江省
60	佳木斯职业学院	52	35.17	黑龙江省
61	白城医学高等专科学校	30	34.45	吉林省
62	齐齐哈尔高等师范专科学校	26	33.84	黑龙江省
63	吉林工程职业学院	31	33.59	吉林省
64	哈尔滨科学技术职业学院	28	33.42	黑龙江省
65	四平职业大学	33	33.37	吉林省
66	黑龙江能源职业学院	21	31.49	黑龙江省
67	黑龙江商业职业学院	48	30.94	黑龙江省
68	辽宁商贸职业学院	7	30.79	辽宁省
69	黑龙江公安警官职业学院	4	30.73	黑龙江省
70	鹤岗师范高等专科学校	7	30.09	黑龙江省
71	辽宁理工职业大学	51	29.78	辽宁省
72	伊春职业学院	23	29.74	黑龙江省
73	辽河石油职业技术学院	5	29.56	辽宁省
74	黑龙江司法警官职业学院	5	29.39	黑龙江省
75	白城职业技术学院	15	29.03	吉林省
76	哈尔滨幼儿师范高等专科学校	10	28.81	黑龙江省
77	辽宁冶金职业技术学院	15	28.22	辽宁省
78	延边职业技术学院	24	28.05	吉林省
79	吉林司法警官职业学院	21	27.85	吉林省

续表

序号	学校名称	项目数	总分	省份
80	大兴安岭职业学院	11	27.07	黑龙江省
81	吉林科技职业技术学院	11	26.99	吉林省
82	黑龙江冰雪体育职业学院	5	26.39	黑龙江省
82	七台河职业学院	17	26.39	黑龙江省
84	长春师范高等专科学校	13	26.29	吉林省
85	哈尔滨电力职业技术学院	11	25.97	黑龙江省
86	长春信息技术职业学院	10	25.96	吉林省
87	阜新高等专科学校	13	25.82	辽宁省
88	辽宁政法职业学院	21	25.16	辽宁省
89	铁岭卫生职业学院	21	24.76	辽宁省
90	长白山职业技术学院	9	24.75	吉林省
91	沈阳北软信息职业技术学院	13	24.73	辽宁省
92	吉林水利电力职业学院	19	24.14	吉林省
93	大连枫叶职业技术学院	23	23.9	辽宁省
94	辽宁特殊教育师范高等专科学校	3	23.36	辽宁省
95	大连汽车职业技术学院	65	22.82	辽宁省
96	吉林职业技术学院	10	22.49	吉林省
97	大连装备制造职业技术学院	2	22.22	辽宁省
98	辽宁民族师范高等专科学校	10	21.22	辽宁省
99	辽宁广告职业学院	26	20.26	辽宁省
100	哈尔滨应用职业技术学院	8	20.09	黑龙江省

续表

序号	学校名称	项目数	总分	省份
101	沈阳航空职业技术学院	3	19.91	辽宁省
102	辽宁工程职业学院	10	18.22	辽宁省
103	哈尔滨北方航空职业技术学院	4	17.46	黑龙江省
104	大连软件职业学院	1	16.73	辽宁省
105	齐齐哈尔理工职业学院	5	16.25	黑龙江省
106	哈尔滨城市职业学院	4	15.78	黑龙江省
107	哈尔滨传媒职业学院	2	14.68	黑龙江省
108	辽宁师范高等专科学校	5	14.03	辽宁省
109	大连航运职业技术学院	1	13.77	辽宁省
110	黑龙江三江美术职业学院	3	12.35	黑龙江省
110	长春东方职业学院	3	12.35	吉林省
112	鞍山职业技术学院	2	11.17	辽宁省
113	长春健康职业学院	2	11.16	吉林省

9.8　民办高职院校教师教学发展指数(2021版)

续表

序号	学校名称	项目数	总分	省份	序号	学校名称	项目数	总分	省份
1	上海思博职业技术学院	113	47.39	上海市	20	浙江育英职业技术学院	28	35.53	浙江省
2	上海东海职业技术学院	62	44.64	上海市	21	重庆建筑科技职业学院	24	35.41	重庆市
3	海南科技职业大学	171	44.62	海南省	22	上海震旦职业学院	42	35.39	上海市
4	三亚航空旅游职业学院	62	44.32	海南省	23	四川长江职业学院	46	35.33	四川省
5	上海济光职业技术学院	49	43.66	上海市	24	重庆科创职业学院	39	35.29	重庆市
6	广州城建职业学院	88	42.95	广东省	25	重庆交通职业学院	69	35.19	重庆市
7	四川国际标榜职业学院	39	42.48	四川省	26	上海电影艺术职业学院	31	35.18	上海市
8	绍兴职业技术学院	88	41.61	浙江省	27	上海邦德职业技术学院	20	34.89	上海市
9	浙江广厦建设职业技术大学	54	41.19	浙江省	28	泉州华光职业学院	18	34.8	福建省
10	泉州轻工职业学院	42	40.06	福建省	29	渤海理工职业学院	28	34.72	河北省
11	上海工商职业技术学院	69	39.42	上海市	30	西安医学高等专科学校	10	34.71	陕西省
12	上海工商外国语职业学院	29	39.01	上海市	31	贵州盛华职业学院	9	34.62	贵州省
13	四川城市职业学院	64	38.38	四川省	32	重庆电讯职业学院	18	34.55	重庆市
14	漳州科技职业学院	48	38.35	福建省	33	浙江长征职业技术学院	35	34.54	浙江省
15	杭州万向职业技术学院	49	37.19	浙江省	34	南昌职业大学	73	34.49	江西省
16	上海中侨职业技术大学	60	37.09	上海市	35	厦门软件职业技术学院	59	34.09	福建省
17	广东岭南职业技术学院	49	37.02	广东省	36	武汉外语外事职业学院	92	34.08	湖北省
18	漳州理工职业学院	27	35.82	福建省	37	江西航空职业技术学院	23	33.83	江西省
19	重庆机电职业技术大学	46	35.75	重庆市	38	武汉信息传播职业技术学院	67	33.6	湖北省
					39	云南经贸外事职业学院	17	33.5	云南省

续表

序号	学校名称	项目数	总分	省份
40	浙江东方职业技术学院	39	33.2	浙江省
41	运城职业技术大学	35	33.03	山西省
42	正德职业技术学院	15	32.92	江苏省
43	重庆公共运输职业学院	22	32.67	重庆市
44	厦门南洋职业学院	39	32.1	福建省
45	福建华南女子职业学院	16	32.04	福建省
46	福州软件职业技术学院	29	31.97	福建省
46	四川华新现代职业学院	36	31.97	四川省
48	漯河食品职业学院	40	31.92	河南省
49	山东外国语职业技术大学	58	31.79	山东省
50	三亚城市职业学院	22	31.76	海南省
51	昆山登云科技职业学院	23	31.72	江苏省
52	潍坊工商职业学院	41	31.52	山东省
53	湖南三一工业职业技术学院	21	31.46	湖南省
54	石家庄财经职业学院	43	31.45	河北省
55	厦门华天涉外职业技术学院	37	31.44	福建省
56	重庆能源职业学院	34	31.4	重庆市
57	三亚理工职业学院	16	31.27	海南省
58	四川科技职业学院	35	31.18	四川省
59	四川现代职业学院	34	31.07	四川省
59	长垣烹饪职业技术学院	35	31.07	河南省
61	泉州职业技术大学	58	31.05	福建省
62	海南工商职业学院	32	31.02	海南省
63	北京科技职业学院	24	30.94	北京市

续表

序号	学校名称	项目数	总分	省份
64	四川西南航空职业学院	16	30.91	四川省
65	广州现代信息工程职业技术学院	25	30.88	广东省
66	山东海事职业学院	24	30.82	山东省
67	昆明卫生职业学院	18	30.81	云南省
67	广州南洋理工职业学院	38	30.81	广东省
69	钟山职业技术学院	14	30.7	江苏省
70	四川托普信息技术职业学院	45	30.54	四川省
71	北京经济技术职业学院	63	30.53	北京市
72	广西城市职业大学	60	30.52	广西壮族自治区
73	江西软件职业技术大学	28	30.32	江西省
74	厦门兴才职业技术学院	30	29.85	福建省
75	辽宁理工职业大学	51	29.78	辽宁省
76	北京汇佳职业学院	14	29.63	北京市
77	武汉商贸职业学院	20	29.44	湖北省
78	河南科技职业大学	14	29.41	河南省
79	新疆天山职业技术大学	32	29.33	新疆维吾尔自治区
80	山西华澳商贸职业学院	10	29.32	山西省
81	山西信息职业技术学院	5	29.23	山西省
82	湖南都市职业学院	8	29.21	湖南省
83	浙江横店影视职业学院	25	29.04	浙江省
84	南阳职业学院	39	28.91	河南省
85	焦作工贸职业学院	51	28.76	河南省

续表

序号	学校名称	项目数	总分	省份
86	嵩山少林武术职业学院	8	28.48	河南省
87	成都艺术职业大学	50	28.42	四川省
88	安徽矿业职业技术学院	23	28.32	安徽省
89	广东工商职业技术大学	29	28.29	广东省
90	西安海棠职业学院	13	28.05	陕西省
91	郑州澍青医学高等专科学校	16	27.94	河南省
92	惠州经济职业技术学院	19	27.8	广东省
93	四川希望汽车职业学院	31	27.62	四川省
94	四川三河职业学院	22	27.52	四川省
95	四川文化传媒职业学院	28	27.34	四川省
96	云南工程职业学院	17	27.2	云南省
97	宿迁泽达职业技术学院	7	27.17	江苏省
97	民办合肥财经职业学院	24	27.17	安徽省
99	广东碧桂园职业学院	12	27.03	广东省
100	吉林科技职业技术学院	11	26.99	吉林省
101	广州华夏职业学院	19	26.91	广东省
102	郑州电力职业技术学院	31	26.9	河南省
103	湖南软件职业技术大学	17	26.86	湖南省
104	鹤壁汽车工程职业学院	25	26.63	河南省
105	江西泰豪动漫职业学院	16	26.59	江西省

续表

序号	学校名称	项目数	总分	省份
106	郑州电子信息职业技术学院	21	26.57	河南省
107	金肯职业技术学院	17	26.48	江苏省
108	苏州高博软件技术职业学院	14	26.45	江苏省
109	安徽涉外经济职业学院	42	26.42	安徽省
110	西安汽车职业大学	22	26.25	陕西省
111	江西工商职业技术学院	10	26.23	江西省
112	嘉兴南洋职业技术学院	36	26.15	浙江省
113	武昌职业学院	27	26.05	湖北省
114	长春信息技术职业学院	10	25.96	吉林省
115	广西理工职业技术学院	99	25.94	广西壮族自治区
116	山东工程职业技术大学	36	25.78	山东省
117	北京北大方正软件职业技术学院	69	25.77	北京市
118	江海职业技术学院	20	25.68	江苏省
119	洛阳科技职业学院	13	25.52	河南省
120	广州华商职业学院	33	25.37	广东省
121	江西新能源科技职业学院	28	25.35	江西省
121	北京科技经营管理学院	3	25.35	北京市
123	广州华立科技职业学院	29	25.28	广东省
124	珠海艺术职业学院	18	25.25	广东省
125	广州科技职业技术大学	50	25.16	广东省
126	陕西旅游烹饪职业学院	29	25.13	陕西省

续表

序号	学校名称	项目数	总分	省份
127	泉州海洋职业学院	20	25.1	福建省
128	东营科技职业学院	21	25.08	山东省
129	泉州纺织服装职业学院	17	24.99	福建省
130	合肥科技职业学院	12	24.86	安徽省
131	九州职业技术学院	14	24.83	江苏省
131	海南健康管理职业技术学院	11	24.83	海南省
133	沈阳北软信息职业技术学院	13	24.73	辽宁省
133	合肥信息技术职业学院	8	24.73	安徽省
135	重庆电信职业学院	32	24.5	重庆市
136	北京培黎职业学院	15	24.45	北京市
137	厦门安防科技职业学院	16	24.34	福建省
137	民办万博科技职业学院	12	24.34	安徽省
139	民办四川天一学院	15	24.32	四川省
140	南京视觉艺术职业学院	13	24.18	江苏省
141	重庆艺术工程职业学院	9	24.07	重庆市
142	湖南外国语职业学院	15	23.97	湖南省
143	大连枫叶职业技术学院	23	23.9	辽宁省
144	石家庄人民医学高等专科学校	8	23.85	河北省
145	硅湖职业技术学院	15	23.62	江苏省
146	巴中职业技术学院	6	23.53	四川省
147	武汉光谷职业学院	14	23.49	湖北省
148	广东创新科技职业学院	17	23.47	广东省
149	北京经贸职业学院	7	23.4	北京市

续表

序号	学校名称	项目数	总分	省份
150	私立华联学院	14	23.18	广东省
151	江南影视艺术职业学院	8	23.03	江苏省
151	西安信息职业大学	35	23.03	陕西省
153	广州珠江职业技术学院	10	23.02	广东省
154	山东圣翰财贸职业学院	18	22.99	山东省
154	德州科技职业学院	13	22.99	山东省
156	安徽绿海商务职业学院	8	22.87	安徽省
157	天府新区通用航空职业学院	25	22.82	四川省
157	大连汽车职业技术学院	65	22.82	辽宁省
159	重庆海联职业技术学院	6	22.77	重庆市
160	山西同文职业技术学院	3	22.75	山西省
161	应天职业技术学院	6	22.72	江苏省
162	石家庄理工职业学院	16	22.66	河北省
162	云南城市建设职业学院	5	22.66	云南省
164	西安城市建设职业学院	11	22.52	陕西省
165	云南商务职业学院	29	22.49	云南省
165	吉林职业技术学院	10	22.49	吉林省
165	四川电子机械职业技术学院	15	22.49	四川省
168	石家庄医学高等专科学校	8	22.48	河北省
169	天津滨海汽车工程职业学院	3	22.32	天津市
170	广州东华职业学院	13	22.28	广东省

续表

序号	学校名称	项目数	总分	省份
171	大连装备制造职业技术学院	2	22.22	辽宁省
172	广西工程职业学院	6	22.2	广西壮族自治区
173	广西蓝天航空职业学院	22	21.96	广西壮族自治区
174	广西英华国际职业学院	15	21.91	广西壮族自治区
175	郑州城市职业学院	2	21.83	河南省
176	广西经济职业学院	25	21.78	广西壮族自治区
176	共青科技职业学院	15	21.78	江西省
176	江西枫林涉外经贸职业学院	10	21.78	江西省
179	天府新区信息职业学院	12	21.59	四川省
180	郑州理工职业学院	2	21.45	河南省
181	潮汕职业技术学院	12	21.41	广东省
182	安徽扬子职业技术学院	15	21.39	安徽省
182	江西洪州职业学院	11	21.39	江西省
184	厦门演艺职业学院	3	21.3	福建省
185	金山职业技术学院	12	21.19	江苏省
186	石家庄工程职业学院	11	21.14	河北省
187	江阳城建职业学院	12	21.13	四川省
188	湖南高尔夫旅游职业学院	5	21.09	湖南省
189	山东外事职业大学	11	20.98	山东省
189	西安高新科技职业学院	11	20.98	陕西省
189	湖南电子科技职业学院	8	20.98	湖南省
192	上海民远职业技术学院	7	20.97	上海市

续表

序号	学校名称	项目数	总分	省份
193	南充科技职业学院	10	20.77	四川省
193	厦门东海职业技术学院	11	20.77	福建省
195	云南外事外语职业学院	14	20.58	云南省
195	福州黎明职业技术学院	33	20.58	福建省
197	信阳涉外职业技术学院	11	20.55	河南省
197	郑州信息工程职业学院	9	20.55	河南省
197	潇湘职业学院	10	20.55	湖南省
200	无锡南洋职业技术学院	13	20.33	江苏省
201	苏州托普信息职业技术学院	10	20.32	江苏省
202	辽宁广告职业学院	26	20.26	辽宁省
203	广州松田职业学院	13	20.09	广东省
203	重庆科技职业学院	11	20.09	重庆市
203	兰州外语职业学院	13	20.09	甘肃省
203	广州涉外经济职业技术学院	11	20.09	广东省
203	哈尔滨应用职业技术学院	8	20.09	黑龙江省
208	贵州城市职业学院	16	20.02	贵州省
209	广西科技职业学院	2	19.9	广西壮族自治区
210	重庆传媒职业学院	7	19.87	重庆市
211	三亚中瑞酒店管理职业学院	14	19.84	海南省
211	浙江汽车职业技术学院	7	19.84	浙江省
213	长沙南方职业学院	8	19.77	湖南省
214	江西科技职业学院	4	19.59	江西省

续表

序号	学校名称	项目数	总分	省份
215	山东艺术设计职业学院	12	19.33	山东省
216	赣西科技职业学院	11	19.06	江西省
217	广东南方职业学院	13	19.05	广东省
217	日照航海工程职业学院	11	19.05	山东省
219	广东亚视演艺职业学院	17	19.01	广东省
220	广西演艺职业学院	16	18.77	广西壮族自治区
220	烟台黄金职业学院	10	18.77	山东省
220	四川汽车职业技术学院	2	18.77	四川省
220	天府新区航空旅游职业学院	6	18.77	四川省
224	云南新兴职业学院	5	18.51	云南省
225	信阳航空职业学院	15	18.47	河南省
225	长江艺术工程职业学院	9	18.47	湖北省
225	德阳城市轨道交通职业学院	5	18.47	四川省
228	石家庄工商职业学院	15	18.31	河北省
229	北京艺术传媒职业学院	1	18.24	北京市
230	贵州工商职业学院	13	18.23	贵州省
231	广东新安职业技术学院	10	18.15	广东省
232	郑州黄河护理职业学院	2	17.86	河南省
233	福州英华职业学院	9	17.82	福建省
233	广东酒店管理职业技术学院	7	17.82	广东省
233	南昌影视传播职业学院	5	17.82	江西省

续表

序号	学校名称	项目数	总分	省份
233	新疆能源职业技术学院	2	17.82	新疆维吾尔自治区
237	重庆轻工职业学院	8	17.46	重庆市
237	哈尔滨北方航空职业技术学院	4	17.46	黑龙江省
237	湖南工商职业学院	4	17.46	湖南省
237	黄冈科技职业学院	3	17.46	湖北省
241	重庆护理职业学院	7	17.11	重庆市
242	眉山药科职业学院	11	17.09	四川省
242	资阳环境科技职业学院	9	17.09	四川省
242	明达职业技术学院	5	17.09	江苏省
245	大连软件职业学院	1	16.73	辽宁省
245	山东杏林科技职业学院	1	16.73	山东省
245	上海中华职业技术学院	1	16.73	上海市
248	重庆应用技术职业学院	8	16.69	重庆市
248	景德镇陶瓷职业技术学院	4	16.69	江西省
248	内蒙古北方职业技术学院	1	16.69	内蒙古自治区
248	昆明艺术职业学院	1	16.69	云南省
248	新疆现代职业技术学院	1	16.69	新疆维吾尔自治区
248	内蒙古经贸外语职业学院	1	16.69	内蒙古自治区
254	四川文轩职业学院	5	16.64	四川省
255	石家庄经济职业学院	7	16.25	河北省
255	广西培贤国际职业学院	5	16.25	广西壮族自治区
255	齐齐哈尔理工职业学院	5	16.25	黑龙江省

续表

序号	学校名称	项目数	总分	省份
255	贵州应用技术职业学院	3	16.25	贵州省
259	重庆信息技术职业学院	12	16.12	重庆市
260	哈尔滨城市职业学院	4	15.78	黑龙江省
261	重庆经贸职业学院	7	15.26	重庆市
261	太湖创意职业技术学院	7	15.26	江苏省
261	福州科技职业技术学院	7	15.26	福建省
261	广州华南商贸职业学院	5	15.26	广东省
261	山东力明科技职业学院	5	15.26	山东省
266	武夷山职业学院	7	15.18	福建省
267	唐山海运职业学院	6	14.68	河北省
267	广东信息工程职业学院	4	14.68	广东省
267	哈尔滨传媒职业学院	2	14.68	黑龙江省
270	泉州工程职业技术学院	5	14.03	福建省
270	曲阜远东职业技术学院	5	14.03	山东省
270	许昌陶瓷职业学院	5	14.03	河南省
270	民办合肥滨湖职业技术学院	3	14.03	安徽省
270	郑州商贸旅游职业学院	3	14.03	河南省
270	重庆资源与环境保护职业学院	3	14.03	重庆市
276	大连航运职业技术学院	1	13.77	辽宁省

序号	学校名称	项目数	总分	省份
277	广州康大职业技术学院	4	13.31	广东省
278	建东职业技术学院	2	13.28	江苏省
279	梧州医学高等专科学校	4	13.27	广西壮族自治区
279	曹妃甸职业技术学院	4	13.27	河北省
279	四川应用技术职业学院	2	13.27	四川省
279	德阳科贸职业学院	2	13.27	四川省
283	广东文理职业学院	2	12.9	广东省
284	青岛求实职业技术学院	4	12.56	山东省
285	北京网络职业学院	3	12.35	北京市
285	黑龙江三江美术职业学院	3	12.35	黑龙江省
285	长春东方职业学院	3	12.35	吉林省
285	北海康养职业学院	3	12.35	广西壮族自治区
285	陕西电子信息职业技术学院	3	12.35	陕西省
285	民办合肥经济技术职业学院	1	12.35	安徽省
285	蚌埠经济技术职业学院	1	12.35	安徽省
292	资阳口腔职业学院	1	12.02	四川省
293	石家庄城市经济职业学院	2	11.16	河北省
293	山东文化产业职业学院	2	11.16	山东省
293	湖南吉利汽车职业技术学院	2	11.16	湖南省
293	长春健康职业学院	2	11.16	吉林省
293	青岛航空科技职业学院	2	11.16	山东省

续表

序号	学校名称	项目数	总分	省份
293	桂林山水职业学院	2	11.16	广西壮族自治区
299	山西老区职业技术学院	3	10.26	山西省
300	重庆智能工程职业学院	1	9.38	重庆市
300	攀枝花攀西职业学院	1	9.38	四川省
300	潍坊环境工程职业学院	1	9.38	山东省
300	炎黄职业技术学院	1	9.38	江苏省
300	云南科技信息职业学院	1	9.38	云南省
300	广元中核职业技术学院	1	9.38	四川省
300	重庆理工职业学院	1	9.38	重庆市
300	石家庄科技职业学院	1	9.38	河北省
300	新疆科技职业技术学院	1	9.38	新疆维吾尔自治区
300	兰州科技职业学院	1	9.38	甘肃省

10

省域普通高校教师教学发展指数（2021版）

10.1　浙江省本科院校教师教学发展指数(2021 版)

续表

序号	学校名称	奖项数	总分	序号	学校名称	奖项数	总分
1	浙江大学	8730	100	32	丽水学院	999	37.23
2	浙江工业大学	3308	68.29	33	浙江越秀外国语学院	693	35.87
3	浙江师范大学	3609	63.57	34	衢州学院	746	35.57
4	宁波大学	2676	60.23	35	浙大宁波理工学院	607	35.38
5	杭州电子科技大学	2283	58.99	36	浙江音乐学院	330	31.71
6	浙江理工大学	2464	58.45	37	浙江工业大学之江学院	286	26.5
7	杭州师范大学	2489	56.74	38	温州商学院	327	26.33
8	浙江工商大学	2265	56.68	39	浙江财经大学东方学院	241	26.07
9	温州医科大学	2089	56.06	40	温州理工学院	258	26.02
10	温州大学	2300	54.42	41	杭州师范大学钱江学院	160	25.9
11	中国美术学院	1358	53.24	42	浙江师范大学行知学院	195	25.75
12	浙江中医药大学	1635	52.73	43	绍兴文理学院元培学院	151	25.53
13	中国计量大学	1803	52.21	44	宁波大学科学技术学院	206	25.43
14	浙江财经大学	1766	50.48	45	浙江工商大学杭州商学院	213	25.33
15	浙江农林大学	1708	50	46	同济大学浙江学院	218	24.7
16	浙江万里学院	1272	47.31	47	上海财经大学浙江学院	118	24.31
17	湖州师范学院	1428	46.6	48	宁波诺丁汉大学	98	24.21
18	浙江科技学院	1463	46.32	49	嘉兴南湖学院	165	23.71
19	浙江海洋大学	1662	46.15	50	湖州学院	153	23.15
20	绍兴文理学院	1388	46.09	51	温州医科大学仁济学院	126	23.02
21	浙江传媒学院	1352	45.2	52	中国计量大学现代科技学院	98	22.72
22	嘉兴学院	1380	43.67	53	浙江农林大学暨阳学院	185	22.71
23	浙江水利水电学院	885	43.31	54	浙江理工大学科技与艺术学院	140	21.36
24	台州学院	1404	43.01	55	杭州电子科技大学信息工程学院	139	21.22
25	宁波工程学院	1052	40.74	56	浙江中医药大学滨江学院	78	19.75
26	浙江外国语学院	832	40.59	57	温州肯恩大学	99	17.86
27	浙江树人学院	1058	40.45				
28	浙大城市学院	778	39.72				
29	浙江警察学院	651	39.49				
30	宁波财经学院	893	37.78				
31	杭州医学院	552	37.52				

10.2　浙江省高职院校教师教学发展指数(2021版)

续表

序号	学校名称	奖项数	总分
1	金华职业技术学院	1522	100
2	浙江金融职业学院	1451	94.42
3	浙江机电职业技术学院	933	94.33
4	宁波职业技术学院	980	91.42
5	浙江交通职业技术学院	634	86.71
6	温州职业技术学院	766	86.07
7	浙江经济职业技术学院	832	85.8
8	浙江商业职业技术学院	844	83.98
9	浙江经贸职业技术学院	808	82.83
10	杭州职业技术学院	760	82.08
11	浙江旅游职业学院	599	78.26
12	浙江工商职业技术学院	711	76.91
13	浙江建设职业技术学院	621	75.61
14	浙江工贸职业技术学院	547	75.26
15	浙江纺织服装职业技术学院	557	72.24
16	浙江警官职业学院	361	70.96
17	浙江药科职业大学	541	70.53
18	湖州职业技术学院	523	69.69
19	宁波城市职业技术学院	651	69.35
20	丽水职业技术学院	517	69.08
21	义乌工商职业技术学院	588	68.88
22	浙江工业职业技术学院	520	67.85
23	温州科技职业学院	332	65.66
24	浙江艺术职业学院	324	64.59
25	嘉兴职业技术学院	476	62.7
26	杭州科技职业技术学院	414	62.64
27	台州职业技术学院	567	62.16
28	宁波卫生职业技术学院	320	59.79
29	浙江国际海运职业技术学院	334	59.05
30	浙江同济科技职业学院	340	57.46
31	绍兴职业技术学院	337	56.67

序号	学校名称	奖项数	总分
32	丽水学院	999	37.23
32	浙江广厦建设职业技术大学	294	56.34
33	衢州职业技术学院	353	55.66
34	杭州万向职业技术学院	263	54.1
35	浙江农业商贸职业学院	263	53.94
36	浙江邮电职业技术学院	214	52.95
37	浙江育英职业技术学院	249	51.84
38	台州科技职业学院	277	51.47
39	浙江长征职业技术学院	263	50.29
40	浙江东方职业技术学院	241	49.08
41	浙江横店影视职业学院	170	44.11
42	嘉兴南洋职业技术学院	170	41.93
43	浙江体育职业技术学院	77	40.28
44	浙江汽车职业技术学院	78	36.21
45	浙江特殊教育职业学院	108	35.96
46	浙江安防职业技术学院	97	35.13
47	浙江舟山群岛新区旅游与健康职业学院	66	34.3
48	宁波幼儿师范高等专科学校	64	30.14
49	浙江电力职业技术学院	11	26.3
50	浙江金华科贸职业技术学院	2	17.13
51	浙江宇翔职业技术学院	5	13.13

10.3 陕西省本科院校教师教学发展指数(2021版)

续表

序号	学校名称	奖项数	总分	序号	学校名称	奖项数	总分
1	西安交通大学	4594	100	32	丽水学院	999	37.23
2	西北工业大学	4352	86.68	32	西安体育学院	408	42.85
3	陕西师范大学	3277	81.45	33	西安医学院	386	42.66
4	西安电子科技大学	2901	79.59	34	榆林学院	385	42.01
5	西北大学	2055	79.21	35	商洛学院	460	41.91
6	西北农林科技大学	2621	73.16	36	西安翻译学院	334	41.12
7	长安大学	2391	70.99	37	西安欧亚学院	272	39.7
8	西安建筑科技大学	1443	69.36	38	西安外事学院	279	39.26
9	西安理工大学	1466	67.91	39	西安培华学院	308	38.62
10	陕西科技大学	1198	62.83	40	西安交通大学城市学院	190	36.31
11	西安科技大学	1304	61.85	41	西安思源学院	214	35.96
12	西安工业大学	1127	58.02	42	陕西国际商贸学院	198	34.76
13	延安大学	1015	56.94	43	西安明德理工学院	134	33.94
14	西安工程大学	956	55.4	44	陕西服装工程学院	114	31.67
15	西安石油大学	994	55.31	45	西安建筑科技大学华清学院	85	31.47
16	西安邮电大学	1126	55.05	46	西安工商学院	71	29.44
17	西安外国语大学	858	54.46	47	西安财经大学行知学院	71	28.13
18	西安美术学院	605	52.88	48	陕西科技大学镐京学院	63	27.78
18	西北政法大学	836	52.88	49	西北大学现代学院	55	27.01
20	陕西理工大学	706	49.99	50	西安科技大学高新学院	56	26.69
21	宝鸡文理学院	648	49.59	51	西安交通工程学院	88	26.48
22	咸阳师范学院	570	48.17	52	延安大学西安创新学院	60	26.29
23	陕西中医药大学	572	48.07	53	西安理工大学高科学院	27	22.55
24	西安财经大学	535	47.56	54	长安大学兴华学院	23	21.36
25	渭南师范学院	654	47.55	55	西安电子科技大学长安学院	14	19.68
26	西安文理学院	500	44.93				
27	西京学院	579	44.55				
28	陕西学前师范学院	404	44.27				
29	安康学院	523	43.98				
30	西安音乐学院	335	43.72				
31	西安航空学院	450	42.87				